史料に見る浄土真宗の歴史

本願寺の草創

―覚信尼と覚如上人―

藤井哲雄

目次

題字　高木紅葩
装画　藤井義明

凡例

一　本書は、覚信尼と覚如上人の生涯を中心に、直接史料に基づいて尋ねてゆけるように編纂したものである。その構成は、大谷廟堂の建立から始まって、覚如上人の最期迄を追った、第一章～第六章よりなる。

二　各章は節と「(一)、(二)…」で区切り、それぞれの見出しの次に、その綱目で取り上げる史料名を掲げた。

三　史料としては文献、系図、表、地図、写真等を取り上げた。

四　取り上げる史料については、その解説を〔史料解説〕として加えた。

五　史料中に用いた記号の説明あるいは史料についての補足説明には※の記号を付しておいた。

六　文献史料としては、漢文、文語文を引用し、それに現代語訳を施した。

七　漢文と文語文は**本文**として収めた。漢文にはレ点と一、二点、送り仮名を施した。また、読みにくい漢字には現代仮名遣いの振り仮名を添えた。また旧仮名遣いの平仮名には新仮名遣いの音を振り仮名で加えて読みやすい形にした。

八　文語文の史料は原典を明記し、できるだけ原典の体裁を保つようにした。従って片仮名書きや旧仮名遣いは原典表記のままにし、濁点も原典通り加えないこととした。その代り、漢字の振り仮名はすべて現代仮名遣いで表わし、旧仮名遣いの本文の発音と濁点をすべて振り仮名で示して読解の便をはかった。

九　漢文・文語文の史料には、現代語の訳文を**訳文**と表記して加えることとした。この現代語訳はすべて著者が行った。

十　著者の文章に引用した史料は「」内に記し、その現代語訳は〈**訳文**…〉内に記すこととした。また引用した書籍、論文等は注を施してそれを明示した。

十一　一つの項目に多くの史料を取り上げる場合には、「①、②…」「A、B…」等の記号を用いた。

十二　著者の文章のうちそこで取り上げた史料に直接関わる部分に「史料①…」の文字を小さく添えた。

十三　本文や史料中の人名・地名・書名・引用文・用語等で説明を要するものには、1、2…と注を施し、その本文や史料の後に詳しい解説を加えた。

はじめに

本書は、今日の東西本願寺の礎を築いた二人、すなわち覚信尼と覚如上人について、その歴史的業績を取り上げたものです。

二人とも親鸞聖人と深い血縁関係にあり、覚信尼は親鸞聖人の末娘、覚如上人は曾孫に当たります。親鸞聖人と言えば浄土真宗を立教開宗したことで広く知られています。けれども真宗史の上では、親鸞聖人ご自身、新たな宗派を開いたり、ご自分の寺を造ろうという気持ちは、なかったと考えられています。にもかかわらず、浄土真宗という教団が誕生し、その中心となる本願寺という寺院が誕生したのは、この二人の力によるものと申せましょう。

覚信尼は、父親鸞聖人が偉大な仏教指導者であったことを、後世にまで永遠に伝えたいと考えて、大谷廟堂という記念堂を作り上げ、自分の子孫がこれを管理してゆけるようにしました。また覚如上人は、こうした祖母覚信尼の願いを受け継ぎ、大谷廟堂を本願寺という寺に発展させるとともに、ここを、浄土真宗の本拠地として確立させていったのでございます。

このように見てまいりますと、二人が成し遂げた歴史的意義には、とても大きいものがあります。あえて申しますと、二人の功績が基盤になって、親鸞聖人の教えが知られるようになり、後世蓮如上人が全国的に教団を発展させることができたとも申せましょう。

私は平成十六年～七年（二〇〇四～五年）『親鸞聖人の生涯』上中下を出版致しました。また、平成二十八～九年（二〇一六～一七年）には『蓮如上人の生涯』上下を制作しています。共に題名に「史料に見る」と記した通り、関係史料を基にし、主な研究者の解釈を通して、あるいは関係の旧跡地に直接足を運んで、その歴史的存在に直接触れてゆこうと試みた内容です。

今回は、それと同様にして、覚信尼と覚如上人の二人の生涯について、歴史的に明らかにしようと試みてみました。実際難しかったのは、関係史料の解読でした。とりわけ覚如上人については、その死の直後に作られた『慕帰絵』と『最須敬重絵詞』が重要ですが、唯善事件以降については、長男存覚上人が残した『存覚上人一期記』が、その歴史を最も詳細に語ってくれます。ところが、その原本は失われていて、後世にその要文を写した抄録本が現在伝えられているものです。しかもその本文は漢文で記されていて、判読の難しいところも処々にあり、そのため私も本の制作をずっとためらってまいりました。

この度、その最後の機会と思い、谷下一夢氏の『存覚一期記の研究並解説』（昭和十八年発行）を手掛かりに、思い切って解読してみることを決断致しました。

そんな訳で誕生したのが本書であります。まだまだ力不足な内容も多いのですが、御高覧の方々のご批判を仰いで、今後の指針とさせて頂きたいと存じております。

令和二年九月一八日

藤井　哲雄

第一章　大谷廟堂と覚信尼

元大谷崇泰《そうたい》院
親鸞聖人旧御廟地の石塔　京都市東山区林下町
覚信尼が聖人の大谷廟堂を建立した場所。ここが最初の本願寺となる。

第一節　大谷廟堂の建立

（一）聖人最初の墓所

―史料『親鸞聖人伝絵（康永本）』「洛陽遷化」、『親鸞聖人伝絵（高田本）』「洛陽遷化」の絵―

本願寺の淵源《えんげん》を辿《たど》ってゆくと、親鸞聖人の大谷廟堂《おおたにびょうどう》に行き当たる。親鸞聖人は、弘《こう》長《ちょう》二年（一二六二）十一月二十八日、京都の弟尋有《じんう》の坊舎善法坊《ぜんぼう》で入滅されている。聖人自身は、「[1]某《それがし》閉眼《へいがん》せば、賀茂河《かもがわ》にいれて魚《うお》にあたふ《う》べし」〈**訳文** わたくし親鸞が眼を閉じ命を終えたならば、鴨川に入れて、魚に与えなさい〉という言葉を残したという。また関東の弟子達も聖人の意を汲んでか、自分達の墓石を建てなかった形跡《けいせき》[2]がある。このように聖人は、死後の葬礼に極めて消極的であったが、聖人の親族と弟子たちの手で葬儀が執《と》り行われた。すなわち、御遺体はその翌日東山の延仁寺で荼毘《だび》に付され、三十日遺骨が拾われて壺に納められた。

遺骨がどこに葬られたかについて、覚如上人の『親鸞聖人伝絵（康永本）』「洛陽遷化」[史料①]

には、「同山《おなじき》の麓《ふもと》、鳥部野《とりべの》の北、大谷」〈訳文 同じ東山の麓鳥部野《ふもととりべの》の北の地、大谷《おおたに》〉と記されている。この『親鸞聖人伝絵』の表現は、親鸞聖人の『教行信証』後序《ごじょ》にある「空《くう》は洛《らく》陽東山《ようひがしやま》の西の麓鳥部野《ふもととりべの》の北の辺《ほとり》、大谷《おおたに》に居たまふ《もう》」〈訳文 源空（法然）上人は京都の東山の西の麓《ふもと》の、鳥部野の北あたり、大谷の地にお住まいになった〉という表現と同じであり、覚如上人は、この後序の文をもとにして、最初の墓地の様子を記したものであろう。

とすると、親鸞聖人の最初の墓所は、法然上人が臨終を迎えられた場所と同じ所を指していることになる。そこは現在の知恩院の勢至堂《せいしどう》の地と考えられており、法然上人の墓所にほど近い。けれどもこの場所は、江戸時代初頭の慶長《けいちょう》十三年（一六〇八）から寺地が拡張されて、大きな諸堂が造営されており、聖人の旧墓所の土地も、この時削り取られてしまった可能性が高いと考えられている。

だが、『親鸞聖人伝絵（高田本）』「洛陽遷化」の絵[史料②]には、最初の墓所の様子が描き出されている。それは、一坪ほどの四角い土の壇の上に石塔を建てて、透垣《すかしがき》という垣をめぐらした簡素な墓である。石塔の形は笠塔婆《かさとうば》と呼ばれ、四角い三段の基壇の上に、細長い八角柱の塔身を建て、笠と宝珠を乗せたものである。千葉乗隆《じょうりゅう》[3]氏（一九二一～二〇〇八年）によると、この墓の形式は、比叡山第十八世天台座主良源《りょうげん》に始まる「横川《よかわ》様式」と呼ばれるもので、良源を始め、その門下の尋禅《じんぜん》（九四三～九〇年、第十九世天台座主）、源信（九四二～一〇一七年、比叡山浄土教の大成者）、暹賀《せんが》（九一四～九八年）、覚超《かくちょう》（九六〇～一〇三四年）という五人の墓がこの形式によって作られている。おそらく、聖人が良源・源信の法流を汲んでいた所から、弟子や近親者の判断で、この様式が採用[4]されたものと思われる。

注

1―『改邪鈔』十六

2―順信房信海は親鸞聖人の指折りの弟子で鹿島門徒の指導者として知られているが、根本道場無量寿寺の境内には一本のイチョウの大木が墓所として伝えられているばかりで、後になってその根本に小さな五輪塔が建てられている。また坂東報恩寺の開基性信房は、第一の弟子とも言われるが、その墓所にはやはり大きな杉の木があるのみで、後になってその前に五輪塔が建てられたようである。

3―「卒塔婆から御影堂へ」一九八〇年。（『仏教の歴史と文化』一九八〇年出版所収）。千葉乗隆氏は、元本願寺史料研究所所長、元龍谷大学名誉教授。真宗史研究家。

4―蒲池勢至《がまいけせいし》氏は、二〇一〇年に出版された『誰も書かなかった親鸞―伝絵の真実』（法蔵館）で、『親鸞聖人伝絵』に描かれた聖人の墓石について、千葉乗隆氏が判断したような面取りされた四角柱ではなくて、六角柱と認められるのではないかとし、笠塔婆ではなく石幢《せきどう》という形式の石塔ではないかと主張している。けれども、石幢の多くは笠の形も石柱の部分と同じく多角形をしており、単純に石柱が六角形だから石幢だと見る見解には、疑問を覚える。むしろ笠塔婆の形式に基づいて、石柱の部分だけを、例えば六角堂の形式に習って六角柱としたと見る方が穏当ではなかろうか。

史料① 『親鸞聖人伝絵《でんね》（康永本《こうえいぼん》）』下巻第六段「洛陽遷化《らくようせんげ》」

本文

…遺骨《いこつ》を拾《ひろい》て、同山麓《おなじきやまのふもと》、鳥部野《とりべの》の北、大谷にこれをおさめたてまつりを《お》は《わ》りぬ。而《しかるに》、終焉《しゅうえん》にあふ《う》門弟、勧化《かんけ》をうけし老若《ろうにゃく》、を《お》の〳〵在世《ざいせ》のいにしへ《え》をおもひ《い》、滅後のいまを悲《かなしみ》て、恋慕涕泣《れんぼていきゅう》せす《ず》といふ《う》ことなし。…

訳文

…遺骨を拾《ひろ》って、同じ東山の麓《ふもと》の鳥部野《とりべの》の北の地、大谷《おおたに》にこれをお納め申し上げたのである。けれども御臨終《ごりんじゅう》に立ち会った門弟の人達や、教えを受けた老若男女《ろうにゃくなんにょ》の人達は、それぞれに聖人の在りし日の昔を思い、亡くなられた今を悲しんで、聖人をお慕いし涙を流さない人はいなかった。…

史料② 『親鸞聖人伝絵（高田本）』「洛陽遷化」の絵より、「聖人の墓所」
写真 『真宗重宝聚英』第五巻（同朋舎メディアプラン）

（二）大谷廟堂の建立

―**史料**『親鸞聖人伝絵（康永本）』「廟堂創立」、『親鸞聖人伝絵（高田専修寺本）』「廟堂創立」の絵―

親鸞聖人の最初の墓所は、比叡山でも一時代を築いた良源、尋禅、源信等と同じ形式の墓であったから、簡素とは言っても、けっして貧弱なものではなかったであろう。けれども、聖人の晩年に身の回りの世話をしていた末娘の覚信尼や、聖人を特別に敬う関東の弟子達の気持にとっては、なお物足りなく思われたようである。

覚信尼にそのような気持を抱かせた直接のきっかけとして、母恵信尼からの手紙（『恵信尼書状』）が考えら[1]れている。覚信尼は、父親鸞聖人の葬式を済ませると、その翌日の十二月一日、越後にいる母恵信尼に宛てて聖人入滅の様子を手紙に書き送った。その手紙は残されていないが、母恵信尼の返事に、[2]「御りんずはいかにもわたらせ給へ《え》、うたがい思いまいらせぬ」〈**訳文** 御臨終がどのようでいらしゃっても、殿の浄土往生を疑い申し上げません〉と記されているところから、覚信尼が聖人の往生について不審に思う気持を綴った内容だったのではないかと想像されている。それに対して母恵信尼は、翌年二月十日に、いまだ鮮明に浮かび上って来る夫《おっと》親鸞聖人の思い出を詳しく娘に書き送った。比叡山での修行から始まって、六角堂に百日参籠《さんろう》して夢のお告げを得、法然上人の下で専修念仏の教えに入られる様子。常陸国下妻《ひたちのくにしもつま》で聖人のことを観音菩薩の化身であると告げられる夢を見たこと等、切々と書き記したのである。この母の手紙によって、覚信尼がそれまで抱いていた往生への不審は解消し、念仏者として立派な道を歩んだ親鸞聖人に対する強い慕情が生じていったと考えられるのである。

　また関東の弟子達の親鸞聖人を崇敬《そうきょう》する気持にも特別に篤いものがあったようである。それまで毎月二十五日の法然上人の命日に行われていた念仏の集会《しゅうえ》は、御入滅を境に、聖人の命日にあたる二十八日、あるいはその前日の二十七日に改められていったようである。とりわけ、十一月二十八日の祥月命日ともなると、関東からはるばる多くの門弟達が聖人の墓所へ参り、「[3]を《お》のを《お》の在世《ざいせ》のいにしへ《え》をおもひ《い》、滅後のいまを悲《かなしみ》て恋慕涕《れんぼてい》泣《きゅう》せずと、いふ《う》ことなし」〈**訳文**それぞれに聖人のありし日の昔を思い、亡くなられた今を悲しんで、聖人をお慕いし涙を流さない人はいなかった〉と『親鸞聖人伝絵』に描き出されている内容は、聖人の無類の教えの深さから考えても、無理のないものであろう。

　このような娘覚信尼の強い慕情や東国の門弟達の深い崇敬《そうきょう》の気持が重なって、ついに聖人入滅の十年後に当たる文永九年（一二七二）、大谷に廟堂が建立されることとなった。その様子が『親鸞聖人伝絵』の最後の段である下巻七段「廟堂創立」[史料①]に記されている。その中に見える、「同麓《おなじきふもと》より猶西《なおにし》、吉水《よしみず》の北の辺《ほとり》」〈**訳文** 同じ東山の麓《ふもと》からさらに西の吉水の北あたり〉という記述は、新しい廟堂の場所を表わすもので、「今までの東山の麓《ふもと》の大谷と同じ地域で、今までよりも西へ移動したところ」と解せられる。この「吉水の北の辺《ほとり》」について、福山敏男氏[4]（一九〇五～九五年）は、「吉水」というのは現在の円山《まるやま》公園を中心とする地域で、「北の辺《ほとり》」は「吉水の地域外の北方というつもりで書いたもののようである」と指摘している。この場所は言うまでもなく現在の知恩院を中心とした地域である。最初の場所であったと見られる知恩院勢至堂あたりからまっすぐ西の方向と言うと、本願寺最初の場所で、桃山時代まで大谷本廟があった現在の元大谷崇泰院《そうたいいん》に相当する。

その廟堂の様子が『親鸞聖人伝絵（高田本）』[史料②]の絵に描かれている。それは六角円堂とよばれる形式で、屋根は瓦葺き、その上に光焔附宝珠《こうえんつきほうじゅ》が乗せられている。一般に御堂の形は、四角いものが多く、八角・六角のものは例が少ないと言われているが、鎌倉時代の京都では、太秦《うずまさ》の広隆寺にあった聖徳太子をまつる八角堂[5]（桂宮院）がよく知られていた。だがそれ以上に八角・六角という形ですぐに思い出されるのは、親鸞聖人が百日参籠された京都の六角堂（頂法《ちょうほう》寺）であろう。当時の六角堂は実際には四角いお堂だったようだが、民衆の間に盛んになっていた太子信仰では六角堂を、聖徳太子が六角の土壇を築き、六角の精舎《しょうじゃ》を造って始めた日本最初の御寺《みてら》と広く信じられていた。そのような故事から、生涯聖徳太子を慕って止まなかった親鸞聖人の廟堂にふさわしい形だと考えられたのではなかろうか。とりわけ廟堂の建立に尽力した覚信尼の頭には、母から書き送られた聖人の六角堂百日参籠の記述が焼き付いていたに違いない。

六角の廟堂の中を見てみると、中央の曲彔《きょくろく》（左右に湾曲した手すりをつけた椅子）に親鸞聖人の木像が安置され、その前に最初の場所から移された石の笠塔婆が据えられている。この絵の上には「聖人遺骨をおさめたてまつるいまの廟堂是也《これなり》」と書かれ、この廟堂の下に聖人の遺骨が納められていたことが分かる。その場所について宮崎円遵氏[6]は、石塔の下かそれより少し前方の床の下に納められていたのではないかと言う。廟堂に安置された聖人の御木像については、当初から置かれていたという説と、『親鸞聖人伝絵』が作られた永仁三年[7]（一二九五）までに安置され、当初は石塔だけが置かれていたとする説がある。後者の説は西本願寺本『親鸞聖人伝絵』に描かれた廟堂の絵から推測されたものであるが、どちらが正しいかは、いまだ結論が得られていない。大谷の廟堂は、石塔や木像を安置する程度の広さしかなかったようで、お参りする場所は主に廟堂の周囲を囲むように作られた回廊であった。高田専修寺本『親鸞聖人伝絵』の絵にも、右手の回廊にかしこまって着座している九人の僧侶と、左手の回廊に少しくだけた感じの八人の僧侶や庶民の姿が描かれている。そして回廊からお参りしやすいように、六角のうちの三方が扉となって開かれている。

注　1—千葉乗隆著『本願寺ものがたり』一九八四年、十五～六頁。
2—『恵信尼書状』第三通より
3—『親鸞聖人伝（康永本）』第十四段「洛陽遷化」
4—「初期本願寺の建築」（『親鸞体系』歴史遍第六巻所収）。福山敏男氏は、京都大学名誉教授。寺院・神社を主とする日本建築史研究家。主著として『日本建築史の研究』等がある。
5—建長三年（一二五一）に中観上人により再建。国宝に指定されている。
6—宮崎円遵氏は、元龍谷大学教授。元本願寺史料編纂所主監。真宗史研究の第一者の一人。主な著作が『宮崎円遵著作集』全七巻に収められている。
7—廟堂が造られて二十三年目に当たる。

史料①『親鸞聖人伝絵（康永本）』下巻第七段「廟堂創立」

本文

文永《ぶんえい》九年冬比《ふゆのころ》、東山西麓《ひがしやまにしのふもと》、鳥部《とりべの》野《の》北、大谷《おおたに》の墳墓《ふんぼ》をあらためて、同《おなじき》麓《ふもと》より猶西《なおにし》、吉水《よしみず》の北辺《きたのほとり》に、遺骨を掘渡《ほりわたし》て、仏閣《ぶっかく》をたて影像《えいぞう》を安《あん》ず。此時《このとき》に当《あたり》て、聖人相伝《そうでん》の宗《しゅう》義《ぎ》いよ〳〵興《こう》じ、遺訓《ゆいくん》ますます盛《さかん》なること、頗《すこぶる》在世《ざいせ》の昔に超《こえ》たり。すへ《べ》て門葉国郡《もんようこくぐん》に充満《じゅうまん》し、末《まっ》流《りゅう》処々《しょしょ》に遍布《へんぷ》して、幾《いく》千万といふ《う》ことをしらす《ず》。其稟教《そのほんぎょう》を重くして、彼報謝《かのほうしゃ》を抽《ぬきんず》る輩《ともがら》、緇素老少《しそろうしょう》、面々《めんめん》あゆみを運《はこび》て、年々廟堂《びょうどう》に詣《けい》す。…

訳文

文永九年（一二七二）冬の頃に、東山《ひがしやま》の西の麓《ふもと》、鳥部野《とりべの》の北の地の、大谷《おおたに》の墓《はか》を改葬して、同じ東山の麓《ふもと》からさらに西の吉水《よしみず》の北あたりに、遺骨を掘り起して移し、仏堂を建てて、聖人の姿を写した影像を安置した。この時に際して、聖人が受け伝えた宗派の教義は一層栄え、残された教えがますます盛んなことは、この世においでになった昔をはなはだ超《こ》えている。総じて門徒は全国に満ちあふれ、一門の末に連なるものは、到るところにあまねく広がっていて、どれほどの数か分からないほどである。その仏《ほとけ》の教えを受け継ぐことを大切に思い、彼《か》の祖師の恩に感謝してそれに報《むく》いようとはげむ仲間の人達は、僧侶も俗《ぞく》人も老人も若者も、おのおの足を運んで、毎年廟堂に参詣している。…

史料②『親鸞聖人伝絵（高田本）』「廟堂創立」の絵より、「聖人の廟堂」
写真『真宗重宝聚英』（同朋舎メディアプラン）

（三）大谷廟堂の念仏衆と諸国門徒の志
―史料『信海・顕智・光信連署書状』―

大谷の廟堂には関東の門徒衆から送られる志によって、毎月二十七日の聖人祥月命日逮夜に念仏を勤行する、念仏衆と呼ばれる僧侶が置かれていたようである。井上鋭《とし》夫氏（一九二三～一九七四年）の解釈[1]によると、関東の門徒[2]の指導者であった信海（順信）・顕智・光信（源海）の三人が、その念仏衆に対して勤行を怠ることを警告した書状《史料》が京都西本願寺に残されている。書状中の「勤行のための費用を大谷の覚信御房（覚信尼）のところへ預けておく」という表現からは、東国門徒と覚信尼との初期の関係を窺《うかが》うことができる。

注　1―『一向一揆の研究』（一九六八年発行）。井上鋭夫氏（一九二三～七四年）は、元新潟大学教授・金沢大学教授、日本史学者。一向一揆の研究家として知られる。

2―門徒という言葉は、この時期に初めて現われる。

史料『信海・顕智・光信連署書状』京都西本願寺蔵

写真 浄土真宗本願寺派本山　本願寺

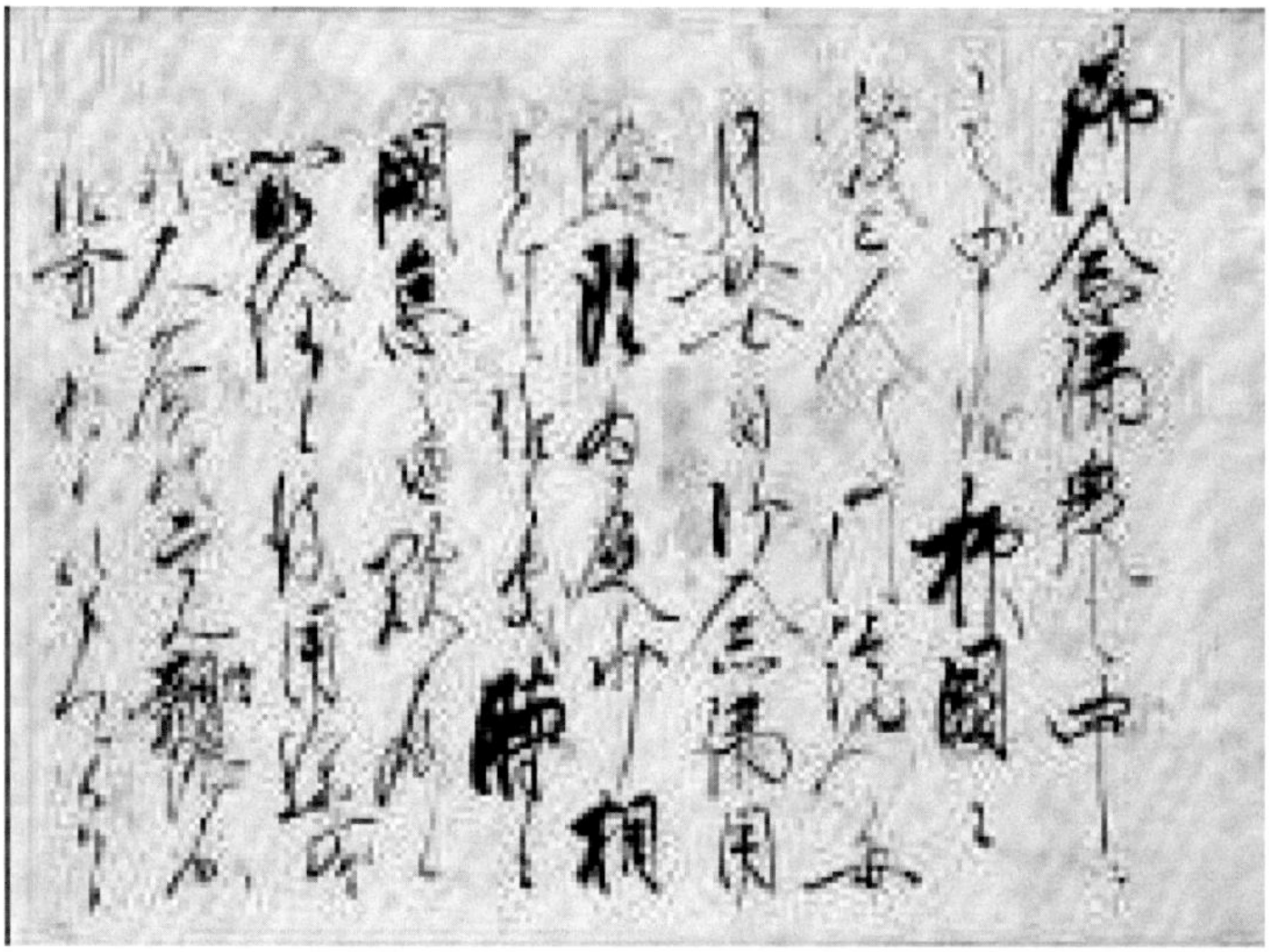

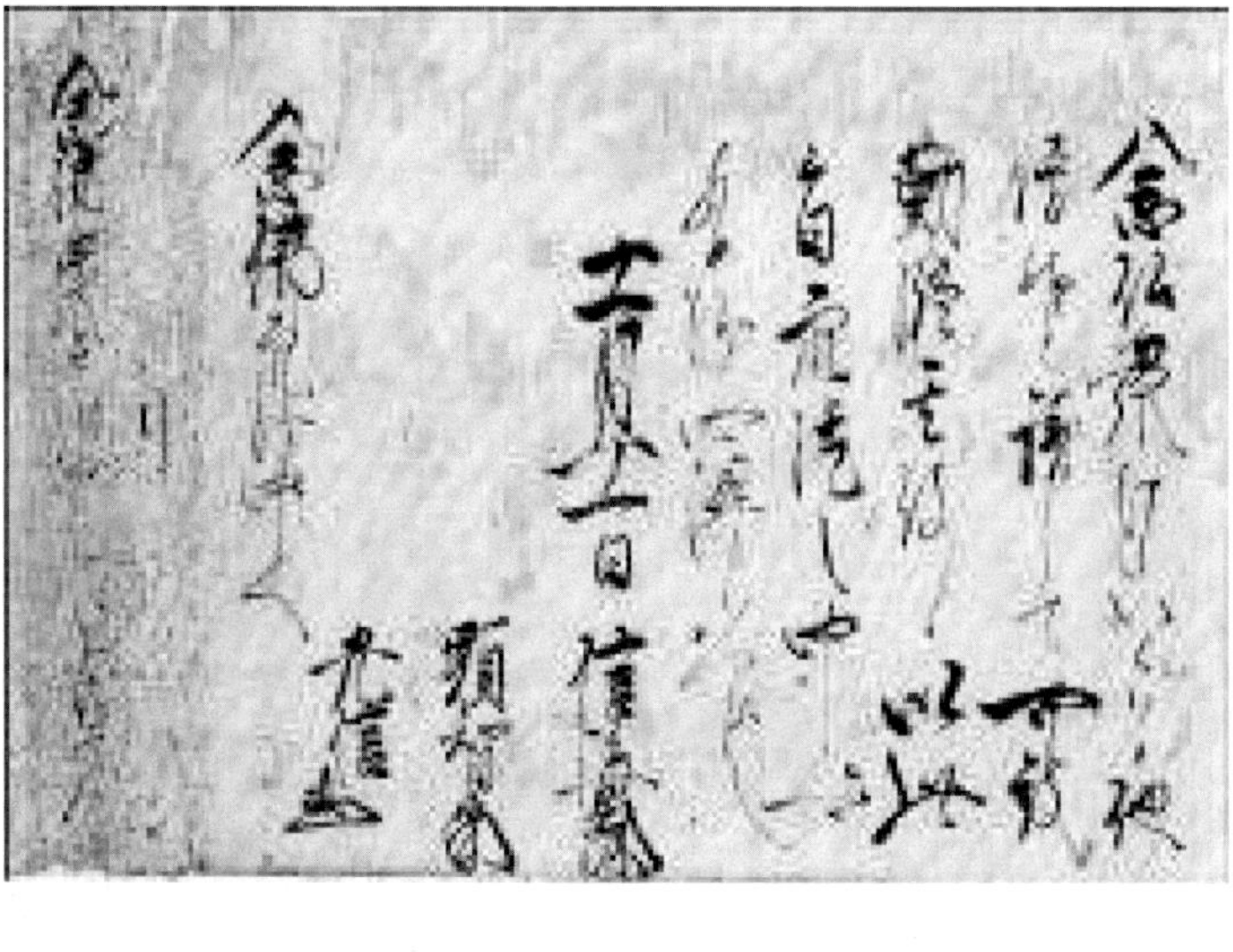

本文

御念仏衆之《の》中に令《れ》レ申《もうさ》候《そうろう》。抑《そもそも》国々《の》故上人之門徒《の》人々、毎月廿七日《の》御念仏用途《のようと》、雖《いえども》レ為《たりと》二乏少《ぼうしょう》一、相《あい》はけみ《げ》候《そうろう》之《の》処《ところ》、時々闕怠《けつだいの》之由《よし》、歎存《なげきぞんじ》候《そうろう》。所《ところ》二詮《せんじ》候《そうろう》一。彼《かの》用途《ようと》をは《ば》大谷の覚信御房御方《のおんかた》に□（お）かれもして候《そうらわ》は《ば》、、念仏衆けたい《だ》候《そうらわ》は《ば》、、他僧をも請《しょうじ》して、可《べく》レ致《いたす》三勤《ごん》二修《しゅう》其《その》役《やくを》一候《そうろう》。以《もって》二此《の》旨《おもむきを》一衆徒之《の》中《うち》に可《べく》レ有《ある》二御心得《おんこころえ》一候《そうろう》。恐々謹言《きょうきょうきんげん》

十一月十一日

信海（花押）

顕智（花押）

訳文

（大谷廟堂の）御念仏衆に申し上げます。そもそも、諸国の故（親鸞）聖人の門徒の人々は、毎月二十七日の御念仏勤修のために必要な費用を、十分なことではありませんが、互いに（送るように）努めておりますのに、（大谷廟堂の御念仏衆は）時々（勤行を）怠《おこた》っているとのこと、嘆かわしく思います。あれこれ考えてみましたところ、彼《か》の勤行のための費用を大谷の覚信御房（覚信尼）のところへ（預けて）置くようにしますならば、もし今後念仏衆が、勤めを怠《おこた》るようなことがあっても、他の僧侶を招いて、その役目を勤修することができます。このことを、衆徒（僧たち）の間でも、御承知ありたい。恐れながらつつしんで申し上げます。

（弘安三年・一二八〇）　十一月十一日

信海（花押）

顕智（花押）

念仏衆御中へ

光信（花押）

［上書き］

念仏衆徒《しゅと》御中　　いなかの人々

（大谷廟堂の）
念仏衆御中へ

光信（花押）

［上書き］

念仏衆徒《しゅと》御中　　田舎の人々

第二節　小野宮禅念と廟堂の土地

（一）大谷廟堂の土地

―史料『唯善申状案』―

大谷廟堂は、現在の元大谷崇泰院《そうたいいん》の土地に建てられていたが、実はこの土地は、覚信尼の二度目の夫の小野宮禅念《おののみやぜんねん》が私有する宅地であった。そのことは高田派本山専修寺に残される『唯善申状案《ゆいぜんもうしじょうあん》』史料という文書から知ることができる。この文書は、覚信尼と禅念との間に誕生した唯善《ゆいぜん》が、後に兄の覚恵《かくえ》（覚信尼と最初の夫である日野広綱《ひろつな》との間に誕生した子息）と大谷廟堂の相続を争った際に、院に提出された文書で、大谷廟堂の成立について、唯善が了解している事実が記されている[1]。この中には私有地が敷地とされたということ、文永九年（一二七二）門徒たちと力を合わせて建立したこと、聖人の姿を写した影《えい》像《ぞう》を安置したこと等が記述されている。文永九年は『親鸞聖人伝絵』が記す年代に一致し、その信憑性《しんぴょうせい》が裏付けられる。

注　1―大谷廟堂建立当時、唯善は七歳であった。

史料『唯善申状案』　高田派本山専修寺蔵

本文

右《みぎ》件《くだんの》坊《ぼう》地《ち》者《は》、親父《しんぷ》禅念《ぜんねんが》相伝《そうでんの》私《し》領《りょう》也《なり》。而《しかるに》吾《わが》祖《そ》□《し》親鸞《しんらん》、為《として》二法然上《ほうねんしょう》人《にんの》弟子《でし》一、伝《つたえ》二浄土《じょうどの》深義《じんぎを》一、勧《すすむ》二□《（まつ）》□《せの》浅機《せんきを》一。仍《よって》禅念《ぜんねん》以《もって》三帰《き》二敬《きょうするを》仏《ぶっ》法《ぽうを》一、祖師《そし》没後《もつごに》、於《おいて》二別相伝《べつそうでんの》大谷《おおたにの》敷地《しきちに》一、去《いんし》文永《ぶんえいの》第九暦《だいくのれき》、与《と》二門弟《もんてい》等《ら》一合力《ごうりょくして》《あはせてちから》建《こん》二立《りゅうし》一草堂《ひとつのそうどうを》一、安《あん》二置《ち》彼影像《しかのえいぞうを》一。同《おなじき》十二《じゅうに》年《ねんに》死去《しきょし》畢《あわんぬ》。…

訳文

右房舎の土地は、父親禅念が伝え継いだ私有地である。けれども私の祖師親鸞は法然上人の弟子として、浄土の深い教義を伝え、末法の世の悟りの素質の浅い者を仏教に帰依させた。そのため（父《ちち》）禅念は、仏法に帰依《きえ》し敬うところから、祖師《そし》（親鸞聖人）の没後、別に伝え継いでいた大谷の敷地《しきち》に、去《さ》る文永九年（一二七二）、門徒たちと力を合わせて、一《ひと》つの草堂を建立し、彼《か》の聖人の姿を写した影像を安置した。そして、同じ文永の年の十二年（一二七五）に死去したのである。…

（二）小野宮禅念の出自

――史料『最須敬重絵詞』、『尊卑分脈』――

小野宮《おののみや》禅念の家柄については、覚如上人の伝記『最須敬重絵詞《さいしゅきょうじゅうえことば》』（史料①）に、小野宮《おののみや》少将入道具親《ともちか》の子息と記されている。小野宮具親とは、鎌倉時代の歌人として知られた村上源氏の源具親《みなもとのともちか》のことである。平安時代から鎌倉時代にかけて京都の朝廷で圧倒的な勢力を誇っていたのは藤原氏であったが、それとかろうじて拮抗《きっこう》できた家柄が村上源氏で、その本流は久我《こが》家と称していた。源具親の家系はその傍流《ぼうりゅう》で小野宮家とよばれていたのである。けれども、南北朝時代末に作られた『尊卑文脈《そんぴぶんみゃく》』（史料②）という最も信頼される家系図には、小野宮具親の子息に禅念という名前は見えず、このことから禅念の出自を村上源氏の小野宮家とする記述を疑う説も出されている。しかし、今日では『最須敬重絵詞《さいしゅきょうじゅうえことば》』で取り上げられているのが禅念の子息の唯善のことであるところから、後に大谷廟堂の横領を企てた唯善と言わば反対の立場にある『最須敬重絵詞』の作者乗専《じょうせん》（一二九五～一三五七年）が、禅念の出自をあえて潤色《じゅんしょく》する必要が認められないとの意見が有力で、禅念の出自が村上源氏であるということは、ほぼ間違いないものと見られている。

史料①『最須敬重絵詞《さいしゅきょうじゅうえことば》』第五巻

【史料解説】覚如上人の伝記で、覚如上人が亡くなった年の翌年、文和《ぶんな》元年（一三五二年）十月十九日に、門弟の乗専によって作られている。

本文

大納言《だいなごん》阿闍梨《あじゃり》弘雅《こうが》トイフ《ウ》人《ひと》アリ。俗《ぞく》姓《しょう》ハ小野宮《おののみや》少将《しょうしょう》入道《にゅうどう》具親《ともちか》朝臣《あそん》ノ子息ニ、始ハ少将阿闍梨《あじゃり》失名ト申《もうし》ケル人《ひと》ノ世《よ》ヲ遁《のがれ》テ禅念房《ぜんねんぼう》トナン号《ごう》セシ人《ひと》ノ真弟《しんてい》ナリ。…

訳文

大納言阿闍梨弘雅《あじゃりこうが》1という人がいた。僧侶になる前の家柄は、小野宮《おののみや》少将入道具親朝臣《ともちかあそん》2の息子で、始めは少将阿闍梨（氏名がわからない）と言った人で、世俗をのがれて出家し禅念房と称した人の実子にして弟子である。…

注　1─覚信尼次男唯善。
　　2─朝臣は五位以上の人に付ける敬称。

史料②『尊卑分脈《そんぴぶんみゃく》』「村上源氏図」

【史料解説】『尊卑文脈』は、源氏・平氏・藤原氏・橘氏など主要な諸氏の系図を集大成した書物で、南北朝時代末に洞院公定《とういんきんさだ》（一三四〇～一三九九年）が編集している。現在残されている諸系図の中では、最も信頼されているものである。

系図

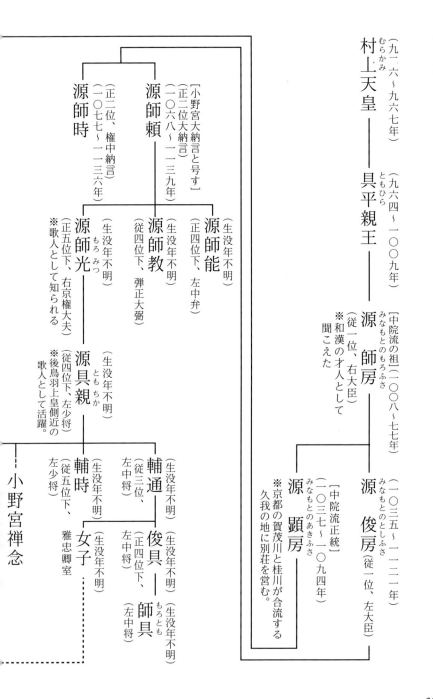

村上天皇《むらかみ》（九二六～九六七年）

具平親王《ともひら》（九六四～一〇〇九年）

源　師房《みなもとのもろふさ》〔中院流の祖〕（一〇〇八～七七年）（従一位、右大臣）
※和漢の才人として聞こえた

源　俊房《みなもとのとしふさ》（一〇三五～一一二一年）（従一位、左大臣）

源　顕房《みなもとのあきふさ》〔中院流正統〕（一〇三七～一〇九四年）
※京都の賀茂川と桂川が合流する久我の地に別荘を営む。

源師頼〔小野宮大納言と号す〕（正二位大納言）（一〇六八～一一三九年）

源師時（正二位、権中納言）（一〇七七～一一三六年）

源師能（生没年不明）（正四位下、左中弁）

源師教（生没年不明）（従四位下、弾正大弼）

源師光《もろみつ》（生没年不明）（正五位下、右京権大夫）
※歌人として知られる

源具親《ともちか》（生没年不明）（従四位下、左少将）
※後鳥羽上皇側近の歌人として活躍。

輔通（生没年不明）（従三位、左中将）

輔時（生没年不明）（従五位下、左少将）

小野宮禅念

俊具（生没年不明）（正四位下、左中将）

師具《もろとも》（生没年不明）（左中将）

女子（生没年不明）雅忠卿室

- 後鳥羽院宮内卿（生没年不明）※後鳥羽上皇に仕えた著名な女流歌人。藤原俊成女と並び称された。（→雅忠）

〔久我家の祖〕
- 源雅実《みなもとのまさざね》（一〇五九～一一二七）（従一、太政大臣）
  - 雅定《まささだ》（一〇九四～一一六二）（正二位、右大臣）
    - 雅通《まさみち》（一一一八～七五）（正二位、内大臣）
      - 通親《みちちか》（一一四九～一二〇二）（正二位内大臣）※鎌倉時代初期の反幕派の中心。
        - 源通具《みちとも》（一一七一～一二二七）（正二位、大納言）※歌人として知られる。
        - 久我通光《こがみちみつ》（一一八七～一二四八）（従一位、太政大臣）
          - 通忠（一二一六～五〇）（正二位、大納言）
          - 雅忠（一二二八～七二）（正二位、大納言）
        - 土御門定通《つちみかどさだみち》（一一八八～一二四七）（正二位、内大臣）
        - 中院通方《なかのいんみちかた》（一一八九～一二三八）（正二位、大納言）
          - 中院通成《みちなり》（一二二二～八七）（正二位、内大臣）
          - 〔北畠家〕北畠《きたばたけ》雅家（一二一五～一二七四）（正二位、権大納言）

※生没年と位階・官職は『尊卑分脈』に基づき、一部他資料より加えた。また、枝末の部分は省略した。

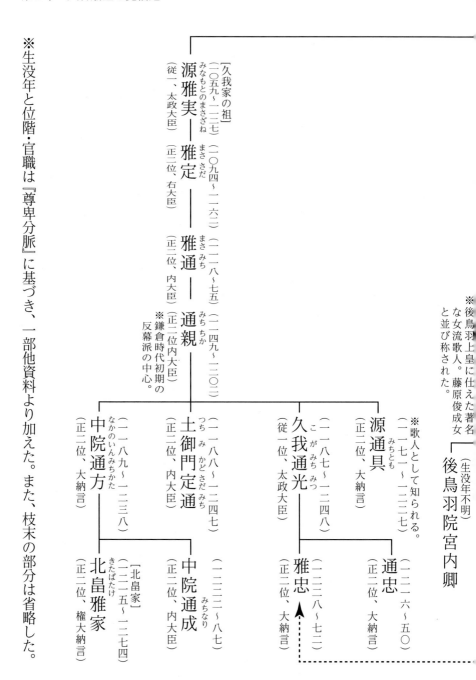

(三) 覚信尼の経歴

― **史料** 『留守職相伝系図』、『恵信尼書状』第十通目 ―

村上源氏小野宮家の禅念と覚信尼との縁は、覚信尼が仕えていた久我通光《こがみちみつ》から生じたものと思われる。京都西本願寺には、覚如上人が作成したと見られる『留守職相伝系図《るすしきそうでんけいず》』[史料①]というものが伝えられており、その中に覚信尼の経歴が見出される。ここには、覚信尼が久我《こが》太政大臣《だいじょうだいじん》通光《みちみつ》公に仕えたことが記されている。『尊卑分脈』（前出資料）によると、久我家と小野宮家とは本家分家の関係にあり、しかも禅念の姪《めい》に当たる小野宮輔道の娘が、久我《こが》通光《みちみつ》の次男雅忠に嫁いでいるという関係も見出される。従って、禅念と覚信尼との縁も、久我家との縁につながるものと推測することができる。

禅念と覚信尼とは、いつ結婚したのであろう。その手掛かりとなる記述が、覚信尼の母恵信尼の手紙[史料②]（『恵信尼書状』）の中に見出される。それは「おとゝしやらん、むまれておは《わ》しまし候《そうらい》ける…」〈**訳文** おととしでしたかしら、お生まれになったとお聞きしました…〉と言う記述である。これはすなわち覚信尼と禅念との間に生まれた次男唯善のこと考えられている。従って、この手紙が記された文永五年（一二六八）の二年前に唯善が生まれ、その前年か前々年に覚信尼は禅念と再婚したのではないかと推測されるのである。この年は親鸞聖人入滅の二、三年後に当たる。一説に親鸞聖人在世中の結婚を主張する学者もいるが、『唯善申状《もうしじょう》案』（本節（一）史料）に「仏法に帰依し敬うところから…草堂を建立し」とあるのみで、親鸞聖人との関係があれば当然強調されるであろう記述がまったく見出せない。やはり、聖人入滅後の再婚とするのが妥当なところであろう。

　そう考えると、廟堂が建立されたのは、再婚してからまだ十年も経たない時期だということになる。それも再婚した夫の宅地に建立するというのであるから、夫禅念の余程の理解があったからに相違あるまい。それほどまでに夫の宅地にこだわったのは、覚信尼に「何とか自分の手で廟堂を護持してゆきたい」という強い願望があったからではなかろうか。

史料① 『留守職相伝系図』—覚如上人の制作— 写真 京都西本願寺蔵

影印文

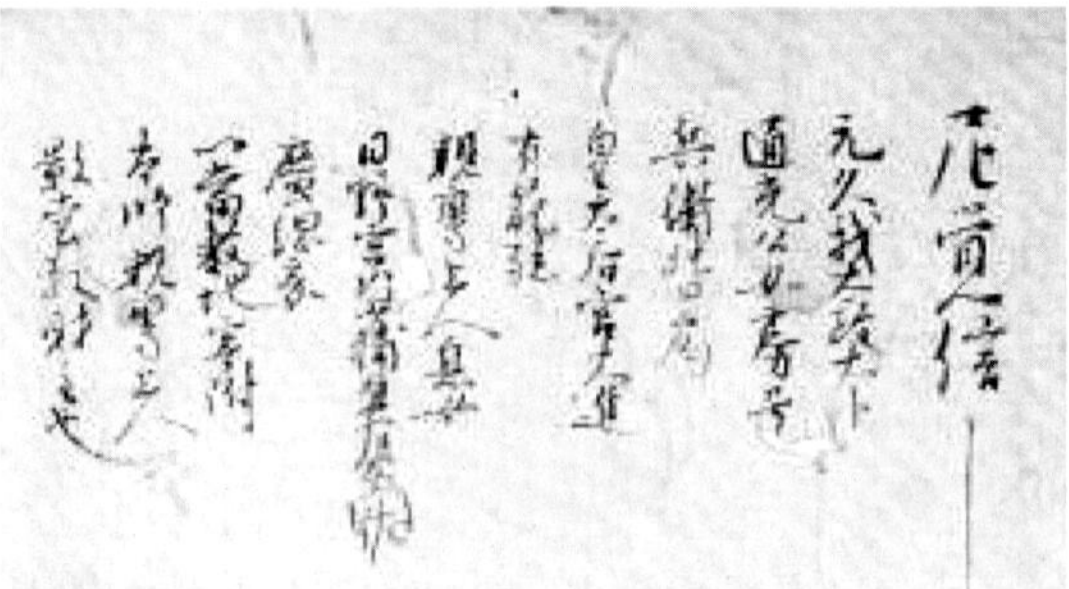

本文

尼覚信《あまかくしん》‐
元久我《こが》太政《だいじょう》大臣
通光《みちみつ》公女房号
兵衛督局《ひょうえのかみのつぼね》
皇太后宮大進《こうたいごうぐうのだいしん》
有範孫《ありのりまご》
親鸞聖人息女《そくじょ》
日野宮内少輔《しょうふ》兼左衛門佐《さえもんのすけ》
広綱《ひろつな》妾
以《もって》二当敷地《を》一寄附
本師親鸞上人
影堂敷財主也《なり》

訳文

覚信尼―始め久我《こが》太政大臣《だいじょう》通光《みちみつ》公に仕えた女性で、兵衛督《ひょうえのかみ》の局《つぼね》と称した。皇太后宮大進《こうたいごうぐうのだいしん》日野有範《ありのり》の孫に当たり、親鸞聖人の娘である。日野宮内少輔《くないしょうふ》兼左衛門佐《さえもんのすけ》広綱《ひろつな》の妾となる。当大谷廟堂の敷地を寄附し、根本の師親鸞聖人の影堂を施《ほどこ》した所有者である。

史料②『恵信尼書状』第十通目―文永五年（一二六八年）恵信尼八十七歳―

本文

なによりも〳〵きんたち《だ》の御事、こまかにおほ《お》せ候へ《え》。うけたまはり《わ》たく候《そうろう》也《なり》。おと丶しやらん、むまれておは《わ》しまし候《そうらい》けるとうけ給《たま》はり《わ》候《そうらい》しは、それもゆかしく思《おもい》まいらせ候《そうろう》。…

訳文

なによりもなによりも、お子たちのことをくわしく聞かせてください。うけたまわりたいと思います。おととしでしたかしら、お生まれになったとお聞きいたしましたお子たちのことも、どんな子か知りたいものです。…

（四）禅念宅地の手継証文

―**史料**『平氏女奉沽却禅念房券案』等―

京都西本願寺には、小野宮禅念の土地の売買文書の写しが残されており、禅念がどのような売買経路をたど[史料①]って、この土地を手に入れたかを知ることができる。

当時、土地を売買する時、その土地が以前に売買されたり譲られた時の権利書のすべてを添えることになっており、それを手継証文《てつぎしょうもん》と言った。手継証文を添えるのは、もし誰かがこの土地を自分のものだと主張したとしても、これによってその所有を証明できるからである。その売買文書の中でも最も新しいものは、禅念がこの土地を買った時の権[史料②]利書で、沽券《こけん》あるいは沽《こ》却《きゃく》状《じょう》とよばれているものである。これによると、禅念は正嘉《しょうか》二年（一二五八）七月二十七日、「平氏の女」と「さいしん」から八十貫文でこの土地を手に入れていることが分かる。正嘉二年（一二五八）は、親鸞聖人八十六歳の年に当たり、まだ覚信尼と結婚する前のことであったと思われる。八十貫文という金額は、現在の標準米に換算すると四三〇〇万円程の金額で、当時の物価からはかなりの大金だったようである。聖人の廟堂はこのような貴重な土地に建てられていたのである。禅念宅地の手継証文からはまた、宅地の様子[史料③]を知ることができる。おそらく東西に細長い土地の西大路という大道に面した側に禅念の住いが在ったものと思われる。そして、廟堂は崖に面した東側の部分であったと推測される。

史料①「大谷屋地手継証文」による禅念の土地売買経路

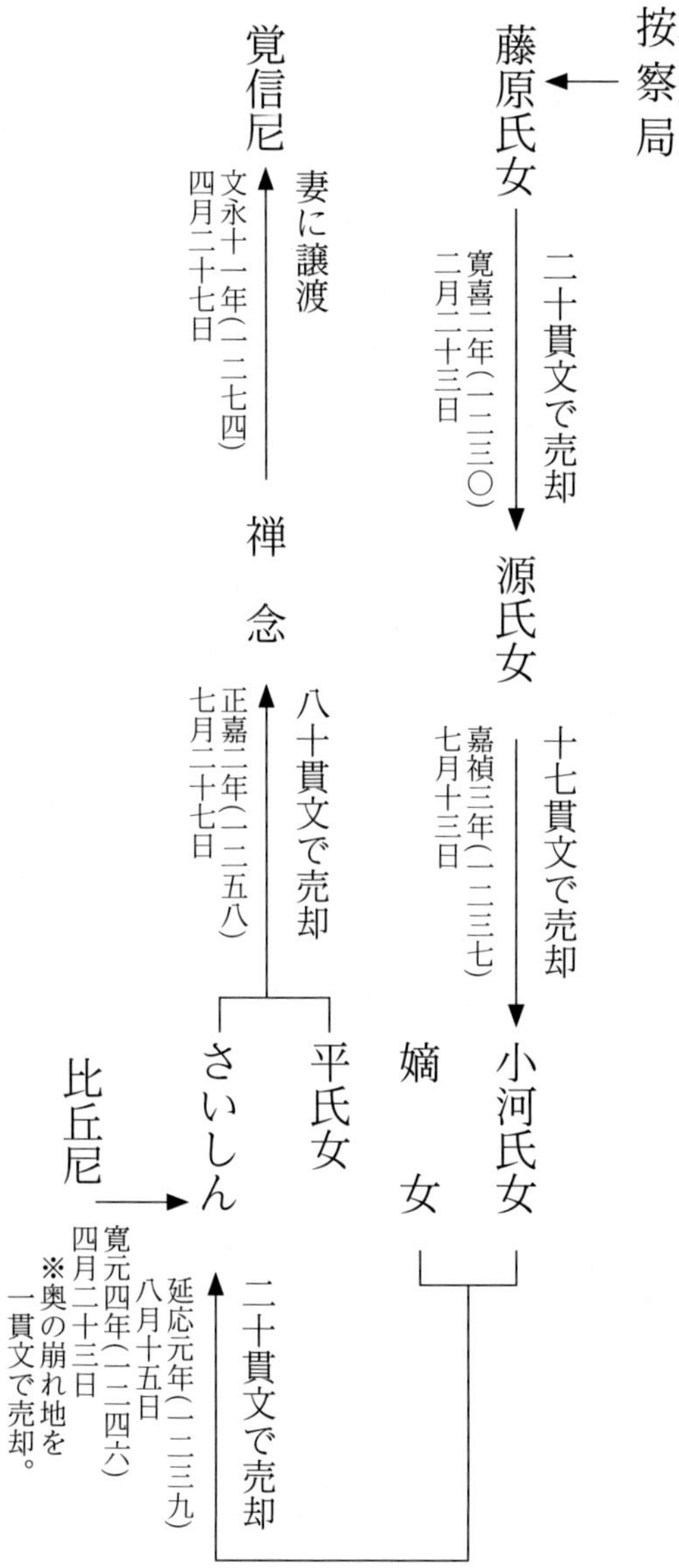

史料② 『平氏《へいし》女《おんな》奉《たてまつる》レ沽《こ》二却《きゃくし》禅念御房《ぜんねんごぼうに》一券案《けんあん》』―京都西本願寺蔵―

[史料解説]この文書の名称は、弘安六年（一二八三）直後に作られたとされる『大谷屋地手継所《おおたにやちてつぎ》持目録』に記されている名称である。

本文

沽《こ》却《きゃくす》屋地《やち》壹処《いっしょの》事

合《あわせて》壱《いち》戸《へ》主《ぬし》余《あまり》　積伍拾壱丈

口《こう》南北伍丈《ごじょう》二尺五寸　奥《おく》南北四丈五尺

奥《おく》東拾壱《じゅういち》丈伍尺

在《あり》二今小路《いまこうじの》末南《のに》一　限《かぎり》二西大道《はだいに》一限《かぎり》二東堺《ひがしはさかい》クヒ《ィ》一限《かぎり》二北類地《きたはるいちに》一限《かぎる》二南類地《みなみはるいちに》一

右件《みぎくだんの》屋地者《やちは》、平氏《へいし》女相伝之《の》私領《しりょうなり》也。雖《いえども》レ然《しかりと》、依《よりて》レ有《あるに》二直要用《じきのようよう》一、于《に》二銭捌拾貫文《ぜにはちじっかんもん》一、限《かぎりて》二永代《を》一、禅念《ぜんねん》御房《に》、相《あい》二副手継《そえてつぎ》四通《を》一、奉《たてまつる》二沽渡《こと》一事《こと》、実《じつなり》也。更以《さらにもって》不《ず》レ可《べから》レ有《ある》二他妨《たのさまたげ》一。若向後《もしきょうこう》違乱出来《いらんしゅったい》者《せば》、可《べき》レ奉《たてまつる》レ返《かえし》二直《ただちに》本銭《を》一者《ものなり》也。仍為《よってために》レ備《そなうる》二後代《こうだいの》亀《き》鏡《きょうに》一放《はなつこと》二券文之《の》状《を》一、如《ごとし》レ件《くだんの》。

正嘉二年七月廿七日

たいらの女　在判

さいしん　在判

訳文

［平氏の女が善念御房に売却申し上げる土地の権利書の写し］

屋敷の土地一ケ所を売却すること。

合わせて一《いち》戸《へ》主《ぬし》余《あま》り[1]　面積五十一平方丈《じょう》（一四四坪、約四七五平方メートル）

入口（の幅）は南北五丈二尺五寸（約十五・七メートル）

奥（の幅）は南北四丈五尺（約十三・五メートル）

奥行は東に向かって十一丈五尺（三四・五メートル）

今小路《いまこうじ》に続く南側にある。西は大道を境とし　東は杭を境とし　北は隣の土地を境とし　南は隣の土地を境とする

右に記した屋敷の土地は、平氏の女が受け継いだ私領であります。しかしながら急な必要があって、八十貫文[2]で年紀[3]を限らないで禅念御房に、手継《てつぎ》証文四通をいっしょに添えて、売却申し上げるということが、この文書の内容であります。（これについては）少しも他人の妨げがあってはなりません。もし今後、これに異を称える者が現われたならば、すぐにこのお金はお返し申し上げます。そのようなわけで、後世の証拠とするために、権利書の文を記した書状を、決まりに従って発行します。

正嘉二年（一二五八）七月二十七日　　たいらの女　在判

さいしん　在判

注
1——一戸主は、京都の町における地割面積の単位で、間口五丈（約十五メートル）・奥行十丈（約三十メートル）の地所を言う。
2——一貫文は米一石の価値とされ、現在の標準米の価格に換算しておよそ五万四千円程である。そこから計算すると二十貫文は百八万円、八十貫文は四百三二万円となる。
3——当時の売買には一定期間だけの年期売買と今日の売買に近い永代売とがあった。

史料③「大谷廟堂の土地とその周辺」地図

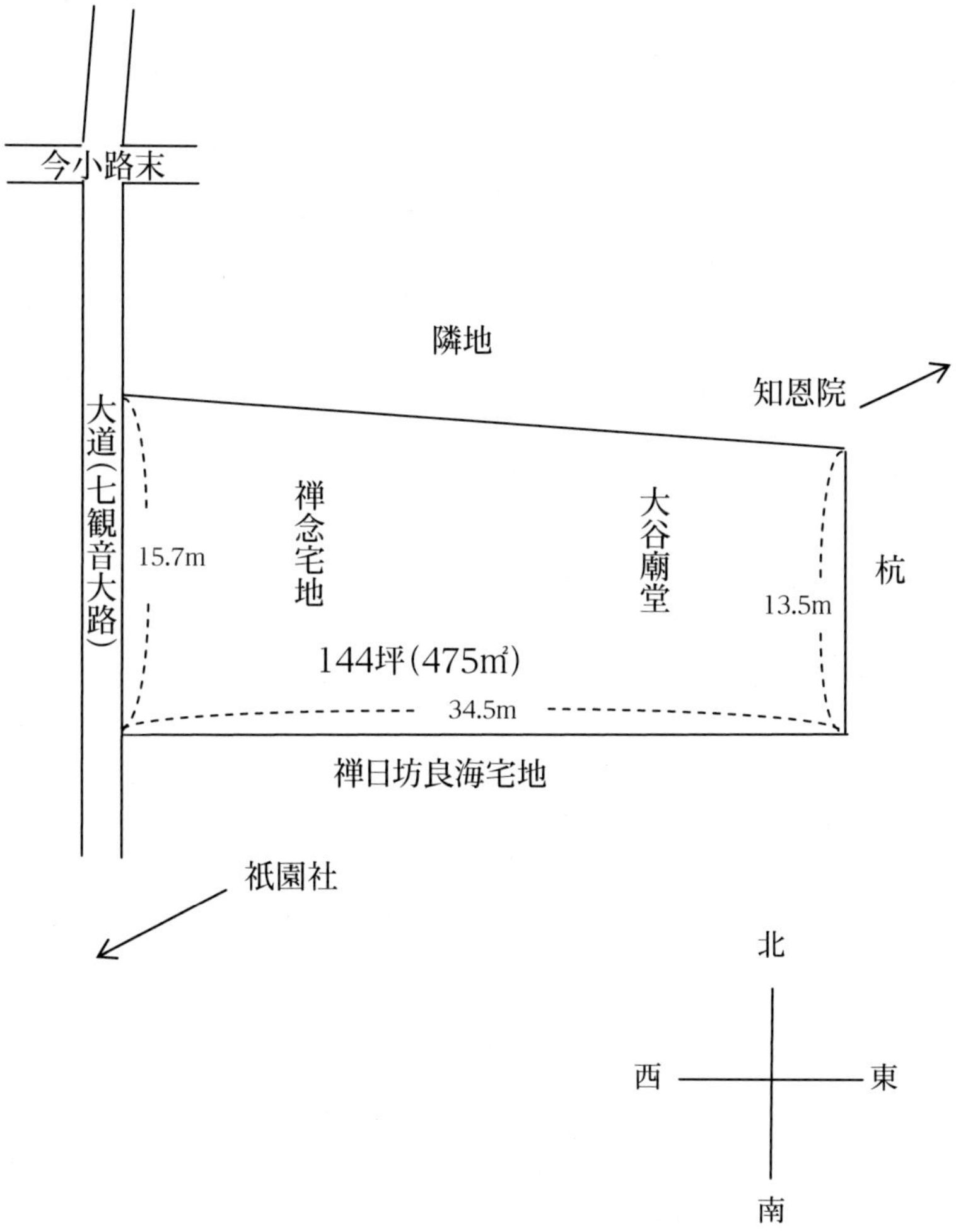

第三節　覚信尼の寄進状

（一）禅念の譲状

―史料『善念御房覚信御房ニ譲状案《ゆずるじょうあん》』―

大谷廟堂に宅地を提供した小野宮禅念《おののみやぜんねん》は、廟堂建立の二年後の文永十一年（一二七四）、みずからの宅地を妻の覚信尼に譲る文書を記した。それが京都西本願寺に写しが伝わる『禅念御房覚信御房ニ譲状《ゆずる》』史料である。譲状《ゆずりじょう》は親から子、祖父母から孫など直系卑属への財産譲渡を行うための文書で、この場合一名丸《いちみょうまる》[1]（唯善）が最も正統な相続人[2]と考えられる。しかし、一名丸はまだ九歳位であったと思われ、覚信尼の生活も東国の門弟達に頼らざるを得なかった事情から、土地の譲渡を覚信尼に委《ゆだ》ねたものと考えられる。禅念がこの翌年に亡くなっていることから見て、この文書は病《やまい》が重くなったか、体の衰えを感じて書いたものと想像される。

この文書で禅念は、「一 みゃ《よ》うは《ぼ》うには、ゆつ《ず》りたばうたは《わ》じは御心に候《そうろう》べし」〈**訳文** 一名房（唯善）に、この土地をお譲りになるならないは、あなたの御心《おこころ》で決めるべきです〉

と文書に記している。このように記した禅念の真意について、井上鋭夫《としお》氏[3]（一九二三～七四年）は、一名丸（唯善）がまだ九歳の幼少であったことから、土地の処置を暫定的に母親覚信尼に託したと解している。当時の土地の相続問題は妻の立場に配慮するという性格のものではなかったようで、それを覚信尼の意志に委ねたというのは、大谷廟堂の護持の事を余程考えた結果としか思えない。

注　1―恵信尼書状から文永三年（一二六六）誕生と推測。
2―本書第一章第二節（二）史料 参照。
3―『一向一揆の研究』（昭和四十三年発行）一一〇～一一一頁

史料『**禅念御房覚信御房ニ譲状案**』

文永十一年（一二七四年）四月二十七日　京都西本願寺蔵

本文

禅念御房覚信御房ニ譲状案《ゆずるじょうあん》
おほたに（大《おお》谷）のやち（屋地）のほんけむ（本券《けん》）五まい（枚）まいらせ候《そうろう》。このふみ（文）をてつき（手継《つぎ》）にて、

訳文

［禅念御房が覚信御房《ごぼう》に（その屋敷の土地を）譲る譲状《ゆずりじょう》の写し］
大谷の屋敷の土地の権利書五枚を差し上げます。この

たのわつ《ず》らひ《い》あるましく《じ》候。一みやうはう（名房《ゆいぜんか名》）[1]には、ゆつ（譲）りたは《ば》うたは《わ》し《じ》は御心にて候へ《べ》し。ゆめ〳〵へ《べ》ちのわつ《ず》らひ《い》あるへ《べ》からす《ず》候なり。

文永十一年四月廿七日　在判

かくしんの御房へ

注　1――唯善の幼名

文書を手継《てつぎ》証文とすれば、他からの面倒なことなどないに違いありません。一名房《いちみょう》[1]（唯善の名）にこの土地を御譲りになるならないは、あなたの御心《おこころ》で決めるべきです。けっしてとりたてて心配する必要はありません。

文永十一年（一二七四年）四月二十七日　在判

かくしん《（覚信）》の御房へ

（二）覚信尼の寄進状

―**史料**『覚信尼大谷敷地寄進状』―

禅念はその翌年建治元年（一二七五）に亡くなってしまうが、大谷廟堂の土地を譲られた覚信尼は、二年後の建治三年（一二七七）、その土地を東国の弟子達宛に寄進した。おそらく悩み抜いた末の決定だったに違いあるまい。西本願寺に伝わる『大谷屋地手継《おおたにやちてつぎ》所持目録』[1]によると、寄進することを証明する寄進状は前後三回にわたって出されている。まず建治三年（一二七七）九月二十二日「下総国さしま[2]（猿島）の常念坊[3]」宛に、同年十一月七日「常陸国[4]ぬの河（布川）教念坊[5]」と「高田顕智坊」宛に、弘安《こうあん》三年（一二八〇）十月二十五日には「[6]飯沼善性《いいぬまぜんしょう》房子息智光坊」と「[7]善性房同朋証信坊」宛に、それぞれ認《したた》められている。このうち二通目に当たる教念、顕智に出された十一月七日の寄進状の実物《史料》が高田専修寺に現存し、また西本願寺にも二通目と弘安三年十月二十五日に出された三通目の寄進状の写しが所蔵されている。

　寄進状とは朝廷の有力者や寺社に対して土地や物などを寄進する際に作成される文書だが、平安時代末より、地方の領主が所領の保全をはかるために、その土地を権門勢家に寄進して、本所領家と仰ぐということが広く行われた。覚信尼の寄進状もそうした寄進の形に則《のっと》って記されている。

　その内容を見てみると、「きしん（寄進）すちいち（地一）の事」〈**訳文**土地一ケ所を寄進すること〉という書き出しで始まり、「きしん（寄進）のじゃう（状）くだんのごとし」〈**訳文**決まりに従って寄進状を記しておきます〉で終わる寄進状の本文と、「このやう《よ》をかきて」から始まり「かきを《お》き候也《そうろうなり》」で終わる副状《そえじょう》（本文に添えて記された文）の部分から構成されているのが分かる。

だが、この寄進状は、当時の一般的な寄進状の書き方からすると大分異なったものであり、北西弘《きたにしひろむ》氏（一九二五〜二〇一九年）も[8]「おそらく日本の歴史の中において唯一かわった寄進状といえましょう」と述べている。

それは第一に、寄進の目的が親鸞聖人の墓所として土地を使用するためとされている点である。覚信尼は「亡くなられた親鸞聖人は、私《わたし》覚信の父であられることから、昔の因縁によって、聖人の墓所として年紀を限らないで、寄進申し上げるのであります」と記しているが、自分のためでも他の誰かのためでもない、故人となった父親親鸞聖人の墓所のために土地を寄進しようとしたのである。これは父親ということを越えた、親鸞聖人に対する特別な尊敬心から為された寄進と言えよう。

また第二に、寄進する相手が「親鸞聖人の田舎《いなか》の御弟子達」とされている点である。これは「大谷の廟堂が将来にわたって弟子達の手で護持されるように」と覚信尼が願ってそうしたものであろうが、もし自分の土地の保全をはかろうとするための寄進であるならば、当時の一般的な考え方として、その相手は藤原氏や北条《ほうじょう》氏といった権門勢家（権勢のある家柄）であったはずである。それが権勢など持たない東国の門弟達を寄進の相手にしたのである。これは一体なぜであろう。薗田香融《そのだこうゆう》[9]氏（一九二九〜二〇一六年）はその理由を、「覚信尼の寄進を根本的に動機づけたものが、弟子一人ももたずという同朋主義に徹した彼女の父・親鸞の強烈な感化であったことを結論せざる得ない」と記している。もしこの見解が正しければ、覚信尼の寄進には多分に親鸞聖人の精神が反映されていたと見なされよう。

第三に、覚信尼が、この寄進と引き換えに廟堂の管理を自分の子孫に委《ゆだ》ねてくれるように訴えている点である。寄進状の本文には「親鸞上人の御弟子の人達の御心《おこころ》にかなうものを〈選んで〉、この墓地を預け与えてくだされ、管理されるのがよいでしょう」と記されているが、副状《そえじょう》の部分には、「この御め《みょ》うだう（廟堂）あつ《ず》かりて候《そうらわ》はんす《ず》る、あまがすゑ《え》〳〵《ずえ》の物と《ど》ん」〈**訳文** この御廟堂を預かっておりましょう尼《あま》（覚信尼）の子孫のもの達〉とか「この御はかあいつぎて候《そうらわ》はんずるあまがこ」〈**訳文** この墓を受け継いでおりますでしょう尼の子〉と記されていて、覚信尼の真意が、「この寄進と引き換えに廟堂の管理を自分の子孫に委ねてくれるように」と訴えていることが読み取れる。

以上のように見てゆくと、覚信尼の寄進の性格は、「親鸞聖人の廟堂の護持という目的を通して、東国の弟子達に土地の所有を委《ゆだ》ね、その代りに廟堂の管理を自分の子孫が行い、弟子達の志で生活が支えられるように」との配慮から行われたものととらえることができる。けれどもこのような土地の寄進は、当時の土地相続の常識からすると極めて特異なものであった。従って覚信尼は、この寄進の内容が妨害されないように大変な心遣いをしている。寄進状の本文には「覚信が死んだ後、この土地を受け継ぐのちのちの人は、土地の権利書を持って、(例え私の) 子孫であっても、田舎のお同行の心にそわないで、勝手に売ったり、このことに異を称えるような連中ならば、時を経《へ》ずに奉行《ぶぎょう》に訴えて、処罰するようにしてください」と記され、副状《そえじょう》にも同じ内容が記されている。そこには、次男一名丸(唯善)が土地相続の問題で異を称えることを心配する覚信尼の気持ちが窺《うかが》われる。もう一つ、覚信尼の寄進には、後の本願寺の歴史を考える上でとても重要なことが含まれている。それは同朋《どうぼう》意識に根ざした血統世襲制がここに始まったということである。これが様々な変遷《へんせん》を経《へ》て、後の本願寺教団の礎《いしずえ》となってゆくのである。

注　1—弘安六年 (一二八三)直後に作られたと推定。
2—猿島《さしま》とは群馬県前橋市妙安寺の故地である、茨城県猿島郡境町一ノ谷《いちのや》(一ノ谷妙安寺の地) を言う。
3—常念は二十四輩の成然《じょうねん》とされる。群馬県前橋市妙安寺の開基。
4—布川《ぬのかわ》については、笠原本誓寺の寺伝に下総国相馬郡布川布川郷と伝えられている。

5―教念は新潟県上越市笠原本誓寺の開基
6―飯沼《いいぬま》とは、茨城県結城郡八千代町蕗田《ふきた》の地を言う。
7―善性《ぜんしょう》は茨城県古河市磯部の勝願寺《しょうがんじ》（真宗大谷派）の開基であり、また新潟県上越市寺町の浄興寺《じょうこうじ》の開基である。このうち浄興寺は、親鸞聖人帰京の際に稲田の草庵を善性に譲ったのが始まりと伝えられ、聖人入滅時の遺言により、善性がその頂骨を受領し稲田の草庵に納めたところから、聖人の聖地として重要視されるようになる。その後戦火を受けて信濃国長沼から現在の越後国高田（上越市）に移ったとされ、いつの頃からか浄興寺の寺号を称するようになる。その意味は、「浄土真宗興行寺」に由来すると言われている。
8―『覚信尼の生涯』一九八四年発行。北西弘氏は元大谷大学学長、仏教史学者、元仏教大学総合研究所教授。著書には、『一向一揆の研究』一九八一年、『蓮如上人筆跡の研究』等多くがある。
9―「覚信尼の寄進・本願寺教団における世襲制の起源」（『真宗史の研究』宮崎円遵博士還暦記念　昭和四十一年　所収）。薗田香融氏は元関西大名誉教授、日本史学・仏教学者。和歌山市妙慶寺（浄土真宗本願寺派）元住職。

史料『覚信尼大谷敷地寄進状』　建治三年（一二七七年）十一月七日　覚信尼真筆

写真　三重県指定文化財、高田派本山　専修寺蔵　※覚信尼が出した二通目の寄進状

影印文

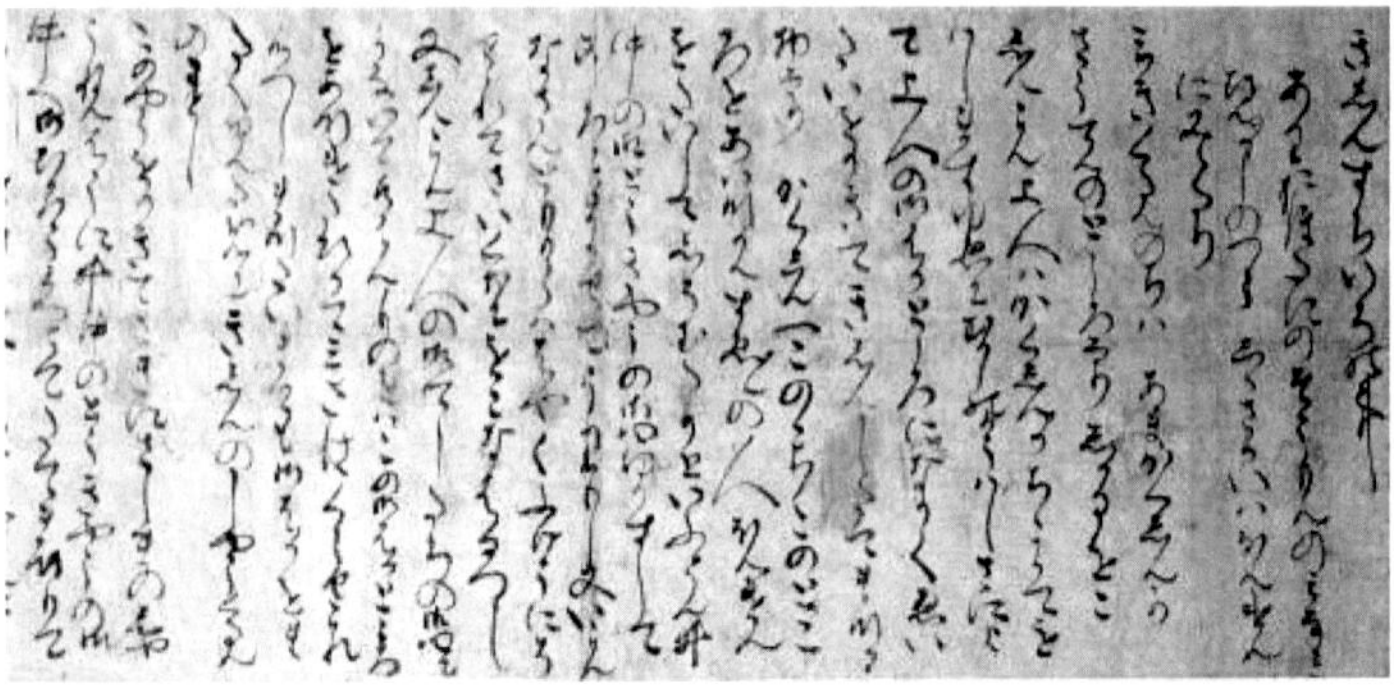

本文

き志ん《(寄進)》す、ち《(地)》いち《(一)》の事。

あり《(在)》、おほたに《(大谷)》のそうもん《(総門)》のみなみ《(南)》、ひん《(東)》かしのつら《(面)》、志ゝさかい《(四至境)》は、ほんけん《(本券)》にみえたり。

みき《(右)》、くたん《(件)》のち《(地)》は、あま《(尼)》かく志ん《(覚信)》か《が》さうてん《(相伝)》のところ《(処)》なり。志《し》かるを、こ《(故)》志んらん《(親鸞)》上人は、かく志ん《(覚信)》か《が》ちゝ《(父)》にてを《お》は《わ》しますゆゑ《え》に、むかし《(昔)》のかう《(芳)》は《ば》しさによて、上人の御はかところ《(墓所)》に、なかく《(永)》ゐいたい《(永代)》をかき《(限)》て、き志ん《(寄進)》したてまつ《(奉)》る物なり。かく志ん《(覚信)》一こ《(期)》のゝち《(後)》、このところをあいつ《(相継)》かんするゑ〳〵《(末々)》の

訳文

土地一ケ所を寄進すること。

(この土地は)大谷の総門の南にある。東面している路《みち》と、東西南北の境は、土地の権利書に見ることができる。

右の土地は、尼《あま》覚信が伝え継ぐ土地です。しかしながら、亡くなられた親鸞上人(聖人)は、私《わたくし》覚信の父であられることから、昔の因縁によって、上人(聖人)の墓所として、年紀を限らないで、寄進申し上げるのであります。覚信が死んだ後、この土地を受け継ぐのちのちの人は、この土地の権利書を持って、(例え

人、ほんけん（本券）をたいして、志そむ（子孫）たりといふ《う》と《ど》ん、ゐ中（田舎《いなか》）の御とうきやう（同《どう》行《ぎょう》）の御心ゆかす《ず》して、こゝろ（心）にまか（任）せてうり（売）もし、又いらん（違乱）なさんともから（輩《ともがら》）は、はや（早）くふけう（奉《ぶ》行《ぎょう》）にそ（訴）せられて、さいくわ（罪《ざい》科）にをこな（行）は《わ》るへ《べ》し。又志んらん（親鸞）上人の御てしたち（弟《で》子達）の御心にかな（叶）いて候は《わ》んものをは《ば》、この御はかところ（墓所《どころ》）をあつけ（預《あず》）たひ（給《たび》）候《そうらい》て、みさは《ば》くらせられ候《そうろう》へ《べ》し。まつたい（末代）まて《で》も御はか（墓）をまたく（全）せんためにき志ん（寄進）のしやう（状《じょう》）くたん（件《くだん》）のこと《ご》し。

このやう（様《よう》）をかきて、さき（先）にさしま（猿島）の志やうねん（常《じょう》念）はう（房《ぼう》）に、ゐ中（田舎《いなか》）のとうきやう（同《どう》行《ぎょう》）の御中へ、御ひ（披

私の）子孫であっても、田舎《いなか》のお同行《どうぎょう》の心にそわないで、勝手に売ったり、このことに異を称えるような連中ならば、時を経《へ》ずに奉行《ぶぎょう》に訴えて、処罰するようにしてください。また親鸞上人（聖人）の御《お》弟子の人達の御《お》心にかなうものを（選んで）、この墓地を預け与えくだされ、管理されるのがよいでしょう。後世まで、お墓が損《そこ》なわれないようにするために、決まりに従って寄進状を記しておきます。

　この事情を書いて、先頃佐島《さしま》（猿島）の常念《じょうねん》房（成然）に、田舎《いなか》のお同行の人達の間で披露されるようにと思って差し上げましたから、

ろう(露)候《そうらえ》へとて、たてまつり(奉)て候《そうらい》しかは《ば》、をなし(同《おなじ》)事にて候《そうらえ》へとん《ど》、とうきやう(同行《どうぎょう》)おほ(多《おお》)くを《お》は《わ》しまし候《そうらえ》へは《ば》、いまた《だ》志ら(知)せ給《たま》は《わ》ぬ人もを《お》は《わ》しまし候《そうろう》らんとて、けんちはう(顕智房《ぼう》)、けうねんはう(教念房《きょうぼう》)なお御ひろう(披露)候へ《え》と思て、をなし(同《おなじ》)事を又かき(書)てまいらせ候《そうろう》うへ《え》は、こゝまつたい(末代《だい》)まて《で》も、上人の御めうたう(廟堂《みょうどう》)の御ち(地)とさため(定《さだ》)て、ゆめ〳〵たの(他)さまたけ《げ》(妨《さまた》)あるまし《じ》く候《そうろう》。もしこの御めうたう(廟堂《みょうどう》)あつかり(預《あずか》)て候《そうら》は《わ》んす《ず》る、あま(尼)か《が》すゑ〳〵(末々《ずえ》)の物(者)と《ど》も、このち(地)をうり(売)もし、七(質《しち》)にもをき(置《お》)て候《そうらえ》とん《ど》、ゆめ〳〵もち(用)ゐ《い》られ候《そうら》は《わ》て《で》、このふみ(文)をもんそ(文書《ぞ》)として、ゐ《い》中の御

同じ事でございますが、同行の人達は大勢いらっしゃいますから、まだ知らせていない人もおられるだろうと思い、顕智《けんち》房、教念《きょうねん》房にもさらに御披露されるようにと、同じ事をまた書いて差し上げます。ですから、ここを後世までも上人（聖人）の御廟堂の地と定めて、けっして他の事で妨《さまた》げられるようなことがあってはなりません。もし（将来）、この御廟堂を預かっておりましょう尼《あま》（覚信尼）の子孫のもの達が、（もし）この土地を売ったり、質に入れたりしましても、けっしてそれを許さずに、この寄進状を正当な文書として、田舎《いなか》

とうきやう（同《どう》行《ぎょう》）たちの御はからいにてを《お》さへ《え》て、くけ（公家《げ》）ふけ（武《ぶ》家）へそせう（訴訟《しょう》）をいたして、御はかのち（墓）（地）になさるへ《べ》し。そのうへ《え》へちの（別《べち》）さいくわ（罪《ざい》科）にもをこな（行）は《わ》るへ《べ》し。ほんけん（本券）ならひ《び》にたいく（代《だい》々）のてつき（手継《つぎ》）と《ど》もをも、このふみ（文）にく（具《ぐ》）して、御とうきやう（同《どう》行《ぎょう》）の中へまいらすへ《べ》く候へ《え》と《ど》ん、きやうへん（京辺）のち（地）のならひ（習《ならい》）、さかいろむ（境論《ろん》）なと《ど》もつれに候時《そうろうとき》に、この御はか（墓）あいつき（継《つぎ》）て候は《わ》んす《ず》るあま（尼）か《が》こ（子）にあつけ（預《あず》）を《お》きて、さかい（境）のあきらめ（諦）をもせさせ候《そうら》は《わ》んために、く（具《ぐ》）してもまいら（せ）候《そうら》は《わ》す《ず》候《そうろう》也《なり》。のち（後）のせうもん（証《しょう》文）のために、かき（書）を《お》き候也《そうろうなり》。

のお同行の人達のお計らいで（それを）押《お》さえて、公家《くげ》や武家へ訴訟して、お墓の地になさってください。その上にまた、それとは別に処罰されるようにしてください。土地の権利書・代々受け継いだ手継《てつぎ》証文も、この寄進状に添えて、お同行の間へ差し上げるべきでございますが、京都あたりの土地の習慣で、境界争いなどがもつれました時に、このお墓を受け継いでおりますでしょう尼（覚信尼）の子に預けておいて、境界争いを断念させるために、添えてございません。後々《のち》の証文とするために、書きおいておきます。

あま《(尼)》かく志ん《(覚信)》

けんち《(建治《じ》)》三ねん《(年)》十一月七日　（花押）

志んらん《(親鸞)》上人のゐ中《(田舎《いなか》)》の御てしたち《(弟子達《でし》)》の御なか《(中)》へ。まつたい《(末代《だい》)》まて《で》もゆめ〱わつらい《(煩《わずら》)》あるましう《じ》候《そうら》へ《え》と《ど》ん、せめての事にかくまて《で》申をき《お》候《そうろう》也《なり》。

尼《あま》覚信

建治《けんじ》三年（一二七七年）十一月七日

親鸞上人（聖人）の田舎《いなか》の御弟子達の間へ。

後世までもけっして面倒なことが起こるはずはないでしょうけれども、これだけでもと思い、このように申しておくのです。

第四節　覚信尼最後の置文

（一）覚信尼三通目の寄進状

——**史料**『覚信尼大谷敷地寄進状案文』——

建治三年（一二七七）九月二十二日、最初の寄進状を認《したた》めた覚信尼にとって、やはり気がかりだったことは、小野宮禅念の宅地の本来の相続者であった次男の唯善が、覚信尼が決意した東国門弟達への土地の寄進を承諾するか否かであった。そこで覚信尼は一通目、二通目の寄進状を記した三年後の弘安三年（一二八〇）再度寄進状[史料]を認めた。寄進状の本文は、二通目のものとほとんど同じ文章であるが、末尾の署名に覚信尼の他に一名丸（唯善）と専証（覚恵）の三人の名が連署されている。これは、大谷廟堂の土地を東国の弟子達に寄進することを子供達に、とりわけ相続権を持つ一名丸（唯善）に承諾させ、私有の願望を思いとどまらせようとの考えからだと見られている。

また副状《そえじょう》では土地の手継証文のことだけが触れられており、特に禅念から覚信尼が土地を譲られた時の譲状《ゆずりじょう》の写しを、裏に花押《かおう》を記して寄進状に添える旨《むね》が記されている。

これは二通目の寄進状には見られなかったもので、北西弘《ひろむ》[1]氏は、寄進することを記した本文を証明するとともに、弟子達に土地をゆだねることが間違いではないとの敬意を表する気持ちを籠めて、裏に花押を記したのではないかと受け止めている。

注　1――『覚信尼の生涯』八〇頁

史料　**『覚信尼大谷敷地寄進状案文』　弘安三年十月二十五日　京都西本願寺蔵**

本文

きしん(寄進)すち(地)の事

あり(在)おほたに(大《おお》谷)のそうもん(総門)のみなみ(南)、ひんかし(東《ひんがし》)のつら(面)、志ゝ(四至《しし》)さかい(境)は、ほんくゐん(本券《けん》)にみ(見)へたり。
みき(右《みぎ》)、くたん(件《くだん》)のち(地)は、あまかく志ん(尼覚信《しん》)か《が》、さうてん(相伝《でん》)のところ(所)なり。しかるを、こ志んらん(故親鸞)上人は、かく志ん(覚信)か《が》ちゝ(父)にてをは《おわ》しますゆへ《え》に、上人の御はかところ(墓所《どころ》)になかく(永《ながく》)ゐいたい(永代)をかき《ぎ》て、き志ん(寄進)したてまつる(奉)ものなり。かく志ん(覚信)　いちこ(一期《ご》)のゝち(後)、このところ(所)をあいつかん(継)か《が》、するゑ〳〵(末々《ずえ》)の人、ほんくゐん(本券《けん》)をたいして、しそん(子孫)たりといふ《う》とも、ゐ中(田舎《いなか》)の御とうきやう(同行《どうぎょう》)たちの御心ゆかす《ず》して、心にま(任)

かせてうり(売)もし、又ゐらん(違《い》乱)なさんともか《が》らは、はやくふけう(奉《ぶ》行《ぎょう》)にそ(訴)せられて、さいくわ(罪《ざい》科《か》)にをこな(行)は《わ》るへ《べ》し。又志んらん(親鸞)上人の御てし(弟《で》子)たちの御心にかないて候《そうら》は《わ》んものをは《ば》、この御はかところ(墓所《どころ》)をは《ば》あつ《ず》けたひ《び》候《そうらい》て、さは《ば》くらせ給《たまい》候《そうろう》へ《べ》く候《そうろう》。まつたい(末代《だい》)まて《で》も御はかところ(墓所《どころ》)をまたくせんために、き志ん(寄進)のしやう(状《じょう》)くたん(件《くだん》)のこ《ご》とし。

弘安三年かのへ《ぇ》たつ十月廿五日

あま(尼)覚信　ありはん(在判)

唯善幼名　一名丸　ありはん

覚恵本名　専証　ありはん

志んらん(親鸞)上人のゐ中(田舎《いなか》)の御てし(弟《で》子《し》)の御中

き志ん(寄進)の状にそへ(添《そえ》)いたす状の案

こ志んらん(故親鸞)上人の御はか(墓)の地の本くゑん(券《けん》)てつき(手継《つぎ》)を、ゐ中(田舎《いなか》)の御同行の御中へ、まいらすへ《べ》しといゐ《え》と《ど》も、京のならい(習)さかい(境)さうろん(争論)なと《ど》も候《そうら》へ《え》は《ば》、この御るす(留守)し候《そうら》は《わ》んす《ず》るあま(尼)か《が》こども(子供《ども》)にあつ(預《あず》)

けを《お》き候《そうらい》て、あきらめ《諦》をもさせ候《そうらわ》はんためにあつけ《預》を《お》き候也《そうろうなり》。せんねん《禅念》の御房のかくしん《覚信》に
ゆつり《譲》たひ《び》候《そうろう》、御てつき《手継》は《ば》かりを、あん《案》をかきてうら《裏》にはん《判》をしてまいらせ候《そうろう》。のち《後》のために
かき《書》を《お》き候《そうろう》ものなり。

弘安三年十月廿五日

あま覚信　ありはん

訳文

寄進状に添えます文書《ぶんしょ》の写し。

—副状《そえじょう》の部分のみ—

亡くなられた親鸞聖人の墓地の権利書・代々受け継いだ手継《てつぎ》証文を、田舎《いなか》のお同行の間へ差し上げるべきですが、京都の習慣で、境界争いなどもございますので、ここの留守《るす》を務めておりますでしょう尼（覚信尼）の子に、境界争いを断念させるために、預けておくのでございます。それで夫の禅念御房が私覚信（覚信尼）に譲ってくださいましたお手継《てつぎ》証文だけを、写しを書いて裏に書判《かきはん》（花押）を記し、差し上げます。後々のために、書きおいておくものです。

弘安三年（一二八〇）十月二十五日　　尼覚信　在判

（二）覚信尼最後の置文《おきぶみ》

―**史料**『覚信尼最後状案文』―

関東の門弟達宛に寄進状を出した覚信尼は、それから間もない弘安六年（一二八三）十一月十八日から咽《のど》の病《やまい》に冒される。覚信尼の病《やまい》については、喉頭癌《こうとうがん》との推測もあるが、肺炎とも考えられはっきりとはしていない。不治の病《やまい》であることを覚った覚信尼は、同年十一月二十四日「最後の置文《おきぶみ》」史料とよばれる文書（『覚信尼最後状』）を認《したた》めた。『大谷屋地《やち》手継《てつぎ》目録』によると、筆をとったのは次男の弘雅《こうが》（唯善）であった。おそらく自分では筆を執ることもできない容体《ようだい》だったのであろう。

置文《おきぶみ》という文書は、将来にわたって守るべき事柄を定めた文書で、相続に関するものが多いようであるが、譲状《ゆずりじょう》のような効力はなく、むしろ将来長期にわたって子孫が守るべき事項を定めている特徴がある。

覚信尼はこの置文で、「このしゃ《よ》う人の御はかの御さたをば、せんせう《しょう》ばうに申を《もうしお》きさ《そ》ふらふ《うろう》なり」〈**訳文**〉この上人（聖人）のお墓の管理を専証房《せんしょうぼう》（覚恵《かくえ》）に言い置いております〉と明言している。覚信尼には、最初の夫・日野広綱との間の長男覚恵《かくえ》と、二度目の夫・小野宮禅念との間の次男唯善《ゆいぜん》という二人の息子がいたが、大谷廟堂の土地を所有する小野宮禅念の実子は、次男のほうであった。鎌倉時代の通例では、土地の正統な相続人は直系卑属（子・孫・曾孫）とされていたから、大谷廟堂の管理を任《まか》せるのならば、唯善のほうがふさわしい。それを、あえて長男の専証房（覚恵）に廟堂の管理を委《ゆだ》ねたというのは、なぜだったのであろうか。覚信尼にとっては、専証房（覚恵）も弘雅（唯善）も共に自分の腹を痛めた子供であり、愛情に差はなかったはずであるが、聖人の廟堂を将来にわたって護持するということから、充分に考慮したのであろう。その上であえて専証房（覚恵）に廟堂の管理を委ねたということになると、弘雅《こうが》（唯善）に廟堂の管理を任《まか》せられないと判断される何かが感じられたからに違いあるまい。弘雅《こうが》（唯善）はその時すでに十八歳になっていた。当然、自分が父親禅念の土地の相続者であるという意識を抱いていたことであろう。そんな弘雅（唯善）に何か不安を感じたとすると、あるいは後に伝えられるように、荒々しい気性の持ち主であったからかもしれない。ともかくも、覚信尼は廟堂の護持を第一に考えて、温厚な性格の専証房（覚恵）に廟堂の管理を委ねようと決断したのであろう。

この置文では、寄進状の「親鸞聖人の御弟子の人達の御心《おこころ》にかなうものを（選んで）この墓地を預け与えてくだされ、管理されるのがよいでしょう」という表現とは異なり、自分の子孫に廟堂の「御沙汰《さた》（管理）」を承け継がせると明言している。これは、廟堂の沙汰《さた》（管理）を承け継ぐ者は前任者が指名するということを暗に示すものであり、今日の真宗寺院で行われている住職の血統世襲制とまったく等しいものと言えよう。

覚信尼はこの置文で、廟堂の沙汰（管理）を専証房（覚恵）に承け継がせることを明言する一方で、自分が亡き後も子供達の生活を支えてくれるように、ひたすら東国の弟子たちに頼んでいる。「この尼がおりました間は、田舎《いなか》の人々の御《お》志《こころざし》のもので、この者たちを養っておりましたけれども、今はどうするであろうかと気がかりに思います」と記す覚信尼の言葉には、子供達の生活を心配する気持ちがよく表われている。殊《こと》に「田畑も持っておりませんので、（財産を）譲って残すということもないのでございます。ただもっぱら田舎《いなか》の人々を頼むばかりでございますので、（この）尼がおりました時と変わりなく、お世話をされ見放されないようであってほしいと思われるのでございます」と、子供達の生活を頼み懇願《こんがん》する母親の情には、涙を催《もよお》させるものがある。それもこれも、聖人の大谷廟堂が将来にわたって護持され、自分の子孫が東国の弟子達の志を受けて廟堂を管理していってほしいという、覚信尼の願いからだったと考えられる。

この「最後の置文」が認《したた》められたのは十一月二十四日のことで、親鸞聖人の祥月命日（後の報恩講）の四日前に相当する。『大谷屋地手継《やちてつぎ》目録』には、この置文について「此日《このひ》東国人々中ニテ披露了《ひろうしおわんぬ》」とあるから、聖人の祥月命日の勤行のために東国から上がって来た弟子達の前で、この置文は披露されたものであろう。こうして大谷廟堂の護持と子供達の生活のことを懇願しつつ、覚信尼は間もなく世を去ったのである。

史料『覚信尼最後状案文』　弘安六年十一月二十四日　京都西本願寺蔵

本文

みはかの御るすの事申つけたるゝ

尼覚信房後状案

十一月十八日よりのとの（咽喉《のど》）のやまひ（病《やまい》）をし候《そうらい》て、い（今）まはこのたひ《び》そ《ぞ》おはり（終《おわ》）にてさふら《そう》へ《え》は《ば》、ゐ中（田舎《いなか》）の人〱（々《びと》）のけさむ（見参《げざん》）もことし（今年）は《ば》かりそ《ぞ》けさん（見参《げざん》）

訳文

（親鸞聖人）御墓の御留守の事を申し付けられる。

尼覚信尼最後の手紙案文

十一月十八日より咽《のど》の病《やまい》にかかりまして、このたびで（私の命も）終わりでございます。ですから田舎《いなか》の人々とお目にかかるのも、今年のかきり(限《かぎり》)にてさ《そ》ふ《う》らひ《い》けるとおほえ(覚《おぼ》)て、しゆくこう(宿《しゅく》業《ごう》)のほと《ど》もふしき(不思議)におほえ(覚《おぼ》)て候《そうろう》。さてはこのしやう(上)人の御はか(墓)の御さた(沙汰)をは《ば》せんせうはう(専証《しょう》房《ぼう》)覚恵本名也に申《もうし》を《お》きさ《そ》ふ《う》ら《ろ》ふ《う》なり。あま(尼)か《が》候《そうらい》つるほと《ど》は、ゐ中(田舎《いなか》)の人く(々《びと》)の御心さ《ざ》しものにて、このものと《ど》もをは《ば》、はくゝ(育《はぐく》)み候《そうらい》つれと《ど》も、いま(今)はいかゝ《が》し候《そうら》は《わ》んすら《ず》んと、心く《ぐ》るしくおほえ(覚)候《そうろう》。たはたけ(田畑)もゝ(持)たす《ず》候《そうら》へ《え》は《ば》ゆつり(譲《ゆず》)おく事もなく候《そうろう》。たゝ《だ》いかう(一向《いこう》)ゐ中(田舎)の人く(々《びと》)をこそ、たのみまいらせ候《そうら》へ《え》は《ば》、あま(尼)か《が》さ《そ》ふ《う》らひ《い》しにかは《わ》らす《ず》御らん(覧)し《じ》はなたれす《ず》候《そうら》へ《え》かしとおほ《ぼ》えて候《そうろう》。めんく(面々)へ申へ《べ》く

がお目にかかれる最後になってしまうと感じられて、前世からの業縁《ごうえん》が何とも不思議に思われます。またこの上人（親鸞聖人）のお墓の管理を専証《せんしょう》房（覚恵《かくえ》）に言い置いております。（この）尼《あま》がおりました間は、田舎《いなか》の人々の御《お》志《こころざし》のもので、この者たちを養っておりましたけれども、今はどうするであろうかと気がかりに思います。田畑も持っておりませんので、（財産を）譲って残すということもないのでございます。ただもっぱら田舎《いなか》（東国の門弟の人々）の人々を頼《たの》むばかりでございますので、（この）尼《あま》がおりました時と変わりなく見

候《そうら》へ《え》と《ど》も、さのみはん（判）を《お》し候《そうら》は《わ》んも、わひし（侘《わび》）
く候《そうらい》て、みな〲を《お》なし事《じ》に御《ご》らん（覧）候《そうら》へ《え》と
て、ひとつに申候也《もうしそうろうなり》。あなかしこ〱
弘安六年十一月廿四日　覚信ありはん（在判）　ゐ中（田舎《いなか》）
の人〲（々《びと》）の御中

放されないようであってほしいと思われるのでございます。おひとりおひとりへお願い申し上げなければならないのですが、それほど判《はん》で押したようにしますのもやりきれませんので、皆が同じ事としてご覧になられますようにと、一つの手紙でお願い申し上げるのでございます。あなかしこあなかしこ。

弘安六年（一二八三）十一月二十四日覚信在判
田舎の人々の間へ

第二章　東国門徒と大谷廟堂

最宝寺（本願寺派）参道脇の石碑
「高御蔵五明山最宝寺」　神奈川県横須賀市野比《のび》
最宝寺は、荒木門徒指導者世明光《めいこう》が鎌倉扇《おうぎ》ヶ《が》谷《やつ》に建立した甘縄《あまなわ》道場に始まる。後に小田原北条氏の圧迫を受けて、現在地に移った。

第一節　東国門徒集団

(一) 東国門徒集団の成立

—史料『覚信尼大谷敷地寄進状』、『覚信尼最後状案文』、『信海等念仏衆に告状』—

親鸞聖人の入滅後、その教えは門弟達に受け継がれて行った。当時仏教の法は、師から弟子へ血管を血が流れるように伝えられるものと信じられ、これを血脈相承《けちみゃくそうじょう》と呼んでいた。特に直接聖人の面前で口伝えに教えを授かった者は、面授《めんじゅ》の弟子と呼ばれて重んじられていた。聖人の教えを受け伝える門弟達は、そのほとんどが関東を中心とする東国の地域に住んでいた。覚信尼の寄進状史料①や最後状史料②では彼等のことが、「志《し》んらん上人のゐ中《いなか》の御でし(たち)」、「ゐ中《いなか》の御どうぎや《ょ》う」、「ゐ中《いなか》の人〱《びと》」と呼ばれ、また門弟達の書状史料③では、「国々の故上人の門徒の人々」等と呼ばれていた。この呼び方から、門徒達が親鸞聖人の「門徒《もんと》」あるいは「同行《どうぎょう》」という意識のもとに一つにまとまっていたことが窺われる。実際に、弟子達は各地域ごとに、有力な門弟を指導者とする集団を形成していた。これが東国門徒集団である。

門徒という言葉は、本来中世の仏教で「一門の教徒」[1]という意味で用いられた言葉で、指導者を中心に結合していた集団を表わしていた。これがいつしか、親鸞聖人の門弟達が形成する地域集団を表わす言葉となり、「~門徒」というふうに地名を冠するようになる。

東国門徒集団の指導者は、知識《ちしき》（善知識）と呼ばれていた。毎月二十八日の聖人の命日、すなわち「念仏の日」「念仏勤行の日」には、門徒は必ず道場に集まり、知識の指導のもとに、念仏を称え信心を確かめ合い、互いに僉議《せんぎ》[2]によって集団の中の重要な事柄《ことがら》を決定していた。そして、親鸞聖人の滅後になると、集団を維持してゆくために門徒の道徳や師弟関係を規制する制禁も作られるようになった。弘安八年（一二八五）に定められた『善円の制禁』[3]、聖人の高弟善性《ぜんしょう》が定めたとされる『浄興寺二十一箇条』[4]、信濃国正行寺《しょうぎょうじ》門流を開いた了智の『了智の定』[5]は、当時の制禁の内容を今日に伝える貴重な記録である。

これらの条文を見て行くと、当初は親鸞聖人の教諭により極めておおらかに営まれていた集団に、様々な問題が生じて来ていたことが窺われる。しかし次第に門徒集団の中での知識の力が強まり、門徒を[6]従属させようとしたり、教えを理解させるために苦行を強いたり、師に背《そむ》く門徒に対して、与えていた本尊・聖教を僉議《せんぎ》も経ずに[7]取り返したりすることが目立つようになって来た。こうして道場は知識中心の信仰の場となって行った。

注　1―黒田俊雄『寺社勢力―もう一つの中世社会』一九八九年 岩波新書。黒田俊雄氏（一九二六～一九九三年）は、元大阪大学教授、日本中世史研究家。

2―多人数で相談する事。

3―『善円の制禁』は、京都西本願寺蔵。全十七箇条。善円の署名あり。

4―『浄興寺二十一箇条制禁』は、上越市高田浄興寺蔵。

5―『了智の定』は、長野県松本市正行寺蔵。全六箇条

6―『改邪鈔《がいじゃしょう》』第五箇条に見える。

7―これを悔返《くいかえ》しと言う。『改邪鈔』第六箇条に詳述されている。

史料①『覚信尼大谷敷地寄進状』建治三年（一二七七）十一月七日より

本文

…ゐ中《いなか》（田舎）の御とうぎやう（同行《どうぎょう》）…

…志んらん上人（親《しん》鸞《らん》）のゐ中《いなか》（田舎）の御てしたち（弟子達《で》）…

…ゐ中（田舎《いなか》）のとうきやう（同行《どうぎょう》）の御中…

…しんらん（親鸞）上人のゐ中（田舎《いなか》）の御てしたち（弟《で》子達）の御なかへ…

史料②『覚信尼最後状案文』弘安六年（一二八三）十一月二十四日より

本文

…ゐ中（田舎）の人〱《びと》の御中へ…

史料③『信海等念仏衆に告状』弘安三年（一二八〇）十一月十一日より

本文

…国々《くにぐにの》故上人之《の》門徒《の》人々、…

（二）有力門徒集団の指導者達

—**史料** 有力門徒集団の記録（高田真仏・性信の最期・順信・源海）—

東国門徒集団の中でも、特に有力であったと見られるのが、高田門徒、横曽根《よこぞね》門徒、鹿《か》島《しま》門徒、荒木《あらき》門徒の四つである。
詳しく見てゆくと、高田門徒は、下野国《しもつけのくに》（栃木県）芳賀郡大内荘《はがぐんおおうちのしょう》[1]高田の如来堂（真宗高田派本寺専修寺《ほんじせんじゅじ》）を中心として形成された門徒集団で、親鸞聖人の高弟・真仏を指導者としていた。[史料①②]真仏は常陸桓武平氏《かんむへいし》一族の出身で、その勢力を背景に大きな門徒集団を形成した。江戸時代に再建された如来堂の柱に残る寄進者名からは、栃木県の真岡市から筑西市に至る信仰圏が浮かび上って来る。しかし真仏は、聖人在世中の正嘉二年（一二五八）五十歳で没してしまい、その娘婿《むすめむこ》に当たる顕智がその後《あと》を継いだ。これが今日の真宗高田派の始まりである。真仏は『経釈文聞書《きょうしゃくもんききがき》』、顕智は『見聞《けんもん》』『聞書《ききがき》』という法語の抜書《ぬきがき》を残しているが、そこからは真宗教義の研鑽に力を尽くしていたこの門徒集団の性格が窺われる。

次に横曽根《よこぞね》門徒は、下総国《しもうさのくに》横曽根郷[2]を中心とした門徒集団で、高田の真仏と並び称される性信《しょうしん》によって形成された。性信は鹿島神宮の神官大中臣《おおなかとみ》氏の出身とも伝えられ、聖人の最も早い時期からの弟子の一人と見られている。特に聖人晩年の善鸞事件の際には、鎌倉での裁判で大きな活躍をしている。[史料③④⑤]その没年は、聖人滅後十三年目に当たる、建治元年（一二七五）七月十七日、八十九歳と伝えられている。後継者は娘の証智尼《しょうちに》であった。横曽根門徒は、最盛期にはその勢力範囲が、下総国を中心に関東全域から奥州南部にまで及び、根本道場の坂東報恩寺《ばんどうほうおんじ》には、『教行信証』唯一の聖人真筆本とされる坂東本が伝えられて来た。そうしたところから、鎌倉幕府の有力者 平 頼綱《たいらのよりつな》の援助によって坂東本の出版を行った事跡が知られ、また、性信関連の聖人の御消息を集めた『親鸞聖人血脈文集《けちみゃくもんじゅう》』が編集されている。

鹿島《かしま》門徒は常陸国《ひたちのくに》鹿島郡《かしまぐん》鳥巣《とりのす》[3]の道場（無量寿寺）を中心とした門徒集団で、真仏、性信と並び称される順信房信海[史料⑥]によって形成された。順信房は、鹿島神宮の大宮司《だいぐうじ》であった大中臣《おおなかとみ》（片岡）信親の子息信広[4]と伝えられており、その勢力範囲も、鹿島郡から常陸国北部の奥郡《おうぐん》、更には奥州南部へと進展していた鹿島神宮の信仰圏と重なり合っている。順信は、聖人滅後二十三年目の弘安八年（一二八五）『信海聞書《ききがき》』という著書を残し、その没後は順性が後継者となっている。鹿島門徒は本願寺と親密な関係を保ち、後の唯善事件や存覚上人の義絶問題の解決にも大きな力となった。また覚如上人の著作になる『拾遺《しゅうい》古徳伝絵《ことくでんね》』という法然上人の伝記も、この門徒指導者の一人長井導信《ながいのどうしん》[5]の依頼によって制作されている。

荒木門徒は、武蔵国《むさしのくに》荒木[6]の道場（満福寺）を中心とした門徒集団で、源海[史料⑦]（光信）を指導者としていた。源海は真仏の弟子と伝えられるが、近年この真仏を、「高田の真仏ではなく大部の平太郎（中太郎）真仏ではないか」とする説[7]が有力視されている。荒木門徒は民衆の教化にとりわけ熱心で、様々な布教の方法を用いては多くの門徒を集め、東国門徒集団の中でも全国的に発展する勢力と成って行った。今日の真宗仏光寺派は、この門徒集団から輩出している。

　これら有力な四大門徒集団の他にも、本願寺と縁の深い如信上人（善鸞の長男）を指導者とする大網《おおあみ》門徒、善性《ぜんしょう》を指導者とする磯部《いそべ》門徒（蕗田《ふきた》門徒）、成然《じょうねん》（常念）を指導者とする佐島《さしま》門徒、教念を指導者とする布川《ぬのかわ》門徒等多くの門徒集団があった。

注　1―栃木県真岡市高田
　　2―茨城県常総市豊岡町
　　3―茨城県鉾田市鳥栖
　　4―今井雅晴氏（一九四二～、筑波大学名誉教授）は、「大宮司であったかどうかはともかく、大宮司一族の然るべき勢力を有した人物であったことは十分に考えられる」（『親鸞と東国門徒』一九九九年発行）と評している。
　　5―順信房の孫弟子。

6—埼玉県行田市荒木町
7—宮崎円遵氏「親鸞聖人関東の門弟」（昭和五十六年）、早島有毅《ゆうき》氏（一九四三年〜、元藤大学教授）「中世社会における親鸞門流の存在形態」（『真宗重宝聚英』第八巻一九八八年発行所収）

A、高田真仏の記録

史料①『親鸞聖人門侶交名牒』光薗院本　貞和三年（一三四七）書写

本文

真仏聖人
下野国高田　柏原《かしわばら》天皇末孫《ばっそん》　正嘉《しょうか》二戊午《つちのえうまの》
年《とし》三月八日　春秋五十歳　遷化《せんげ》…

訳文

真仏聖人
下野国《しもつけのくに》（栃木県）高田《たかだ》に住む　柏原《かしわばら》天皇（桓武《かんむ》天皇）の遠い子孫。
正嘉《しょうか》二年（一二五八）戊午年《つちのえうまのとし》三月八日　年齢五十歳[1]で亡くなった。…

注　1—この史料から真仏の誕生日は承元三年（一二〇九）と知られる。

史料②『高田ノ上人代々ノ聞書』

【史料解説】文十七年（一五四八）と同二十二年（一五五三）、尊乗坊恵珍の物語った高田派歴代上人の事跡を蓮乗坊恵教が編集し、追記を加えたもの

本文

真仏上人ハ柏原《かしわばら》天皇ノ末孫《ばっそん》、鎮守府《ちんじゅふ》将軍大丞《だいじょう》国香《くにか》ノ後胤《こういん》、下野《しもつけ》ノ国司大内《おおち》ノ息男也《なり》。…俗名ヲバシイノヲ《オ》ノ弥三郎殿ト奉《たてまつる》レ申也《もうしなり》。…此《この》上人ハ鸞上人ノ御存生ノ内ニ御往生ナリ。正嘉二戊午年《つちのえうまのとし》五十歳ニシテ三月八日ニ御遷化ナリ。鸞上人ヨリ四年先《さ》キ立チ給《たもう》也《なり》。

訳文

真仏上人は、桓武《かんむ》天皇の血筋を引く、鎮守府《ちんじゅふ》将軍で常陸国の大掾《だいじょう》[1]であった平国香《たいらのくにか》の子孫で、下野国《しもつけのくに》の国司大内《おおうち》の子息である。…俗名（俗人としての名）を椎尾《しいお》弥三郎殿と申し上げるのである。…この真仏上人は親鸞聖人の御存命の間に往生されたのである。正嘉《しょうか》二年（一二五八）戊午《つちのえうま》の年の三月八日に五十歳で亡くなられた。すなわち親鸞聖人に先立たれること四年である。

注　1―『平家物語』や『尊卑分脈』等にこの官職名が見える。

B、性信の没年

史料③『法得寺縁起』元禄十四年（一七〇一）二月十七日　法得寺十七世教運書写
栃木県都賀郡野木町佐川野　法得寺[1]蔵

本文

当山中興開山上人性信法師
建治元乙亥《きのとい》七月十七日入寂

訳文

当寺を真宗寺院として中興した性信法師は、建治元年（一二七五）乙亥《きのとい》七月十七日に亡くなっている。

注　1―法得寺は元々天台宗の寺院だったが、性信がここへ止宿したのが縁で、真宗に転じたという。

史料④下総坂東報恩寺「性信荼毘《だび》塔」宝永八年（一七一一）四月建造　左側面

本文

建治元年七月十七日寂ス

訳文

建治元年[1]（一二七五）乙亥《きのとい》七月十七日に亡くなっている。

注　1―今井雅晴氏は「横曽根門徒の研究」（『親鸞と東国門徒』平成十一年発行所収）で、この荼毘塔の造立年代について、その形態から、銘にある宝永八年（一七一一）よりかなり年代が下る江戸時代後期以降と見ている。

史料⑤『報恩寺開基性信上人伝記』報恩寺十八世性晴（一七〇四～六四年）作
東京都台東区東上野　坂東報恩寺蔵

本文

建治元年乙亥《きのとい》孟秋《もうしゅう》上旬ノ候《こう》ヨリ、ツ子《ネ》ニコトナリタマ《モ》フ《ウ》。ソレヨリコノカタ行住坐臥《ぎょうじゅうざが》ニ本願ヲ信ジ、造次顛沛《ぞうしてんぱい》ニ祖徳ヲ嘆ジ、シカフ《ウ》シテ同《おなじき》第十七日ツヰ《イ》ニ称名ノイキタエヲ《オ》ハ《ワ》リヌ。

于レ時《ときに》行年八十九歳

訳文

建治元年（一二七五）乙亥《きのとい》七月上旬の頃から、いつもと容体が異なって来られた。それからは絶えず本願を信じ、わずかの間《あいだ》も宗祖親鸞聖人の徳を讃嘆していた。そして七月十七日に、とうとう念仏を称える息が絶えたのであった。その年齢は八十九歳である。

C、順信の記録

史料⑥『信海聞書』奥書 岸辺武利氏所蔵（細川行信氏『真宗成立史の研究』より）

本文

依《よって》二親鸞上人相伝《そうでんに》一注《しるす》レ是《これを》信海

弘安八歳乙酉十一月十八日

応安六年八月廿六日書二写之《すこれを》一

訳文

親鸞聖人から伝授された内容をここに記した。信海

弘安八年（一二八五）乙酉《きのととり》十一月十八日

応安六年（一三七三）八月二十六日にこれを書き写した。

D、源海の記録

史料⑦『親鸞聖人御因縁』兵庫県宝塚市小浜 豪摂寺所蔵本

【史料解説】関東の荒木門徒に伝わる談義本で、親鸞聖人・真仏（大部の平太郎）・源海という三代に渡る善知識の話を語っている。その内容を見てみると、親鸞聖人については「玉日姫の伝説」、真仏（大部の平太郎）では「熊野詣の話」を、源海の談義本は二人の子供の不思議な因縁話が納められている。

ここで取り上げた「源海因縁」のあらすじは次の通りである。主人公の駿河守隆光《するがのかみたかみつ》は、鎌倉から二人の遊女を迎えて、それぞれに男子が誕生したが、二子共に不慮の死を遂げてしまう。そこで遁世し、江の島に籠居していたのだが、ある晩見た夢に、没してしまった二人が現われて、自分達は実は観音・勢至二菩薩の化身で、隆光を真《まこと》の教えに導くために仮に子供になったもので、常陸国の平太郎真仏のもとに行くようにと告げる。そこで隆光は平太郎から念仏の教えを受けて地元に帰り、源海上人と称するようになった。

本文

…ツキ《ギ》ニアラキノ源海上人ハ武蔵ノ国ノ住人、コタ《ダ》マノ四天王スルカ《ガ》ノカミ隆光トマウシ、ヒトナリ。…ヨコソヱ《エ》ノ真仏上人ノミモトニタツ《ヅ》ネマイリサ《ソ》ウ《ロ》ラウテ、相続念仏マ《モ》ウシテノチニハ、本国武蔵ノアラキニ住シテ、源海上人トソ《ゾ》マ《モ》ウシケル。

訳文

…次に荒木の源海上人は武蔵国に住む人で、児玉氏の四天王として知られた駿河守隆光《するがのかみたかみつ》と申した人である。…常陸国（茨城県）横曽根の真仏上人（大部の平太郎）の許を尋ねて行って、念仏の教えを受け継いでから後は、出身地の武蔵国《むさしのくに》荒木（行田市荒木町付近）に住んで、源海上人と称した。

第二節　東国門徒の全国的広がり

（一）東国門徒の知識帰命

―**史料**『歎異抄』第六章、『信海聞書』―

　東国門徒集団は、言うまでもなく、親鸞聖人という類《たぐ》い稀《まれ》な偉大な指導者の導きによって作られていったもので、当初は聖人の意向を強く反映していた。聖人は、師法然上人に対しては、[1]「たとひ《い》、法然聖人にすかされまひ《い》らせて、念仏して地獄におちたりとも、さらに後悔すべからずさふら《そうろ》う」〈**訳文** たとえ法然上人に騙されて、念仏して地獄に落ちたとしても、少しも後悔したりはしません〉という絶対的信順の態度を表明されていたが、門弟達に対しては、「親鸞は弟子[史料①]一人ももたずさふら《そうろ》う」〈**訳文** 私親鸞は弟子を一人も持ってはいません〉と、阿弥陀如来の下《もと》には、師も弟子も共に念仏する同じ仲間であると説いている。これは師弟関係まで否定したものではなく、教えの主《あるじ》がどこまでも阿弥陀如来であることを強調しようとされたものであろう。

　ところが聖人の滅後になると、それまでのような純粋な本願念仏の法を説くことのできる指導者は少なくなっていったようである。『歎異抄』が、「[2]先師《せんし》の口伝《くでん》の真信《しんしん》に異《こと》なる」〈**訳文** 亡くなった師親鸞聖人が口伝えに教えを授けてくださった真実の信心と異なる〉と歎き悲しんで書き記した内容は、まさに聖人在世の頃と異なった信仰実態を表わすものであった。河和田《かわわだ》唯円の眼《め》に映った東国門弟達の有様は、「師をそむきて、ひとにつれて、念仏すれば、往生すべからざるものなり」〈**訳文** 師にそむいて、他の人に従って念仏するならば、往生することはできないものだ〉というようなことを平気で言いふらし、各々《おのおの》が指導する門徒をめぐって、「わが弟子ひとの弟子」〈**訳文** 私の弟子だ、他人の弟子だ〉と互いに主張し争い合うというものであった。こうして弟子達の間では、善知識《ぜんぢしき》（教えを導く立派な指導者）を頼みとする知識帰命《ちしききみょう》（善知識だのみ）に傾く傾向が顕著になって行く。

知識帰命の教義は、すでに鹿島門徒の指導者順信房信海の著作『信海聞書』史料②の中にも見出すことができる。この中で順信は、阿弥陀仏をインドの極楽浄土の教主《きょうしゅ》、無量寿仏《むりょうじゅぶつ》を中国・日本の俗世界の教主だと解釈し、俗世界の教主すなわち代々の高僧（善知識《ぜんちしき》）のすぐれた姿から発せられる智慧と光明を得ることが極楽に往生することだと説いている。これはとりもなおさず、聖人の高弟達を俗世の弥陀として敬わせ、その姿から阿弥陀の智慧と光明を得ることを説く知識帰命の教義に他ならない。

このような知識帰命の風潮は、実はすでに聖人在世中の頃から始まっていたようである。赤松俊秀氏[3]（一九〇七〜七九年）は聖人晩年の消息（手紙）から[4]「門弟らのなかで、信心を得たものはこの世から如来と等しいと考え…現実の社会でもそれに相応する地位が認められることを期待したものがあった…」と述べているが、弟子達の中には、聖人のことを「信心を得させてくれ、諸仏と等しい正定聚《しょうじょうじゅ》の位につかせてくれる善知識」だと考え、その恩徳《おんどく》に対しては身を粉《こ》にし骨を砕《くだ》いて感謝すべきと受け取る向きがあったようである。

その後知識帰命の傾向は増々高《こう》じて、覚如上人の時代になると、[5]「善知識の他に別に仏はない」とまで説かれるようになっていた。覚如上人はこのような教説を『改邪鈔』第十八箇条で、「凡夫の姿の善知識《ぜんぢしき》を無理に、『如来が形となって現われた姿として眼《ま》のあたりに見るように』と勧めるようなことは、聖教に示された教えを離れ、祖師親鸞聖人の口伝《くでん》に反している」と厳しく批判している。けれども、その後も知識帰命は衰えることがなく、蓮如上人の時代まで、真宗門流の中ではむしろ主流の考え方であった。

尚宮崎円遵氏は、真宗門徒の知識帰命について、当時関東・甲信・北陸・京都・東北等を中心に盛んであった時衆（時宗）の影響が少なくなかったのではないかと指摘している。[6] 時衆では、第二代他阿真教《たあしんきょう》（一二三七～一三一九年）の時に、善知識に絶対服従を誓う「帰命戒」が作られ、知識帰命の集団として知られていた。このような時衆的な性格が、荒木門徒や仏光寺系の門侶の間にも影響を及ぼしていた可能性があり、覚如上人も『改邪鈔』でそれを批判している。[7]

注
1―『歎異抄』第二章
2―『歎異抄』序
3―赤松俊秀氏は、元京都大学名誉教授、元大谷大学教授。真宗史・仏教史を中心に、幅広い研究を残している。主著に、『鎌倉仏教の研究』（一九五七年発行）、『平家物語の研究』（一九八〇年発行）等がある。
4―『親鸞』昭和三十六年刊
5―『改邪鈔』第十八箇条
6―『初期真宗の研究』（一九七一年発行）「初期真宗と時衆」
7―『改邪鈔』第一章～第三章

史料①『歎異抄』第六章

京都西本願寺蔵　蓮如上人書写本

本文

一《ひとつ》、専修《せんじゅ》念仏ノトモカラ《ガ》ノ、ワカ《ガ》弟子ヒトノ弟子トイフ《ウ》相論ノサフラフ《ソウロウ》ランコト、モテノホカノ子細《しさい》ナリ。親鸞ハ弟子一人《いちにん》モモタス《ズ》サフラ《ソウロ》ウ。ソノユヘ《エ》ハ、ワカ《ガ》ハカラヒ《イ》ニテ、ヒトニ念仏ヲマフ《モウ》サセサフ《ソウ》ラハ《ワ》、《バ》コソ、弟子ニテモサフ《ソウ》ラハ《ワ》メ。弥陀ノ御モヨホ《オ》シニアツ《ズ》カテ、念仏マフ《モウ》シサフラ《ソウロ》ウヒトヲ、ワカ《ガ》弟子トマフ《モウ》スコト、キハ《ワ》メタル荒《こう》涼《りょう》ノコトナリ。ツクヘ《ベ》キ縁アレハ《バ》トモナヒ《イ》、ハナルヘ《ベ》キ縁アレハ《バ》ハナル、コトノアルヲモ、師ヲソムキテ、ヒトニツレテ念仏スレハ《バ》、往生スヘ《ベ》カラサ《ザ》ルモノナリ、ナント《ド》イフ《ウ》コト、不可説《ふかせつ》ナリ。如来ヨリタマハ《ワ》

訳文

「専修念仏の（もっぱら念仏する）人たちが、私の弟子だ、他人の弟子だと言い争うことがあるようでございますことは、もってのほかの有様である。私親鸞は弟子を一人も持ってはいません。そのわけは、私のはからいで他人に念仏申させますならば、それこそ弟子でもございましょう。阿弥陀如来のお誘いを受けて念仏申します人を、自分の弟子と申すことは、はなはだ偉そうなものの言い方である。結ばるべき縁があれば連れ立ち、離れるべき縁があれば離れることがあるのに、「師に背《そむ》いて他の人に従って念仏するならば、往生することはできないものだ」などということは、けしからないことであ

リタル信心ヲ、ワカ《ガ》モノカ《ガ》ホ《オ》ニ、トリカヘ《エ》サントマ《モ》フ《ウ》スニヤ。カヘ《エ》ス〱《ガエス》モアルヘ《ベ》カラサ《ザ》ルコトナリ。自然《じねん》ノコトハ《ワ》リニアヒ《イ》カナハ《ワ》ヽ《バ》、仏恩《ぶっとん》ヲモシリ、マタ師ノ恩ヲモシルヘ《ベ》キナリ」ト、云々《うんぬん》。

る。如来よりいただいた信心を、わがものの顔に取り戻そうとするのであろうか、どう考えても、あってはならないことである。自然《じねん》の（おのずからしからしむという）道理に適《かな》うならば、仏の恩さえも知り、また師の恩も知ることができるのである」と、言われた。

史料②『信海聞書』岸辺武利氏所蔵（細川行信著『真宗成立史の研究』より）

本文

…天竺《てんじく》ニシテハ阿弥陀トナツ《ズ》ケタテマツリ、和国《わこく》ニシテハ无量寿仏《むりょうじゅぶつ》トナツ《ヅ》ケタテマツル。天竺《てんじく》オ《ヲ》ハ《バ》浄土ニ対シ、晨旦此朝《しんたんこのちょう》オ《ヲ》ハ《バ》娑婆《しゃば》ニタトヘ《エ》テコヽロウヘ《ベ》シ。…上ニトキタマエルトコロノ无量寿仏《むりょうじゅぶつ》トイフ《ウ》ハ、イマノ善知識《ぜんちしき》

訳文

…インドにおいては阿弥陀《あみだ》と名《な》づけて申し上げ、日本においては无量寿仏《むりょうじゅぶつ》と名づけ申し上げる。インドを浄土に照らし合わせ、中国やこの日本をこの俗《ぞく》世界に譬《たと》えて理解すべきである。…先に説いてくださっているところの無量寿仏《むりょうじゅぶつ》というのは、今の善《ぜん》知識《ちしき》（教えを導く立派な指導者）でいらっしゃるので

ニテマシマスナリ。寿量品《じゅりょうぼん》ノ教主《きょうしゅ》トナリテ、イノチミシ《ジ》カキ衆生、六道ニ輪廻《りんね》シテ生死《しょうじ》ニシツ《ズ》ムヘ《べ》キトモカ《ガ》ラニ、无《む》量ノイノチヲアタエタマ《モ》フ《ウ》教《きょう》主《しゅ》ニマシマスユヘ《エ》ニ、直説《じきせつ》ノ人《ひと》ヲサシテ无量寿仏ト釈《しゃく》シタマヘ《エ》ルナリ。…マタ教主ニフタツノ差別《しゃべつ》アリ。一《ひとつ》ニハカノ土《ど》ノ教主トコ、ロウルトキハ、阿弥陀仏トシルヘ《べ》シトナリ。二《ふたつ》ニハコノ土《ど》ノ教主トコ、ロウルトキハ、無量寿仏トシルヘ《べ》シトナリ。ソノ無量寿仏トマ《モ》フ《ウ》スハ、世世《せせ》ノ先徳《せんどく》聖人ヲ申スナリ。寿量品《じゅりょうぼん》ノ教主ニマシマスユヘ《エ》ニ。寿量品ノ教主トイフ《ウ》ハ、一切衆生ノ善知識トシテ、寿命无量《じゅみょうむりょう》ノ智恵ヲアタヘ《エ》タ

ある。寿量品《じゅりょうぼん》の教主《きょうしゅ》となって、命《いのち》の短い衆生《しゅじょう》、六道《ろくどう》（地獄《じごく》、餓鬼《がき》、畜生《ちくしょう》、修羅《しゅら》、人間、天）を車輪のように果てしなくめぐり、生き死にの迷いの世界に沈《しず》まなければならない人達に、量《はか》り知れない命を与えてくださる教主でいらっしゃるので、自《みずか》ら教えを説く人を指《さ》して无量寿仏《むりょうじゅぶつ》と解釈くださっているのである。…また教主《きょうしゅ》に二通りの区別がある。一《ひと》つは、彼《か》の極楽浄土の教主《きょうしゅ》と理解する時は、阿弥陀仏《あみだぶつ》とわきまえるべきだということである。二《ふた》つめには、此の俗《ぞく》世界の教主《きょうしゅ》と理解する時は、無量寿仏《むりょうじゅぶつ》とわきまえるべきだということである。その無量寿仏《むりょうじゅぶつ》と申しますのは、代々の高僧《こうそう》や聖人を申すのである。寿量品《じゅりょうぼん》の教主《きょうしゅ》でいらっしゃるのだから。寿量品《じゅりょうぼん》の教主《きょうしゅ》というのは、すべての衆生《しゅじょう》の善知識《ぜんぢしき》として量《はか》り知れない命《いのち》の知慧《ちえ》を与えてくださる教主《きょうしゅ》でいらっしゃると

マフ《モウ》教主ニマシマストシルヘ《べ》シトナリ。…世世《せせ》ノ先徳《せんどく》ノマシマスオハ《ヲバ》本願ノチカラトシルヘ《べ》シトナリ。知恵ト光明トハ、ヒトツモノナリトシルヘ《べ》シトナリ。コノ智恵ト光明トハ、善知識ノ相好《そうごう》ヨリアラハ《ワ》シタマフ《モウ》トナリ。コノ智恵ヲウルヲ、无上《むじょう》涅槃《ねはん》ニイタルトモ、安養《あんよう》ニイタルトモ、報土《ほうど》ニイタルトモ、実相《じっそう》ヲ証《しょう》ストモ、智土《ちど》ニイタルトモ、光明土《こうみょうど》ニイタルトモ、西方《さいほう》ニイタルトモ、法性《ほっしょう》ノ常楽《じょうらく》ヲ証《しょう》ストモ、弥陀ノ浄土ニイタルトモ、願土《がんど》ニイタルトモトキタマヘ《エ》リ。コレニヨリテ、善《ぜん》知識《ぢしき》ヲモテ浄土ノイヱ《エ》トス、浄土ノ祖師《そし》トス、ト釈《しゃく》シ《ジ》

わきまえるべきだということである。…代々の高僧がおいでになることを本願《ほんがん》の力とわきまえるべきだということである。智慧《ちえ》と光明《こうみょう》とは一《ひと》つのものであるとわきまえるべきだということである。この智慧《ちえ》と光明《こうみょう》とは善知識《ぜんぢしき》のすぐれたお姿《すがた》から現《あら》わしてくださるとわきまえるべきだということである。この智慧《ちえ》を得ることを、无上《むじょう》（この上ない）涅槃《ねはん》に行きつくとも、安養《あんにょう》（極楽）に行きつくとも報土《ほうど》（本願に報いて現われた浄土）に行きつくとも、実相《じっそう》（真実ありのままの姿）を証《さと》るとも、智慧《ちえ》の世界に行きつくとも、光明の世界に行きつくとも、西方《さいほう》（極楽浄土）に行きつくとも、安楽《あんらく》に満ちた仏の真理を証《さと》るとも、阿弥陀《あみだ》如来の浄土に行きつくとも、（阿弥陀如来の）本願によって成就した浄土に行きつくとも説いてくださっている。これによって善知識を浄土の家《いえ》とする、浄

タマヘ《ェ》リ。コノムネヲモテ、ヨク〱コ、ロウヘ《ベ》シ。…

土の主とする、浄土の祖師《そし》とする、と解釈してくだっているのである。この教えのおもむきをよくよく心得るべきである。…

（二）荒木門徒の全国的広がり
―史料「荒木門徒の広がり」図、『他力信心聞書』、『念仏相承血脈掟書』後文―

東国門徒の知識帰命の傾向は、多くの門徒集団に共通のものであったと思われるが、その中でも門徒教化の上で最も大きな成果を得ていたのが、荒木門徒であった。

荒木門徒のことは、近代までほとんど取り上げられることがなかったが、昭和六年（一九三一）日下無倫《くさかむりん》氏[1]（一八八八～一九五一年）が着目して以来研究の目が向けられ、宮崎円遵氏や千葉乗隆氏によって当時の東国門徒集団の中でも特に勢いが盛んであったことが次第に明らかにされて来た。

荒木門徒の勢力は関東から始まって全国的に広がって行った[史料①]。具体的に内容を見てゆくと、まず開祖源海は、武蔵国《むさしのくに》荒木[2]の道場（満福寺）を中心に布教していたが、その弟子了海は武蔵国阿佐布《あざぶ》に進出して道場を築いた[3]。今日の善福寺[4]である。その時期は、著書『還相回向聞書《げんそうえこうききがき》』の奥書に「正安二年（一三〇〇）五月二十九日釈了海六十二歳」とあるところからおおよそ推測することができる。

この阿佐布の了海が著わした『他力信心聞書』[史料②]という著作には、荒木門徒の知識帰命が明瞭に表わされている。その中に見える、「本願というのも、釈迦の誠《まこと》の言葉も、『阿弥陀経』の六方の諸仏の証明も、ただ善知識《ぜんぢしき》の御心《おこころ》にあるのである」という言葉からは、それがいかに徹底したものであったかが窺われる。

了海の門流からは多くの指導者が輩出した。了海の弟子誓海《せいかい》（願念）とそのまた弟子の明光《めいこう》（了円）は、共に鎌倉の甘縄《あまなわ》道場を築いて教線を広げている。この甘縄道場には、元弘元年（一三三一）覚如上人の長男存覚上人が三年ほど寄宿し滞在している。なお甘縄道場は後世、小田原北条氏の圧迫を受け、鎌倉から三浦半島へ移転している。それが今日の最宝寺[5]（本願寺派）である。

更に甘縄道場の明光《めいこう》は、関東から遠く中国地方にまで足を伸ばし、備後国山南《びんごのくにさんな》[6]（広島県福山市沼隈町）に道場を築いた。これが今日の宝田院と光照寺である。このことから明光は、中国地方真宗開拓の祖とよばれている。

この明光の弟子からは了源《りょうげん》[7]（空性）が輩出した。了源《りょうげん》は京都へ上って本願寺の覚如上人と接触し、元応二年（一三二〇）山科《やましな》に興正寺《こうしょうじ》（後の仏光寺）を建立した。これが今日の真宗仏光寺派の始まりである。その後了源は存覚上人の協力を得て、近畿地方の布教に力を入れ仏光寺派を繁栄に導いて行った。

この他に、開祖源海のもう一人の弟子である源誓《げんせい》（光寂）は甲斐国《かいのくに》（山梨県）に進出し、等々力《とどろき》[8]に万福寺という寺を建立して甲斐門徒の勢力を築いている。

こうした荒木門徒の繁栄には、知識帰命とともに、善知識が代々受け継がれてゆくという、師資相承《ししそうじょう》の考え方が大きく影響していた。

すなわち、誓海《せいかい》、明光《めいこう》、了源《りょうげん》が連名で出したという『念仏相承血脈掟書《そうじょうけつみゃくおきてがき》』史料③の後文を見てみると、『歎異抄』第六章の「親鸞は弟子一人ももたずさふらふ《そうろう》」という深い教義までもが、知識帰命による師弟関係を正当化させるために曲解されてしまっており、あるいは「往生することができるのは、善知識の力によるのである。だから、教えを師から弟子へ正しく承け継ぎ、その血脈《けちみゃく》（法脈）を第一に考えるべきことは、その道理が明らかである」と、師資相承の重要性が強調されている。

以上の通り荒木門徒は、関東から甲斐国、更には近畿地方から中国四国にまで及ぶ広大な広がりをもつ門徒集団に発展していった。だが、本拠であった荒木の満福寺は、いかなる理由からか源海の四代後三河に移転し、三河の地に新たな門徒勢力を築いた。これが今日の如意寺《にょいじ》[9]である。この三河にはもう一ケ所荒木門徒の古寺満性寺《まんしょうじ》があり、多くの寺宝を伝えているが、寺伝では十四世紀初頭河内国より進出したと伝えられている。

注　1―日下無倫氏は、元大谷大学教授、真宗史仏教史研究家。東本願寺宗史編修所に勤め、『東本願寺史料』を編纂。著書としては、『真宗史の研究』（一九七五年）等が知られている。

2―埼玉県行田市荒木町

3―東京都港区、阿佐布門徒と呼ばれた。

4―東京都港区元麻布

5―横須賀市野比

6―備後山南庄《さんなしょう》の支配者は、鎌倉北条氏の一族の大仏氏《おさらぎ》で、明光も存覚上人も、その大仏氏と関係が深く、そうした縁からこの土地に進出することになったのだろうと見られている。

7―空性房、一二九五～一三三六年

8―山梨県甲州市勝沼町等々力

9―愛知県豊田市力石町黒見

史料①「荒木門徒の広がり」

← は、弟子の移動を表わす

←‐‐‐ は、本人の移動を表わす

荒木門徒

［武蔵国荒木の道場（満福寺）］

‐埼玉県行田市荒木町‐

源海（光信）

○弘安３年（1280）11月11日、源海は信海・顕智と連名で、東国の門徒達に連署書状を記す。

平太郎真仏の門徒

［大部の念仏道場（真仏寺）］

‐茨城県水戸市飯富町‐

（単立）

平太郎真仏

○建長６年ないし建長7年（1254ないし1255年）11月9日の聖人の手紙に、「オホフノ中太郎ノカタノ人ハ九十ナン人トカヤ」と見える。

鎌倉

［甘縄道場（最宝寺）］

（本願寺派）

誓海（願念）

明光（了円）

○元弘元年（1331）仏光寺焼失により、存覚上人が鎌倉に趣き誓海の坊舎に寄宿する。（『存覚一期記』）

阿佐布《あさぶ》門徒

［阿佐布道場（善福寺）］

※東京都港区元麻布（現本願寺派）

了海（願明）

○著書『還相回向聞書』了海自筆本の奥書に、「正安2年（1300）5月29日釈了海 六十二歳 書之」とある。

荒木門徒の広がり

備後山南《さんな》

[宝田院]（大谷派）
- 広島県福山市沼隈町常石 -
[光照寺]（本願寺派）
広島県福山市沼隈町中山南 -

明光（了円）
慶円

○建武５年（1338）、存覚上人が明光とともに備後国府で、法華宗徒と対論する。（『存覚一期記』）

山城国山科

[興正寺（仏光寺）]
- 京都市仏光寺（仏光寺派）-

了源（空性）

○元応２年（1320）8月、了源が山科に寺院建立の志をおこし、勧進帳を作る。（『元応二年山科仏光寺造立勧進帳』）

備後地方へ赴き布教活動を行う

満福寺移転

三河国

[如意寺]（大谷派）
- 愛知県豊田市力石町
（当初は豊田市石野町）-

教密 ※寺伝では源海の４代後に当たる。
了専 [満性寺]（高田派）
- 愛知県岡崎市菅生町 -

○文和３年（1354）10月21日、教密が門徒の協力を得て、如意寺に親鸞聖人の絵伝を作る。（如意寺『親鸞聖人絵伝』旧裏書）

甲斐門徒

[万福寺]（本願寺派）
- 山梨県甲州市勝沼町等々力 -

源誓（光寂）

○山梨県慶専寺所蔵の『善信聖人親鸞伝絵』の写本に「元亨元年（1321）9月源誓」とある。

史料②『他力信心聞書』（『真宗史料集成』第五巻所収）

【史料解説】仏光寺派第四代とされる、阿佐布《あざぶ》（麻布）善福寺《ぜんぷくじ》の開基了海《りょうかい》（願明）の撰述とされ、仏光寺を開いた第七代了源《りょうげん》も了海作と記している。その内容は、知識帰命《ちしききみょう》、すなわち他力の法門を直接教示する知識をあがめることが強調されているもので、当時最も熱心な布教活動を展開していたと見られる荒木《あらき》門徒【中太郎（平太郎）真仏・源海・了海・誓海・明光の系統】の教義の実態がよく窺われる。

本文

…先師ノオホセ《オ》ニアリシハ、カミノゴトク力願《りきがん》相応シタマヘ《エ》ル教化地《きょうけじ》ノ諸大菩薩ノ御心《みこころ》ヲサシテ本願ノ体トスト。コノ諸大菩薩トイフ《ウ》ハ、世世《せせ》先徳《せんどく》ノ御事《おんこと》ナリ。コノ御心《みこころ》ニ、カミニノブルトコロハミナコモリタマヘ《エ》ル也《なり》。本願トイフ《ウ》モ、釈迦ノ誠言《じょうごん》モ、六方ノ証誠《しょうじょう》モ、タヽ《ダ》、善知識ノ御心《みこころ》ニアリケリ。コ

訳文

…亡くなられた師《し》のお言葉にあったのは、「先に述べたように、力《ちから》と願《がん》とが相応《そうおう》しておられ、自由に衆生《しゅじょう》を教化することができる多くの大菩薩《だいぼさつ》の御心《おこころ》を指して、本願の本体とする」ということである。この多くの大菩薩《だいぼさつ》というのは、代々の祖師《そし》の事である。この祖師の御心《おこころ》に、上記に述べたところの教えは、皆籠《こも》っておられるのである。本願という釈迦《しゃか》の誠《まこと》の言葉も、（『阿弥陀経』の）六方の諸仏の証明も、

ノミコトナクハ《バ》、イカニシテカ、コレヲシラン。コレヲシラス《ズ》ハ、イカニシテカ、他力ヲ信セ《ゼ》ン。信セ《ゼ》ス《ズ》ハ《バ》、イカニシテカ往生セン。…マコトニシカルヘ《ベ》キ知識ニアヒ《イ》タテマツリ、本願他力ヲサツ《ズ》ケラレタテマツリテ、信シ《ジ》テコソ往生ハスレ。…

ただ善知識《ぜんぢしき》の御心《おこころ》にあるのである。この（善知識《ぜんぢしき》の）仰せがなかったならば、どのようにしてこのことを知るのであろう。これを知らなかったならば、どのようにして他力を信じるのであろう。信じないならば、どのようにして往生するのであろう。…まことに、すぐれた知識《ちしき》にお会いして、本願他力をお授けいただいて、信じてこそ、往生することである。…

史料③『念仏相承《そうじょう》血脈《けちみゃく》掟書《おきてがき》』後文　嘉暦《かりゃく》二年（一三二七）福井県越前市光善寺蔵

（『真宗史料集成』第四巻）

【史料解説】源海を祖とする荒木門徒の指導者、誓海《せいかい》、明光《めいこう》、了源《りょうげん》[1]（仏光寺開祖）が、同門徒の間で頻発《ひんぱつ》する師弟関係の様々なトラブルに対処するために出したものである。掟書《おきてがき》とは、鎌倉時代から室町時代にかけて、在地領主や豪族が盛んに交付した文書であるが、そのような文書を用いて、師資相承《ししそうじょう》[2]の秩序を保とうとするところに、荒木門徒の性格が如実に現われている。

本文

…当流ノ一義《いちぎ》ニオヒ《イ》テハ、知識ニアヒ《イ》テ仏法ヲキヽ、一念ノ信心ヲオコストキ、往生スナハ《ワ》チサタ《ダ》マルトナラフ《ウ》。…往生ヲウルコトハ、知識ノチカラナリ。サレハ《バ》相承《そうじょう》ヲタ《ダ》ヽシク、血脈《けちみゃく》ヲサキトスヘ《ベ》キコト、ソノ義《ぎ》アキラカナリ。コレニヨリテ未来マテ《デ》モ門徒のナカニオヒ《イ》テ、邪《じゃ》ヲステヽ正《しょう》ニ帰センカタ《ガ》メニ、カクノコト《ゴ》クシルシオクモノナリ。モシコノ張文《ちょうぶん》ヲソムキテ、自由ノ義ヲタテントモカ《ガ》ラニオヒ《イ》テハ、サラニ予《よ》カ《ガ》門人《もんじん》ニアラス《ズ》、釈迦・弥陀二世《にせ》尊ヨリハシ《ジ》メタテマツリテ、天竺《てんじく》ニハ龍樹《りゅうじゅ》・天親《てんじん》、晨旦《しんたん》ニハ、曇鸞《どんらん》等ノ五祖、ワカ《ガ》朝《ちょう》ニハ源信・源空・親鸞・

訳文

…当流派の根本の教義では、善知識に出遇《あ》って仏法を聞き、一念の信心を起こすその時、往生が定まると言い習《なら》わされている。…往生することができるのは、善知識の力によるのである。だから、教えを師から弟子へ正しく受け継ぎ、その法脈を第一に考えるべきことは、その道理が明かである。こういうわけで、未来までも門徒の間で、邪《よこしま》なことを捨てて正しいことに心を寄せるようにさせるために、このように記して置くのである。もしここに連ねた条文に背《そむ》いて、勝手な教義を立てる連中があるならば、それは少しも私の門人ではない。釈迦・弥陀の二世尊から始まって、天竺《てんじく》（インド）では龍樹・天親、晨旦《しんたん》（中国）では曇鸞などの五祖（曇鸞・道綽・善導・法照・少康）、我《わ》が国で真仏・源海・了海《りょうかい》・誓海・明光《めいこう》等ノ祖師聖人ノ照罰《しょうばつ》ヲカフ《ブ》リテ、ナカ《ガ》ク三途《さんず》ニシツ《ズ》ミ、ツイニ報土《ほうど》ノ往生ヲトク《グ》ヘ《ベ》カラス《ズ》。源海聖人ノ御遺言ノコ《ゴ》トキハ、「ワカ《ガ》弟子、ヒトノ弟子ト論セ《ゼ》ンヒトハ、餓鬼《がき》類《るい》ノトモカ《ガ》ラナリ」トノタマヘ《エ》リ。カタクコレヲマホ《ボ》ルヘ《ベ》シ。シカルニ、マサシクヒトノ弟子ナランヲ、ヨコサマニワカ《ガ》弟子トイヒ《イ》、ワカ《ガ》弟子ナランヲ、ミタ《ダ》リニヒトノ弟子トイハ《ワ》ンハ、マコトニ餓鬼《がき》類《るい》ノトモカ《ガ》ラナリ。コトニコレヲツヽシムヘ《ベ》シ。タヽ《ダ》シ、ワカ《ガ》教化シタランヲランヲ、ワカ《ガ》弟子トイヒ《イ》、人ノ勧進《かんじん》シタランヲ、ヒトノ弟子トイハ《ワ》ンハ、邪正《じゃしょう》ヲアキラメンカ《ガ》タメナレハ《バ》、正義《しょうぎ》ニソムクヘ《ベ》

は源信・源空・親鸞・真仏・源海・了海・誓海・明光らの祖師聖人の罰《ばち》をこうむって、長い地獄・餓鬼・畜生の三つの苦しみの道に沈み、しまいまで阿弥陀如来の本願に報《むく》いて現われた浄土に往生することを遂《と》げられずに終わる。源海聖人の御遺言などでは、「自分の弟子、人の弟子などと論ずる人は、餓鬼《がき》（飢《う》えや渇《かわ》きに苦しむ者）の仲間に入る連中である」とおしゃっている。固くこのことを守らなければならない。確かに人の弟子であるのを非道に自分の弟子と言い、自分の弟子であるのを、勝手に人の弟子と言うとしたらば、まことに餓鬼の仲間の連中である。とりわけこれは慎《つつし》まなければならない。ただし、自分が教化した者を、自分の弟子と言い、人が勧《すす》めて仏道に入らせた者を、人の弟子と言うのは、正しいことと邪《よこしま》なこと

カラス《ズ》。マコトニヨリテ、コレヲ治定《じじょう》スヘ《べ》シ。了海《りょうかい》聖人ノ御遺言ニハ、「アルヒ《イ》ハ皮肉《ひにく》ヲモサキテ、師ノ恩ヲハ《バ》謝セヨ」トオシヘ《エ》、アルヒ《イ》ハ「師ノ長短好悪《ちょうたんこうお》ヲミサ《ザ》レ」トノタマヘ《エ》リ。コレミナ聖教ノオホ《オ》キナルコヽロナリ。…オホ《オ》ヨソ、コトニオヒ《イ》テワタクシノ義ヲヤメテ、トオクハ経釈《きょうしゃく》ノコヽロヲウカ《ガ》ヽヒ《イ》、チカクハ源海・了海両聖人ノ御遺記《ゆいき》等ヲマホ《ボ》リテ、ユメ〳〵コレニ違スヘ《べ》カラス《ズ》。予《よ》カ《が》末葉《まつよう》ト号《ごう》セントモカ《ガ》ラハ、オノ〳〵コノムネヲ存知《ぞんち》アルヘ《べ》シ。オホ《オ》ヨソ六波羅《ろくはら》モ□都モ山科モ諸国モ、一味和合《いちみわごう》ヲサキトシテ、オナシ《ジ》ク仏法興隆ノオモヒ《イ》□モハラニスヘ《べ》シ。当時トイヒ《イ》未来トイヒ《イ》、カタ

をはっきりさせようとするためであるから、正しい道に背《そむ》いているとはいえない。真《まこと》に従ってこれを決すべきである。了海聖(上)人が言い残された言葉には、例えば「皮《かわ》や肉《にく》を裂《さ》いても師の恩に感謝せよ」と教え、また例えば「師について長所や短所、好き嫌いを見てはならない」とおっしゃっている。これはみな聖教に記された大きな心である。…総じて、何事につけても自分勝手な教義をやめて、遠いところでは釈尊や七高僧の浄土の経典や釈文の心を尋ね求め、近いところでは源海・了海両聖人が書き遺されたものなどを守って、けっしてこれから外《はず》れてはならない。私の末流と称する人々は、それぞれこのおもむきを心得るべきである。総じて六波羅《ろくはら》も□都も山科《やましな》もそれ以外の諸国も、心を一つにして結び合うことを第一と

ク相伝《そうでん》ヲマホ《ボ》リテ、マサシク血脈《けちみゃく》ヲミタ《ダ》ラシメサ《ザ》ランカ《ガ》タメニ、条々サタ《ダ》メオクトコロ状如《じょうごとし》レ件《くだんの》。

嘉暦二歳　九月十三日　了源 在御判 四十歳

明光 在御判 四十四歳

誓海 在御判

して、同じように仏法を盛んにしようとする心に専念すべきである。今にしても未来にしても、固く師から受け継いだ教えを守って、確かに法脈の秩序を乱れさせないために、条々を以上の通り定め置くのである。

嘉暦二年（一三二七）丁卯九月十三日了源[3] 在御判 四十歳

明光 在御判 四十四歳

誓海 在御判

注　1—終わりの方に記された地域からすると了源が中心と思われる。

2—師から弟子へ教えを次第に伝えてゆくこと。

3—仏光寺派に残る絵系図（存覚上人筆）には、了源は建武三年（一三三六）五十二歳とあり、嘉暦二年（一三二七）には五十三歳となって右の年令と食い違うが、その内容はこの時代の特色をよく示しており信憑性が高いとされている。

（三）荒木門徒の布教方法

―**史料**『光明本』豪摂寺蔵、『絵系図』仏光寺蔵―

荒木門徒の勢力がこのように盛んになった理由は、その巧みな教化活動にあったようである。談義本《だんぎぼん》という面白くわかりやすい話しを語って聴覚に訴えたり、光明本《史料①》（光明本尊）という金色や極彩色で描かれた本尊を使って視覚に訴える布教方法が民衆の心をつかんだものと思われる。

荒木門徒に伝えられる独特な談義本としては、『親鸞聖人御因縁』というものが知られている。これは、荒木門徒の血脈《けちみゃく》（法脈）を示す、親鸞聖人、真仏（大部《おおぶ》の平太郎）、源海という三代の善知識の話を連続して語った談義本で、親鸞聖人の談義本は「玉日姫の伝説」を、真仏（大部の平太郎）の談義本は「熊野詣《くまのもうで》の話」を、源海の談義本は二人の子供の不思議な因縁話をその内容としている。これを面白く親しみやすく語ることによって、親鸞聖人―真仏（大部の平太郎）―源海という荒木門徒の師資相承を門徒に分かりやすく理解させようとしたものであろう。

光明本（光明本尊）もまた、荒木門徒の師資相承を視覚を通して理解させようとした掛軸の本尊であった。幅広い掛軸の真ん中に、大きく「南无不可思議光仏（如来）」の八（九）字名号を金泥《こんでい》で入れ、その両脇に「帰命尽十方无㝵光如来」の十字名号と「南無阿弥陀仏」の六字名号を金泥《こんでい》で添えると共に、名号の一字一字から二十八〜四十八条の光明が四方八方にまばゆいばかりに輝いている。また軸の下部の名号の間には、向って左側に来迎印の阿弥陀如来像を、向って右側には与願施無畏《よがんせむい》印の釈迦如来像が截金《きりかね》を用いた繊細な金色の姿に描かれている。軸の真ん中から上部にかけては、名号の向って左側に、天竺（インド）震旦《しんたん》（中国）の高僧十人程（龍樹、世親、大勢至菩薩、曇鸞、菩提流支《ぼだいるし》三蔵、善導、道綽、小康《しょうこう》、懐感《えかん》、法照《ほっしょう》等）を、また向って右側に聖徳太子を始めとする和朝先徳《せんどく》十数名を極彩色で描いている。おそらくこれを見た一般信者達は、阿弥陀如来の光明と智慧が伝わってゆく様子を視覚を通して感じることができたであろう。

さらに荒木門徒は、聴覚と視覚に訴える布教方法を親鸞聖人の伝記を表現するのにも応用し、『親鸞聖人伝絵《でんね》』の絵の部分を掛軸に仕立てた『親鸞聖人絵伝《えでん》』を作り出したり、この絵伝を分かりやすく説明する絵説《えと》きによる教化を普及させていった。絵説きによる教化は更に親鸞聖人以外の伝記にまで及び、『法然上人絵伝』、『聖徳太子伝絵』、『善光寺如来絵伝』といった絵伝が生み出されて、民衆の心を強く引き付けていった。
　こうした荒木門徒の布教方法は、明光、了源の門流に到って、もう一つ新たな布教方法を生み出した。それが、名帳《みょうちょう》と絵系図《えけいず》史料②である。名帳も絵系図も一つの道場を中心に集まる門徒が、その門流に連なることを確認するための名簿と絵像による系図[1]と見られるが、これに名前や絵が載ることが一般の信者から極楽往生の明かしと信じられて、仏光寺派や明光《めいこう》の門流の繁栄につながったようである。

注　1――絵系図製作の目的について、平松令三氏は、『真宗重宝聚英』第十巻（一九五七年発行）総説で、門弟の激しい争奪の中で教団員の強い連帯感を保ったためとし、神田千里氏は『一向一揆と真宗信仰』（一九九一年発行）で、道場主入滅後に弟子達がこれを礼拝し、師から教えを授かった恩徳を慕うためとしている。

史料①『光明本（光明本尊）』真宗出雲路派本山毫摂寺（福井県越前市清水頭町）蔵

十四世紀末頃の製作　縦一六五・七cm　横一〇四・六cm

写真『真宗重宝聚英』（同朋舎メディアプラン）

史料②『絵系図』仏光寺派本山蔵（京都市下京区高倉仏光寺下ル新開町）

重要文化財 ‐ 嘉暦元年（一三二六）五月序題 ‐

［史料解説］『改邪鈔』で批判された絵系図は、明治時代までその存在が知られていなかった。大正に入って鷲尾教導《わしおきょうどう》[1]氏や日下無倫《くさかむりん》氏を始めとする研究者によって次々と発見され世に紹介された。今日では、仏光寺派や備後《びんご》地方（広島県）の明光《めいこう》門流の寺院などから十五例程が知られている。中でもその代表的なものの一つに挙げられているのが仏光寺所蔵の絵系図である。絵系図には最初に、製作の理由を述べた序題（序文）という趣意書が置かれている。その文章は各絵系図共、一部を欠くものがある以外は全く同文であり、その序題の本《もと》となったのが仏光寺の絵系図ではないかと推定されている。この仏光寺絵系図の序題の筆跡は、平松令三氏の研究により、覚如上人の長男存覚上人の筆であると断定され、存覚上人が絵系図製作に深く関わっていたと考えられている。序題の後には、仏光寺を開いた了源《りょうげん》とその坊守了明尼《りょうみょうに》の絵像が描かれ、それに続いて弟子道円を筆頭とする三十二名の門徒の絵像が描かれている。了源と門徒達は朱線で結ばれて系図の体裁を示している。

A 序題

本文

右親鸞聖人ハ真宗ノ先達《せんだつ》、一流ノ名徳《めいとく》ナリ。勧化《かんけ》都鄙《とひ》ニアマネク、化導道俗《けどうどうぞく》ヲカネタマヘ《エ》リ。カノ御門徒アマタニアヒワ《イ》カレタマヘ《エ》ルナカニ、予カ《ガ》信知シタテマツルトコロノ相承《そうじょう》ハ、真仏・源海・了海・誓海・明光《めいこう》コレナリ。コヽニ了源カノ明光《めいこう》ノヲ《オ》シヘ《エ》ヲタモチテ、ミツ《ズ》カラモ信シ《ジ》ヒトヲ《オ》シテモ行セ《ぎょうぜ》シム。无智ノ身ナリトイヘ《エ》ト《ド》モ、仏法ヲアカ《が》ムルココロアサカラス《ズ》。愚鈍《ぐどん》ノ性《せい》ナリトイヘ《エ》ト《ド》モ、他力ヲアフ《ウ》ク《グ》オモヒ《イ》、フタコ《ゴ》ヽ《コ》ロナシ。シカルニ予カ《ガ》スヽメヲウケテ、オナシ《ジ》ク後世《ごせ》ヲネカ《ガ》ヒ《イ》、トモニ念仏ヲ行ス《ぎょうず》ルトモ

訳文

そもそも親鸞聖人は、真宗の先人、一つの門流の名僧である。都から田舎にまで広く教えを説き、僧侶にも俗人にも共に教化を施された。その御門徒が互いにたくさんに分かれている中で、私が阿弥陀如来の本願を信じ申し上げるようになった教えの相伝は、真仏・源海・了海・誓海・明光《めいこう》である。そういうわけで了源は、その明光の教えを受け継いで、自らも信じまた人にも教えて行じさせるのである。無知の身であるとはいうものの、仏法を崇《あが》める心は浅くない。愚かな拙《つたな》い性質であるとはいうものの、本願他力を仰《あお》ぐ思いに二心《ふたごころ》はない。それにつけて、私の勧《すす》めを受けて同じ様に死後の極楽浄土を願い、共に念仏を行ずる人達

カ《ガ》ラ、ソノカス《ズ》マタオホ《オ》シ。仏力ノ加被《かび》マコトニワタクシニアラサ《ザ》ルモノヲヤ。コレニヨリテ、道場ヲカマヘ《エ》テ本尊ヲ安《あん》シ《ジ》、有縁《うえん》ヲス、メテ念仏ヲヒロムルタク《グ》ヒ《イ》、先年名字《みょうじ》ヲシルシテ系図ヲサタ《ダ》ムトイヘ《エ》トモ、カサネテイマコノ画図《がと》ヲアラハ《ワ》ストコロナリ。コレスナハ《ワ》チ、カツハ次第相承《しだいそうじょう》ノ儀《ぎ》ヲタ《ダ》、シクセシメンカ《ガ》タメ、カツハ同一念仏ノヨシミヲオモフ《ウ》ニヨリテ、現存ノトキヨリソノ面像《めんぞう》ヲウツシテ、スヱ《エ》ノ世マテ《デ》モソノカタミヲノコサントナリ。…

も、その数がまた多い。仏の力によって衆生を救いとってくださることは、ほんとうに自分の力などではないことである。こういうわけで、道場を構えて本尊を安置し、仏の縁あって念仏を勧《すす》めた仲間の人達については、先年名前を記して系図をこしらえたが、更に今この絵を描き表わすのである。これはとりもなおさず、一つには順々に教えが受け継がれて来たことを明らかにさせようとするため、また一つには同じ念仏の親しい間柄を思うために、生きている時からその顔かたちを写して、後の世までもその記念として残そうとするのである。…

注 1——鷲尾教導氏（一八七四～一九二八年）は、明治大正期の仏教史研究家。

B　絵系図

写真『真宗重宝聚英』（同朋舎メディアプラン）

（四）荒木門徒以外の門徒集団の全国的広がり

―**史料**「高僧連座像」、「荒木門徒以外の門徒集団の広がり」図―

東国門徒の教線を全国に広げていったのは、荒木門徒ばかりではなかった。三河《みかわ》（愛知県）地方へ進出した専信房専海の門流、信濃国《しなののくに》（長野県）へ進出した長沼信性の門流と善性の磯部門徒、近江国《おうみのくに》（滋賀県）へ進出した瓜生津《うりゅうづ》門徒、奥州で一つの勢力を張った覚円の安積《あさか》門徒等がそれ[史料②]である。

専信房専海の門流は、高田門徒と深い関係にありながらも、独自の高僧連座像[史料①]を用いるなど、荒木門徒と通じる点が[1]指摘されている。専信は関東から遠江国《とうとうみのくに》（静岡県）池田[2]へ移り、三河地方への布教に力を尽くしたが、その門弟の円善が三河和田道場[3]を開くと、その門下から平田《ひらた》[4]道場の念信、赤渋《あかそぶ》道場の信願、野寺《のでら》[5]の慶円《きょうえん》等が輩出し、三河和田《わだ》門徒の勢力を形成していった。

三河和田門徒からはその後、美濃国《みののくに》（岐阜県中南部）から山を越えて北陸に進出する門徒が現われた。これが円善の門弟と伝えられる如道である。如道は越前国《えちぜんのくに》大町《おおまち》[6]に専修寺《せんじゅじ》

（今日の真宗三門徒派本山専照寺）[7]を建立して、越前大町門徒を形成するが、この門下から道性《どうしょう》に始まる証誠寺《しょうじょうじ》[8]（真宗山元《やまもと》派本山）、如覚《にょかく》に始まる誠照寺《じょうしょうじ》[9]（真宗誠照寺派本山）が分立し、越前三門徒派と総称されるようになった。

信濃国《しなののくに》（長野県）へ進出した長沼の信性の門徒は、始め下野国《しもつけのくに》（栃木県）長沼[10]を本拠としていた。この門流も独自の高僧連座像を用いて教線を広げ、西仏《さいぶつ》に始まる康楽寺（更級《さらしな》郡長谷）[11]の門流や了智に始まる正行寺《しょうぎょうじ》（筑摩《ちくま》郡栗林）[12]の門流を輩出している。信濃国へ進出したもう一つの門流磯部門徒は、親鸞聖人の高弟の一人善性《ぜんしょう》に始まる門流である。磯部門徒は関東から信州に移るが、このうち稲田の草庵を善性門流が移転させたと伝えられているのが、信州長沼[13]の浄興寺で、これが後に越後国へ移って、現在の上越市南本町の浄興寺となった。一方、善性門流の本拠地勝願寺は、信州飯山近郊の南条へ進出するが、これがまた江戸時代初期に越後に移転し、現在の上越市高田の瑞泉寺となっている。

近畿の近江国《おうみのくに》（滋賀県）に進出したのは、瓜生津《うりゅうづ》門徒である。瓜生津《うりゅうづ》門徒は、東国横曽根門徒に始まる系統と伝えられ、性信から四代目の愚咄《ぐとつ》によって近江国瓜生津[14]に形成された。この門流からは愚咄の弟と伝えられる慈空《じくう》の開いた錦織寺《きんしょくじ》[15]（真宗木辺《きべ》派本山）や大和国《やまとのくに》（奈良県）吉野に進出した聖空《しょうくう》の秋野河《あきのがわ》門徒（瀧上寺《りょうじょうじ》）が輩出している。また存覚上人の妻・奈有は愚咄の縁者だったようで、本願寺と瓜生津とは親しい関係にあった。

本願寺と深い関係にあった門徒にもう一つ奥州の浅香門徒[16]がある。これも真仏の弟子覚円から生じている門流で、覚円の弟子法智は、覚如上人の後援者として大きな働きをしている。

注

1—『真宗重宝聚英』第八巻 早島有毅氏「中世社会における親鸞門流の存在形態」

2—浜松市中区鹿谷町《しかたにちょう》善正寺《ぜんしょうじ》（大谷派）が専信房開基の寺で、その遺跡を伝える。

3—岡崎市針崎町勝曼寺（大谷派）

4—岡崎市大和町妙源寺（高田派）。初めは平田明眼寺と称した。

5—安城市野寺《のでら》町本証寺（大谷派）

6—福井市大町。現在は専照寺の墓地とされている。

7—福井市みのり。享保九年（一七二四）に現在地に移る。

8—寺伝では善鸞を祖とする。本山は福井県鯖江市横越町《よこごしちょう》。文明七年（一四七五）現在地に移転。同市水落町《みずおちちょう》一丁目に、故地とされる証誠寺遺跡がある。

9—寺伝では豪族波多野景之を祖とする。本山は福井県鯖江市本町。

10—現在の栃木県真岡市長沼

11―現在の長野市篠ノ井塩崎
12―現在の長野県松本市大手
13―今日の長野市大町
14―今日の滋賀県東近江市瓜生津町弘誓寺
15―滋賀県野洲市木部《きべ》。寺伝では親鸞聖人の建立と伝える。
16―福島県郡山市安積《あさか》

史料①「高僧連座像」愛知県岡崎市舳越《へごし》願照寺（本願寺派）蔵　十五世紀末期頃

写真『真宗重宝聚英』（同朋舎メディアプラン）

史料②

荒木門徒以外の門徒集団の拡がり

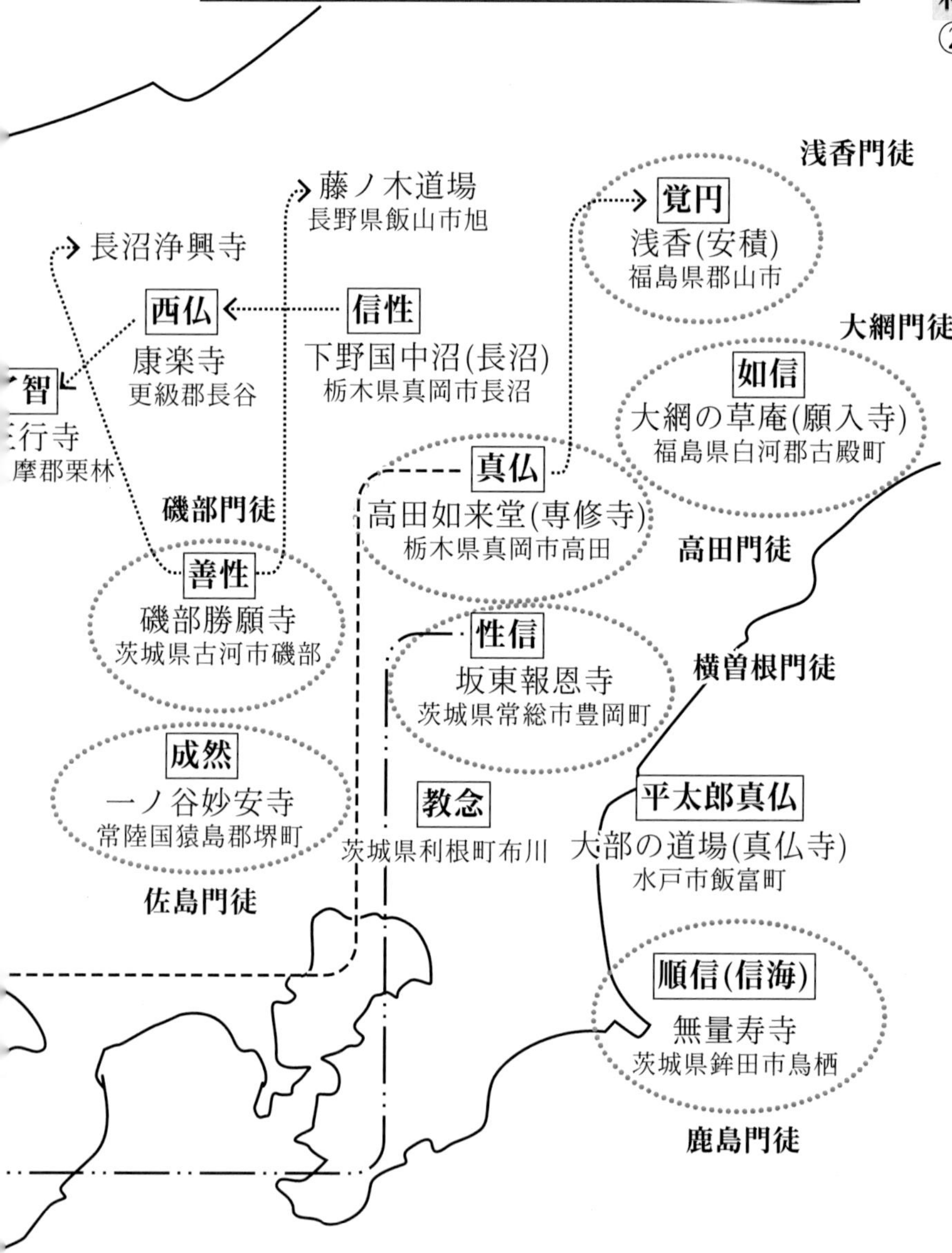
浅香門徒
覚円
浅香(安積)
福島県郡山市
藤ノ木道場
長野県飯山市旭
長沼浄興寺
西仏
康楽寺
更級郡長谷
信性
下野国中沼(長沼)
栃木県真岡市長沼
智
行寺
摩郡栗林
大網門徒
如信
大網の草庵(願入寺)
福島県白河郡古殿町
真仏
高田如来堂(専修寺)
栃木県真岡市高田
高田門徒
磯部門徒
善性
磯部勝願寺
茨城県古河市磯部
性信
坂東報恩寺
茨城県常総市豊岡町
横曽根門徒
成然
一ノ谷妙安寺
常陸国猿島郡堺町
佐島門徒
教念
茨城県利根町布川
平太郎真仏
大部の道場(真仏寺)
水戸市飯富町
順信(信海)
無量寿寺
茨城県鉾田市鳥栖
鹿島門徒

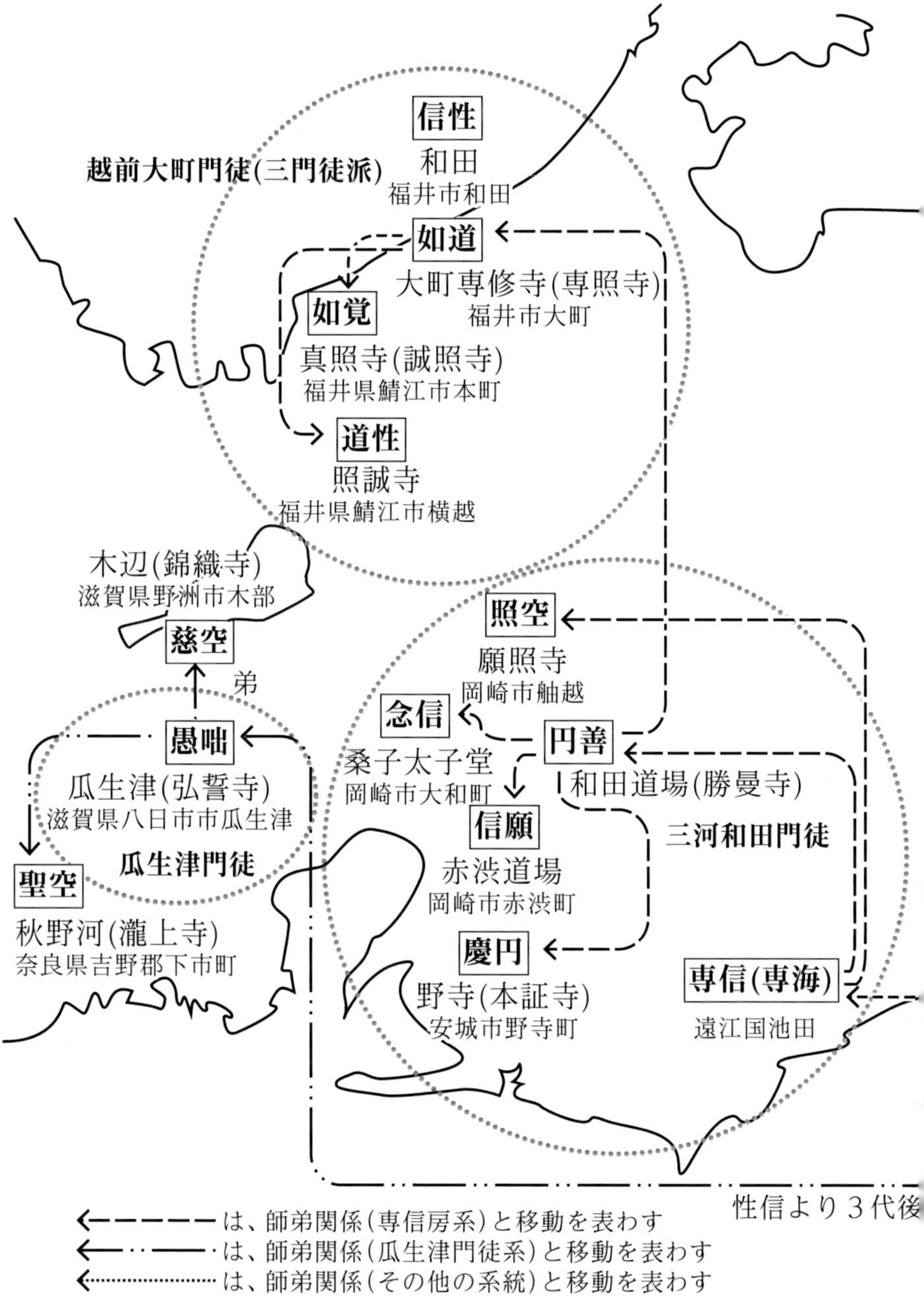
信性
和田
福井市和田
越前大町門徒(三門徒派)
如道
大町専修寺(専照寺)
福井市大町
如覚
真照寺(誠照寺)
福井県鯖江市本町
道性
照誠寺
福井県鯖江市横越
木辺(錦織寺)
滋賀県野洲市木部
慈空
弟
愚咄
瓜生津(弘誓寺)
滋賀県八日市市瓜生津
瓜生津門徒
聖空
秋野河(瀧上寺)
奈良県吉野郡下市町
照空
願照寺
岡崎市舳越
念信
桑子太子堂
岡崎市大和町
円善
和田道場(勝曼寺)
三河和田門徒
信願
赤渋道場
岡崎市赤渋町
慶円
野寺(本証寺)
安城市野寺町
専信(専海)
遠江国池田
性信より３代後
は、師弟関係(専信房系)と移動を表わす
は、師弟関係(瓜生津門徒系)と移動を表わす
は、師弟関係(その他の系統)と移動を表わす

第三節　如信上人と大谷廟堂

（一）『親鸞聖人門侶交名牒』から窺える如信上人

―史料『親鸞聖人門侶交名牒』各本―

親鸞聖人の教えは東国門徒集団を指導する門弟達に受け継がれたが、そうした門弟の中でも、大谷廟堂を建立した覚信尼と最も親しい関係にあったと見られるのが、大網門徒の指導者如信上人である。如信上人とは、一体どのような人だったのであろうか。

親鸞聖人の門弟達の名簿として知られる『親鸞聖人門侶交名牒《きょうみょうちょう》』史料には、如信上人が載っているが、その名前の左側を見ると、「親鸞聖人真弟卿公子息なり」と記されている。これは、親鸞聖人の実子にして弟子である宮内卿《くないきょう》の公《きみ》慈信房善鸞の子息、という意味に解される。慈信房善鸞は、善鸞事件で「慈信房一人に夜親鸞が教えた」という嘘の発言から、聖人に親子関係を義絶されたとされる善鸞である。つまりこの『門侶交名牒』には善鸞の名前は入れられておらず、その代わりに如信上人が親鸞聖人の門弟の一人として名を連ねているのである。この『門侶交名牒』について研究者の一部に、覚如上人が三代伝持をとなえた時期に作られているところから、信を置くことができないとの意見もある[1]が、『門侶交名牒』が本願寺系ではない荒木門徒や三河和田門徒に伝えられていることを考えると、覚如上人の意に従った内容とは考えられない。やはり如信上人は、親鸞聖人の血脈を相承した門弟の一人として、親鸞門流の弟子達から公認されていたものであろう。

注　1――井上鋭《とし》夫氏『一向一揆の研究』一二七頁。井上鋭夫氏（一九二三～七四年）は、元新潟大学・金沢大学教授。日本史研究家。

史料『親鸞聖人門侶交名牒』

【史料解説】元亨《げんこう》元年（一三二一）から康永三年（一三四四）の間に原本が製作されたと見られている。

本文

【妙源寺本】

奥州大網住
如信　親鸞上人真弟卿公子息也
├ 覚恵　大谷本願寺留守
├ 乗善
├ 入善
├ 明教
├ 性信
└ 覚如　自余門弟略也

※□の部分は、後から消されているが、透かして読むことができる。

【光明本】

奥州大網住
○如信　親鸞上人真弟経公慈信房子息也
├ 覚恵
├ 乗善
├ 入善
├ 明教
├ 性信
└ 覚如　自余門弟等略之

【光薗《こうおん》院本】

如信　ヲ《オ》クオホ《オ》アミ　上人御子
├ 覚恵　大谷本願寺　御廟《ミハカノ》留守《ルシュ》
├ 乗善
├ 入善
├ 明教
├ 性信
├ 浄如
└ 覚如　御廟《ミハカノ》留守《ルシュ》　御子息三人
　├ 存覚
　├ 従覚
　└ 女子一人
自余門弟略之

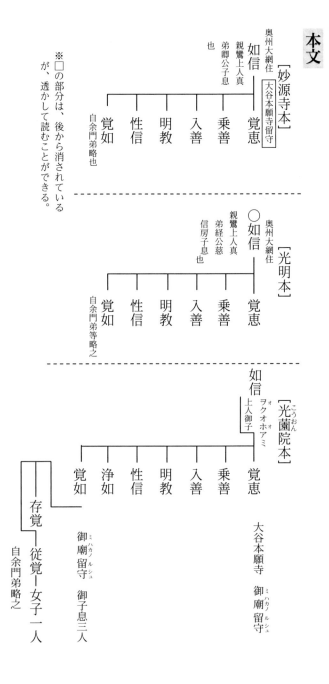

（二）如信上人の生い立ちと関東移住

——史料『最須敬重絵詞』第一巻——

『最須《さいしゅ》敬重《きょうじゅう》絵《え》詞《ことば》』[史料]には、覚如上人の先師として如信上人の生い立ちが記されている。この文章は具体性に乏しく、既に如信上人の生い立ちはほとんど分からなくなっていたものと見られるが、大寺院に入って修行を積んだり、経典を学んだりはせず、もっぱら親鸞聖人の下で本願念仏の教えを聞法し続けた様子は充分に窺える。

その誕生については、延応《えんおう》元年（一二三九）とする説[1]もあるが、在世中に描かれた影像の裏書き[2]から嘉禎《かてい》元年（一二三五）であることが明らかである。これは親鸞聖人が帰洛する前後に当たり、京都で善鸞の子息として誕生している。したがって、『最須敬重絵詞』に記される通り、若年の時期は、親鸞聖人の膝下《しっか》でその教えを聞きながら育ったと推察される。

けれどもその活躍は何と言っても、奥州へ赴いたことに始まり、『親鸞聖人門侶交名牒』にも「奥州大網《おおあみ》住」と記されている。この大網の場所については明確ではなく、福島県石川郡古殿《ふるどの》町竹貫《たかぬき》とする説[3]と、福島県西白河郡泉崎村の常瑞寺故地[4]とする説の二説がある。奥州南部の地域から常陸北部の奥郡《おうぐん》とよばれる地域は、如信上人の父善鸞が活躍していた地域でもあり、おそらく如信上人は父善鸞との縁を頼ってこの地に道場を築いたものであろう。

それにしても如信上人は、京都から一体いつ頃この大網の地へ赴いたのであろうか。『常瑞寺縁起』[5]では「弘長二年（一二六二）初冬（十月）中旬」三十八歳の時に、聖人の許を離れたとあるが、一般には、父善鸞が関東へ下向して善鸞事件を起こした時、十九歳か二十歳の頃ではなかったかと言われている[6]。一方今井雅晴氏[7]（一九四二年〜）は、善鸞事件落着後の二十三歳の頃ではないかと推測している。

このように諸説あるものの、奥州移住によって如信上人の門流が形成され始めるのである。

注　1―実悟の『日野一流系図』には、「正安二正月四日 入滅 六十二歳」とある。

2―本書第六章第二節（二）史料③参照

3―江戸時代中期、宗誓の『遺徳法輪集』や先啓の『大谷遺跡録』で説かれる説。

4―常瑞寺（本願寺派）は、寺伝によれば大網の奥の坊とよばれ、寛永四年（一六二七）白河城主丹羽《にわ》長重《ながしげ》の命で、如信上人の墓所を残して現在地（白河市大工町）に移転している。今井雅晴氏は常瑞寺の寺伝に従い、故地泉崎村の如信上人大網本廟の地を大網の地と断定している。（『如信上人』一九九五年、四八頁）

5―大網信融氏（一九四九年～、常瑞寺住職）は『親鸞面授の人びと』（一九九九年自照社発行）で、如信上人が大網に定住した年について、『常瑞寺縁起』によれば建治元年（一二七五年、如信上人四十歳）、江戸時代の『寺社台帳』によれば文永六年（一二六九年、如信上人三十四歳）という二つの説を挙げている。

6―重松明久氏は『覚如』（一九六四年発行）一〇〇頁で、「かれが、東国に赴き、奥州大網に住むに至ったのは、父の善鸞の東国下向に従ったからで、その時期は、大体建長五年（一二五三）ごろ、如信の二〇歳前後のころとされる」と、記している。

7―『如信上人』一九九五年発行 三十一頁で、「親鸞は善鸞の問題を自分で解決する決心をし、その方法として自分が一生をかけて歩み続けてきた道を振り返ってみることにした。…そしてこの活動が一段落ち着いたのは八十六歳のころである。如信は、この前後に親鸞の承認を得て関東へ下ったのではないだろうか」とその考えを述べている。尚、今井雅晴氏は、筑波大学名誉教授、日本中世史研究家。

史料『最須敬重絵詞』第一巻第一段

本文

…根本ノ門弟ハモハラ東国ニミチ、枝《し》末《まつ》ノ余塵《よじん》ハヤウ《ヨ》ヤク諸邦《しょほう》ニヲ《オ》ヨフ《ブ》。面《めん》授《じゅ》ノ弟子オホ《オ》カリシ中ニ、奥州東山《とうさん》ノ如信上人ト申人《もうすひと》オハ《ワ》シマシキ。アナカ《ガ》チニ修学《しゅがく》ヲタシナマサ《ザ》レハ《バ》、ヒロク経典ヲウカ、《ガ》ハ《ワ》ス《ズ》トイヘ《エ》ト《ド》モ、出要《しゅつよう》ヲモトムルコ、ロサ《ザ》シアサカラサ《ザ》ルユヘ《エ》ニ、一《ひと》スチ《ジ》ニ聖人ノ教示《きょうじ》ヲ信仰スル外《ほか》ニ他事《たじ》ナシ。コレニヨリテ幼年ノ昔ヨリ長大《ちょうだい》ノ後《のち》ニイタルマテ《デ》、禅牀《ぜんしょう》ノアタリヲハナレス《ズ》、学窓《がくそう》ノ中《うち》ニチカツ《ズ》キ給《たまい》ケレハ《バ》、自《みずから》ノ望《のぞみ》ニテ開示《かいじ》ニアツ《ズ》カリタマ《モ》フ《ウ》事モ時ヲエラハ《バ》ス《ズ》。他ノタメニ説《せっ》

訳文

…（親鸞聖人の）直弟子は、主《おも》に東国に満ちあふれ、その系統を引く末弟《まってい》たちは、次第に諸国に広がった。面授《めんじゅ》の（直接口伝えに教えを受けた）弟子が大勢いた中に、奥州大網東山《おおあみひがしやま》の如信上人と申す人がいらっしゃった。際立《きわだ》って仏道の修学に励《はげ》むこともなく、広く経典《きょうてん》を知ることもなかったとはいうものの、生死の迷いを離れ出る大切な道を求める志は浅くなかったので、ひとすじに親鸞聖人の教え示すところを信仰し他のことは求めなかった。こうして子供の頃から成年に達した後になるまで、聖人の身の回りを離れずに、聖人が学んでおられる側《そば》におられたので、いつでも望んだ時に教えを受けられ、聖人が他の人に教化される時でもその席に居ないことはな

化《け》シ給《たもう》トキモ、ソノ座ニモレ給《たもう》コトナカリケレハ《バ》、聞法ノ功《こう》モオホ《オ》クツモリ、能持《のうじ》ノ徳モ人ニコエ給《たまい》ケリ。カノ阿難尊者《あなんそんじゃ》ノ常ニ仏後ニシタカ《ガ》ヒ《イ》、身《み》座下《ざげ》ニ臨《のぞみ》テ多聞広識《たもんこうしき》ノ名ヲホト《ド》コシ、伝説流通《でんせつるづう》ノ錯《あやまち》ナカリケルモ、カクヤトソ《ゾ》オホ《ボ》ユル。

かったので、聞法の経験も多く積まれ、仏の法を受持する徳も人より超えておられた。それは、かの阿《あ》難《なん》尊者が、常に（釈尊）の後《あと》に従い、自分自身門下の弟子に対して多聞広識《たもんこうしき》（教えを多く聞いて学識がある）との名声を広くゆきわたらせ、釈尊が説くところを伝えて弘めるのに誤りがなかったという話も、こういうことだったのかと思われるほどであった。

（三）如信上人と大谷廟堂

―**史料**　如信上人、二通の書状―

如信上人は奥州大網に道場を開いてからも、大谷廟堂とは親密な交際を持ち続けていた。それを裏書きする二通の手紙が今日まで伝えられている。このうち、建治元年（一二七五、如信上人四十一歳）七月二日の手紙史料①は、内容から見て覚信尼の夫小野宮禅念の訃報に際して出された悔み状と推測されている。また建治三年（一二七七、如信上人四十三歳）十一月二日の手紙は史料②『びわ女預状《あずかりじょう》』とよばれるように、如信上人が上京して大谷廟堂に赴いた折、覚信尼から下人びわ女を預かった借用証文と言うべき内容とされる。いずれも大谷廟堂と如信上人の親しい間柄を伝えてくれる。

この点について、神田信久[1]（一八〇八～六二年）著『大谷嫡流実記《ちゃくりゅうじつき》』や常瑞寺《じょうずいじ》の『大網系図』には、覚信尼の娘・光玉尼が如信上人の妻と記されており注目される。『親鸞聖人門侶交名牒』で、覚信尼の長男覚恵の名が如信門流の筆頭に掲げ[2]られているのも、あるいはこのような親しい関係に由来するのかも知れない。大網信融氏は、「びわ女は如信や妻の光玉や如信一家の世話をするために、覚信尼が預けてよこした女性なのかもしれない」と推測している。

また如信上人は毎年親鸞聖人の祥月命日に、東国からはるばると大谷廟堂に参[3]拝したと伝えられる。『びわ女預状』の日付けも十一月二日であり、また後に覚如上人が如信上人と対面したのも十一月十九日であったことを考え合わせると、充分に想定されることである。おそらく親鸞聖人を慕う気持ちがとても強い人だったのであろう。

注
1―神田信久は、江戸時代後期に京都両替商津国屋の子息として誕生し、家業を営む傍ら、歴史の研究に傾倒した。とりわけ本山東本願寺の歴史について詳細な研究を行っている。代表作として、弘化二年（一八四五）に完成された『大谷嫡流実記』がある。
2―本節（二）史料 参照
3―『大谷本願寺通記』天明五年（一七八五）玄智著

史料①『如信上人書状』健治元年七月二日

[史料解説] 死を悼む内容が記されているところから、覚信尼の夫小野宮禅念の往生の際に出されたものと見られる。この書状が伝えられた由来について、小串侍《おぐしつこう》氏（『初期本願寺の研究』一九七九年 一二頁）は、[1]「書状の所蔵者は名古屋市本町の内田某氏であり、かつて住田智見師[2]が撮影せられ、更に山上正尊師[3]が複写せられ、今その写真によって読めるものである」と説明している。

本文

御ふミ《み》くは《わ》しくうけ候《そうらい》ぬ。さては御なけ《げ》きの御事、返々《かえすがえす》申はかりなく候。やか《が》てもまいり候て、うけ給は《わ》りたく候へ《え》と《ど》も、御るすのほと《ど》は、なきいのちに候へ《え》は《ば》、のと《ど》かに□《お》は《わ》り候へ《べ》く候。又しや《よ》うもか《こ》うの給《たまわ》はりて候し、すりまいらせ候也。なに事も候。又々申へ《べ》く候。あなかしこ〳〵。

けんち《じ》元（別筆）　　如信（花押）

七月二日

訳文

御手紙は、受け取って詳しく拝見しました。それにしても、お嘆きの事度々《たびたび》何とも申しようがありません。すぐにも参って（お話も）承りたいのでございますが、御留守の様子は、命を失っておられますので、安らかに往生されますように。また上《じょう》の抹香《まっこう》（沈香《じんこう》と梅檀《せんだん》を搗《つ》いて粉末としたもの）をいただきました。磨《す》って差し上げます。どんなこともございます。またまた（御手紙）申しましょう。あなかしこ〳〵。

建治元年（一二七五）　　如信（花押）

七月二日

注　1―『初期本願寺の研究』一九七九年発行、一一二頁。小串侍氏は、元同朋大学名誉教授、真宗学者。

2―住田智見氏（一八六八～一九三八年）は、元大谷大学学長。『浄土源流章講録』『異義史之研究』等著作多数。

3―山上正尊氏（一八九〇～一九六九年）は、元同朋大学学長。真宗学者。

史料②『びわ女預状』健治三年（一二七七）十一月一日　如信筆　写真京都西本願寺蔵

影印文

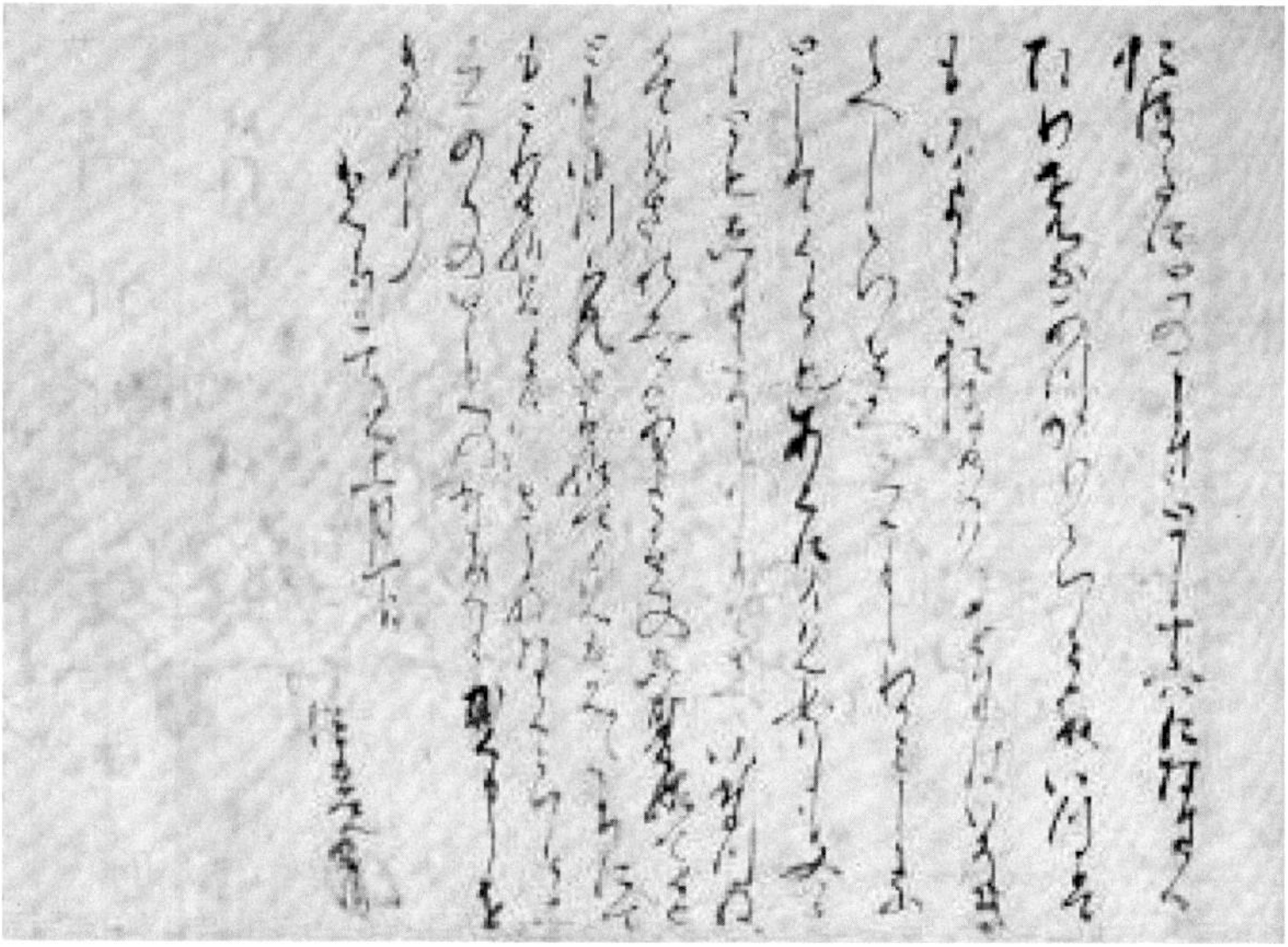

本文

おほ《お》たにと《ど》のより、とし十六になり候ひ《び》わを《お》んな、あつ《ず》かりまいらせ候ぬ。いつにても御ようとおほ《お》せ候は《わ》んを《お》りは、いそき《ぎ》かへ《え》しまいらせ候へ《べ》く候。もしわか《が》みしにな と《ど》して候とも、あとに候は《わ》ん女は《ぼ》うも、またて《で》しと《ど》もしりたることにて候へ《え》は《ば》、御たつ《ず》ね候てめされ候へ《べ》く候。あまこ《ご》せ《ぜ》んのしなせ給て候とも、ゆつ《ず》られさせ給て候は《わ》んきんた《だ》ちにても、こわせ給は《わ》んときは、さ《そ》うゐ《い》なくまいらせ候へ《べ》く候。のちのせ《しょ》うもんのためにかく申を《お》き候なり。

けんち《じ》三年十一月一日

にょしん（花押）

訳文

大谷殿より、年十六になりますびわ女をお預かりしております。いつでも必用があるとおっしゃる時は、すぐにお返しするつもりでございます。もし自分が死んでも、後に残っております女房もまた弟子どもも知っていることでございますので、尋ねられて呼び寄せなさいますように。尼御前が死んでしまわれたとしても、後をおゆずりになる公達《きんだち》（貴族の子息を言う）が請われる時には、確かに差し上げるつもりでおります。後々の証文のために、このように申し置くのでございます。

建治三年（一二七七）十一月一日

如信（花押）

第四節　大谷廟堂の後継者覚恵

（一）誕生と出家

—史料『日野一流系図』、『最須敬重絵詞』第六・第一巻—

覚信尼の遺志により大谷廟堂の後継者となったのは長男の覚恵《かくえ》であった。この覚恵についてまず問題になるのは、その誕生年である。

本願寺に伝わる最も古い系図である『日野一流系図』[1]を見ると、覚恵の部分[史料①]に、徳治《とくじ》二年（一三〇七）四月十二日に六十九歳で入滅したとあり、これを逆算すると、延応元年（一二三九）の誕生となる。

ところが、覚恵の時代にずっと近い文和元年（一三五二）に著わされた『最須敬重絵《さいしゅきょうじゅうえ》詞《ことば》』からは、これとは違う誕生年が想定されて来る。すなわち同著第六巻[史料②]のところに、覚恵が病気にかかって没するまでの様子が、「正安の初めの五十歳余りのころから、瘻《る》という病気にかかられたが、…発病以来臨終まで八、九年の間、終始」と記されている。この内容は、正安元年（一二九九）の五十数歳の頃から覚恵が病気にかかり、八、九年間療養生活を送って徳治二年（一三〇七）に没していると解される。つまり覚恵の誕生年が、正安元年（一二九九）を五十数年遡った年とされ、仁治元年～宝治二年（一二四〇～一二四八）の間に誕生していると見られる。こうしたところから宮崎円遵氏は、母覚信尼十八～二十歳に当たる仁治二年～寛元元年（一二四一～一二四三年）の誕生と推定し、細川行信氏[2]（一九二六～二〇〇七年）は覚信尼二十歳の寛元元年（一二四三）の誕生と推定[3]している。

覚恵の幼名は光寿《こうじゅ》と称した。これは『日野一流系図』だけではなく、『恵信尼書状』第十通[4]にも「くわうず御《こ》ぜん」という名が見えるから、実際に用いられていた名であることは間違いない。この幼名には「光」の字が使われているが、その後本願寺の歴代門主がその諱《いみな》に「光」の字を用いるようになるのも、おそらく覚恵に由来するものであろう。

父親の日野広綱《ひろつな》は、親鸞聖人と同じく日野家の分家で、右衛門尉《うえもんのじょう》等の官職に就いていたから、覚恵も当然朝廷に仕えて役人となる道が考えられる。けれども七歳の時にその父が早世してしまい、『最須敬重絵詞』第一巻にも[史料③]「我が身に寄るべを失っていることは、水を離れた魚のようであり、世間にたのみとするところがないことは、陸に伏している亀のようであった」とある通り、すでに朝廷に仕える道は最初から閉ざされていたのであろう。したがって、おのずと仏門に入る道が定まっていた。

しかし、七歳ですぐに仏門に入ったのではなく、「幼少より聖人の御膝下《ひざもと》にあって、撫育の恩にもあつ《ず》かり、教訓の詞をも蒙《こうぶり》給《たまい》けれ…」〈訳文 幼い時から親鸞聖人の側《そば》にいて、かわいがって育てられるという恩恵を受け、教訓の言葉もいただかれた…〉と、『最須敬重絵詞』にあるところから、おそらくある年齢までは、母親覚信尼と共に親鸞聖人の側《そば》で育ったと考えられる。だが、「ひとへ《え》に信順の儀《ぎ》まではなかりしかば」〈訳文 ひとえに信じ順《したが》うことまではなかったのだから〉とある通り、熱心に聞法するまでには至らなかったのだろう。

光寿（覚恵）が仏門に入ったのは、祖父親鸞聖人と同じく青蓮院であった。京都西本願寺に伝わる『留《る》守《す》職相伝《しきそうでん》系図』[5]によると、出家得度の際には親鸞聖人の例に習って、日野家の有力者の日野家光（光国《みつくに》）の養子となり、中納言僧宗恵《そうえ》と名乗っている。以後本願寺の歴代上人が、十世証如上人まで青蓮院で得度をし、日野家や広橋家、九条家等有力公《く》家《げ》の養子となる習慣が続くこととなる

注　1―天文十年（一五四一）蓮如上人十男実悟製作。

2―細川行信氏は、元大谷大学教授、真宗学・真宗史研究家。『真宗成立史の研究』（一九七七年）、『真宗教学史の研究』（一九八一年）他著書多数。

3―細川氏が寛元元年に限定するのは、京都西本願寺に伝わる『最須敬重絵詞』の指図書（絵の描き方を指定した記録）に「御母儀ヲハラセ給所御トシ三十バカリ秋ノナカバ」とあり、文永九年（一二七二）に覚恵の妻中原氏が三十歳で没していると見られるからで、その二十七年後の正安元年（一二九九）に五十歳余りの年齢となっていた覚恵が妻の中原氏より年長だったとは考えにくく、年下とも考えられないところから、同年齢と推定したことによる。（『大谷祖廟史』一九五三年、五二～三頁）

4―本節（三）史料 参照

5―本節（二）史料① 参照

史料①『日野一流系図』宗恵（覚恵）の記述　天文十年（一五四一）実悟 製作

系図

号宮内少輔入道
左衛門権佐
宮内少輔　正五位下
出家
策
広綱
母
法名宗綱

尋有僧都入室弟子　遁世号覚恵房
青蓮院二品尊助親王門侶
大原イ法印
中納言　阿闍梨
山　童名光寿
宗恵
母尼覚信
権中納言家光為子
老後真弟宗昭法印
雖申任法印遂不受
徳治二丁未四月十二日　入滅
六十九歳

女子
字光玉

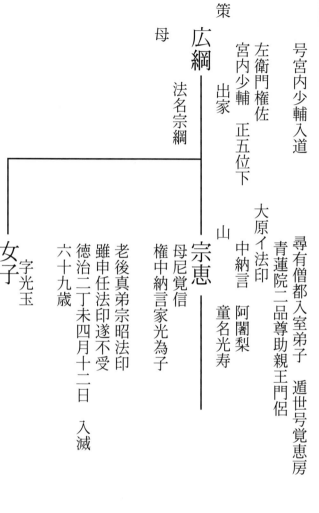

史料② 『最須敬重絵詞《さいしゅきょうじゅうえことば》』第六巻第二三段

文和元年（一三五二）十月十九日　乗専製作

【史料解説】覚如上人の門弟乗専が作った伝記。原本は絵巻物であったと推測されるが、絵の部分は伝わらず（絵師に描かせるための細かい指示を記した指図書《さしずしょ》だけが伝えられている）、伝記を記す詞書だけが今日に伝えられている。覚如上人が没した観応二年（一三五一）の翌年の文和元年（一三五二）十月十九日に成立している。その内容は前年に作られた『慕帰絵』よりさらに詳細に記述されており、『慕帰絵』に漏れ落ちた記録を補って作られたものと考えられている。七巻よりなるが、第三巻と第四巻（覚如上人十四歳から二十歳に掛けての記録）は欠巻となり伝わっていない。

本文

厳親桑門《げんしんそうもん》ハ正安《しょうあん》ノハシ《ジ》メツカタ、五十有余《ゆうよ》ノ比《ころ》ヨリ瘻《ろ》トイフ病《やまい》ニワツ《ズ》ラヒ《イ》給《たまい》ケルカ《ガ》、…発病ヨリコノカタ臨終マテ《デ》、首尾《しゅび》ハ九年ノ間《あいだ》…

訳文

父の沙門（覚恵）は、正安の初めの五十歳余りのころから、瘻《ろ》（瘰癧《るいれき》、すなわち頸部リンパ節結核）という病気にかかられたが、…発病以来臨終まで八・九年の間《あいだ》、終始…

史料③『最須敬重絵詞』第一巻第一段

本文

…カノ金吾《きんご》ニ一人ノ息男《そくなん》アリ。イマタ《ダ》首服《しゅふく》ニオヨハ《バ》ス《ズ》、童名《どうみょう》光寿《こうじゅ》ト申《もうし》ケルカ《ガ》、七歳《しちさい》ノ時《とき》父ニヲ《オ》クレテ、ハヤクミナシ子トナラレケリ。身《み》ニ便《たより》ヲウシナヘ《エ》ルコト、水《みず》ヲ離《はなれ》タル魚《うお》ノコ《ゴ》トク、世ニ憑《たのみ》ナキコト陸《くが》ニフセル亀ニ似《に》タリ。仍《よて》イトケナキコ、ロニ世路《せいろ》ノ嶮難《けんなん》ノアユミカ《ガ》タキコトヲシリ、帝都《ていと》ノ頸節《けいせつ》ノツキカ《ガ》タキコトヲ顧《かえりみ》テ、釈門《しゃくもん》ニソ《ゾ》オモヒ《イ》タ、レケル。スナハ《ワ》チ大蔵卿《おおくらきょう》三《さん》位《い》光国《みつくに》卿《きょう》引導《いんどう》トシテ、青蓮院《しょうれんいん》二品親王《にほんしんのう》尊《そん》助《じょ》ノ門下ニ参シ《ジ》、出家《しゅっけ》得度《とくど》ノ本意《ほんい》ヲトケ《ゲ》テ密教修習《しゅじゅう》ノ浄侶《じょうりょ》トナラレケリ。ヤカ《ガ》

訳文

…その左衛門佐《さえもんのすけ》(広綱《ひろつな》)に一人の息子があった。まだ元服《げんぷく》に達しておらず、幼名を光寿《こうじゅ》と申したが、七歳の時父に先立たれて、早くからみなし子となられた。我が身に寄るべを失っていることは、水を離れた魚《さかな》のようであり、世間にたのみとするところがないことは、陸に伏している亀のようであった。したがって幼い心に世の中の道が困難なことを知り、朝廷で官職に就くことが難しいのを気づかって、仏門に入ることを決心された。そこで、大蔵卿《おおくらきょう》三《さん》位《み》日野光国《みつくに》卿の手引きで、青蓮院《しょうれんいん》二品《にほん》親王尊助《そんじょ》の門下に加わり、望み通り出家得度をして、密教を修習する立派な僧侶となられた。やがて熾盛光院《しじょうこういん》の有職という僧侶の職を命じられて、中納言阿闍梨《あじゃり》宗恵《そうえ》と申し上げた。

テ熾盛光院《しじょうこういん》ノ有職《ゆうしょく》ニ補《ふ》セラレテ、中納言阿闍梨宗恵《あじゃりそうえ》トソ《ゾ》申ケル。…幼少ヨリ聖人ノ御膝下《おんひざのもと》ニアリテ、撫育《ぶいく》ノ恩ニモアツ《ズ》カリ、教訓《きょうくん》ノ詞《ことば》ヲモ蒙給《こうぶりたまい》ケレハ《バ》、諸教《しょきょう》ノ得道《とくどう》ノ下機《げき》ニ相応《そうおう》シカ《ガ》タキ旨《むね》ヲモツネニ耳《みみ》ニフレ、弥陀《みだ》ノ本願《ほんがん》ノ鈍根《どんこん》ヲ引接《いんじょう》スル益《やく》ヲモオロ〳〵聞ナレ給《たまい》ケルユヘ《エ》ニ、カク思入給《おもいいれたまい》ケルナルヘ《ベ》シ。サレト《ド》モ聖人ノ芳言《ほうごん》ヲハ《バ》承給《うけたまい》ナカ《ガ》ラ、ヒトヘ《エ》ニ信順《しんじゅん》ノ儀《ぎ》マテ《デ》ハナカリシカハ《バ》トテ、コレモ如信上人《にょしんしょうにん》ヲモテ師承《ししょう》トシ、親鸞聖人《しんらんしょうにん》ヲハ祖師《そし》トアカ《ガ》メタテマツリ給《たまい》ケリ。スナハ《ワ》チ廟堂《びょうどう》ノ寺務《じむ》トシテ門流ノ正統《しょうとう》ナリ。

…幼い時から親鸞聖人のそばにいて、可愛がって育てられるという恩恵《おんけい》を承け、教訓の言葉もいただかれたので、聖道門の様々な教えによってさとりを得るのは、修行する力が備《そな》わっていない人々にはふさわしくないということを、いつも耳にし、阿弥陀如来の本願が才知の鈍い者を救い取るという利益《りやく》も、うすうすは聞き慣れておられたから、きっとそのように深く心に思い入れておられたことであろう。だが、このように親鸞聖人のお言葉を受けておられながらも、「ひとえに信じ順うところまでは至っていない」と言って、この方《かた》も如信上人を師匠とし、親鸞聖人を祖師と崇《あが》められた。とりもなおさず、大谷廟堂の寺務として、聖人の門流の正統である。

（二）宗恵（覚恵）の修行
―**史料**『本願寺留守職相伝系図』、『慕帰絵』、『最須敬重絵詞』―

『本願寺留守職《るすしき》相伝系図』史料①によると、出家した宗恵《そうえ》（後の覚恵《かくえ》）は、親鸞聖人の弟で京都三条富小路《とみのこうじ》善法院《ぜんぼういん》の住持であった尋有《じんう》の弟子[1]となって、修行の日々を送ったと見られる。その様子は、『慕帰絵《ぼきえ》』史料②第一巻の記述に垣間《かいま》見ることができる。ここには様々な曼荼羅《まんだら》を観想する修行のことが記されており、宗恵がもっぱら天台宗の密教を修行していたことが知られる。その甲斐あってか、熾盛光院《しじょうこういん》の有職《ゆうそく》という僧侶の職を得、また青蓮《しょうれん》院の記録『門葉記《もんようき》』[2]からは、正応三年（一二九〇）律師《りっし》として、また正応六年（一二九三）権少僧《ごんのしょうそう》都《ず》として勤行に加わっていることが知られる。

だがその一方で宗恵は、天台声明《しょうみょう》の習得にも精力的に取り組んでいたようで、そのことをよく窺わせてくれる話が『最須敬重絵詞』史料③第六巻に見出される。それは亡くなる間際に『往生礼讃』を称える場面であるが、「長年練習してつちかった」とか「日ごろ声明に習熟」などと綴られていて、いかに声明に打ち込んでいたかが窺われる。天台声明に通じていたのは勿論のこと、「隠遁《いんとん》してから後《あと》は、とりわけ浄土の曲調《きょくちょう》に心を入れて」とあるように、浄土宗系の声明にも関心を向けていたようである。とりわけ一念義の声明については、創始者教達《きょうたつ》の弟子に当たる楽心《がくしん》という人について熱心に学び、「専門外でその道に達し、精神を究め妙技をも極められ」と言われる程だったという。そのように声明に通じていた宗恵（覚恵）が、今際《いまわ》の際《きわ》に半《なか》ば無意識に耳をすまし唇《くちびる》を動かして、時には声を出して『往生礼讃《おうじょうらいさん》』を称える場面を、『最須敬重絵詞』は実に感動的に綴っている。声明を聞き声明を称えながら往生するというのは、融通念仏宗の声明往生にも似ているが、おそらく、大谷廟堂の留守《るす》の役を継承する宗恵（覚恵）のすぐれた人となりを示そうとしたものであろう。

注　1―その事実は、京都西本願寺に残される『留守職相伝系図』に、「尋有僧都入室弟子」〈**訳文**尋有僧都のもとで教えを受けた弟子である〉と記されていることから知られる。

2―『門葉記』は、天永年中（一一一〇～一一一三年）より応永年中（一三九四～一四二八年）に至る、約三百年間の青蓮院の記録を集大成したもの。

史料①『本願寺留守職相伝系図』僧宗恵の項目　覚如上人制作　写真 京都西本願寺蔵

影印文

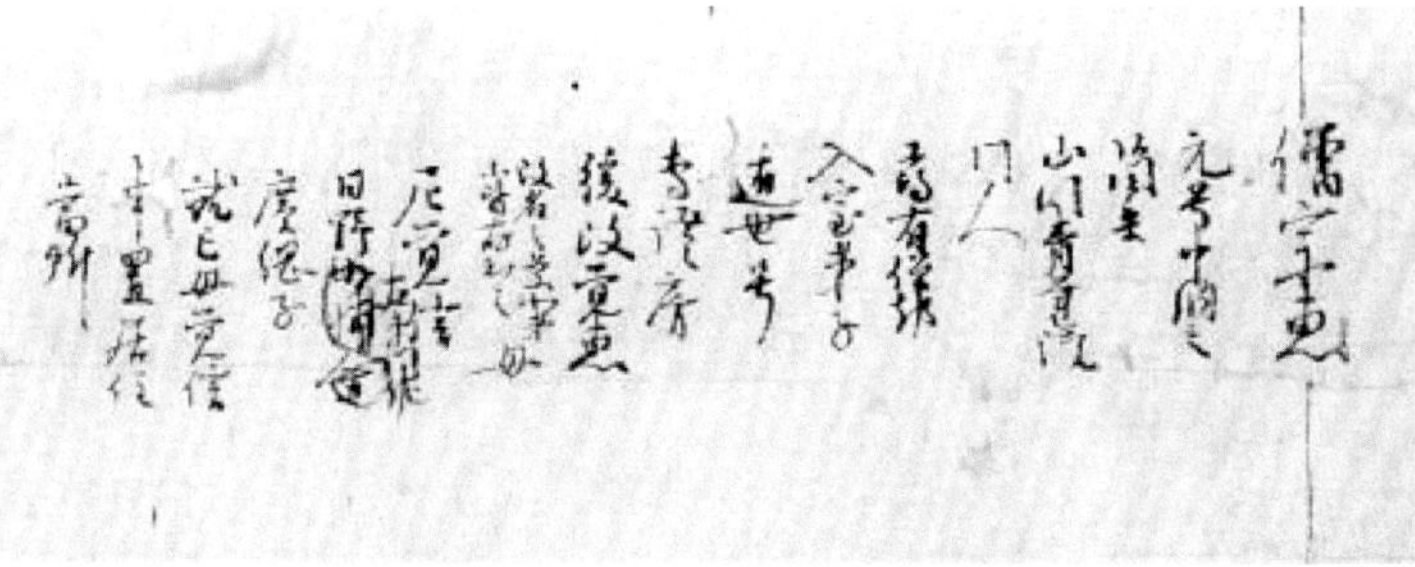

本文

僧宗恵
元号中納言
阿闍梨、
山門青蓮院
門人、
尋有僧都
入室弟子、
遁世号
専証房、
後改覚恵
改名之条門弟
等皆存知之、母
尼覚信
左衛門佐
日野小輔入道
広綱子
就亡母覚信
申置、居住
当所

史料② 『慕帰絵』第一巻 観応二年（一三五一）十月三十日 従覚製作 京都西本願寺蔵

[史料解説]『慕帰絵』は、覚如上人の伝記絵巻で次男従覚が製作している。覚如上人が没した観応二年（一三五一）一月十九日より九箇月余りを経た十月三十日に完成された。全十巻より成り、原本が京都西本願寺に伝蔵されているが、第一巻と第七巻は後に足利義政に貸与された際に紛失し後補されている。数ある絵巻物の中でも優れたもので、京都祇園社の大絵師をつとめていた藤原隆昌《たかまさ》、藤原隆章《たかあき》という当時一流の絵師によって描かれた傑作として高く評価され、国の重要文化財に指定されている。

本文

…厳師《げんし》上綱《じょうこう》は父世《ちちよ》を早《はよう》して一門長者日野中納言家光《いえみつ》卿の子となりて、大原二品《おおはらにぼん》親王《しんのう》尊《そん》助《じょ》の御弟子として三部《さんぶ》・四曼《しまん》の蕚《うてな》をもてあそひ五音《ごいん》・七《しち》

訳文

…師にして父である上綱《じょうごう》[1]（覚恵《かくえ》）は、父親が早く世を去り、（日野家）一族の長である日野中納言家光《ちゅうなごんいえみつ》（光国）卿の養子となった。そして、青蓮《しょうれん》院大原二品親王《いんおおはらにぼんしんのう》とよばれた尊助《そんじょ》のお弟子として、三部《さんぶ》、すなわち天台密教の修法である、胎蔵界曼荼羅《たいぞうかいまんだら》と金剛界《こんごうかい》曼荼羅の念誦法と、その二つが合一した蘇悉地《そしつじ》法の三つ、および四曼《しまん》、すなわち大曼荼羅《だいまんだら》（仏像が描かれる）、三昧耶《さんまや》曼荼羅（仏の持ち物、印契が描かれる）、法曼荼羅（仏の種字、真言が描かれる）、羯磨《かつま》曼荼羅（仏のはたらき動作が描かれる）という

声《しょう》の曲に達しける
か、隠遁《いんとん》して覚恵房《かくえ》
とよは《ば》れき。

四種類の曼荼羅の蓮の花のような世界に習熟し、五音七声《ごいんしちしょう》という音階をもつ天台声明《しょうみょう》に深く通じていたが、隠遁《いんとん》、すなわち聖道門の修行を離れて浄土門に帰依し、覚恵房《かくえ》と呼ばれた。

注　1――上綱とは僧の官職の上位にある者を言い、律師、権少僧都という上位の僧位を名乗る覚恵をこう呼んだものであろう。

史料③『最須敬重絵詞』第六巻第二三段

本文

厳親桑門《げんしんそうもん》ハ正安《しょうあん》ノハシ《ジ》メツカタ五十有余《ゆうよ》ノ比《ころ》ヨリ、瘻《ろ》トイフ《ウ》病《やまい》ニワツ《ズ》ラヒ《ィ》給《たまい》ケルカ《ガ》、種々《しゅしゅ》ノ療養《りょうよう》ヲクハ《ワ》ヘ《エ》ラレケルモ指《さし》タル験《しるし》ナク、又ウチタエテ寝《しん》食《しょく》ヲ忌《いみ》給《たもう》マテ《デ》ノ事ハナシ。イツトナク心《こころ》ヨカラヌ事ナリケルヲ、発病《ほつびょう》ヨリコノカタ臨終《りんじゅう》マテ《デ》、首尾《しゅび》八九年ノ間《あいだ》上《じょう》

訳文

父親の沙門《しゃもん》（覚恵）は、正安《しょうあん》[1]の初めの五十歳余りの頃から、瘻《ろ》（瘰癧《るいれき》、すなわち頸部リンパ節結核）という病気にかかられたが、いろいろな手当を加えられても、これという程の効果がなく、そうかといって、まったく寝ること食べることを拒否される程ではなかった。いつとはなしに心地よくない状態であったのを、覚如上人は、発病以来臨終までの八、九年の間

綱《ごう》治療ノ術《じゅつ》ヲキハ《ワ》メ看病ノ忠《ちゅう》ヲツクシテ、聊《いささか》モ増《ぞう》アルトキハ、別離ノ期《ご》ノチカツ《ヅ》ケルカトテ愁歎《しゅうたん》ノ涙ニムセヒ《ビ》、スコシモ減《げん》カトミユルオリハ、殊《こと》ナル悦《よろこび》ノキタレル様《よう》ニ安堵《あんど》ノ思《おもい》ヲソ《ゾ》ナサレケル。…シカルニ同年四月上旬ノスヱ《エゑ》サマヨリ、イサ、カ風気《ふき》オハシマシケレハ《バ》、心地《ここち》例《れい》ニカハ《ワ》リタリ。終焉《しゅうえん》ノチカツ《ヅ》クニコソト《ゾ》仰《おおせ》ラレケル。…シハ《バ》ラクアリテ浄恵《じょうえ》トイフ《ウ》一念ノ名僧イタレリケルニ、ウレシクキタレリ、一《いち》時礼讃《じらいさん》ノ望《のぞみ》アリツルニ、助音《じょいん》スヘ《ベ》シトソ《ゾ》シメサレケル。コレハ多年練習ノ旧《く》執《しゅう》ニヨリテ、最後聴聞《ちょうもん》ノ欣楽《ごんぎょう》ヲモヨホ《オ》サレケルナルヘ《ベ》シ。…サレハ《バ》最後ニ

終始上綱（覚恵）に対して、治療の手立てを極め、真《ま》心《ごころ》を尽くして看病した。ちょっとでも病状が増す時は、別離の時期が近づいたかと歎きの涙にむせび、少しでも病状が軽くなったかと見えると、特別な悦びが来た時のように安堵《あんど》の思いを示された。…ところで同じ年[2]の四月上旬の末頃から少し風邪ぎみでおられたので、「病状がいつもとは違っている。命の終わりが近づいているのである」とおっしゃった。…しばらくして、浄恵《じょうえ》という一念義系の名僧がやって来たが、「ちょうどよいところに来た。一時礼讃《らいさん》を行いたいと望んでいたのだが、助音《じょいん》（主奏者の声を助けて詠うこと）をしてもらいたい」と、要望を示された。これは、長年練習して培《つちか》ってきた習慣で、最後に聴聞し楽しみたいという気持を起こされたのであろう。…だからこの世の最後に往生礼讃を聴聞するこ

礼讃《らいさん》ノ聴聞《ちょうもん》ヲ欲《ほっ》シ給《たまい》シハ平日ニ声明《しょうみょう》ヲモテアソヒ《ビ》給《たまい》ケルカ《ガ》、誦詠《じゅえい》ノ一分《いちぶん》トシテ欣求《ごんぐ》ノ方便トナリケルニヤ。昔コレニメテ《デ》給《たまい》ケルモカシコクトソ《ゾ》オホ《ボ》ユル。ソノ由来ヲタツ《ズ》ヌレハ、五音七声《ごいんしちしょう》ヲワキマヘ《エ》、呂律清濁《りょりつせいだく》ニ達スルコト、天性ノウクル所《ところ》ソノ骨《こつ》ヲエタマヘ《エ》リケルホト《ド》ニ、門跡参仕《もんぜきさんし》ノイニシヘ《エ》モ随分《ずいぶん》ニ声明《しょうみょう》ヲタシナミ給ケルカ《ガ》、隠遁《いんとん》ノ後《のち》ハ殊《こと》ニ意《こころ》ヲ浄土ノ曲調《きょくちょう》ニ入《いれ》テ、名ヲ非《ひ》道《どう》ノ秀逸《しゅういつ》ニエタマヘ《エ》リ。一念ノ音曲《おんぎょく》ニ節拍子《ふしびょうし》ヲ定《さだめ》ケルハ教達《きょうたつ》ナリ。カノ弟子ノ中ニ楽心《がくしん》トキコユルハ上足ナリ。ソノカミ彼ヲ召請《ちょうしょう》シテ連々《れんれん》コレヲソ《ゾ》ナラハ《ワ》レケル。器《き》ニモタヘ《エ》功ヲツマレケ

とを望まれたのは、日頃声明に習熟されていたのが、吟《ぎん》じ唱えて来た面目として、極楽浄土を願い求める方便となったのであろう。昔これを讃美されたのも立派なことだと思われる。その由来を尋《たず》ねてみると、五音七声《ごいんしちしょう》という音階を理解し、呂《りょ》旋法と律《りつ》旋法や、音の高低強弱に深く通じていることは、天性の才能を得ておられて、青蓮院《しょうれんいん》門跡に仕えていた昔にも、随分声明をたしなんでおられた。それが隠遁してからは、とりわけ浄土の曲調に打ちこんで、その道に専門外で秀《ひい》でているとの名声を得ておられた。一念義の音曲に節拍子を定めたのは、教達《きょうたつ》という人である。その弟子の中でも楽心《がくしん》という名で知られている人は特に声明に優《すぐ》れていた。その昔彼を招いてずっとその声明を習われていた。才能にも恵まれ経験も積まれたので、専門外でその道に達し、その精

レハ《バ》、道ニアラス《ズ》シテ道ニ達シ、神《しん》ヲキハ《ワ》メ妙《みょう》ヲキハ《ワ》メラレケリ。サレハ《バ》亀《かめ》山院《やまいん》脱屣《だつし》ノ、チ、コノミチヲ叡賞《えいしょう》アリケルニ、上之所《かみのところ》レ好《このむ》下《しも》必《かならず》従《したがう》レ之《これに》トイヘ《エ》ルユヘ《エ》ニヤ、上達部《かんだちめ》、殿上人《てんじょうびと》モオホ《オ》クタシナミ給《たまい》ケルニ、時《とき》ノ四英《しえい》トイハ《ワ》レ給《たまい》シ中ニ、小野宮《おののみや》中将《ちゅうじょう》入道《にゅうどう》師具朝臣《もろともあそん》ト申《もう》セシハ、コノ桑門《そうもん》ノ指授《しじゅ》ニヨリテ芝砌《しせい》ノ清選《せいせん》ニアツ《ズ》カラレケルトソ《ゾ》。…カヤ《ヨ》ウニ道ニフケリソメ給《たまい》ケルユヘ《エ》ニ、イマハ《ワ》ノキハ《ワ》ニモコノ一礼《いちらい》ヲ望給《のぞみたまい》ケリ。サテ尊老《そんろう》調声《ちょうしょう》ニテ初夜《しょや》ノ礼讃《らいさん》ヲ始《はじめ》ラレケルニ、病者《びょうしゃ》ハフシナカ《ガ》ラ聴聞《ちょうもん》ノ耳ヲソハ《バ》タ《ダ》テ、心中《しんちゅう》ニ助音《じょいん》アリトミエテ、唇《くちびる》ヲソ《ゾ》ウコ《ゴ》カシ給《たまい》ケル。

神を極め妙技をも極められていたのである。それだから、亀山天皇[3]（一二四九～一三〇五年）が退位した後《のち》、この道を好まれ、「身分の高いお方《かた》が好むことは下の者も必ずこれに従う」と言われるからなのだろうか。上達部《かんだちめ》[4]（公卿）、殿上人《てんじょうびと》[5]でもたしなまれるものが多かった時期に、この時代の四英《しえい》（四人の秀でた者）と呼ばれた中に、小野宮《おののみや》中将《ちゅうじょう》入道《にゅうどう》師具朝臣《もろともあそん》という人は、この沙門（覚恵）の指導によって声明の才能を花開《はなひら》かせ、皇后宮のお庭で亀山上皇から優れたものとして評価を与えられたということである。…このように道に習熟されていたので、いまわの際《きわ》にもこの一時礼讃を望まれたのである。さて尊老（覚如上人）の調声《ちょうしょう》[6]で、初夜《しょや》の往生礼讃を始められたところ、病《やまい》の人（覚恵）は伏しながら聴聞の耳をすまして、心の中で助音《じょいん》[7]していると見えて、唇《くちびる》を動かしておられ

時々ハ声ニアラハレテモキコエケルカ《ガ》、文々句々《もんもんくく》ニ義理《ぎり》ヲアチ《ジ》ハ《ワ》ヒ《イ》テ、随《ずい》喜《き》ノ色《いろ》アサカラス《ズ》。シカルニ枕《まくら》ニカケタテマツラレタル善導《ぜんどう》大師ノ御影前《ごえいぜん》ニ当《あたり》テ、念仏ノ三重《さんじゅう》ノ程ニ殊勝《しゅしょう》ノ異香《いきょう》薫《くんじ》シケルヲ、廻向《えこう》ノ後尊老《のちそんろう》ソハ《バ》ナル浄《じょう》恵《え》ニコレカキ《ギ》侍《はんべる》ヤトノ給《たまい》ケレハ《バ》、其《その》事《こと》ナリトコタフ《ウ》。サルホト《ド》ニ座《ざ》ニツラナレル諸人《しょにん》、ミナコレカキ《ギ》テ奇異《きい》ノ思《おもい》ヲソ《ゾ》ナシケル。サテ病者《びょうしゃ》、ワレヲイタ《ダ》キアケ《ゲ》ヨ、オキントノ給《たまい》ケレハ《バ》、看病《かんびょう》ノ人々ヨリテオコシタテマツルニ、西ニ向《むかい》テ端坐《たんざ》シ念仏百余遍《よへん》ノトカ《ド》ニ唱《となえ》テ、ソノ息《いき》ニテ終給《おわりたまい》ニケリ。

た。時々は声にもそれが表われて聞こえたのだが、一文一文一句一句に道理を味わって、随喜《ずいき》する表情が浅くはなかった。ところで、枕元に掛けていた善導大師の御影前《ごえいぜん》に向かって、念仏の三重[8]の辺《あた》りで、すぐれた何とも言えない香りが薫ったのを、廻向文《えこうもん》[9]を称えた後で、尊老（覚如上人）が傍《かたわ》らに居た浄恵《じょうえ》に、「これを嗅ぎましたか」とおっしゃったところ、「その通りです」と答えた。そうこうするうちに、居合わせた多くの人々が、皆これを嗅いで不思議な思いにかられた。さて、病《やまい》の人は「自分を抱き上げよ、起きよう」とおっしゃったので、看病の人々が側に寄って起し申し上げると、西に向かってきちんと座り、念仏百遍余り穏やかに称えて、その息で命を終えられたのであった。

注

1—正安は元年から四年（一二九九～一三〇二年）

2—徳治二年（一三〇七）

3—在位は一二六〇～七四年

4—三位以上の者および参議を指す。

5—四位および五位で昇殿を許された者を指す。

6—法要の導師が唱える勤行の出だし。

7—調声に続く一同の斉唱。

8—声明の用語で、一つの中心音とその上下に付随する音から一つの重が形成されるが、三重は中心音が最も高く移動したもの。

9—法要の終わりに称える言葉で、功徳《くどく》を自分以外に及ぼすことを願う内容。

（三）宗恵の隠遁

―　**史料**『恵信尼書状』　―

青蓮院で密教や声明の修行に励んだ宗恵（覚恵）は、やがて隠遁《いんとん》して浄土の道に入った。隠遁とは本来、地位や名声を求めず修行のみに専念することを言ったが、法然上人以来、聖道門の修行を離れて浄土門に帰依することを表わす言葉として用いられるようになっていた。おそらくこの時、覚信尼と親しい東国の如信上人の門流に加わったものであろう。これが何歳頃のことであったかは不明であるが、親鸞聖人の入滅時には二十歳程になっており、聖人の死が隠遁に何らかの影響を与えていたとも考えられる。だが、文永五年（一二六八）に記述された『恵信尼書状』第十《史料》通の「修行するために下向する」との内容から考えると、実際に隠遁したのは更に六年以上下《くだ》るかもしれない。隠遁後はその名も宗恵から専証と改めている。やがて結婚して一子をもうけるが、これが後の本願寺三世覚如上人である。その誕生は文永七年（一二七〇）であるから、細川行信説に従えば、専証（覚恵）二十八歳の時の子供ということになる。誕生の場所は三条富小路《さんじょうとみのこうじ》と伝えられ、そのことから覚恵一家は尋有の坊舎京都善法院に住んでいたことが判る。

史料『恵信尼書状』第十通 文永五年（一二六八）三月十二日 恵信尼八十七歳

本文

…又きんたち（公《きん》達《だち》）の事、よにゆかしく、うけ給は《わ》りたく候也《そうろうなり》。上のきんたち（公達《だち》）の御事も、よにうけ給りたくおほ《ぼ》え候《そうろう》。…又くわうす（光《こう》寿《ず》）御せ《ぜ》んのしゅきやう（修行《ぎょう》）にくたる（下《くだ》）へ《べ》きとかや、おほ《お》せられて候《そうらい》しかと《ど》も、これへはみへ《え》られす《ず》候也《そうろうなり》。

訳文

…また、お子たちのこと、とてもなつかしく、様子などお聞きしたいと思います。上の御子のこともとりわけお聞きしたいと思います。…また光寿《こうず》御前が、修行のために地方へ下向するだろうとかおっしゃっていましたけれども、まだこちらには見えていません。

第三章　覚如上人の登場

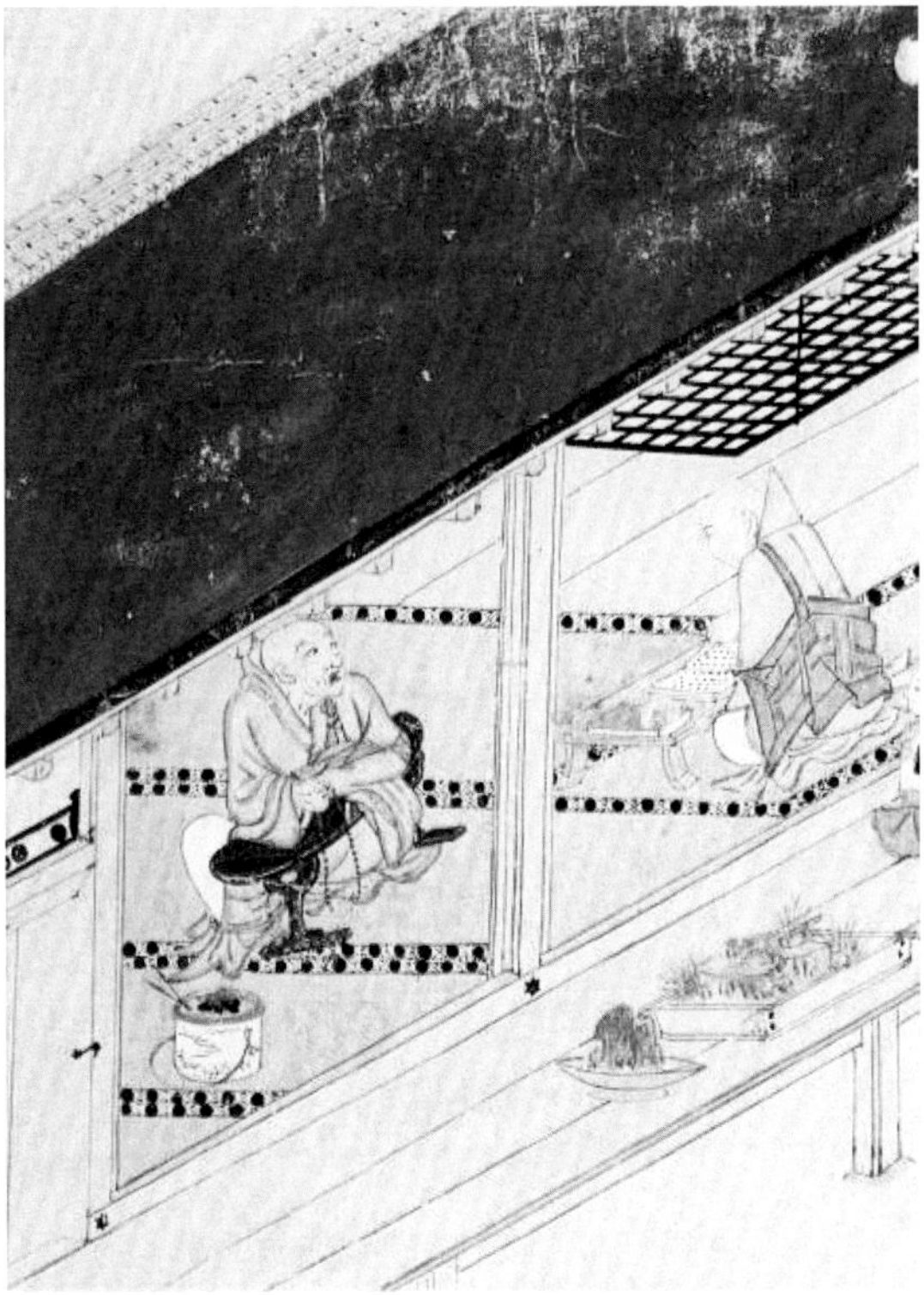

興福寺で勉学を積む覚如上人『真宗重宝聚英』（『慕帰絵』第３巻第２段）（同朋舎メディアプラン）
17歳で出家受戒した宗昭《そうしょう》（覚如上人）は、西林院行寛のもとで法相宗の勉学に励んだ。

第一節　覚如上人誕生

（一）生《お》い立ちと母親の死

―史料『慕帰絵』第一巻、『最須敬重絵詞《さいしゅきょうじゅうえことば》』第二巻―

覚如上人は、文永《ぶんえい》七年（一二七〇）十二月二十八日、覚恵の長男として誕生した。誕生の場所は、『慕帰絵《ぼきえ》』に「三条富小路辺《とみのこうじあたり》」と伝えられている通り、親鸞聖人の弟尋有《じんう》の坊舎であった善法院《ぜんぼういん》と考えられる。幼名《ようみょう》は「代々の例《れい》にて」史料②とある通り父親の光寿《こうじゅ》にちなんで光仙《こうせん》と名付けられた。

母は「周防権守中原《すおうのごんのかみなかはら》のなにかし《が》」史料①と言ったとあるが、中原氏は、代々朝廷の明教博士《みょうぎょうはかせ》（朝廷の大学寮で儒学の書物を教える教授）に任じられていた家柄であり、同じく文章博士《もんじょうはかせ》（朝廷の大学寮で漢文学・中国史を教える教授）の家柄であった日野家とは縁が浅くない間柄であったのかも知れない。ところが、三歳の年の文永九

浄土真宗宗祖　親鸞聖人―覚信尼　末娘・初代留守職
聖人伯父の孫　日野広綱
二代留守職　覚恵―覚如上人　本願寺三世

覚如上人家系

年（一二七二）八月二十日、この母親が病気で亡くなってしまう。その際の光仙（覚如上人）の様子を『最須敬重絵詞《さいしゅきょうじゅうえことば》』は「顔をまもり、なげきの色をぞあらはさ《わ》れける」史料②〈**訳文**（母の）顔を見守り、嘆《なげ》きの表情を表わされている〉と、天性《てんせい》の情《じょう》の篤《あつ》さを思わせる表現で描き出している。

やがて、光仙父子は大谷廟堂の祖母覚信尼の許《もと》に居を移したようである。幼い頃の覚如上人について『最須敬重絵詞《さいしゅきょうじゅうえことば》』は、多くの偉人伝に見られるように、子供とは思えない卓越した才能を語っているが、父親の来客の発言に対し「親の恥をどうして公表してよいのでしょう」と述べる光仙殿の言葉には、儒教道徳を重んじる後の覚如上人の性格が投映されているようにも思われる。

史料①『慕帰絵』第一巻第一段

本文

抑《そもそも》勘解由小路中納言法印《かでのこうじちゅうなごんほういん》昭宗者《は》、亀山院御宇《ぎょうう》文永七年十二月廿八日、三条富小路辺《とみのこうじあたり》に在《ましまし》て

訳文

勘解由小路中納言法印《かでのこうじちゅうなごんほういん》[1]と称された宗昭《そうしょう》（覚如）殿は初め、後に院政を行った亀山天皇の御代《みよ》、文永七年（一二七〇）十二月廿八日、（京都）三条富小路《とみのこうじ》[2]のあたりで誕生された

誕生《すと》云々、俗姓《ぞくしょう》は北家《ほっけ》にて、氏祖《しそ》長岡《ながおか》右相府《うしょうふ》(内麿公)七代の遺孫《いそん》、弼《ひつの》宰相有国卿《さいしょうありくにきょう》六代の孫枝《そんし》、嵯峨《さが》三位宗業卿《さんみむねなり》の末葉《まつよう》、中納言法印宗《そう》恵《え》真弟《しんてい》左衛門佐《さえもんのすけ》広綱《ひろつなの》孫也《まごなり》。…母儀《ぼぎ》は周防権守《すおうのごんのかみ》中原のなにか《が》しとかや号《ごう》しける其《その》母なり。

と言う。俗人としての家柄は（藤原氏）北家《ほっけ》で、氏《うじ》の祖である長岡の右大臣藤原内麿公《ふじわらのうちまろこう》から七代後《のち》の子孫である、弾正台《だんじょうだい》の大弼《だいひつ》で参議の藤原有国卿《ふじわらのありくに》の、そのまた六代目の子孫の、嵯峨三位日野宗業卿《さがさんみひのむねなり》の末裔《まつえい》[3]に当たる、中納言《ちゅうなごん》法印《ほういん》と称した宗恵《そうえ》（覚恵）の実子にして弟子であり、また左衛門佐《さえもんのすけ》[4]日野広綱《ひろつな》の孫である。…母君は、周防国権守《すおうのくにごんのかみ》中原のなにがしとかいう通称でよばれた人が、その母である。…

注　1―日野家の系統の広橋兼仲の号が勘解由小路で、覚如はこの養子となっていたので、この仮号を名乗ったようである。

2―親鸞聖人入滅の場所、善法院と考えられる。

3―本来は日野範綱の系統であるが、範綱の息子の信綱が宗業の養子となったため、宗業の系統とされたようである。

4―左衛門府の次官

史料②『最須敬重絵詞』第二巻第二段

本文

代々《だいだい》ノ例ニテ童名《どうみょう》ニハ光《こう》ノ字ヲツケラレケレハ《バ》、コレモ光仙《こうせん》トソ《ゾ》号《ごう》セラレケル。文永九年秋ノコロ、母堂《もどう》病《やもう》ノ牀《ゆか》ニフシテ日ヲワタリ給《たまい》ケルニ、光仙殿ソノトキハ三歳ナレハ《バ》、イマタ《ダ》知母《ちも》ノ齢《よわい》ニモイタラス《ズ》。ソノウヘ《エ》乳母《にゅうぼ》ノフトコロニノミイタ《ダ》カレテ、サタ《ダ》カニ生母《しょうも》ノ恩愛《おんあい》ヲワキマヘ《エ》給《たもう》ヘ《ベ》キナラヌニ、母《はは》ノ労《いたわり》タマ《モ》フ《ウ》コトヲ知《しり》テシキリニコヱ《エ》ヲタテ、ナキ、トモスレハ《バ》顔ヲマモリ、ナケ《ゲ》キノ色《いろ》ヲソ《ゾ》アラハ《ワ》サレケル程ニ、八月廿日無常ノ秋ノ風ニサソハ《ワ》レテ、有為《うい》ノ夕《ゆうべ》ノ露《つゆ》トキエ給《たまい》ニキ。コノ時ニアタ

訳文

代々の例として童名《どうみょう》（幼名《ようみょう》）には光《こう》の字をつけられたので、この覚如上人も光仙《こうせん》と称された。文永九年（一二七二）秋のころ、母君《ははぎみ》は病《やまい》の床に伏《ふ》せって日を送っておられたが、光仙殿はその時はたった三歳なので、まだ母を知る年齢に達していなかった。その上乳母《うば》のふところに抱《いだ》かれるばかりで、はっきりと生母《せいぼ》の愛情をお分かりになることもできないのに、母が病気で苦しんでおられることを知って、しきりに声をたてて泣き、ともすれば（母の）顔を見守り、嘆《なげ》きの表情を表わされていた。そうするうちに、母君は八月二十日、無常《むじょう》の秋の風にさそわれて、常に生滅する夕《ゆうべ》の露のようにはかなく亡くなられた。この時に際して、（母君のことを）とても悲しみ慕《した》われ

リテカナシミシタヒ《イ》給《たもう》コトカキ《ギ》リナシ。ソノ体《てい》タ《ダ》、成人ノコ《ゴ》トクニミエ給《たまい》ケルハ不思議ノ事ナリ。オホ《オ》ヨソオサナクテノアリサマ、襁褓《きょうほ》ノ中《うち》ニアリテモミタ《ダ》リニ涕泣《ていきゅう》スルコトナク、同稚《どうち》ノ輩《ともがら》ニマシ《ジ》ハ《ワ》リテモ強《あながち》ニ遊戯《ゆげ》スルコトナシ。言行《げんこう》トモニト、ノホ《オ》リテアマリニ老《おい》スケ《ゲ》タルマテ《デ》ニミエ給《たまい》ケリ。或時厳親《あるときげんしん》ノトコロニ客人ノキタレルアリ、カノ人ヒサシクマ《モ》ウテ《デ》コサ《ザ》リケルカ《ガ》、月日《つきひ》ヲヘテキタリノソ《ゾ》ミケルニ、日来《ひごろ》ノ疎遠《そえん》ヲ謝《しゃ》セントヤオモヒ《イ》ケン。父ニテハンヘ《ベ》ル翁《おきな》ノオモヒ《イ》ノ外《ほか》ナル問号《といごう》ヲ負《おい》タル事ノ侍《はんべり》テ、サヤ《ヨ》ウノ事ハルケントセシ程ニ、暇《いとま》ヲエカ《ガ》タクテカクカキタエヲ《オ》

たのである。その様子がそのままおとなのように見えられたのは不思議なことである。おおよそ幼いころの有様は、おむつをしているような年齢でもむやみに泣いたりすることなく、同じような幼い仲間といっしょにいても、決して自分勝手に遊びたわむれることはなかった。言葉と行いがともに調和がとれていて、並外れておとなびている風にまで見えられた。ある時、父親のところに来客があった。その人は久しくやって来ていなかったのだが、月日がたって来訪した際に、日来疎遠《ひごろそえん》にしていたことを謝《あやま》ろうと思ったのであろうか。「父でございます翁《おきな》が思いがけない疑いをかけられた事があって、そんなことを晴らそうとしましたので、暇《ひま》が得にくくて、このようにご無沙汰してお尋ねもしませんでした」と申したのを、その人が帰った後《あと》で、「ほんとうか嘘《うそ》かは知

トツ《ズ》レモマ《モ》ウサス《ズ》侍《はんべり》ツルト申《もうし》ケルヲ、ソノ人カヘ《エ》リ後《のち》ニ、虚実《きょじつ》ヲハ《バ》シラス《ズ》、問《とい》号《ごう》トハ盗人《ぬすびと》トイフ《ウ》事歟《カ》、ヨカラヌ名ナレハ《バ》コノ事申サス《ズ》トモアリナント人々イヒ《イ》シロヒ《イ》ケルニ、カタヘ《エ》ハナニカクルシカラン、コレハコ、ロナホ《オ》キ人ナルユヘ《エ》ニ、身ノヲ《オ》コタリナキ由《よし》ヲキコエンタメニアリノマ、ニ申《もうす》ニコソトイヒ《イ》ケルヲキ、給《たまい》テ、コノ小児《しょうに》五、六歳ノ程ニヤオハ《ワ》シケン、サカシラシ給《たまい》ケルハ、正直《しょうじき》ナルトモ事ニコソヨレ、オヤノ耻《はじ》ヲハ《バ》イカ《ガ》、アラハ《ワ》スヘ《ベ》キト仰《おおせ》ラレケレハ《バ》、面々ニ舌ヲフリ、アナオソロシノオホ《オ》セラレコ《ゴ》トヤ、道理ノヲ《オ》ストコケ《ゲ》ニモサ《ソ》フ《ウ》ナリトソ《ゾ》、ヲ《オ》ノ〱申《もうし》ケル。

らない。疑いをかけられたとは、盗人《ぬすびと》ということか。よくない評判ならば、このことは申さなくともよいだろう」と人々が言い合っていたところ、傍《かたわ》らの人が「何がさしつかえあろう。これは正直な人であるから、身《み》に罪がないことを理解させようとして、ありのままに申したのだ」と言った。それをお聞きになって、この子供の頃の覚如上人は、まだ五、六歳のころでいらっしゃっただろうか、いかにもわかっているという風に振る舞われることには、「正直なのも事と次第によります。親の恥《はじ》をどうして公表していよいのでしょう」とおっしゃったので、みんな驚き恐れ、「ああ驚くほど立派なご発言でしょう。道理が相手を圧倒しているところはいかにもその通りであります」というように、各々の者が申したという。

（二）少年時代の教育

―史料『最須敬重絵詞』第二巻『慕帰絵』第一巻―

文永十一年（一二七四）秋頃、五歳の光仙（覚如上人）は大谷廟堂の隣りに住んでいた慈《じ》信房澄海《しんぼうちょうかい》から教育を授[史料①]かることになる。父親の覚恵は、日野家の家柄にふさわしい教育を学ばせたいと考えた。けれども家には代々の文書《もんじょ》もなく、「将来仏門に入る光仙に教育を授けてくれるような人は」と、迷ったあげくの選択だったようである。

慈信房《じしんぼう》はまた、もとは比叡山の修行僧で貞舜《ていしゅん》と名乗り天台宗の教義を深く身につけていたが、後《のち》に浄土宗の念仏者となって、法然上人の高弟隆寛《りゅうかん》律師の孫弟子に当たる敬日《きょうにち》房円海《ぼうえんかい》の門に入っていた。その名前は当時、浄土宗の僧侶としてかなり知られていたようで、東大寺の著名な僧侶凝然《ぎょうねん》[1]（一二四〇～一三二一年）が著わした『浄土法門源流《げんる》章』[2]にも、隆寛の門流を承継《うけつ》ぐ念仏僧として「日公（敬日房円海）の弟子に洛東の慈信大徳有《あ》り」と記されている。

慈信房澄海は、漢詩や和歌にも才能があり、明治・大正期の東本願寺の教学者村上専《せん》精《しょう》氏[3](一八五一～一九二九年)は「思ふ《う》に成長後の覚如上人が文藻(文才)に長じ、又大《おお》に国風(和歌)に巧《たくみ》なりしは、其の初め此の慈信房の教育より来るものなきに非《あら》ざるべし」と述べている。

　こうして、慈信房澄海の教育を受けることになった光仙は、その才能をめきめきと発揮してゆく。『最須敬重絵詞』には、その勉学の内容がかなり詳しく記されている。光仙が最初に学んだ『和漢朗詠集《わかんろうえいしゅう》』は、十一世紀の初め頃藤原公任《きんとう》が、貴族の間で口ずさまれた漢詩文の佳句《けいく》(五八八首)と和歌(二一六首)を選んで編集した書物で、漢文・和歌の入門学習書として広く用いられていた。日野家一族にふさわしい教養を身につけるようにとの父覚恵の望みにもふさわしいものだったのであろう。

　仏典の勉強は、『慕帰絵《ぼきえ》』によると、八～九歳の時期に行われたようである。光仙が学んだのは『倶舎論頌疏《くしゃろんじゅしょ》』と「天台の名目《みょうもく》[4]」であった。『倶舎論頌疏《くしゃろんじゅしょ》』とは『倶舎論《くしゃろん》』の入門書である。『倶舎論《くしゃろん》』三十巻は、古代インドの仏教学者世親(ヴァスバンドゥ)の著作で、仏教教理の基礎を学ぶ百科全書として尊重されていた。『倶舎論頌疏《くしゃろんじゅしょ》』はこの『倶舎論《くしゃろん》』の偈頌《げじゅ》(韻《いん》文で表わされた論の本文)に唐の僧侶円暉《えんき》が注釈を施した書物で、古くから『倶舎《くしゃ》論《ろん》』の入門書として用いられていた。この偈頌《げじゅ》三十巻を暗誦したというのであるから、光仙の才能がいかにすぐれたものであったかが窺われる。

慈信房澄海もこの余りの才能に驚き、大切にしていた師教日房《きょうにちぼう》直筆の『初心集（初心抄）』という秘書を与えた。史料②建治三年（一二七七）八月十六日、光仙八歳のことであった。

注　1―『八宗綱要』の著者。
2―応長元年（一三一一）著作。
3―元大谷大学長、元東京帝大教授。『真宗全史』（一九一六年発行）一二六六頁。
4―法門の名称

史料①『最須《さいしゅ》敬《きょう》重《じゅう》絵《え》詞《ことば》』第二巻第三段

本文

厳親《げんしん》思給《おもいたまい》ケルハ、我コソイトケナクシテ父ヲ喪《そう》シ、徒《いたずら》ニ孤《みなしご》トナリシカハ《バ》、庭《にわ》ノ訓《おしえ》モ跡《あと》ナク、家ノ風《かぜ》モフキタエヌレハ《バ》、マツ《ズ》イカニモ外書《げしょ》ヲマナハ《バ》シメハ《バ》ヤト思給《おもいたまい》ケリ。サレト《ド》

訳文

父親（覚恵）は、「自分は、幼くして父を失い、むなしく孤児《みなしご》となったので、家庭の教えも先例がなく、家に代々伝えられた習《なら》わしも絶えてしまった。それでまず、是非とも仏教以外の書物を学ばせたいものだ」とお思いになった。けれども「代々の文書《もんじょ》もなくしてし

モ塁代《るいだい》ノ文書《もんじょ》モ失墜《しっつい》シヌ。訓説《くんぜつ》ノ相伝《そうでん》モ我身《わがみ》ハタト《ド》〳〵シ。一門ノ俗中《ぞくちゅう》ナニトアツラヘ《エ》ツケタリトモ、幼学ノ扶持《ふち》イカニモ大様《おうよう》ナルヘ《ベ》ケレハ《バ》、イカ《ガ》、セマシ《ジ》ト思《おもい》煩《わずらい》給《たまい》ケルカ《ガ》、トテモ釈門ニ入ヘ《ベ》キ身ナレハ《バ》、アナカ《ガ》チニ当家他家《とうけたけ》ノ説ヲミカ《ガ》キ、紀伝明経《きでんみょうきょう》ノ点ヲイハ《ワ》ス《ズ》トモ、タ《ダ》、仏教修学《しゅがく》ノシタ目《め》ノタメナレハ《バ》、サマテ《デ》ソノ道《みち》ノ明哲《めいてつ》ナラス《ズ》トモアリナントオ《オ》ホサレケリ。爰《ここ》ニ本《もと》ハ叡山《えいざん》ノ学侶《がくりょ》ニテ侍従堅者貞舜《じじゅうりっしゃていしゅん》トイフ《ウ》人アリ。本山ノ交衆《こうしゅ》ヲヤメ、浄土ノ行人《ぎょうにん》トナリテ、長楽寺《ちょうらくじ》一方《ひとかた》ノ正統《しょうとう》トイハ《ワ》レ、慈信房澄海《じしんぼうちょうかい》トソ《ゾ》号《ごう》シケル。隆寛《りゅうかん》

まった。文字や文章の読み方や意味を説いて明らかにした伝承も、自分の代でははっきりしなくなっている。たとえ日野家一門の世俗の人にどのように頼んでみても、幼学のめんどうを見るというようなことは、まったくいい加減であろうから、どうしたものであろう」と思い煩《わずら》われた。だが「どうせ、仏門に入らなければならない身であるから、無理に自分の家（日野家）やよその家（日野家以外の公家《くげ》）に伝えられた文学や文章の読み方や解釈を訓練し、伝記や儒教の経典《けいてん》を訓読しなければと言わなくとも、ただ仏教修学の基礎のためなのだから、それほど道に通じた賢者でなくともよい」とおっしゃった。ここに、もとは比叡山の修行僧で、侍《じ》従堅者貞舜《じゅうりっしゃていしゅん》という人がいた。延暦寺《えんりゃくじ》を離れ浄土宗の念仏者となってからは、長楽寺《ちょうらくじ》一流の正統と言われ、慈信房澄海《じしんぼうちょうかい》と名乗っていた。この人は、（長楽寺一流の

律師《りっし》ニハ孫弟敬日房円海《そんていきょうにちぼうえんかい》ノ附法《ふほう》ナリ。山上ニ住《じゅ》シテモ随分ノ宏才《こうさい》ニカソ《ゾ》ヘ《エ》ラレ、真門ニ入テモ超倫《ちょうりん》ノ名誉《めいよ》アリ。シカルニカノ人、厳親大谷《げんしんおおたに》ノ幽栖《ゆうせい》ニ簷《のき》ヲナラヘ《ベ》テ、浄土一宗ノ芳《ほう》好《こう》ニ昵《むつび》ヲナサレケレハ《バ》、コレニ対シテ円宗《えんしゅう》ノ学問ヲモ内々《ないない》トケ《ゲ》シメントオホサ《す》レケルニ、コノ大徳《だいとく》ハタ《ダ》、聖道《しょうどう》・浄土ノ先達《せんだつ》タルノミニアラス《ズ》。兼《かね》テ周詩《しゅうし》・和語《わご》ノ才幹《さいかん》モクチオシカラス《ズ》、文華風月《ぶんかふげつ》ノ天骨《てんこつ》モ性《しょう》ニウケテ、説道《せつどう》ナト《ド》モ世ニモチヰ《イ》ラレ、何事ニツケテモ人々ニユルサレタリシカハ《バ》、マツ《ズ》コノ老僧ニツケテ内《ない》典《てん》・外典《げてん》アヒ《イ》トモニ学《がく》セシメントソ《ゾ》

祖）隆寛《りゅうかん》律師にとっては孫弟子にあたる敬日房円海《きょうにちぼうえんかい》から、教えを伝えられていたのである。比叡山に居る時もたいそう大きな才知をそなえた人に数えられ、念仏の教えに入ってからも、仲間よりとびぬけてすぐれているという評判であった。この澄海が、父親の住む大谷の閑静な住いと軒《のき》を並べて、同じ浄土宗の間柄で親しくしておられたのである。それで、この人を相手として天台宗の学問をも内々に成し遂《と》げさせようとお思いになった。ところでこの高徳の僧はただ聖道門や浄土門の指導者であるだけではなかった。それに併《あわ》せて、漢詩や和文の腕前《うでまえ》もなかなかのもので、詩や歌を作る天性の素質もあり、ものの道理を説く道なども世間で尊重され、何事につけても人々に認められていたので、まずこの老僧につけて、仏教書や仏教以外の書物をいっしょに学ばせようと思われた。そういうこと

オモハ《ワ》レケル。仍《よって》文永十一年秋ノ比《ころ》ニヤ、光仙御前《こうせんごぜん》五歳ニテ始《はじめ》テ朗詠集ヲウケ給《たまい》ケルヨリイクハ《バ》ク日月《にちがつ》ヲへス《ズ》四部《しぶ》ノ読書《どくしょ》ノ功《こう》ヲヲへ《オエ》、其外《そのほか》ノ小文《しょうぶん》ナト《ド》モヨミ給《たまい》ケリ。長大《ちょうだい》ノ後《のち》ハ南家《なんけ》ノ鴻儒藤三位《こうじゅとうさんい》明範卿ノ子息大内記業《ないきなり》範《のり》トイ《イ》ヒシ人ノ出家ノ、チ細々《さいさい》ニ申《もうし》通《つう》セ《ぜ》ラレケルニソ《ゾ》訪《とぶらい》給《たまい》ケル。サテ読書少々ヲ《オ》ハ《ワ》リケレハ《バ》、釈典《しゃくてん》ニトリムカハ《ワ》レケリ。ハシ《ジ》メテ倶舎《くしゃ》ノ頌疏《じゅしょ》ヲ学《がく》シ、兼《かね》テ天台ノ名目《みょうもく》ヲソ《ゾ》沙汰《さた》アリケル。頌疏《じゅしょ》ハマツ《ズ》世間品《せけんぼん》ヲ談《だん》シ《ジ》ケルニ、三界《さんがい》・五趣《ごしゅ》ノ因果、九山《くせん》・八《はち》海《かい》ノ建立以下《いげ》オホ《ボ》ツカナカラス《ズ》意《こころ》ヲ得テ、ホト〳〵成人《せいじん》ノ同学《どうがく》ヨリモ領《りょう》

で文永十一年（一二七四）の秋のころであろうか。光仙《こうせん》御前《ごぜん》（覚如上人）は、五歳で初めて和漢朗詠集《わかんろうえいしゅう》を拝聴されてから、どれほども日数を経ないで、四部《しぶ》[2]（中国の書物の四つの分類。経《けい》・子《し》・史《し》・集《しゅう》の四部）の読書を成し遂《と》げて、それ以外の短文なども読まれたのであった。（このためか）、覚如上人が成年に達してから後《のち》、藤原南家の儒学の大家である藤原三位《ふじわらのさんみ》明範卿《ありのり》の子息で、藤原大《ふじわらのだい》内記業範《ないきなりのり》[3]という、出家してからあらゆることに詳しく精通していた人のところへ訪問されたという。さて、読書が少し終わったので、仏典に向われた。最初に倶《く》舎論頌疏《しゃろんじゅしょ》[4]を学び、併《あわ》せて天台の名目《みょうもく》を論議《ろんぎ》した。倶舎《くしゃ》論頌疏《ろんじゅしょ》はまず世間品《ぼん》を論じ合ったが、三界《さんがい》[5]・五趣《ごしゅ》[6]の因果や須弥山《しゅみせん》をとり囲む九つの山と八つの海が創られるところから後《あと》を、はっきりと意味を理解して、ほとんどは成人の同門の人よりも理解が進んでいることが多

解《げ》ス、ムコトオホ《オ》カリケリ。本頌《ほんじゅ》三十巻ハ程ナク闇誦《あんじゅ》シテクラキトコロナシ。カ、リケレハ《バ》法門ノ棟梁《とうりょう》タランコトヲアラマシ、禅林《ぜんりん》ノ錦繍《きんしゅう》タランコトヲヨロコヒ《ビ》思《おもい》テ、厳親《げんしん》モイヨ〳〵寵愛《ちょうあい》ヲクハ《ワ》ヘ《エ》、能化《のうけ》モシキリニ感嘆《かんたん》ヲイタス。敬日大徳《きょうにちだいとく》ノ作《さく》ニテ、円宗《えんしゅう》ノ要文《ようもん》ヲアツメ、簡要《かんよう》ノ義理ヲシルシテ初心集《しょしんしゅう》ト題シタル五帖《じょう》ノ秘鈔《ひしょう》アリ。スナハ《ワ》チカノ自筆ナルヲ慈信房相伝シテコトニ秘蔵アリケルヲ、幼敏《ようびん》ノ随喜《ずいき》ニタヘ《エ》ス《ズ》、慇懃《おんごん》ノ奥書《おくがき》ヲ載《のせ》テ付属《ふぞく》ノ芳志《ほうし》ヲアラハ《ワ》ス。カノ奥書《おくがき》ニ云《いわく》、先師敬日上人《せんしきょうにちしょうにん》、為《ために》二幼学之《の》仁《にんの》一、被《らる》レ集《あつめ》二此要文等《このようもんとうを》

いのであった。倶舎論の本頌三十巻は間もなく暗誦《あんしょう》して通じていないところはなかった。こんなふうであったので、仏教の棟梁《とうりょう》となることを予期し、禅林で錦の衣《ころも》を着る存在となることを喜びに思って、父親もますます寵愛の気持が増し、師の澄海《ちょうかい》もしきりに感心してほめたたえた。敬日房大徳《きょうにちぼうだいとく》[7]の作で、天台宗の大切な文を集め簡単で要を得た道理を記して、『初心集《しょしんしゅう》』と題をつけた五帖《ごじょう》からなる秘書があった。すなわち、その円海の自筆であるのを慈信房澄海が受け伝えて特別に秘蔵していたのを、幼くしてさといことを心から喜ぶ余り、ていねいな奥書を記して与えるという親切な心遣《づか》いを見せた。その奥書には、「亡くなられた師の敬日《きょうにち》上人が、幼《おさな》くて学問をする人のために、この大切な文などを集められた。澄海《ちょうかい》がこれを受け伝えた。建治三年（一二七七）十月十六日、仏法を受けるに足る人

物であるので、光仙殿《こうせんどの》にお与えするのである。これによって精一杯の志を示すばかりである。私、澄海」と記されていた。

一、澄海伝《ちょうかいでん》二受《じゅす》之《これを》一。建治《けんじ》三年仲秋十六日、依《よりたるに》レ為二法器《ほうき》一所《ところ》レ奉《たてまつる》レ付《ふ》二属《ぞくし》光仙殿《こうせんどのに》一也《なり》。以《もって》レ之《これを》表《あらわす》二随分《の》懇志《こんしを》一而巳《のみ》、愚老澄海《ぐろうちょうかい》ト、云々。

注　1―本文の「紀伝明経《きでんみょうきょう》」とは、朝廷大学寮の学科で、「紀伝道」と「明経道」のことを表わす。「紀伝道」とは、中国の『史記』を始めとする正史、あるいは『文選《もんぜん》』・詩文等の学科を指す。また「明経道」とは、『論語』『孝経』を始めとする五経を学ぶ学科を指す。ここでは朝廷で学ばれるような書物の訓読を言ったものであろう。
2―経書（儒教の経典）、子書（諸子百家の書）、史書（歴史書）、集（詩歌・文）
3―大内記は詔勅などをつくる官職。儒門の中でも文筆に堪能な者が任命された。
4―三〇巻。『阿毘達磨倶舎論』の頌のみに注釈を施したもの。倶舎論の入門書として中国や日本で盛んに学習された。
5―三界は欲界・色界・無色界。
6―五趣は地獄・餓鬼・畜生・人間・天

7―大徳は高徳の僧の尊称

史料②『慕帰絵』第一巻第二段　澄海から『初心抄』を受ける場面

写真『真宗重宝聚英』（同朋舎メディアプラン）

第二節　出家受戒への回り道

―史料『慕帰絵』第一～第三巻、『最須敬重絵詞《さいしゅきょうじゅうえことば》』第二巻―

弘安五年（一二八二）、十三歳になった光仙（覚如上人）は、比叡山延暦寺でも徳の高い学僧として知られていた竹中の宰相法印宗澄《しゅうちょう》史料①を師として、天台宗の教義を学ぶこととなった。宗澄は京都法勝寺《ほっしょうじ》の東の下河原《しもがわら》[1]に禅房を構えており、そこへ入室した光仙はその才知を見込まれ、順調に勉学の道を歩んでゆくかに見えた。

ところが翌年、思いもかけない事件が起こった。三井寺（園城寺《おんじょうじ》）南滝院《なんりゅういん》の浄珍《じょうちん》僧正という人が、光仙の美貌な稚児ぶりを聞いて関心を持ち、そのことから三井寺の僧兵が主になって宗澄《しゅうちょう》の禅房を襲い、誘拐史料②してしまったのである。

当時肉食妻帯が禁止されていた僧侶の世界では、垂髪美貌《すいはつびぼう》の稚児を可愛がって心の慰《なぐさ》めとするという風潮があったようである。こうして思いもかけない身の上となった光仙は、三井寺南滝院《なんりゅういん》で、浄珍《じょうちん》僧正の寵愛史料③を受け、仏教の勉学どころか、毎日酒宴と和歌、連歌あるいは囲碁《いご》、双六《すごろく》、将棋《しょうぎ》等の遊びの生活に明け暮れることとなった。こんな遊びの席でも、「人の気持がすさまないように」との気配りを欠かさなかったとはいうが、勉学のできない生活に不本意な毎日を送っていた。

けれども間もなく、またまた垂髪の美貌を求めて別の誘いの手が伸びて来た。今度は南都興福寺一乗院門主の前大僧正信昭《しんしょう》[史料④]からであった。一乗院門主と言えば、大乗院と共に、興福寺の別当職を勤めて来た身分であるが、そのような人が稚児を愛《め》でることに現《うつつ》を抜かしていたというのであるから、当時の権門寺院の一面が垣間見られよう。父親の覚恵は、早く出家得度させたい気持もあって承諾しなかったが、信昭があの手この手で再三にわたり求めて来たので、ついに出家を約束に承諾することとなった。こうして、興福寺西林院行寛附きの弟子ということで、信昭前大僧正の許《もと》へ入室[史料④]した光仙であったが、間もなく信昭が没し、それに代わって、後継者となった信昭の甥に当たる覚昭僧正の寵愛を受けることになる。

このような大変な回り道の末に、光仙は弘安九年（一二八六）十七歳でようやく出家受戒することがかなう[史料⑤⑥]。受戒は十月二日の夜東大寺の戒壇において、興福寺西林院行寛法印の甥の印寛僧正が行い、その名も宗昭《そうしょう》と改めた。また名目上広橋兼仲の養子となって勘解由小路中納言公《かでのこうじちゅうなごんのきみ》という化号《けごう》（通称）を名乗ったのもこの時のことと見られる。

こうして覚如上人は、僧侶としての第一歩を南都法相宗《ほっそうしゅう》から踏み出したのである。

注　1―京都市左京区下河原町あたり。

史料①『慕帰絵』第一巻第三段、第二巻第一段［宗澄の禅房に入る。］

本文

（第一巻）後宇多院御在位《ごうだいんございい》弘安五年と云《いう》十三歳の時、はしめ《じ》て松房《しょうぼう》の深窓《しんそう》を出《いで》て、しはらく《ば》竹院《ちくいん》の一室《いっしつ》に入侍《いりはんべる》へ《べ》き縁や有《あり》けむ《ん》、山門の碩徳《せきとく》といは《わ》れし竹《たけ》なかの宰相《さいしょう》法印宗澄《しゅうちょう》を師として天台宗を学《まなば》せしめけり。

（第二巻）彼《かの》法印に随逐《ずいちく》して、垂《すい》髪《はつ》なから《が》やうや《よ》く四教《しきょう》・五時《ごじ》の名目《みょうもく》をならひ《い》、一家《いっか》大都《たいと》の

訳文

（第一巻）後《のち》に上皇となった後宇多天皇[1]（一二六七～一三二四年）の御代《みよ》、弘安五年（一二八二）という年の十三歳の時に、始めて大谷の大事に育てられた部屋を出て、立派な寺[2]の一室に入る縁があったのであろう。比叡山延暦寺で徳の高い僧と言われた、竹中の宰相法印宗澄《しゅうちょう》を師として、天台宗の教えを学ばせたという。

（第二巻）その（宗澄《しゅうちょう》）法印につき従って、垂髪《すいはつ》[3]のままで、しだいに天台宗の教えである四教《しきょう》[4]（天台宗で釈尊一代の教えを四つに分類したもの）や五時《ごじ》[5]（天台宗で釈尊一代の経典をその説かれた時期で五つに区分したもの）の名称を習い、天台宗のお

綱網《こうもう》を得《え》しかは《ば》、師範《しはん》も法器《ほうき》に堪《たえ》たることをよろこひ《び》、童稚《どうち》も提携《ていけい》に嬾《ものう》からすして《ず》すき《ぎ》行《ゆく》ほと《ど》に、いつしか不慮に転変依違《てんぺんいい》の事出来《いでき》て、幾《いくら》の月日をもをく《お》らさ《ざ》るに、離坊《りぼう》のきさ《ざ》み心ならす《ず》。

おかたの教えの大要と細目を会得《えとく》したので、師《し》も仏法を受けるに足る素質があるのを喜び、また童子《どうじ》(覚如)も(師の持ち物を)手にさげて持ってゆくことが苦にならないという状態で日が過ぎてゆくうちに、いつの間にか思いがけなくもあちらこちらへ移ってゆくような事が起こって、それほどの月日も送らないうちに、坊《ぼう》を離れなければならない時を迎えるのは、不本意なことであった。…

注　1―天皇在位一二七四～八七年

2―宗澄の禅房は法勝寺の東、現在の京都市左京区下河原町あたりにあった。

3―たれがみ

4―蔵教《ぞうきょう》・通教《つうぎょう》・別教《べっきょう》・円教の四つを言う。

5―華厳《けごん》経を説いた「華厳時」(二十一日間)、阿含経《あごんきょう》を説いた「鹿苑《ろくおん》時」(十二年間)、維摩経などを説いた「方等《ほうとう》時」(八年間)、般若経を説いた「般若時」(二十二年間)、法華経および涅槃経を説いた「法華涅槃時」(八年間と一日一夜)の五つを言う。

史料②『最須敬重絵詞』第二巻 第五段［三井寺南滝院に誘拐される。］

本文

カクテ年モアラタマリケレハ《バ》、弘安モ六年ニナリテ、春秋《しゅんじゅう》十四歳ナリ。タ《ダ》、学問ノ器量《きりょう》ノ倫《りん》ニ抜《ぬけ》タルノミニアラス《ズ》、容儀事《ようぎごと》カラモ優美ナル体《テイ》ナリ。サルマヽニハ房中《ぼうちゅう》ノ賞翫《しょうかん》モナラフ《ブ》人ナク、ツタヘ《エ》キクアタリニモ事々《ことごと》シキ程《ほど》ニソ《ゾ》イヒ《イ》アツカヒ《イ》ケル。ソノ比《ころ》三井ノ上綱《じょうごう》ニテ南滝院《なんりゅういん》ノ右大臣僧正坊浄珍ト申《もうす》人オハシマシケリ。法流ハ円満院ノ二品法親王《にほんほうしんのう》円助ノ御《おん》弟子ニテ智証大《ちしょうだい》師《し》ノ遺流《いりゅう》ヲツタヘ《エ》、俗姓《ぞくしょう》ハ北小路右《きたのこうじのう》相府《しょうふ》道経公ノ御息《ごそく》、普賢《ふげん》寺殿《じどの》ニハ御孫《おんまご》ニテ二位中将《ちゅうじょう》基輔卿申《もうし》ケル英才ノ賢息《けんそく》ナ

訳文

こうして年も改まって、弘安《こうあん》も六年（一二八三）になり、光仙の年齢も十四歳になった。ただ学問の才能が群を抜いているだけではなく、顔だちの様子も優美な体裁《ていさい》であった。それにつけて、房中で愛《め》でもてあそばれること並ぶ者がなく、伝え聞いた人々も大層に噂《うわさ》していた。その頃、三井寺の上綱《じょうごう》[1]で、南滝院《なんりょういん》の右大臣僧正浄珍《じょうちん》と申す人がいらっしゃった。法流は円満院[1]の二品法親王円助《にほんほっしんのうえんじょ》のお弟子で、智証大師円珍《えんちん》[3]（八一四～九一年）の末流を伝え、俗人としての家柄は、北小路《きたこうじ》右大臣道経公《みちつねこう》[4]（一一八四～一二三八年）の御子息で、普賢寺殿（近衛基通《このえもとみち》）[5]（一一六〇～一二三八年）には御孫に当たる二位中将基輔《もとすけ》卿[6]と申し上げたすぐれたお方の子息である。僧侶としても俗人とし

リ。真俗《しんぞく》ニツケテ時《とき》メキ給《たまい》ケルカ《ガ》、ソノ御房《ごぼう》ヘマイリカヨフ《ウ》人ノ宗澄《しゅうちょう》法印ノ辺《へん》ニモヒトツナル事アリケレハ《バ》、下《しも》河原《がわら》ノ坊《ぼう》ニ垂髪《すいはつ》ノ入室《にゅうしつ》シ侍《はんべる》ナルカ《ガ》、カノ小僧房《しょうそうぼう》ニアタラ児《ちご》ヲ置《おき》タル事ノ目《め》サ《ザ》マシサヨ、コノ御房ヘカト《ド》ヒ《イ》トラセオハ《ワ》シマセカシト申《もうし》イテ《デ》タリケルヲ、僧正房キ、給《たまい》テ、カノ縁者ハイカナルアタリニカ尋聞《たずねきき》テ談《だん》シ《ジ》コ、ロミヨカシト仰《おおせ》ラレケルヲ、サテハ院主ノ御意《ぎょい》ニモサオホ《ボ》シメシタルニコソトソ《ゾ》面々ニ申《もうし》ケル。或時《あるとき》若輩《にゃくはい》等会合ノ事アリケル盃酌《はいしゃく》ノ砌《みぎり》ニテ、此事《このこと》ヲカタリイタ《ダ》シケルカ《ガ》、其座《そのざ》ニ本寺ノ衆徒《しゅと》ナト《ド》少々アリケル棟梁《とうりょう》トシ、酔《えい》ノマキ《ギ》レニカレコレ

ても権勢を誇っておられたが、その浄珍僧正の御房へ出入りする人が宗澄《しゅうちょう》法印の所へも同じように出入りしていたということがあったので、南滝院へ「下河原《しもがわら》の宗澄法印の御坊に垂髪美貌《すいはつびぼう》の稚児が入室しましたが、その小さな僧房にもったいなくも稚児を置いていることのあきれたことよ。この御房へ誘拐なさいませ」と申し出た。浄珍僧正はそれをお聞きになり、「その稚児の縁者はどのあたりに居るのか。尋ねて行ってためしにかけ合ってみよ」とおっしゃったが、そのことを弟子達は「それではきっと、院主のお心にも、そのようにお思いになったことよ」と、めいめいに申していた。ある時、年の若い者らの会合があった酒宴の場で、この事を語り出したところ、その座に本寺三井寺の僧兵などが少数居たのを頭《かしら》とし、酒に酔った勢いで誰彼となく加わって、若

与同《よどう》シテ、ワカキ者共《ものども》上下三十余人、甲冑《こうちゅう》ヲ帯《たい》シ兵杖《ひょうじょう》ヲト、ノヘ《エ》テ、カノ房ニ発向《はっこう》シケルニ、オリフシ房主法印ハ登山《とうざん》ノ程ニテ、留守《るす》ノ輩《ともがら》ワツ《ズ》カニ四五人ソ《ゾ》アリケル。ヨキ隙《ひま》ナリケレハ《バ》、オシ入《いり》テ馬《むま》ニイタ《ダ》キノセタテマツリ、軍《ぐん》兵《びょう》前後ニカクミテ帰《かえり》ケル程ニ、更《さら》ニ手ムカヘ《エ》ニオヨハス《バズ》、事ユヘ《エ》ナクテ卒《そっ》爾《じ》ノ入室《にゅうしつ》アリケル。慮外《りょがい》ノ事ナリ。僧正房ハ穏便《おんびん》ナラヌ事カナト仰《おおせ》ラレナカ《ガ》ラ、心中ニハ悦喜《えつき》シ給《たまい》ケリ。

注　1―僧の官職の上位のある者
2―三井寺三門跡の一つ
3―第五世天台座主
4―近衛道経

い者達上下三十人余りが鎧兜《よろいかぶと》を身につけ武器を用意して、下河原の宗澄の房に向って出発した。ところがちょうどその時、房主の宗澄法印は比叡山に登っている間で、留守をしていた連中がわずかに四、五人いたにすぎなかった。よい折であったので、押し入って光仙殿を馬に抱《いだ》き乗せ、僧兵が前後を囲んで帰ってしまった。それで少しの手向いもできず、何の理由もなくてにわかな入室となった。思いもしなかった事である。浄珍僧正は「穏便でないことよ」とおっしゃりながら、心の中では喜んでおられた。

5—従一位摂政・関白
6—従二位左中将 近衛基輔

史料③『最須敬重絵詞』第二巻 第七段［南滝院での光仙殿］

本文

サテ南滝院ニハ寵異《ちょうい》コトニハナハタ《ダ》シク、愛翫《あいがん》キハ《ワ》マリナカリケリ。アマタノ児達《ちごたち》ノ中ニモ所《ところ》ヲ《オ》カレテ名字《みょうじ》ヲ慥《たしか》ニヨハ《バ》ルヽ事モナク、オサナクテ阿古《あこ》〱トナノラレケル。ソノカタ名ヲソ《ゾ》ヨハ《バ》レ給ケル。未来ニハ院家《いんげ》ノウチ一方ノ管領《かんりょう》ヲユルシ本尊・聖教ノ附属《ふぞく》モアルヘ《ベ》キムネナト《ド》メサレケレハ《バ》、厳親《げんしん》コノ由《よし》ヲ聞給《ききたまい》テ、両門経歴《けいれき》ノ条《じょう》モ本意ニソムキ、転変《てんぺん》卒爾《そつじ》ノ儀《ぎ》モオタ《ダ》ヤカナラス《ズ》オホ《ボ》ユレト《ド》

訳文

さて南滝院では、めだって愛されること普通ではなく、かわいがられることはなはだしかった。数多くの稚児《ちご》達の中でも、一目置かれて名字をきちんと呼ばれることもなく、年がゆかないので阿古《あこ》阿古《あこ》[1]と称していたその略称を呼ばれた。将来は院家[2]のうちの一方の支配を認め、本尊や聖教も授けられるだろうと告げられた。父親（覚恵）はこのことを聞かれて、天台宗の山門派と寺門派の両門を経歴させるのは、自分の本意ではなく、（南滝院）へ移って行った時の予期しない出来事のことも穏《おだ》や

モ、コレ又宿縁アルユヘ《エ》ニコソト、心中ニハ不思議ニソ《ゾ》思給《おもいたまい》ケル。院主《いんしゅ》カヤウ《ヨ》ニモテナサレケレハ《バ》、院家被管《いんげひかん》ノ門侶老《もんりょろう》若《にゃく》ヲイハ《ワ》ス《ズ》、ワレヲトラシ《ジ》トアツマリ、徒然《つれづれ》ヲナク《グ》サメタテマツラントテ、日々ニ献酬《けんしゅう》ノ儀《ぎ》ヲト、ノヘ《エ》、時々《じじ》ニ遊宴《ゆうえん》ノ席ヲノフ《ブ》。スコシマコトシキ事トテハ歌連《うたれん》歌《が》ナト《ド》ソ《ゾ》有《あり》ケル。サナラテ《デ》長時《じょうじ》ノアソヒ《ビ》ハ囲碁《いご》・双六《すごろく》・将棋《しょうぎ》・乱碁《らんき》・文字鎖《もじぐさり》、ナソ《ゾ》〳〵セヌ態《わざ》モナク、イカニシテカ興《きょう》ニイラントノミソ《ゾ》シケル。カ、ル座席ニモ、サテ黙止事《もだすこと》ナク、ナニハノ事《こと》ニツケテモ、人ヲスサメヌ様《さま》ニ振舞給《ふるまいたまい》ケレハ《バ》、房中《ぼうちゅう》コソ《ゾ》リテ称美《しょうび》スルコトカキ《ギ》リナシ。サレト《ド》モ学問トイフ《ウ》沙汰《さた》ハ内外《ないげ》ニツケテ

かでないと思ったが、これもまた前世からの約束があるからだと、心の中では不思議に思われた。院家南滝院院主がこのようにもてなされたので、院家に仕《つか》える一門の人達は老人若者にかかわらず、われがちにと集まり、退屈をなぐさめてさしあげようと思って、毎日酒宴をととのえ、しばしば宴会の席をひろげたのである。少しましなことと言えば、和歌や連歌などがあった。そうでない常時の遊びは、囲碁《いご》・双六《すごろく》・将棋《しょうぎ》・乱碁《らんき》[3]・文字鎖《もじぐさり》[4]などなどしないものはなく、どうやったら面白がるだろうということばかりに勤めたということである。このような座席でも、黙っていることはなく、何事につけても、人の気持ちがすさまないように振る舞われたので、房の者があげてほめたたえることこの上なかった。しかし、学問というものは、仏教

ナカリケレハ《バ》、本人意《こころ》ニハ、カクテハ何ノ身ニカナルヘ《ベ》キト、コ、ロトマラスソ《ズゾ》思《おもい》給《たまい》ケル。

でも仏教以外でもいずれもなかったので、(光仙殿)本人の気持ちとしては、こんな状態で、どういうふうになるのであろうと、不本意に思われていた。

注　1―わが子という意味。
2―貴族の子弟が出家して入寺する寺で、門跡《もんぜき》に次ぐ格式を持つもの。
3―乱碁は、碁石を指で押して拾い、あるいははじいて、その数の多少を争う遊戯。
4―句の終りの文字と同じ文字を次の句頭に置いて、鎖のように連ねる和歌。

史料④『慕帰絵』第二巻第二段〔興福寺入寺〕

〔史料解説〕『最須敬重絵詞』は第三、第四巻を欠き、この部分の記述は失われている。

本文

さるほどに猶《なお》同年の事なりけるに、一乗院《いちじょういん》前《さきの》大僧正房、いかなる便《びん》にかこの童形《どうぎょう》のとしのほと《ど》にも似す《ず》、はしたなき懸針垂露《けんしんすいろ》の筆勢《ひっせい》を御覧せ《ぜ》

訳文

そうこうするうちに、これも同年のことであったが、(興福寺)一乗院の前《さきの》大僧正[1](信昭)が、どのような機会であろうか、この稚児《ちご》の年にも似合《に》わない激しい懸針《けんしん》(書道で縦に引く画《かく》の下端を針のように尖《とが》らせる筆法《ひっぽう》)や垂《すい》

られけるとて、ゆかしく思召《おぼしめし》けるにや、あまたの所縁《しょえん》につきて頻《しきり》に気装《きそう》し仰《おおせ》られけれと《ど》も、厳親《げんしん》承諾《しょうだく》し申さぬ故《ゆえ》は、さのみ所々を経歴《けいれき》もしかるへ《べ》からさ《ざ》る歟《か》。其上《そのうえ》尋常の法には、髪をさけ《げ》て大童《おおわらわ》にて久《ひさし》くある事は本意ならす《ず》、たゝ《だ》とく出家得度《とくど》をもせさせてこそ心安《こころやす》けれとて、かたく子細《しさい》を申《もうし》けるに、或時《あるとき》は又小野宮《おののみや》中将入道師具《もろとも》朝臣《あそん》于レ時侍従を連々《れんれん》御《ご》招《しょう》引《いん》、知音《ちいん》なれは《ば》狂《くるう》て誘《さそい》てまいらせなむ《ん》やと懇切《こんせつ》に仰《おおせ》られけるとて、其旨《そのむね》を度々《たびたび》伝説《でんせつ》しけれと《ど》も、なを《お》心つよくそ《ぞ》難渋《なんじゅう》申《もうし》ける。聞及《ききおよぶ》やからは、人により事にこそよると、是程《これほど》時々の

露《ろ》（書道で縦に引く画の終りをはねずに押さえて止める筆法）という書の筆勢《ひっせい》（筆の勢い）をご覧になられたと言われて、慕わしくお思いになったのであろうか。多くの縁故《えんこ》に当たってしきりに想いをかけ、自分のところへ来るようにとおっしゃった。だが父親（覚恵）は承諾しなかった。その理由は、「それほど所々を遍歴するのもよくないのではないか。その上、普通ならば垂髪《すいはつ》の大きい稚児のままで長くいることは本来あるべき様《さま》ではない。ただ早く出家得度をさせてこそ安心である」と言って、強く応じられない事情を申したという。そこで信昭殿は、ある時にはまた、小野宮《おののみや》中将《ちゅうじょう》入道師具《もろとも》朝臣（その時侍従《じじゅう》の職にあった）を再々お招きになり、「『（光仙と）知り合いならば、ふざけて誘拐して来ることができるだろう』としきりにおっしゃった」などと度々その気持を言い伝えさせたが、なお固辞する

貴命《きめい》をいなみ申《もうす》はかへ《え》りて無礼《ぶれい》にもあたり、人倫《じんりん》の法にも背《そむく》ものをやなと《ど》いひ《い》あふ《う》もあり。或輩《あるやから》は又さる名家の一族なれは《ば》廉《かど》をたおさし《じ》と、至《いたり》て古《こ》義《ぎ》を存せ《ぜ》しむるもちからなき事歟《か》、なと《ど》申《もうす》も有けり。しかるに、同七月十二日のことなりけるに、黄昏《たそがれ》の斜《ななめ》なる景を見すくし、桂月《けいげつ》の明《あきらか》なる光を待《まち》えて、四方輿《しほうこし》をかゝせ、ひた物具《ものぐ》したる大衆《だいしゅ》を引率《いんそつ》して、既に奪取へ《べ》き御結構《ごけっこう》あるよしを仲人《なこうど》ありてひそかに告示《つげしめ》す程に本所《ほんじょ》にも其《ご》用意を致す際《さい》、其時《その》も御本意を遂《とげ》られす《ず》、さこそ遺恨《いこん》にも思食《おぼしめし》けめ。さりなか《が》らなを《お》〱もあやにくにや、其

心が強く難儀したのである。そのことを伝え聞いた仲間の間では、「人にもより事情にもよるが、これほどその都度《つど》仰《おお》せを断《ことわ》るのは、返って失礼にもあたり、人倫の法にも反するものであると思うが」と言い合う人もおり、ある仲間は、やはりさる名家の一族であったので、「理由をくつがえすまいと、甚《はなは》だしく古い異議を保たせるのも根拠のない事である」と申すこともあった。ところが、同じ年[2]の七月十二日のことであったが、夕暮れの日が西に傾く景色を見過ごして、月の明るい光を持ちうけて、四方輿《しほうごし》[3]をかつがせ、あらわに武具をそなえた僧兵の集団を引きつれて、すんでのことで奪い取ろうとする企《くわだ》てがあった。そのことを、仲に立つ人がいて、こっそり伝え知らせたため、本居《ほんきょ》にも守りを堅めて、その時も（信昭殿は）本望《ほんもう》を遂《と》げられなかった。さだめし残念にお思いになったであろう。しかし

後もたゝ《だ》ひたすらに御懇心《ごこんしん》あさからさ《ざ》れは《ば》、親の本懐《ほんがい》に任《まかせ》てやか《が》てこそ出家をも遂《とげ》させめなと《ど》こまかに御《お》約束の旨《むね》ありけれは《ば》、此上《このうえ》は固辞《こじ》に拠《ところ》なしとて、初参《しょざん》あるへ《べ》きにさた《だ》まりぬ。さりなか《が》ら聊《いささか》日数の経《へ》けるとて、いと《ど》ゝ御《お》心元《こころもと》なき由《よし》を、しき浪《なみ》をうつか《が》如《ごとく》に祇候人《しこうにん》これ彼《かれ》をたちかへ《え》たちかへ《え》差上《さしのぼ》られて責仰《せめおおせ》られけれは《ば》、まつ《ず》西林院三位法印　行寛《ぎょうかん》附弟《ふてい》のよしにて入室の儀《ぎ》あり。やか《が》て件《くだんの》　法印引導《いんどう》にて摂津国《せっつのくに》原殿の禅房へはまいりけり。其《その》時の門主は前《さきの》大僧正信昭岡屋摂政殿御息とそ《ぞ》申《もうし》ける。しかるにあへ《え》なく十四歳より侍《はべ》りつる僧正房に

ながら、それでもやはり意地を張っておられるのであろうか、その後《のち》もただいちずにお求めになる心が浅くなかった。それで「親のかねてからの願いに従って、いずれは出家を遂《と》げさせよう」などと細かにお約束の内容もあったので、この上は固辞する理由もないということで、新たにお仕えすることに決まったのであった。しかし、いささか日数が経《た》ったと言って、ますます持ち遠しいと、心の波が立つように、側《そば》に仕える人があれやこれやを繰り返し送って来てせがまれたので、まず西林院三位《さんみ》法印　行寛《ぎょうかん》附《つ》きの弟子ということで入室したのである。間もなく、その法印の導きで、摂津国《せっつのくに》原殿の禅房へ移ったのである。その時の門主は前《さきの》大僧正の御房《ごぼう》（信昭、岡屋摂政とよばれた近衛兼経殿の御子息）と申し上げた。しかしはかなくも、十四歳からお仕《つか》えした僧正の御房《ごぼう》に先立たれてしまった。その門主（信昭

も、すき《ぎ》を《お》くれたてまつりぬ。彼附《かのふ》弟《てい》僧正房昭覚と申は、近衛関白《このえかんぱく》基平公御息也《なり》。先師《せんし》の旧好《きゅうこう》も他に異《こと》なれは《ば》、相続給仕《きゅうじ》あるへ《べ》き由仰置《よしおおせおか》れけるに付《つけ》て、今の門主にも猶《なお》御気《き》色快然《そくかいぜん》にて、和州菅原《わしゅうすがわら》の幽地《ゆうち》を卜《うらない》て、常には閑適《かんてき》をよみしましましけるにも、光仙殿とてあまたの垂髪共《すいはつども》の外に一両祗候《しこう》しける上臈児《じょうろうじ》の其一《そのひとり》にて、心操たち振舞《ふるまい》も幽玄《ゆうげん》に、容顔《ようがん》ことか《が》らも神妙《しんみょう》におほ《ぼ》しめしけれは《ば》、昼は竟日に、夜は夜を専《もっぱら》にして御影《おんかげ》のこ《ご》とくにつき従《したがい》たてまつりて、年月を送《おくり》ける。なかにもよろつ《ず》につけて、あち《じ》きなくさすか《が》かたほなる心の底に、

殿）の弟子で僧正の御房《ごぼう》（覚昭）と申すお方は、近衛《このえ》関白基平《もとひら》公[4]（一二四六～六八年）の息子である。亡くなった師の光仙殿（覚如）に対する好意が他の人とは異なるものであったので、引き続き側《そば》に仕えるように言い置かれたのだが、それに加えて今の門主（覚昭殿）からも、やはりよく寵愛《ちょうあい》を受けられた。大和国菅原《やまとのくにすがわら》[5]の奥深い静かな地を占《うらな》って、いつもは心静かな楽しみを好んでおられたのだが、その時にも「光仙殿」と言って、たくさんの垂髪の稚児達とは別に、身分が高い家の子供がひとりふたりお仕えする中の一人に挙げられ、心づかいや立ち居《い》ふるまいが優雅で、顔立ちや言葉の品位もことにすぐれているとお思いになったので、昼間は一日中、夜も一人でお相手をして、影のように付き従い申し上げて、年月を送られたのであった。そんな中であっても、何事につけて無意味に思われ、さすが《が》未

おり〳〵は今生《こんじょう》の栄耀《えいよう》もいつまて《で》とのみ思は《わ》れ、来生《らいしょう》の資貯《しちょ》はかりそめにも儲《もうけ》か《が》たく案《あん》せ《ぜ》られけるそ《ぞ》、末《すえ》の世に法器《ほうき》たるへ《べ》き芳縁《ほうえん》のやうやく萌《きざし》けるにやとおほ《ぼ》え侍《はんべ》る。

熟なその心の底で、時々はこの世の贅沢《ぜいたく》な生活もいつまで続くものかとばかり思われ、後世《ごせ》へのたくわえはけっして準備できないと気がかりに思われた。このことこそ、末世に仏法を受けるに足るべき芳《かんば》しい縁《えん》が次第にきざしていたのであろうかと思われるのである。

注
1―太政大臣近衛兼経（一二一〇～五九年）の子息に当たる。
2―弘安六年（一二八三）、覚如上人十四歳の年。
3―四方に簾《すだれ》をかけた輿《こし》の一種。
4―左大臣従一位
5―清涼山東南院あるいは歓喜光津寺と言われる。

史料⑤『慕帰絵』第三巻第一段［出家得度］

本文

弘安九年十月廿日の夜、十七歳といふ《う》に、彼院家《かのいんげ》にして出家、やか《が》てその夜受戒《じゅかい》ありけり。これは孝恩院《こうおんいん》三位僧正印《いん》寛《かん》行寛法印甥うけたまは《わ》りて、とり沙汰《ざた》とそ《ぞ》きこえし。

訳文

弘安九年（一二八六）十月二十日の夜、十七歳で、かの院家《いんげ》（西林院）で出家し、引き続きその夜受戒された。これは孝恩院三位《さんみ》僧正印寛（行寛法印の甥）が引き受けて、取り行ったと伝えられている。

史料⑥『慕帰絵』第三巻 第一段［光仙の出家得度］
写真『真宗重宝聚英』（同朋舎メディアプラン）

第三節　親鸞聖人に開眼

（一）浄土門への思い入れ

―史料『慕帰絵』第三巻―

十七歳で出家受戒を遂げてからというもの、宗昭《そうしょう》（覚如上人）は興福寺西林院行寛《ぎょうかん》について、学問修行の道に励んだ。史料① 興福寺は法相宗《ほっそう》であったから、おもに唯識の教学を学んだようである。無着《むじゃく》（アサンガ）、世親《せしん》（ヴァスバンドゥ）、護法《ごほう》（ダルマパーラ）といったインドのすぐれた先師の教えを熱心に学ぶ宗昭（覚如上人）であったが、当時の興福寺は、門閥のある者が要職を独占するという世界であった。興福寺の別当職は、一乗院と大乗院という二つの門跡寺院の院主がこれに当たっていたが、一乗院は藤原本家の近衛家の門閥寺院、大乗院は同じく九条家の系統の門閥寺院と化していたのである。このような門閥がものを言う世界の中で、日野家末流の宗昭（覚如上人）の努力も報いられることが少なかったようで、次第に修行する意欲も失われるようになった。

そんなある日、たまたま閑《ひま》を見て帰った大谷廟堂で、宗昭（覚如上人）は思いがけず浄土の教えに心[史料②]を引かれるようになる。既に祖母の覚信尼は三、四年前に世を去っていて、宗昭（覚如上人）を迎えたのは父の覚恵と曽祖父親鸞聖人の御影像であったものと思われる。けれども、南都興福寺で体験した旧仏教の頽廃《たいはい》と貴族化は、大谷廟堂の存在を今までになく強く意識させ、親鸞聖人の教えに誘《いざな》わせたようである。そしてこれがきっかけとなり、宗昭（覚如上人）の心はもっぱら浄土の教えに向けられることとなった。

史料①『慕帰絵』第三巻第二段

本文

素懐《そかい》を遂《とげ》ぬるのちは、行寛《ぎょうかん》法印に相従《あいしたが》ひ《い》稽古《けいこ》の一途《いちず》におもむき、法相《ほっそう》を学《まなば》せれは《ば》、無着《むじゃく》・世《せ》親《しん》・護法《ごほう》論師の跡をを《お》は《わ》んと、ほとんと《ど》寸陰《すんいん》を競《きそい》けり。かくて讃仰《さんごう》や《よ》うやく世上に秀《ひいで》て、名誉《めいよ》しは《ば》しは《ば》天下にきこゆへ《べ》かりし

訳文

かねてからの志を遂げた後《のち》は、（興福寺西林院の）行寛《ぎょうかん》法印について、ひたすら学問に向い、法相《ほっそう》（すべての事象は意識の働きによって生じたもので、意識のほかに対象物はないと説く仏教の教学）を学ばせれば、無着《むじゃく》・世親《せしん》・護法《ごほう》（いずれも法相《ほっそう》の教学を確立したインドの祖師）といった師の歩んだ道を追おうと、本当にわずかな時間をも争った。こうして、教えを讃《たた》え仰《あお》ぐ気持ちが次第に世に秀《ひい》で、名声がしばしば

かと《ど》も、蜀都《しょくと》ちからなけれは《ば》、公《こう》請《しょう》にもしたか《が》ひ《い》か《が》たく、龍洞《りゅうどう》あゆみをうしなへ《え》は《ば》、人望《じんぼう》ありぬへ《べ》しともおほ《ぼ》えねは《ば》、いつしか交衆《こうしゅ》ものうく、されは《ば》苦学も勇なくそ《ぞ》おもひ《い》ける。さる程に、おり〱は門主に身のいとまを申《もうし》けれと《ど》もゆるされす《ず》、不諧《ふかい》の故《ゆえ》に稽古《けいこ》のかたこそ退屈すとも、離寺の条《じょう》はしは《ば》らく堪忍《かんにん》すへ《べ》きよし頻《しきり》に宥《なだめ》おほ《お》せられけるとなん。これによりて、遂業《すいごう》の沙汰《さた》なと《ど》にもを《お》よは《ば》す《ず》、直《ただち》に律師《りっし》に挙任《きょにん》せられけれは《ば》、別道の僧綱《そうごう》の儀にてそ《ぞ》なを《お》寓直《ぐうちょく》しける。

天下に知れわたってもおかしくない程となった。けれども、中国三国時代の蜀《しょく》の都のように、宗昭殿（覚如上人）の家には力がなく、公《おおやけ》の招きにも随行しがたく、竜の棲《す》む洞窟のように、智恵が潜《ひそ》んだままで世に歩めないでいたので、人からの期待があったとも思われず、いつしか興福寺とのつながりも大儀《たいぎ》になり、苦学も力にならないと思ったのであった。そうするうちにも、機会あるごとに、自分はいとまをいただきたいと申し上げたが許されず、法印は、「望みがかなわないことで学問の方《ほう》がいやになったとしても、寺を離れるのはしばらくこらえるように」と、しきりになだめておっしゃったということである。こういうわけで、遂業《すいごう》[1]（興福寺の維摩会《ゆいまえ》、宮中の御斎会《ごさいえ》、薬師寺の最勝会《さいしょうえ》の三会《さんえ》の講師を年次になし遂げること）の指示などもなく、ただちに律師《りっし》[2]の僧官《そうかん》に任命されたので、特別なはからいでの僧綱《そうごう》[3]ということで、なおも興福寺に留まったのであった。

注　1—遂業をなし遂げたものは、僧綱に任ぜられることが定められていた。
2—僧に与えられる官職の一つ。
3—僧正、僧都。律師を言う。

史料②『慕帰絵』第三巻第三段

本文

奈良より偸閑《とうかん》に退出《たいしゅつ》の事ありしついて《で》におもふ《う》様《よう》、たとひ《い》本寺の交衆《こうしゅ》は抛《なげうち》か《が》たくとも、出離《しゅつり》の要道《ようどう》にを《お》いて望《のぞみ》を断《たた》ぬ。を《お》のれか《が》限量《げんりょう》あゆみをうしなへ《え》は《ば》なり。西方《さいほう》の欣求《ごんぐ》はたのむにたれり、底下《ていげ》の凡夫にいたるまて《で》愚《ぐ》をすてす《ず》、ねか《が》ふ《う》らくは、南無にたよりあれは《ば》なり。但《ただし》わか《が》

訳文

奈良（興福寺）より閑《ひま》を見て帰ったことがあったが、その折《おり》にこう思うのであった。「たとえ本寺（興福寺）とのつながりを捨てられなくとも、生死の迷いを離れ出ることのできる大切な教えをあきらめないようにしよう。限りある命の自分にとって、そうでなければ道が失われてしまうからである。西方極楽浄土を願い求める浄土の教えは、頼《たの》むに足る教えである。煩悩の底に沈んだどうにも救われない凡夫にいたるまで、愚かなものを捨てることはない。それを願うことには、南無《なむ》というよすがあるからである。あるいは、

法相宗《ほっそうしゅう》は五性各別《ごしょうかくべつ》の義をたて、諸法《しょほう》性相《しょうそう》の釈《しゃく》をむねとして決判《けっぱん》きひ《び》しき家をや。おほ《お》かた名を法相宗《ほっそうしゅう》にかけなか《が》ら、肩を浄土門にいれんとす。…

自分の属する法相宗《ほっそうしゅう》は、五性各別《ごしょうかくべつ》[1]という教義を立て、諸法《しょほう》性相《しょうそう》[2]という解釈を主旨としていて、教えの表し方が厳格な宗旨なのであろうか」。こう思って、表向きは法相学《ほっそうがく》にかこつけながら、浄土宗に肩入れしようとしていた。…

注　1――五性各別《ごしょうかくべつ》とは、衆生が先天的に具えている素質に、菩薩定性《ぼさつじょうしょう》（菩薩になることが定まった素質）、縁覚定性《えんがくじょうしょう》（自分だけの悟りを開く素質）、声聞定性《しょうもんじょうしょう》（小乗仏教の修行者になることが定まった素質）、不定性《ふじょうしょう》（いずれとも定まっていない素質）という、五種類の区別があるという教義。

2――諸法性相《しょほうしょうそう》とは、あらゆるものは、本体である性と現象である相よりなる、という教義。

（二）如信上人および唯円房との対面

―史料『慕帰絵』第三巻―

宗昭（覚如上人）が浄土の教えに心を向けるようになって間もない、弘安十年（一二八七年、覚如上人十八歳）十一月十九日、親鸞聖人の教えを受け継ぐ東国門徒集団の指導者の一人が大谷廟堂を訪れた。如信上人[史料①③]（当時五十二歳）である。如信上人は、親鸞聖人に義絶されたと伝えられている善鸞の子息で、奥州大網門徒という門徒集団を形成していた。父覚恵も親鸞聖人から言葉を授かりながら、門流としてはこの如信上人の門流に所属していた。また血のつながった親類同士として、すでに覚信尼の在世中より親しく交際していたようである。十一月十九日という日付からして、その上洛は親鸞聖人祥月命日の参拝のためだったと見られるが、父覚恵に親鸞聖人の血脈《けちみゃく》（法脈）を授けたという如信上人の言葉を直《じか》に耳にした時の宗昭（覚如上人）の感動はいかばかりであっただろう。既に記した通り、如信上人は以前から度々大谷廟堂を訪れていた。けれども、浄土の教えに心を向けるようになってからの宗昭（覚如上人）には、如信上人の言葉が今までとはまったく異なるものに響いて来たことであろう。

こうして親鸞聖人の教えに本格的に接した宗昭に、その翌年の正応元年（一二八八）、再び東国のすぐれた門徒指導者と接する機会が巡って来た。今度は河和田唯円房《かわわだのゆいえん》との史料②対面であった。河和田唯円は、聖人面授《めんじゅ》の（面前で直接に口伝えに教えを授けられた）すぐれた弟子の一人で、有名な『歎異抄』はこの河和田唯円によって書かれたとする説が、今日ではほぼ定説化されている。唯円はこの時、『最須敬重絵詞』指図書《さしずしょ》に「六十バカリ」と記されている通り、大分高齢に達していたものと思われるが、「冬」とあるところから見て、これも聖人祥月命日のための上洛だった可能性が高い。この対面では、親鸞聖人の教義について、相当突っ込んだ質問をしたようで、『慕帰絵』にも「善悪二業《ごう》を決し」〈**訳文** 善悪二つの行いについて明らかにすることができた〉という言葉が伝えられている。

この文からは、『歎異抄』の有名な「善人なほ《お》もって往生を遂《と》ぐ、況《いわん》や悪人をや」〈**訳文** 善人でさえ往生を遂《と》げることができる、まして悪人は言うまでもない〉が連想されて来る。果たしてこの時、宗昭（覚如上人）が唯円房から『歎異抄』を授かったか否かは不明であるが、覚如上人の著作『口伝鈔』に『歎異抄』の言葉が少なくとも六ヶ所程見出されることから推して、この河和田唯円房との出遇いは相当衝撃的なものだったに違いない。更に、

「今度あまたの問題をあけ《げ》て、自他数遍の談《だん》にをよひ《び》けり」〈**訳文** 此度《このたび》は多くの問題をあげて、あれこれと数回の話に及んだのであった〉という記述からは、親鸞聖人の本願念仏の教義を真剣に問い求めようとする、宗昭（覚如上人）の熱意が強く伝わって来る。

史料①『慕帰絵』第三巻第三段

本文

弘安十年春秋《しゅんじゅう》十八といふ《う》十一月なかの九日の夜、東山の如信上人と申《もう》し賢哲《けんてつ》にあひ《い》て釈迦・弥陀の教行《きょうぎょう》を面受《めんじゅ》し、他力摂《せっ》生《しょう》の信証を口伝《くでん》す。所謂《いわゆる》血脈《けちみゃく》は叡山黒谷《くろだに》源空聖人、本願寺親鸞聖人二代の嫡資《ちゃくし》なり。

訳文

…弘安十年（一二八七）齢《よわい》十八という十一月十九日の夜、（奥州大網）東山の如信上人という才知すぐれ道理に通じた方に会って、釈迦と阿弥陀如来の説く教えと行《ぎょう》を直接に授かり、衆生を摂《おさ》めとる本願他力の信心と証《さと》りを口伝《づ》てに伝えられたのであった。世に言うその血脈《けちみゃく》（法脈）は、比叡山黒谷の源空（法然）上人と本願寺親鸞聖人という二代を受け継ぐ正統な後継《あとつぎ》である。

史料②『慕帰絵』第三巻第三段

本文

将又《はたまた》、安心《あんじん》をとり侍《はんべ》るうへ《え》にも、なを《お》自他《じた》解了《げりょう》の程を決せんか《が》ために正《しょう》応《おう》元年冬のころ、常陸国河和田《かわわだ》唯円房と号《ごう》せし法侶《ほうりょ》上洛しけるとき、対面して日来《ひごろ》不審の法文にを《お》いて善悪二業《ごう》を決し、今度あまたの問題をあけ《げ》て、自他数遍の談にをよひ《び》けり。かの唯円大徳《だいとく》は鸞《らん》聖人の面授《めんじゅ》なり、鴻才弁説《こうさいべんぜつ》の名誉《めいよ》ありしかは《ば》、これに対してもますます当流の気味《きみ》を添《そえ》けるとそ《ぞ》。

注　1―『口伝鈔』第四章「善悪二業の事」との関連が注目される。
2―徳の高い僧を尊んでよぶ尊称。

訳文

あるいは、安心《あんじん》を得ましたうえに、なおあれこれと理解の程度を判断しようとするために、正応元年（一二八八）の冬のころ、常陸国河和田《ひたちのくにかわわだ》の唯円《ゆいえん》房と称した同行が上洛した時、対面して、日頃疑問に思っている教えの文の中でも、善悪二つの行い[1]について、解決することができた。そればかりではなく、此度《このたび》は多くの問題を取り上げて、あれこれと数回の議論に及んだのだった。かの唯円大徳《だいとく》[2]は、親鸞聖人面授の弟子である。偉大な才能と弁舌に巧《たく》みなことで有名であったので、この人からも刺激を受けて、ますます当流の教えの味わいを加えていったという。

史料③『慕帰絵』第三巻第三段「如信上人の教示を受ける」場面

写真『真宗重宝聚英』（同朋舎メディアプラン）

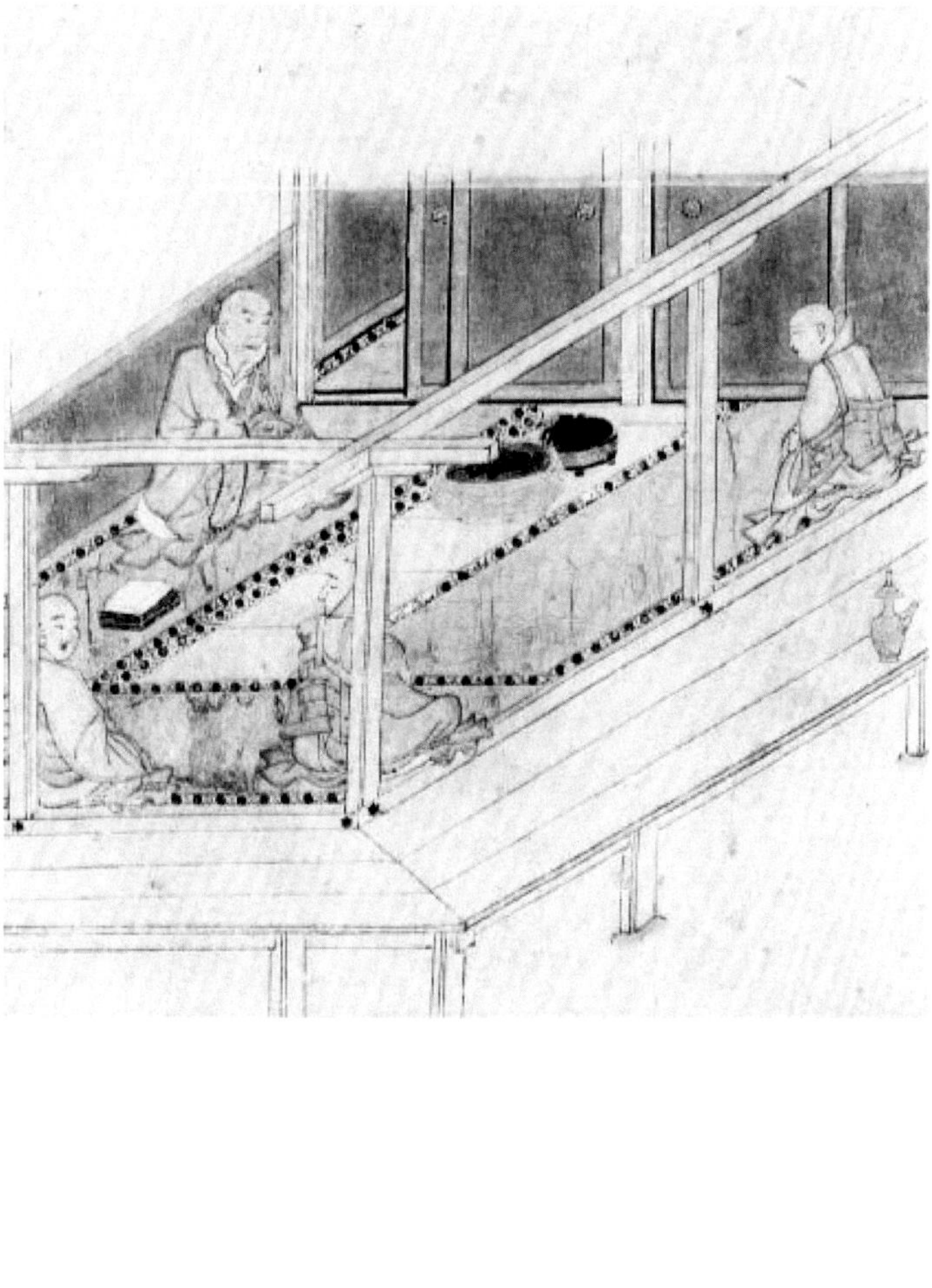

（三） 東国巡見

―史料 『慕帰絵』第四巻、『最須敬重絵詞』第五巻―

如信上人・唯円房との対面によって、宗昭（覚如上人）は、いよいよ親鸞聖人の教義に強く引き付けられていった。「もっと多くの東国の指導者達と面会して、聖人の面影を直接耳にしてみたい」。そうした宗昭（覚如上人）の願いがかなう時が、その二年後に訪れる。正応三年（一二九〇年、覚如上人二十一歳）三月頃、覚如上人は父覚恵に同行して、初めて東国へ赴《おもむ》いた[史料]のである。

それは親鸞聖人が教えを広めた由緒ある旧跡を直《じか》に歩き、直弟子の人達と対面して、聖人の在りし日の面影を追う旅であった。聖人が亡くなって二十八年目に当たる東国には、高田の顕智を筆頭に、聖人から直接教えを聞いていた直弟子あるいは孫弟子の人達がまだまだ大勢いた。弟子達の心には在りし日の聖人の面影が刻まれており、それに因《ちな》んだ話も色々と語られていた。そうした弟子達の道場を坂東八ヶ国から奥州に到るまで巡り歩いて、聖人のことを聞いてゆくうちに、宗昭（覚如上人）の脳裏には、いつしか想像をはるかに絶する親鸞聖人の偉大な人物像が浮かび上がって来るのであった。

「坂東の荒々しい気質の者達を次々に本願念仏の道に引き入れて、こんなに広い範囲にまで足跡を残された聖人。それは到底徒人《ただびと》とは思えない。法然上人の流れを汲む念仏者は大勢いるけれども、このように大地に息衝《いきづ》く民衆の心まで救うことのできる程深い本願念仏を説いた方は、親鸞聖人を措《お》いて他にいない」。こうしたありありとした深い感動が、覚如上人にとって、親鸞聖人とのまことの出遇いとなったことは、帰京してから著わした『報恩講式』に如実に反映されている。

史料　『慕帰絵』巻四、『最須敬重絵詞』第五巻

本文

【『慕帰絵』第四巻第一段】

同三年には、法印そのとき廿一のことにや、本願寺先祖勧化し給《たま》ふ門下ゆかしくおほ《ぼ》ゆるに、さることのたよりあることをよろこひ《び》

訳文

【『慕帰絵』第四巻第一段】

同じ正応の年の三年（一二九〇年）というと、法印[1]（覚如上人）が二十一歳のことであろうか。本願寺の初代（親鸞聖人）が教え導かれた門弟の人達に、心が引きつけられるように思われ、（また）そんな縁故《えんこ》のあるのをうれし

て、しは《ば》らくいとまを南都の御所へ申《もうし》賜《たまい》て、東国を巡見しけるに、…

［『最須敬重絵詞』第五巻第十七段］

三月ノ比《ころ》、厳親《げんしん》桑門《そうもん》下向《げこう》セサセ給《たまい》ケルニ同道シ給《たまい》、コ、カシコ御遊《ごゆう》歴《りゃく》ノ処々《しょしょ》ニ至《いたり》テ、往事《おうじ》ヲシタフ《ウ》涙ニムセヒ《ビ》、連々《れんれん》御隠居ノ国ヲ見テ、平日ノ化導《けどう》ニモレタルコトヲノミソ《ゾ》今更《いまさら》カナシミ給《たまい》ケル。…

［『慕帰絵』第四巻第二段］

かくて坂東八箇国、奥州・羽《う》州の遠境《えんきょう》にいたるまて《で》、処々《しょしょ》の露（霊）地を巡見して、聖人の勧化のひろくを《お》よひ《び》けることをも、いよ〳〵随喜《ずいき》

く感じられた。そこで、しばらくのいとまを（それまで修学していた）南都の御所へ申し出られて、東国を見て回ったところ…

［『最須敬重絵詞』第五巻第十七段］

三月の頃、父の沙門（覚恵）が、（東国へ）下られる旅に同行され、あちらこちら、めぐり歩かれた各地でもって、過ぎ去った昔に心が引かれて涙にむせび、引き続いて（聖人が）ひそかに住んでおられた国々の（遺跡）を見ては、そこが普段の教化にもれていることばかりを。改めて悲しまれたのであった。

［『慕帰絵』第四巻第二段］

こうして、坂東八ヶ国から、陸奥国《むつのくに》、出羽国《でわのくに》といった遠く離れた土地まで、あちこちの由緒ある場所を見て回り、親鸞聖人の布教が広い範囲に及んでいることを、ますますありがたく思い、また（聖人の）後《あと》を守るそれぞ

し、面々の後弟《こうてい》に拾謁《しゅうえつ》して、相承《そうじょう》の宗致《しゅうち》を誤《あやまり》なきむねなと《ど》たか《が》ひ《い》に談話しける程に、はからさ《ざ》るに、両三年の星霜《せいぞう》をそ《ぞ》送《おくり》ける。…

れの弟子達にかわるがわる面会して、師から受け継がれた教えの最も大切な要《かなめ》について、その間違いのない内容などをお互いに談話しているうちに、思いがけず、二、三年の年月が経《た》ってしまったのであった。…

注　1——覚如上人は広橋中納言兼仲の養子となり勘解由小路中納言法印と号していた。

第四節　大谷居住と浄土諸流の修学

（一）大谷居住

―**史料**『慕帰絵』第四巻―

東国を二年近く巡拝し、親鸞聖人の偉大な人物像を見出した宗昭（覚如上人）は、正応《しょうおう》五年（一二九二年、覚如上人二十三歳）正月に京都へ戻ると、興福寺を離れて大谷廟堂に居住することを決意した。史料『慕帰絵』では師の行寛の死去が主な理由に挙げられているが、「さだめなき世には、いつまでかさすらふ《う》べき」〈**訳文** 定めのない世の中に、いつまでもさすらっていられるだろうか〉という言葉からは、浄土の教えに専念したい気持ちが窺われる。

こうして、宗昭は聖道門を離れ、隠遁して浄土の門に入ったのである。『本願寺留守職相伝系図』には「僧宗昭、…覚恵真弟《しんてい》、今覚如と号す」、『日野一流系図』には「籠居し覚如と改む」とあるが、おそらくこの時、覚如と名乗ったものであろう。

史料『慕帰絵』第四巻第二段

本文

…さて正応《しょうおう》1すゑ《え》のとし、陽春《ようしゅん》なかは《ば》の比《ころ》にや、ふたゝひ《び》華洛《からく》にかへ《え》りて、まつ《ず》このよしを南都に申《もうし》けれは《ば》、門主よろこひ《び》仰《おおせ》られて、いそき《ぎ》帰寺をそ《ぞ》すゝめたまひ《い》ける。しかるに行寛《ぎょうかん》法印入滅のよし、かつ〳〵《がつ》しめされけれは《ば》、多年提撕《ていぜい》2の恩もわすれかた《が》く、浮世変滅《ふせいへんめつ》の悲《かなしみ》もいまさら肝《きも》に銘《めいじ》しけるまゝに、師匠の再会、死生《ししょう》みちへたゝ《だた》りぬれは《ば》、院家《いんげ》の帰参もなにかせん。さた《だ》めなき世には、いつまて《で》かさすらふへ《うべ》きと案せ《ぜ》られつゝ、たちまちに南京《なんきょう》本寺の厳砌《げんせい》3をのか《が》れて、いまよりはひた

訳文

さて正応の末年、正月半ばのころであろうか、再び花の都（京都）に帰って、まず戻ったことを南都（興福寺）に申したところ、一乗院門主覚昭は喜ばれて、急いで寺へ帰るようにお勧めになった。しかし、行寛法印が入滅されたということも合わせて知らされたので、長年親切な指導を受けた恩も容易に忘れられず、この世の中のあらゆるものが変化して無くなってしまう悲しみも、今更《いまさら》ながら肝《きも》に銘じられた状態で、「師匠との再会の道が、死と生とに隔たってしまったので、（興福寺）一乗院へ再び帰って仕えても今さら何になろうか。定めのない世の中に、いつまでもさすらっていられるだろうか」と案じられた。そこでにわかに、南都の本寺（興福寺）の貴い場所を

すらに、東山《ひがしやま》大谷の禅室をのみそ《ぞ》、しめ侍《はべり》ける。──離れて、今からはもっぱら東山大谷の禅室だけを住居としたのである。

注　1──正応元年は西暦一二八八年に相当し、この年号は五年間続く。

2──提撕《ていぜい》の語は、呼び覚まして悟らせるという意味で、行寛法印から受けた指導ののことを、表した語と解せられる。

3──厳砌《げんせい》の語は、興福寺のことを尊い場所として示したものと思われる。

（二）浄土諸流の修学

―**史料**『最須敬重絵詞』第五巻―

実はこの隠遁の背景には、結婚という事実があった。既に覚如上人は関東へ旅立つ前、最初の妻播磨局《はりまのつぼね》と結ばれていたようで、関東巡見の間とみられる二十一歳の年に、長男存覚上人が誕生している。従って覚如上人の大谷廟堂での生活は、家庭生活を営みながら、親鸞聖人の教えを学ぶ毎日であった。

また覚如上人の関心は、親鸞聖人以外の浄土宗の諸流の教えにも向けられた。すなわち西山派、一念義、長楽寺流等である。

覚如上人が西山派の教義を学んだのは阿日房彰空《あにちぼうしょうくう》史料①という僧侶であった。阿日房彰空は、善慧房証空に始まる西山派四流の中でも、証入《しょうにゅう》の東山流《とうざんりゅう》に属していた。またその居住していた安養寺も証入が建立したものと伝えられている。この時代、京都では西山派が力を持っていたが、証入の東山流もこの頃多くの弟子を輩出[1]し栄えていた。そういうわけで覚如上人の教学には、西山派の影響があったと見られている。例えば覚如上人が説き始めた「機法《きほう》一体」は、善慧房証空が初めて用いた用語とされ、おそらく阿日房彰空から学んだ西山派の用語を、親鸞聖人の教義を解釈するのに用いたものであろう。また「平生業成《へいぜいごうじょう》」「宿善《しゅくぜん》」などの用語についても西山派の影響が考えられている。

幸西に始まる一念義[史料②]は、親鸞聖人の時代京都を中心に全国的に盛んであったが、その後度々の弾圧を受けて勢いを失っていった。けれどもこの頃はまだ法然上人の有力な門流の一つに数えられ、京都と阿波国《あわのくに》（徳島県）に勢力を留めていた。覚如上人がこの時写しとったという幸西の著書[史料②]は今日伝わっていないが、残されたわずかな著書や記録からは、「最初の一念だけで現世のこの身のままで往生が定まり、二念以後の念仏は仏恩報謝のための念仏である」と説いていた様子が知られる。このことから松野純孝《じゅんこう》氏[2]（一九一九～二〇一四年）は、覚如上人の説いた「信心正因《しょういん》、称名報恩《ほうおん》」の教義について、親鸞聖人の教えに見られるある傾向を、一念義の思想によって解釈したものではないかと見ている。

覚如上人が幼い時教育を受けていた慈信房澄海は隆寛の長楽寺流に属して[史料③]いた。けれども澄海は覚如上人十一歳の時に没し、上人は長楽寺流の教義を直接耳にする機会を失ってしまった。だがその後上人二十七歳の時、澄海の住んでいた土地が大谷廟堂の一部に加えられ、澄海が伝えていた書物も覚如上人が貰い受けている。したがって、この書物を通して長楽寺流の教義を学んだようである。

更に『最須敬重絵詞』によれば、こうした浄土宗の諸流以外にも、清水坂光明寺の自《じ》性《しょう》房了然《りょうねん》について、三論宗を学んでいたことが伝えられており、『法華遊意《ほっけゆうい》』[3]『浄名遊《じょうみょうゆう》意《い》』『肇論《じょうろん》』[4]『三論玄《さんろんげん》』[5]といった書物の教授を受けていたと言う。

注　1―東山流はその後廃《すた》れ、今日まで伝えられているのは西谷流（京都府長岡京市粟生光明寺、京都東山禅林寺）と深草流（愛知県岡崎市円福寺）の二流のみである。

2―『砂漠の現代を照らす親鸞の開眼』一九七三年発行 三一七頁。松野純孝氏は、元上越教育大学学長、親鸞研究家。

3―中国隋代の三論宗中興の祖・吉蔵（五四九～六二三年）が『法華経』を概説した書物。

4―中国後秦の僧侶・僧肇《そうじょう》（三七四～四一四年）が著わした、龍樹《りゅうじゅ》大乗仏教の教理　学の書物。

5―五九七年頃吉蔵が、龍樹の『中論』・『十二門論』およびその弟子提婆《だいば》の『百論』に基づく三論宗の要義を述べた『三論玄義』と思われる。

史料① 『最須敬重絵詞』第五巻第十九段

本文

一流ノ奥区《おうく》ヲ伝《つたえ》テ自身ノ出要《しゅつよう》ヲアキラメ給《たもう》ウヘ《エ》ハ、広学多聞《こうがくたもん》モサノミハナニ、カハ《ワ》セン。ナレト《ド》モ諸家《しょけ》ノ所談《しょだん》モユカシク、練磨《れんま》ハ学者《がくしゃ》ノアカヌ事ナレハ《バ》トテ、便宜《びんぎ》ノ聞法《もんぽう》ヲハ《バ》ナヲ《オ》ステラレス《ズ》、他門ノ先達《せんだち》ニモ少々謁《えつ》シ給《たまい》ケリ。コレニヨリテ安養寺《あんようじ》ノ阿日房《あにちぼう》上人彰《しょう》空《くう》ニ遇《おう》テ、西山《せいざん》ノ法門ヲハ《バ》聴受《ちょうじゅ》シ給《たもう》。五部ノ講敷《こうふ》[1]ニモタヒ《ビ》〳〵アヒ《イ》、ソノホカ大経・註論・念仏鏡《きょう》ナトノ談《だん》モアリケリ。

訳文

（親鸞聖人）一流の奥深い教えを伝授して、自身の生死《しょうじ》の迷いを離れ出る道を明らかにされた以上は、博《ひろ》く学び多くを聞き知る学問も、それほど甲斐があるものではない。けれども、他の様々な流派が語る教えにもひかれ、また学問をみがくことは、勉学を志す者にとってどこまでも止《や》まない事であるからと言って、方便の聞法をなおも捨てられることなく、他の門流の指導者にも少々お目にかかられたという。そんなわけで、安養寺の阿日房《あにちぼう》上人彰空《しょうくう》に遇《あ》って、西山派の教義を聴き入れられた。すなわち、（善導大師の著作）五部（九巻）の講義もたびたび体験し、そのほか『大無量寿経』や（曇鸞の）『浄土論註』、（道鏡、善導の）[2]『念仏鏡』などの話もあった。

注　1—講敷《こうふ》とは、「説き述べる」という意味。
2—共に唐の僧侶、『念仏鏡』は善導大師の浄土教を継承する内容の著書。

史料②『最須敬重絵詞』第五巻第十九段

本文

…又《また》慈光寺《じこうじ》ノ勝縁《しょうえん》上人ニ対シテ、一念ノ流《りゅう》ヲモ習学《しゅうがく》アリケリ。コレモ凡頓《ぼんどん》一乗・略観《りゃくかん》経《ぎょう》義《ぎ》・略料簡《りゃくりょうけん》・措心偈《そしんげ》・持玄鈔《じげんしょう》ナト《ド》イフ《ウ》幸西《こうさい》上人ノ製作ユルサレニヨリテカキトリ給《たまい》ケリ。

訳文

…慈光寺《じこうじ》ノ勝縁《しょうえん》上人に対して、一念義の流派についても学んだという。これも『凡頓一乗《ぼんどんいちじょう》』『略観経義《りゃくかんぎょうぎ》』『略料簡《りゃくりょうけん》』『措心偈《そしんげ》』『持玄鈔《じげんしょう》』などという幸西《こうさい》上人の著書を、許されて書き取られた。

史料③『最須敬重絵詞』第五巻第二十段

本文

長楽寺《ちょうらくじ》ノ門風《もんふ》ヲハ昔慈信《じしん》上人ニ受《うけ》タマ《モ》フ《ウ》ヘ《ベ》カリシカト《ド》モ、其時《そのとき》ハ

訳文

（覚如上人は）隆寛律師の長楽寺の門流の宗風を、昔慈信上人（澄海）[1]に受けられるはずであったが、その時はま

イマタ《ダ》幼稚《ようち》ノ程ナレハ《バ》、タ《ダ》天台ノ名目《みょうもく》、倶舎《くしゃ》ノ沙汰《さた》ナト《ド》ニテヤミニキ。ソノ真弟《しんてい》禅日房良海《ぜんにちぼうりょうかい》トイヒ《イ》シ人、智徳《ちとく》ノ跡《あと》ヲフムヘ《ベ》キ器用《きよう》ニテモナカリケレハ《バ》、累代《るいだい》ノ遺跡《ゆいせき》モ我《わが》聖人御廟《ごびょう》ノ敷地ノウチトナリシ時、相伝《そうでん》ノ聖教ヲ尊老《そんろう》ヘ附属《ふぞく》シタテマツリケリ。敬日《きょうにち》・慈信《じしん》両碩《せき》徳《とく》ノ鈔物《しょうもつ》・秘書等《ひしょとう》マコトニソノ流ノ重宝《ちょうほう》トミエ、ミナ後代ノ明鏡《みょうきょう》トイヒ《イ》ツヘ《ベ》シ。コレニヨリテカノ流ノ所立《しょりゅう》モ師授《しじゅ》ナシトイヘ《エ》ト《ド》モ、オロ〱領解《りょうげ》シ給《たまい》ケリ。イツ《ズ》レノ義趣《ぎしゅ》ヲ聞テモ、カノ教旨《きょうし》ヲモテアソハ《バ》ントニハアラス《ズ》、タ《ダ》、所伝ノ

だ幼少の時分であったので、ただ天台宗の名目《みょうもく》や、倶舎《くしゃ》論の論議などで終わってしまった。その弟子であり息子である禅日《ぜんにち》房良海といった人も、（澄海の）学識や人格を引き継ぐことのできる才能の持ち主でもなかったので、（澄海の）代々の領地が我《わが》親鸞聖人の御廟の敷地の一部となった時、受け伝えた聖教を尊老（覚如上人）へ伝授申し上げたのであった。中でも敬日《きょうにち》房円海と慈信房澄海の二人の徳の高い僧侶が所有していた書物の抜き書き、秘蔵の書物などは、まことにその門流の大切な宝物と見え、皆確かに後世の鏡とも言うべきものである。これによって、その門流が立てた教義についても、師から教え授かるということはなかったとはいうものの、不充分ながら理解されたのだった。どの門流の教義の内容を聞いても、その教えのおもむきを単に愛好しようとするのではなく、ひとえに、親鸞聖人より伝えられた教えの珠玉を

珠玉《じゅぎょく》ヲミカ《ガ》ヽ《カ》ンカ《ガ》タメナリ。アマタノ宿才《しゅくさい》ニ謁《えつ》シ給《たもう》モ、他ノ相承《そうじょう》ヲナラヘ《べ》ントニハアラス《ズ》、ヒトヘ《エ》ニワカ《ガ》家《いえ》ノ所伝ニ同異《どうい》ヲワキマヘ《エ》ンカ《ガ》タメリ。サレハ《バ》彼《かれ》ヲキ、此ヲキ、テモ、イヨ〱一流ノ気味《きみ》ヲソヘ《エ》義ニツケ文《もん》ニツケテモ、マス〱当祖《とうそ》ノ師承《ししょう》ヲソ《ゾ》タ《ト》フ《ウ》トミ給《たまい》ケル。

磨こうとするためであった。あるいは数多くの才能をそなえた人々にお目にかかられても、他流に受け伝えられた教えを自流に並べようというのではなく、もっぱら我《わが》門流に伝えられたところとの違いを知ろうとするためであった。だから、あれやこれや聞いても、親鸞聖人一流の教えの風味を一層添えるようになり、教義に関しても法文に関しても、増々当流の祖親鸞聖人から受け継いだ教えを尊ばれたのである。

注　1──『法水分流記』では隆寛一門敬日のそのまた弟子とされる。敬日と澄海のことは、鎌倉時代の末、浄土諸流を記した『浄土法門源流章《げんるしょう》』にも記されている。

第五節　最初の著作『報恩講式』

―史料『報恩講式』各段等―

大谷廟堂に居住するようになって間もなく、覚如上人は、折から親鸞聖人の三十三回忌を迎える中で、聖人の徳を顕彰し讃嘆するための文章を作り上げる。これが、正応五年～永仁二年（一二九二～九四年）二十三～五歳の間に完成された、最初の著作『報恩講式』である。

講式《こうしき》とは本来、平安時代の中頃に創り出された儀式の名称であるが、式文と呼ばれる文章を読むことが儀式の中心になっているところから、この式文《しきもん》も講式（講私記）という名で呼ばれるようになった。講式で有名なものとしては、源信（九四二～一〇一七年）が創作に関わったとされる『二十五三昧講式』[1]（後《のち》にこれが簡略化されて『六道講式』と呼ばれるようになる）、南都三論宗の浄土教僧永観《ようかん》（一〇三三～一一一一年）の『往生講式』[2]、栂尾《とがのお》高山寺の明恵《みょうえ》の『涅槃《ねはん》講式』[3]などが挙げられる。

覚如上人が『報恩講式』を作る手本としたのは、法然上人の徳を讃嘆するために弟子の隆寛《りゅうかん》（一一四八～一二二八年）が作った『知恩《ちおん》講式』だと考えられている。覚如上人は、実際に隆寛の長楽寺流の典籍を学んでおり、また本願寺の記録では、蓮如上人の頃まで『知恩講式』が勤められていたことが見える。

『報恩講式』の内容は全三段からなり、各々「真宗興行徳《こうぎょうのとく》（真宗を興した徳）」、「本願相《そう》応徳《おうのとく》（本願に相応して衆生を導いた徳）」、「滅後利益徳《りやくのとく》（亡くなった後まで衆生を利益する徳）」を讃嘆する章とされているが、これも『知恩講式』[4]に習ったものと考えられる。『報恩講式』には、東国で見聞して来た親鸞聖人の教えと徳に対する、覚如上人の深い感動の気持が、純粋に詠われている。

第一段[史料①]では、親鸞聖人が東国で布教されていた頃の様子が生き生きと描き出され、親鸞聖人を「祖師《そし》聖人」[5]、聖人の門流を「他力真宗」と呼び、また「流れを酌《く》んで本源を尋ぬるに、偏《ひとえ》に是れ祖師の徳なり」〈**訳文** 流れを推《お》し量《はか》って、源《みなもと》を尋ねてみると、ひとえに祖師親鸞聖人の徳に由来する」などと綴られている。そこには真宗興行、すなわち「親鸞聖人こそがこの門流を開いた」とする覚如上人の考えが、鮮明に窺われる。

　今日から見ると奇異に思われるかもしれないが、当時の門流の間では、どうやら親鸞聖人の存在よりも法然上人の存在の方が大きかったようである。たとえば、仏光寺系の

『一向専修念仏名帳』の序題には、善導大師や源空（法然）上人の名のみが記され、親鸞聖人の名前は一言も触れられていない。また真宗高田派の中興上人と言われる真慧《しんね》は、浄土真宗という言葉を「浄土宗の中の真の浄土宗」という意味に、理解していたようである。こういった種々の記録から宮崎円遵氏は、「少なくとも、彼等（東国門徒）の意識においては、親鸞聖人は法然上人ほどの比重を占めていなかった面があった」と推測している。このような当時の情勢の中に在って、覚如上人はそうした従来の意識とは異なった「親鸞聖人こそがこの門流の源《みなもと》である」という見方を鮮明に打ち出した。こうした見方が研究者から「親鸞聖人至上主義」「親鸞中心主義」等と呼ばれており、浄土真宗という宗派の意識もここに根ざすと見ることが出来る。『報恩講式』第一段には、こうした見方が最初に打ち出されている。

第二段《史料②》には、親鸞聖人が阿弥陀如来の本願を信ずる道を開いたことによって、末法の時代の深い迷いに沈んだ人々が、初めて救いを得られるようになったいわれが記されている。覚如上人は後に、「信心正因《しょういん》、称名報恩《しょうみょうほうおん》（信心こそが浄土に往生するもとであり、称名念仏は仏《ほとけ》の大悲弘誓《ぐぜい》の恩に報《むく》いるいとなみである）」という教義で、親鸞聖人の教えの根本を表わすようになるが、ここにはこの教義の萌芽《ほうが》が窺える。

第三段[史料③]には、東国の門弟達が毎年京都の大谷廟堂へ参詣する姿が描かれている。勿論幼い頃から覚如上人は、大谷廟堂へ参詣する東国の門弟達の姿を日常に目にしていたに違いない。けれども東国巡見の後、その見慣れていた姿がまったく違った新鮮なものに映ったのであろう。「廟堂に跪《ひざまず》きて涙をのごひ《い》、遺骨を拝して腸《はらわた》を断《た》つ」〈**訳文** 廟堂にひざまずいて涙をぬぐい、遺骨を拝んで激しい悲しみに心が張り裂《さ》けんばかりである〉という表現には、「門弟達が聖人を慕う大谷廟堂こそが、他力真宗の中心地でなければならない」という、考えが暗示されている。最後に、覚如上人の感動に満ちた筆は更に高じて、「聖人はただ人でいらっしゃらない。仏《ほとけ》の化身《けしん》であり生まれ変わりである」、あるいは「曇鸞《どんらん》和尚《かしょう》の生まれ変わりとも言われている」と表現するまでに至っている。『報恩講式』は、親鸞聖人の三十三回忌の法要に用いられたものと推測されているが、その後も『慕帰絵』[8]にある通り、毎月の命日[史料④]に用いることが習慣となり、今日浄土真宗最大の年中行事である報恩講の基となった。

『報恩講式』の素晴らしい文章は、覚如上人の名声を高め、東国の道場でもこれが用いられるようになった。今日真宗高田派本山専修寺や仏光寺等でも『報恩講式』は用いられているが、それぞれ自派の作であるとしているようである。

注

1――寛和二年（九八六）源信僧都が始めた二十五三昧会という念仏結社の儀式。最初に『阿弥陀経』を読経し、地獄・餓鬼・畜生・修羅・人・天の六道の受苦の式文を読んでは、一段ごとに百八遍の称名念仏を称えたという。

2――弥陀如来の銅像の前で往生を期す講式。

3――釈迦入滅の様子を説いた講式

4――近年東寺宝菩提院より弟子の信阿弥陀仏が安貞二年（一二二八）に写した『知恩講式』が発見され、「諸宗通達の徳」「本願興行の徳」「専修正行の徳」「決定往生の徳」「滅後利物の徳」の全五段からなることが判明している。

5――法然上人のことは「元祖黒谷の聖人」と呼ぶ。

6――宮崎円遵著『本願寺聖人親鸞伝絵私記』昭和五十八年（一九八三）七月刊

7――重松明久著『覚如』昭和三十九年（一九六四）

8――『慕帰絵』第五巻。「遷化の日は月々の例事として、いまもかならず一座を儲《もうけ》三段を演《のぶ》るものなり」とある。

史料①『報恩講式』第一段（後半）

本文

…茲《ここに》祖《そ》師《し》、為《ために》レ弘《ひろめんが》二西土《さいどの》之教文《きょうもんを》一、遥《はるかに》跂《くわだてたまう》二東関《とうかんの》之斗藪《とそうを》一。暫《しばらく》逗《とう》二留《りゅうし》常州《じょうしゅう》筑波《つくば》山《やまの》北《きたの》辺《ほとりに》一、対《たいして》二貴《き》賤《せん》上下《に》一示《しめす》二末世《まっせ》相応《そうおうの》之要《よう》法《ほうを》一。初《はじめになす》成二疑謗《ぎほうを》一之輩《ともがら》、如《ごとくなりしかども》二瓦礫荊棘《がりゃくきょうこくの》一、遂《ついに》令《しむるの》二改悔《かいけせ》一族《やから》同《おなじ》二稲《とう》麻《ま》竹《ちく》葦《いに》一。皆《みなひるがえして》翻二邪見《じゃけんを》一悉《ことごとく》受《うけ》二正信《しょうしんを》一、共《ともにやめて》止二偏執《へんじゅうを》一還《かえりてなる》為二弟子《と》一。凡《おおよそ》受《うくる》レ訓《おしえを》之徒《と》衆《しゅ》余《あまり》二当国《とうごくに》一、結《むすぶ》レ縁《えんを》之親《しん》疎《そ》満《みてり》二諸《しょ》邦《ほうに》一。雖《いえども》二謗法《ほうぼう》

訳文

…この時祖師《そし》親鸞聖人は、西方極楽浄土の教えを説いた文《もん》を弘めようとするために、遥かに関東の人々の煩悩を振り払う道を思い立たれた。しばらく常陸国《ひたちのくに》は筑波山《つくばさん》の北の辺《あた》りに留まって、貴い者賤しい者、身分の高い者低い者すべてに対して、末法の世にふさわしい大切な教えを示した。初めのうちは、教えを疑い謗《そし》る連中が、瓦[1]や小石、いばら、からたちのように、数多かったが、最後には、過《あやま》ちを悔い改めさせた人々が稲[2]や麻《あさ》、竹、葦《あし》と同じように沢山であった。皆誤った考えを一転させて、ことごとく正しい信心を受け、共に片寄った自分の見解に執着することをやめて、反対に弟子となったのである。およそ聖人に教えを受けた門下の者達は常陸国《ひたちのくに》にあふれ、聖人と縁を結んだ人は、親しい人遠い人取り混ぜて、諸国に満ちている。仏法を謗《そし》るもの、また生まれつき仏《ほとけ》

闡《せん》提《だい》之《の》輩《ともがらなりと》一、聞《きく》二彼教《かのきょう》化《けを》一者《もの》、覚《かく》悟《ご》花《はな》鮮《あざやかに》。雖《いえども》二愚《ぐ》癡《ち》放《ほう》逸《いつ》之《の》類《たぐいなりと》一得《うる》二其《その》諷《ふ》諫《かんを》一者《もの》惑《わく》障《しょう》雲《くも》霽《はる》。喩《たとえば》如《ごとし》二木《ぼく》石《せきの》待《まちて》レ縁《えんを》生《しょうじ》レ火《ひを》、瓦《が》礫《りゃくの》磨《すりて》レ釧《せんを》為《なすが》一レ珠《たまを》。甚《じん》深《じんの》行《ぎょう》願《がん》不《ふ》可《か》思《し》議《ぎなる》者《もの》歟《か》。方今《まさにいま》、念仏修行之《の》要義雖《いえども》レ區《まちまちなりと》、他力真宗興《のこう》行《ぎょうは》即《すなわち》起《おこり》レ従《より》二今師之《の》知識一、専《せん》修《じゅ》正《しょう》業《ぎょうの》繁《はん》昌《じょうは》亦《また》、成《じょうず》レ自《より》二遺《ゆい》弟《ていの》念《ねん》力《りき》一。酌《くんで》レ流《ながれを》尋《たずぬるに》二本源《を》一、是《これ》祖師《の》徳《なり》也。須《すべからく》下称《しょうして》二仏号《ぶつごうを》一報《ほうず》中師《し》恩《べし おんを》上。頌曰《じゅにいわく》。

になる可能性を持たない者であっても、その教化を聞けば、浄土の悟《さと》りの花が鮮やかに開き、愚かで勝手気ままに振る舞う人々であっても、聖人のそれとない遠回しな諫《いさ》めを得ると、煩悩の障《さわ》りの雲が晴れるのである。例えば、木や石が擦《す》り合わせるという縁によって火を生じ、石や瓦がやすりで擦《す》れば玉となるようなものである。深遠な行《ぎょう》や願《がん》の何と不思議なことであろう。まさに今、（法然上人が説く）念仏を行《ぎょう》ずる教えの大切な筋道がまちまちだとはいうものの、その中に在って他力真宗が盛んなのは、とりもなおさず（正しい教えを伝えている）我が師親鸞聖人の知識によるのであり、その後、称名念仏の正行《しょうぎょう》をひたすら修める教えが繁昌しているのは、遺《のこ》された弟子達の憶念《おくねん》の力に成るのである。けれども、流れを推《お》し量《はか》って源《みなもと》を尋ねてみると、ひとえに祖師（親鸞聖人）の徳に由来する。当然、阿弥陀如来の名号を称えて、師の恩に報いるべきである。以上、仏の徳を讃えた偈文として言うものである。

注　1―ごつごつしたものやとげとげしいものによって、疎略な様子を暗喩している。
　　2―真っ直ぐに伸びる植物の茎によって、素直な様子を暗喩している。

史料②『報恩講式』第二段（一部）

本文

…而《しかるに》祖師《そし》聖人、至心《ししん》信楽《しんぎょう》忘《わすれて》レ己《おのれを》速《すみやかに》帰《きし》二無行不《むぎょうふ》成《じょうの》之願海《がんかいに》一憶念《おくねん》称名《しょうみょう》有《ありて》レ精《いさみ》鎮《とこしなえに》関《あずかる》二不断無《ふだんむ》辺《へんの》之光益《こうやくに》一。身《みに》彰《あらわし》二厥《その》証理《しょうりを》一、人看《みること》二彼《かの》奇《き》特《どくを》一不《ず》レ可《べから》二勝計《しょうげす》一。如之《しかのみならず》、対《たいして》二来問《らいもんの》之貴《き》賤《せんに》一専《もっぱら》示《しめし》二他力易《い》往《おうの》之要路《ようろを》一、誘《こしらえて》二面謁《めんえつの》之道俗《どうぞくを》一偏《ひとえに》

訳文

…ところが祖師（親鸞）聖人は、疑いない喜びに満ちた真実の信心により自力を離れて、あらゆる行《ぎょう》を成就させてくれる、阿弥陀如来の本願の広大な世界に帰依《きえ》し、常に本願を思う余り感謝の称名念仏を忘れず、不断《ふだん》（絶えず）無辺《むへん》に（限りなく）光の中に執《おさ》め取ってくださるご利益《りやく》に永久に預《あず》かられた。お体からはその仏法の真理を表わされ、人々が聖人の不思議なお姿を拝見した話は枚挙《まいきょ》にいとまがない。そればかりか、訪ねて来たあらゆる身分の人達に対しては、もっぱら、本願他力の誰もがたやすく往生のできる大切な教えの道を示され、お目にかかった僧侶や俗人を導いては、一筋に、善人悪人にかかわらず凡夫が往生

明《あかす》二善悪凡夫之《ぜんあくぼんぶの》生因《しょういんを》一。…又《また》恒《つねに》語《かたりて》二門徒《に》一曰《のたまわく》。信謗《しんぼう》共《ともに》為《なりて》レ因《いんと》、同《おなじく》成《じょうずと》二往生浄土《の》縁《を》一。誠哉《まことなるかな》、斯《この》言《ごん》、疑《うたごう》者《ものも》必《かならず》執《とり》レ信《しんを》、謗《そしる》者《ものも》遂《ついに》翻《ひるがえす》レ情《じょうを》。実《まことに》是《これ》仏《ぶっ》意相応之《ちそうおうの》化導《けどう》、抑又《そもそもまた》勝《しょう》利広大之《りこうだいの》知識也《なり》。悪時《あくじ》悪世界之《の》今《いま》、常没常流転之《じょうもつじょうるてんの》族《やから》、若不《もしずんば》レ受《うけたてまつら》二聖人勧《のかん》化《けを》一、争《いかでか》悟《さとらん》二無上大利《むじょうのだいりを》一。…

することのできる因《もと》を明らかに説かれた。…また常《つね》日《ひ》頃《ごろ》門徒の人達にこう語ったという。「信ずる心も謗《そし》る心もどちらもそれが因《もと》になって、同じように浄土に生まれる縁《えん》が出来上がるのである」と。このお言葉の何と真実な事であろう。疑う者も必ず信心を得《え》、謗る者も最後にはその気持を改めるのである。このことはまことに、仏の心にふさわしいお導きで、また何とも広大ですぐれた徳をそなえた知識（教えを導く指導者）であられることである。末法の悪い時代の濁《にご》り汚《けが》れた悪い今の世の中に生き、迷いの世界に常に沈みその中を経《へ》めぐる人々にとって、もしもこの親鸞聖人のお導きを受けることがなかったならば、どうしてこの上ない心の利益《りやく》を得ることができたであろうか。…

史料③『報恩講式』第三段（後半）

本文

…重《おもんずる》二彼《かの》遺《ゆい》恩《おんを》一門《もん》葉《よう》、軽《かろくする》二其身命《そのしんみょうを》一後昆《こうこん》、不《ず》レ論《ろんぜ》二毎年《を》一不《ず》レ遠《とおしとせ》二遼絶《りょうぜつを》一、凌《しのぎて》二境関千里雲《きょうかんせんりのくもを》一自《より》二奥州《おうしゅう》一運《はこび》レ歩《あゆみを》、送《おくりて》二隴道《りょうどう》万程《ばんていの》日《を》一従《より》二諸国《しょこく》一群詣《ぐんけいす》。跪《ひざまずきて》二廟堂《に》一拭《のごい》レ涙《なみだを》、拝《はいして》二遺《い》骨《こつを》一断《たつ》レ腸《はらわたを》。入滅年雖《としいえども》レ遥《はるかなりと》、往詣《おうげい》挙《こぞりて》未《いまだ》《ず》レ絶《たえ》。哀《あわれなる》哉《かなや》。恩《おん》顔《がんは》雖《いえども》レ化《けしたもう》二寂《じゃく》滅《めつの》之煙《けぶりに》一、留《とどめたもう》二真影《しんねいを》眼前《がんぜんに》一。悲《かなしき》哉《かなや》、徳音《とくいんは》雖《いえども》レ隔《へだたると》二無常《の》

訳文

…その遺《のこ》された恩を大切に思う門末の人々や、命を軽しとする後世の門徒の人達は、毎年であっても問題とせず、遥《はる》かに隔たっていても遠いとは思わずに、国境の関所や千里の雲を乗り越えて、奥州より足を運び、険《けわ》しい坂道と万日に及ぶ道中を経《へ》て、諸国より群がり参詣する。廟堂にひざまずいて涙をぬぐい、遺骨を拝《おが》んで激しい悲しみに心が張り裂けんばかりである。入滅されてから、年が遠く隔たってしまっているけれども、参詣する者が大勢集まって、いまだ絶えることが無い。あわれなことよ。慈愛に満ちたお顔は、入滅されて煙に変ってしまわれたけれども、御真影《しんねい》（お姿をそのまま写した木像）を目の前に残しておられる。悲しいことよ。そのよいお言葉は、花を吹き散らす風のように、人の命を奪い去る無常によって隔てられているけれども、真実の言葉を弟子達の耳の底に残している。撰述して

之風《に》一、貽《のこす》二実語《じつごを》於耳底《みみのそこに》一。所《ところの》二撰《えらび》置《おきたもう》一書籍《しょじゃく》、万《ばん》人披《じんひらきて》レ之多入《これをおおくいり》二西方《さいほう》之《の》真《しん》門《もんに》一、所《ところの》二弘通《ぐづうしたもう》一教《きょう》行《ぎょう》、遺弟勧《ゆいていすすめて》レ之広利《これをひろくりす》二片《へん》域《いきの》之群萌《ぐんもうを》一。凡厥《おおよそその》一流《の》繁昌殆超《はんじょうはほとんどちょう》二過《かせり》于在世《に》一。倩案《つらつらあんじ》二平生《へいぜいの》之化導《けどうを》一閑《しずかに》憶《おもうに》二当時之《の》得益《とくやくを》一、祖師聖人匪《はましまさず》二直也人《ただびとに》一、則《すなわち》是《これ》権化《ごんけの》之再誕《さいたん》也《なり》。已《すでに》称《しょうし》二弥陀如来応現《のおうげんと》一、亦《また》号《ごうす》二曇鸞《どんらん》和《か》尚《しょうの》後《ご》身《しんとも》一、皆是夢中《みなこれゆめのうちに》得《え》レ告、幻前《つげをまぼろしのまえに》視《みし》レ瑞《ずいを》故《ゆえ》也《なり》。況《いわんや》自《みずから》名《なのりて》

残された書籍は、あらゆる人がこれを聞いて、その多くが西方極楽浄土の真実の教えの門に入っている。聖人が弘められたその教えと行とは、残された弟子達がこれを勧めて、インド・中国から見ると、片隅《かたすみ》の日本の群がる生きとし生ける人々に広く利益《りやく》を施している。およそ、その一流が繁昌《はんじょう》していることは、聖人が世に居られた頃を越えている。つくづく聖人の常日頃《つねひごろ》の教化《きょうか》のことに考えめぐらし、静かにその当時の人々が心に利《り》益《やく》を得たことに、あれこれ思いをはしてみると、祖師（親鸞）聖人は普通の人ではいらしゃらない。とりもなおさず、仏《ほとけ》の化身《けしん》であり生まれ変わりである。現に、弥陀如来が衆生の素質に応じて姿を現わした方《かた》だと言われ、または、曇鸞和尚《どんらんかしょう》の生まれ変わりとも言われている。というのも、これは皆、夢の中にお告げを受け、幻《まぼろし》の前に目出たい前兆《ぜんちょう》を見たからである。その上、みずから名乗って親鸞とおっしゃるのであるから、曇鸞が姿を変えてこの世に現われた方だと推《お》し量《はか》るのである。…

曰《のたもう》二親鸞《と》一、測知《はかりしりぬ》、曇鸞《どんらんの》化現《けげんなりということを》也。…

史料④『報恩講式』の式次第（羽塚堅子《はづかけんし》著『声明考』昭和四年より）

※これは、覚如上人の『報恩講式』の次第で今日のものとは異なる。

本文

先　総　礼

次　伽　陀　稽首天人（登高座）

次　三　礼

次如来唄

次　表　白　第一段

次　伽　陀　若非釈迦（一ノ一）

次　念　仏

次　伽　陀　何期今日（一ノ二）

次　回　向

次　　式　第二段

次　伽　陀　世尊説法（二ノ一）

次　念　仏

次　伽　陀　万行之中（二ノ二）

次　回　向

次　式　第三段

次　伽　陀　身心毛孔（三　）

次　念　仏

次　伽　陀　直入弥陀（下高座）

次別回向

次六種回向等

第六節　『親鸞聖人伝絵《でんね》（御伝鈔）』の製作

（一）製作の背景

―史料『親鸞聖人伝絵（康永本）』の構成―

覚如上人は、『報恩講式』に綴った内容を更に進めて、親鸞聖人の伝記絵巻に仕立てた。これが『親鸞聖人伝絵《でんね》』である。覚如上人二十六歳の、永仁三年（一二九五年）十月十二日に初稿本[1]が完成されている。製作の理由について上人自身は、知恩報徳《ちおんほうとく》の（親鸞聖人の恩を知り徳に報いる）ためと述べ[2]ているが、実際にはそれ以上の意図を抱いていたと思われる。すでに覚如上人は『報恩講式』によって、関東巡拝で見出した親鸞聖人を深い感動の気持で讃嘆したが、『親鸞聖人伝絵』はそれを更に一歩進めて、聖人の生涯全般を、関東で見聞きして来た多くの伝承を基《もと》に克明にまとめ上げ、その偉大な存在を門流の内外に渡って顕彰しようと[史料]したものと言えよう。

その当時親鸞聖人の名は、今日からは考えられないほど知られていなかったようである。正嘉元年（一二五七年）愚勧住信[3]が常陸国《ひたちのくに》（茨城県）で著わした仏教説話集『私聚百《しじゅうひゃく》因縁集《いんねんしゅう》』には、法然上人の門下として、幸西《こうさい》（一念義元祖）、聖光《しょうこう》（聖光房弁長、鎮西派元祖）、隆寛《りゅうかん》（長楽寺多念義元祖）、証空《しょうくう》（善慧《ぜんね》房、西山派元祖）、長西《ちょうさい》（覚明房、九品寺諸行本願義元祖）の五人が上足（すぐれた弟子）として挙げられているが、常陸国に多くの門弟を有する親鸞聖人は取上げられていない。また、『立正安国論《りっしょうあんこくろん》』などの著書で、法然上人に対して激しい非難を浴びせた日蓮も、正元《しょうげん》元年（一二五九年）の『一代五時図』に、法然上人の弟子として隆観《りゅうかん》（寛）、証空《しょうくう》、聖光《しょうこう》、一条覚明《かくみょう》（長西）、幸西《こうさい》、行空《ぎょうくう》の六人を挙げているが、親鸞聖人の名は全く見られない。

松野純孝氏（一九一九～二〇一四年）の研究[4]では、南北朝時代も末になってようやく、九条前《さきの》関白忠基が摂政《せっしょう》二条良基に送った手紙（嘉慶二年、一三八八年）の中で、「善信は一宗の鼻祖《びそ》（始祖）、文永之《の》度《たび》勅許顕然《ちょっきょけんぜん》たるものなり」、すなわち親鸞聖人は真宗の創始者で、文永九年（一二七二年）の大谷廟堂創立は勅許を蒙《こうむ》って行われたものだと信じられるまでになっている。また、山田文昭氏[5]（一八七七～一九三三年）によって発見された最古の法然上人門下の系図『法水分流記《ほうすいぶんりゅうき》』[6]（永和四年、一三七八年）にも、法然上人の六三五人の門末（鎮西派一二四人、西山派一九六人、九品寺義一八八人、一念義三三人、長楽寺多念義三六人他）の中に大谷門徒十九人が見出される。けれどもその内訳を見ると、親鸞聖人と如信・覚英（恵）・覚如という本願寺門流六人の外は、真仏・源海・了源の仏光寺派門徒六人、性信・愚咄《ぐとつ》・聖光の瓜生津《うりゅうづ》・秋野河門徒六人のみで、東国の数千と言われる門徒については全く触れられていない。このような状況の中で、何とか親鸞聖人の存在を浄土宗の諸門流から他宗派の僧侶達、朝廷の公家の間にまで顕彰しようとして製作されたものと見られる。

絵巻物は平安時代から鎌倉時代にかけて様々な種類のものが作られているが、高僧の伝記に絵巻物が広く用いられるようになるのは、鎌倉時代も末に入ってからのようである。この時期になると、法然上人、一遍上人を始めとする高僧の絵伝が盛んに作られるようになってくるが、『親鸞聖人伝絵』はその先駆けとも言えるもので、覚如上人の時代を先取りする進取な精神が感じられる。けれども『親鸞聖人伝絵』にも手本となった絵巻物があった。嘉禎三年（一二三七年）に製作された法然上人の絵伝『法然上人伝法絵《でんぽうえ》（本朝祖師伝記絵詞）』である。浄土宗の一流であった嵯峨《さが》門徒の手になるものであるが、覚如上人は多分にこれを意識していたものと推定されている。

『親鸞聖人伝絵』初稿本の絵の部分を描いたのは、康永本奥書に「画工法眼浄賀《ほうげんじょうが》、号《ごうす》二康楽寺《と》一」とある通り、康楽寺浄賀という絵師である。この康楽寺については、従来親鸞聖人の門流である信濃国西仏《しなののくにさいぶつ》が開いた寺と見られて来たが、昭和十九年（一九四四）に司田純道氏[7]が京都の東山神楽《こうらく》岡に室町時代まで在った寺ではないかとの説を出し、今日ではこれがほぼ定説とされている。

覚如上人はその後も、再治、重訂と、『親鸞聖人伝絵』に対して生涯に渡って手を加えており、今日まで覚如上人の真筆本と見られるものが三種類[8]伝えられている。このうち最も古いものが初稿本と同じ永仁三年（一二九五）の十二月十三日に作られた改訂本で全十三段からなり、『善信聖人親鸞伝絵』という題名が付けられている。また高田派本山専修寺に伝えられているところから高田本と称されている。次に古いのが京都西本願寺に所蔵される『善信聖人絵（琳阿本）』で、全十四段[9]から構成されている。元々これは初稿本の題名だったと考えられるが、「琳阿本」自体は初稿本を基にしつつも「高田本」より後に作[10]られたと見られている。そして現在東西本願寺で広く用いられているのが全十五段[11]からなる『本願寺聖人伝絵』である。覚如上人が康永二年（一三四三）七十四歳の年に重訂したところから「康永本」と称され、京都大谷派東本願寺に所蔵されている。

この他に、覚如上人の直筆ではないものの、覚如上人の手によって改訂された二つの『親鸞聖人伝絵』がある。一つは覚如上人七十七歳の年に作られた「弘願本《ぐがんぼん》」[12]と呼ばれるもので、正式名称を『本願寺聖人親鸞伝絵』と言う。その絵の内容から、「康永本」よりも前に作られた本の系統を引いていると言われている。今一つは「康永本」の翌年作られた「照願寺本」で、千葉県いすみ市大原の照願寺（本願寺派）に伝えられている。正式名称は『本願寺親鸞聖人伝絵』と言う。

南北朝時代に入って『伝絵』は掛軸式の「絵伝《えでん》」として用いられるようになり、詞書《ことばがき》は冊子《さっし》に作られてやがて拝読されるようになった。記録によると[13]、蓮如上人の時代には毎年報恩講に詞書を拝読することが恒例となっていたようである。この時代には、『御伝』[14]とよばれていたが、近世に入り『御伝鈔』という名が定着するようになり、真宗門徒の間に広く親しまれていった。

『親鸞聖人伝絵』は、このように親鸞聖人という偉大な存在を門流内外に顕彰しようとして製作されたものと考えられるが、具体的にどのような方法で顕彰しようとされたかを以下に見てゆこう。

注　1――初稿本は、建武三年（一三三六）の大谷御影堂焼失の際に失われたと見られている。

2――『親鸞聖人伝絵』奥書

3―浄土門の談義僧ではないかと言われる。

4―『真宗史概説』（一九六三年発行）九一頁。松野純孝氏は、元上越教育大学学長、親鸞研究家。

5―山田文昭氏は、元大谷大学教授、近代的真宗史研究の草分けとして知られる。

6―西山派深草流静見了日撰。「ほっすいぶんるき」とも呼ばれる。

7―「康楽寺流の画家に就いて」（『日本仏教史学』第二巻第四号 一九四四年所収）

8―いずれも国の重要文化財に指定。

9―「入西鑑察」の段が加わる。

10―平松令三氏の詳細な研究により判明した。

11―「蓮位夢想」の段が加わる。

12―大谷派本願寺蔵　全十五段

13―『空善聞書』八六に、「御開山ノ御伝ヲ上人ノ御マヘ《え》ニテ、上様アソハサレテ」とある。これに基づき宮崎円遵氏は、『本願寺聖人親鸞伝絵私記』（一九八三年七月刊）に、毎年の報恩講で『御伝鈔』を拝読することについて、「少なくとも蓮如上人の時代には恒例であったようである」と記している。

14―宮崎円遵氏は『本願寺聖人親鸞伝絵私記』で、『空善聞書』『天文日記』『私心記』等で、本書を『御伝』と称していると記している。

史料　『親鸞聖人伝絵（康永本）』の構成

段数	通称	内容
上巻　第一段	出家学道段	親鸞聖人の家系および出家と比叡山での修行。
〃　第二段	吉水入室段	京都東山吉水の法然上人門下に加わる。
〃　第三段	六角夢想段	京都六角堂での夢告。またそれに関連して、聖徳太子・法然上人について聖人が述べた言葉を紹介。
〃　第四段	蓮位夢想段	蓮位房の見た、聖徳太子が聖人を阿弥陀如来の化身と仰ぐ夢。
〃　第五段	選択相伝段	法然上人からの特別な許しで、親鸞聖人が『選択集』を書写し御真影を描く。
〃　第六段	信行両座段	親鸞聖人の発案で、法然上人が弟子たちに信不退と行不退の座を選ばせる話。
〃　第七段	信心諍論段	親鸞聖人が他の弟子達と、師と自分の信心との同異を論争する話。
〃　第八段	入西鑑察段	弟子の入西房が親鸞聖人の真影を希望したことから呼ばれた定禅《じょうぜん》という仏師が、聖人の姿を見るや、前夜に夢で見た

		善光寺如来の化身の僧侶と瓜二つだと驚き、夢に従ってお顔だけを描いたという話。
下巻　第一段	越後流罪段	南都北嶺の学僧達が、聖道門が廃《すた》れたのは法然上人のせいだと主張したことから始まって、弟子の住蓮・安楽が後鳥羽上皇の寵愛する女房を勝手に出家させてしまうという事件が生じる。その結果住蓮・安楽以下四名の弟子が死罪、法然上人と親鸞聖人以下七名の弟子が流罪に処せられる。
〃　第二段	稲田興法段	流罪が解かれた聖人が、越後から常陸国《ひたちのくに》笠間郡稲田郷に移って専修《せんじゅ》念仏の教えを説くようになる。
〃　第三段	山伏済度段	稲田で教えを説く親鸞聖人をねたんだ山伏が、聖人を襲おうとして反対に弟子となってしまう出来事。
〃　第四段	箱根霊告段	関東を離れて京都に帰る途中箱根の山に立寄った聖人を、箱根権現の神が敬ったという話。
〃　第五段	熊野霊告段	京都へ帰った聖人の許《もと》を、関東の弟子・大部《おおぶ》の平太郎が訪れて、領主から命じられた熊野詣《もうで》のやり方を尋ねた上に、それに従って決められた作法を守らずに念仏だけを称えて詣でたという話。

〃 第六段	洛陽遷化段	九十歳で往生を迎えた聖人を、身内と弟子達との手で火葬にする場面。
〃 第七段	廟堂創立段	聖人の没後十年目、東山大谷に廟堂が創られ、一門の弟子達が挙《こぞ》って参詣する。

（二）格調高い漢語表現

—**史料**『親鸞聖人伝絵（康永本）』「出家学道」、「信行両座」、「熊野霊告」—

当時の都の朝廷や寺院では、家柄や身分が重んじられており、親鸞聖人の門流のように東国の武士や農民を担い手とする教団は、まともに相手にされない向きがあり、『存覚《ぞんかく》一期記《いちごき》』嘉元《かげん》元年（一二〇三）の条にも、「彼上人門徒《かのしょうにんのもんとは》、一向在家下劣輩也《ざいけげれつのやからなり》」〈**訳文** 彼《か》の親鸞上人（聖人）の門徒は、すべて在家の卑《いや》しい連中である〉という六条有房の言が記されている。そこで覚如上人は、聖人を何とか公家や僧侶の間でも認められるような高僧の一人として描き出そうと、極めて格調の高い漢語《史料①②③》を駆使《くし》して聖人の伝記を綴った。

これには、幼い頃に慈信房澄海より学んだ漢詩や和歌、興福寺等で学んだ仏典の豊富な知識が大いに生かされたものと考えられる。

史料①『親鸞聖人伝絵（康永本）』上巻第一段「出家学道」

本文

…朝廷に仕《つかえ》て霜雪《そうせつ》をも戴《いただ》き、[1]射山《やさん》に[2]趍《わしり》て栄花《えいが》をも発《ひら》くへ《べ》かりし人なれと《ど》も…

訳文

…朝廷に仕《つか》えて白髪になる年まで立派に役職を勤め、あるいは院の御所に仕え、高い位を得て、花が開くように栄えるはずの人であった。けれども、…

注　1―「霜雪をも戴き」は、髪《かみ》の毛や鬚《ひげ》が白くなるのを霜や雪に例えた言葉と思われる。そういう年まで立派に官職を勤めることを言うのであろう。

2―「射山《やさん》」は、藐《は》姑《こ》射山《やさん》の略で、不老不死の仙人が住むという伝説上の山のこと。上皇の住む院の御所を祝ってそう呼んだもの。

史料②『親鸞聖人伝絵（康永本）』上巻第六段「信行両座」

本文

…紫禁青宮《しきんせいきゅう》[1]の政《まつりごと》を重《おもく》する砌《みぎり》にも、先黄金樹林《まずおうごんじゅりん》の蕚《はなぶさ》にこゝろをかけ、三塊九棘《さんかいきゅうきょく》[2]の道を正《ただしく》する家にも、直《ただち》に四十八願の月をもてあそふ《ぶ》。しかのみならす《ず》、戎狄《じゅてき》[3]の輩《ともがら》、黎民《れいみん》の類《たぐい》、これをあふ《う》き《ぎ》、これをたふ《とう》とひ《び》す《ず》といふ《う》事なし。貴賤《きせん》轅《ながえ》[4]をめく《ぐ》らし門前市をなす。

訳文

天皇や皇太子が政治を慎重に行う際にも、まず極楽浄土の黄金《おうごん》の樹林に咲き開く華《はな》に心を寄せ、大臣や公卿《くぎょう》という政治を行い道を正しくする家でも、他のことを差し置いて、円満な月に例えられる阿弥陀如来の四十八願を愛好した。そればかりでなく、戎《えびす》と呼ばれる荒々しい武士の連中や一般庶民の人達でさえも、この教えを敬い尊《とうと》ばないことはなかった。身分の貴《とうと》い者も賤《いや》しい者も、車の轅《ながえ》で（法然聖人の禅房が）ぐるりと囲まれる程に集まって来て、門前が市をなすようであった。

注　1―「紫禁青宮《しきんせいきゅう》」は、天皇の御所と皇太子の居所。

2―「三塊九棘《さんかいきゅうきょく》」は、中国古代の三公九卿《さんこうきゅうけい》、すなわち最高の官僚である三人の大臣と九つの官庁の長官を言う言葉で、日本では、朝廷の大臣や公卿《くぎょう》を言う。

3―「戎狄《じゅてき》」は、中国で辺境の異民族を言う言葉で、それを日本の武士に当てはめたもの。

4―轅《ながえ》は、力車・輿・牛車等を、引いたり担いだりするための二本の長い棒のこと。当時の乗り物を象徴していたことから、この表現が用いられたのであろう。

史料③『親鸞聖人伝絵（康永本）』下巻第五段「熊野霊告」

本文

…長安洛陽《ちょうあんらくよう》の栖《すみか》も、跡《あと》をとゞむるに嬾《ものうし》とて、扶風馮《ふふうふ》翊《よく》ところ〳〵《どころ》に移住したまひ《い》き。…

注　1―長安の西約百キロメートルの都市
2―長安の東北約百キロメートルの都市

訳文

中国の長安・洛陽に例えられるにぎやかな都の住まいも、昔の思い出の跡《あと》が残っているので、なんとなくつらいと言われて、長安の都の西の郊外扶風《ふふう》[1]や東の郊外馮翊《ひょうよく》[2]にも例えられる京の左京や右京の地のあちこちに移り住んでおられた。…

（三）法然上人の正統を伝えた高弟
―史料『親鸞聖人伝絵（康永本）』「信心諍論」―

『親鸞聖人伝絵（康永本）』のうち、「吉水入室（上巻第二段）」、「選択相伝（上巻第五段）」、「信行両座（上巻第六段）」、「信心諍論《じょうろん》（上巻第七段）」史料、「越後流罪（下巻第一段）」および「六角夢想（上巻第三段）」の後半の部分の六段は、いずれも親鸞聖人が法然上人の正しい教えを伝えた高弟であることを闡明《せんめい》する内容である。これが後に加えられる「蓮位夢想（上巻第四段）」と「入西鑑察（上巻第八段）」を除いた初稿本全十三段のおよそ半ばを占めており、覚如上人がいかにこの意義を配慮して『親鸞聖人伝絵』を記したかが知られる。

それに関して、近代の親鸞伝の草分けと言われる中沢見明氏[1]（一八八五～一九四六年）の『史上の親鸞』では、「『親鸞伝絵』が、史伝としては、余り調査せられた形跡がなく、全く出鱈目《でたらめ》なもの」とされ、特に「信行両座（上巻第六段）」、「信心諍論《じょうろん》（上巻第七段）」を「全く『親鸞伝絵』の仮作《かさく》物語」と記されている。けれどもその後、日下無倫《くさかむりん》氏[2]を始めとする研究により、「信行両座」は、法然上人の門弟が一念・多念の両派に分かれて席を同じくしなくなったという風習から生まれた伝説に、「信心諍論《じょうろん》」の話は『歎異抄』の聖人ご自身が語られたという話に、それぞれ基づいていることが明らかになって来ている。

注　1―三重県四日市市山田町暁覚寺（本願寺派）住職。独学で真宗史を学び、その研究が辻善之助氏（東京大学史料編纂所初代所長）に見出されて、近代における親鸞伝の草分けと称されている。主著として『史上之親鸞』（一九二二年発行）・『真宗源流史論』（一九五一年発行）がある。

2―元大谷大学教授。当初東本願寺宗史編纂所に勤務し、『東本願寺史料』を編纂。主著として、『真宗史の研究』（一九七五年発行）が知られている。

史料　**『親鸞聖人伝絵（康永本）』上巻第七段「信心諍論《じょうろん》」**

本文

…本師《ほんし》聖人まさしく披仰《られおおせ》てのたまは《わ》く、「信心のかは《わ》ると申《もうす》は、自力の信にとりての事也《ことなり》。すなわち、智恵《ちえ》格別《かくべつ》なるか《が》ゆへ《え》に、信又《また》格別なり。

訳文

師の法然上人が、間違いなくこうおっしゃったのであります。「信心が変わると申すのは、自力の信にとってのことであります。すなわち、智恵に各々違いがあるのですから信が各々違うのであります。他力の信心

他力の信心は、善悪の凡夫《ぼんぶ》、ともに仏のかたよりたまはる《わ》信心なれは《ば》、源空《げんくう》が信心も善信房の信心も、更にかはる《わ》へ《べ》からす《ず》、たゝ《だ》ひとつなり。わか《が》かしこくて信す《ず》るにあらす《ず》。信心のかはり《わ》あふ《おう》ておはし《わ》まさむ《ん》人々は、わか《が》まいらむ《ん》浄土へはよもまいらせたまはし《わじ》。よく〳〵こゝろえらるへ《べ》き事也」と云々《うんぬん》。

は、善い性質の凡夫も悪い性質の凡夫も、同じように仏の方からいただく信心であります。それですからこの源空の信心も、善信房の信心も、少しも違うはずがありません。まったく一つであります。自分が賢くて、信じるのではないのですから。信心が互いに違っておられるような方々は、私が参るでありましょう浄土へは、よもや参られますまい。よくよく心得なければならない事であります」と言われました。

（四）大谷廟堂は親鸞聖人の聖地

―**史料**『親鸞聖人伝絵』「洛陽遷化」、「廟堂建立」―

『報恩講式』第三段には、「廟堂にひざまずいて涙をぬぐい、遺骨を拝んで激しい悲しみに心が張りさけんばかりである」と、東国から毎年遠路京都大谷の廟堂に参詣する門弟達の姿が感動をもって記されている。これは、東国を巡拝して親鸞聖人の偉大な存在に触れた覚如上人が、大谷の廟堂に参詣する門弟達の姿に、改めて深い感動を覚えたものであろう。『親鸞聖人伝絵』の最後の二段、「洛陽遷化（下巻第六段）」[史料①]、「廟堂創立（下巻第七段）」[史料②]には、そんな覚如上人の筆を通して、聖人入滅時と廟堂建立の有様が具体的な記述で綴られている。おそらく覚如上人はこの記述を通して、東国の門弟達にとって大谷廟堂が持つ意義を再確認し、法然上人の正統を伝える親鸞聖人の聖地として、また門徒の心の拠り所として描き出そうとしたのであろう。

史料①『親鸞聖人伝絵（康永本）』下巻第六段「洛陽遷化《せんげ》」

本文

…而《しかるに》終焉《しゅうえん》にあふ《う》門弟、勧化《かんけ》をうけし老若《ろうにゃく》、を《お》の〳〵在世のいにしへ《え》をおもひ《い》、滅後のいまを悲《かなしみ》て、恋慕《れんぼ》涕《てい》泣《きゅう》せす《ず》といふ《う》ことなし。

訳文

…けれども臨終に立ち合った門弟の人達や、教えを受けた老若男女《なんにょ》の門徒の人達は、それぞれに聖人のありし日の昔を思い、亡くなられた今を悲しんで、聖人をお慕いし涙を流さない者はいなかった。

史料②『親鸞聖人伝絵（康永本）』下巻第七段「廟堂建立」

本文

其稟教《そのほんぎょう》1を重《おも》くして、彼報謝《かのほうしゃ》を抽る《ぬきんず》輩《ともがら》、緇素《しそ》2老少、面々あゆみを運《はこび》て、年々廟堂《びょうどう》に詣《けい》す。

注　1―稟教《ほんぎょう》は、受けた教えという意味。
　　2―緇《し》は、黒衣の事で僧侶を意味し、素《そ》は、白衣のことで俗人を表わす。

訳文

その仏《ほとけ》の教えを受け継ぐことを大切に思い、彼《か》の祖師の恩に感謝してそれに報《むく》いようとはげむ仲間の人達は、僧侶も俗《ぞく》人も老人も若者もおのおの足を運んで、毎年廟堂に参詣している。

（五）神秘的な聖人像

―**史料**『親鸞聖人伝絵』「入西鑑察」―

覚如上人は『報恩講式』第三段に、「祖師《そし》聖人は直他人《ただびと》にましまさず」と記し、親鸞聖人を「夢の中にお告げを受け、幻《まぼろし》の前にめでたい前兆を見た」神秘的な方《かた》として受け止め、弥陀如来の応現[1]、曇鸞の後身《こうしん》[2]ととらえる聖人像が示されている。『親鸞聖人伝絵』では更に、こうした聖人像がより具体的に、夢告や奇瑞・伝説によって語られている。「六角夢想（上巻第三段）」、「山伏済度（下巻第三段）」、「箱根霊告（下巻第四段）」、「熊野霊告（下巻第五段）」がそれである。

　これについても中沢見明氏は、そのほとんどを夢物語として創作されたものとしたが、その後、話の基《もと》となった『親鸞夢記』や『真仏因縁』などが発見されて、確かな記録や東国の門弟達の間で語られていた伝説を下地にして描かれたものであることが、次第に明らかにされている。

　神秘的な聖人像は、当時東国の門弟達の間に強まっていた知識帰命の傾向に影響されたものと思われるが、おそらくこれを通して、その偉大さを門流内外の人々の心に訴えようとしたものであろう。

その後も覚如上人は、こうした聖人像を強調すべく改訂を加え、西本願寺本では「入西鑑察（上巻第八段）」を、康永本では「蓮位夢想（上巻第四段）」を付け加えている。特に前者では「聖人、弥陀如来の来現《らいげん》といふ《う》こと炳焉《へいえん》なり[3]」、後者では「祖師《そし》聖人《しょうにん》弥陀如来の化《け》現《げん》にてましますといふ《う》事《こと》明《あきらか》なり」という言葉から、そうした上人の意図を汲み取ることができる。

注　1―衆生の素質に応じて姿を現わした方《かた》。
2―生まれ変わり。
3―明らかなさま。

史料　**『親鸞聖人伝絵（康永本）』上巻第八段「入西鑑察」**

本文

…貴僧《きそう》二人《ににん》、来入《らいじゅう》す。一人《いちにん》の僧のたまは《わ》く、この化僧《けそう》の真影《しんねい》をうつさし

訳文

…（夢の中に）身分の高いすぐれた僧が二人やって来られた。一人の僧がおっしゃることには、「（私は）こ

めむ《ん》とおもふ《う》こゝろさ《ざ》しあり。ねがは《わ》くは、禅下《ぜんか》筆をくだすべしと。定《じょう》禅《ぜん》、問《とう》ていは《わ》く、かの化僧《けそう》たれ人《びと》ぞや。くだむ《ん》の僧いは《わ》く、善光寺の本《ほん》願御房《がんのおんぼう》これなりと。こゝに定禅《じょうぜん》たなこゝ《ご》ろをあは《わ》せ、ひさ《ざ》まつ《づ》きて、夢のうちにおもふ《う》様、さては生身《しょうじん》の弥陀如来にこそと、身毛《みのけ》いよだちて、恭敬尊重《くぎょうそんじゅう》をいたす。また御《み》くしばかりをうつされんに、たむ《ん》ぬへ《べ》しと云々《うんぬん》。かくのごとく問答往復《もんどうおうふく》して、夢さめを《お》は《わ》りぬ。しかるに、いまこの貴坊《きぼう》にまいりて、みたてまつる尊《そん》容《よう》、夢中《ゆめのうち》の聖僧《しょうそう》にすこしもたがは《わ》ずとて、随喜《ずいき》のあまり涙をながす。し

の化僧《けそう》(仏が仮の姿をとってこの世に現われた僧侶)そのままの姿を写させようと思う気持を抱いています。なにとぞ、禅師(定禅法橋《じょうぜんほっきょう》)殿、筆で書いてくださいませ」と。定禅はたずねてこういった。「その化僧《けそう》とは何という人ですか」。前述の僧が言うことには、「この方こそ善光寺の本願の御房《おんぼう》であります」と。この時、定禅は手のひらを合わせ、跪《ひざまず》いて夢の中で思うことには、「さては、生きたままの阿弥陀如来でいらっしゃることよ」と、身の毛が逆立って、つとめてつつしみ敬い、尊んだのであった。また(聖僧は)「頭のお姿だけを写されたようなものならば、十分でしょう」などと言った。このように問答をやりとりしているうちに、夢から覚めたのだった。「ところが今、この親鸞様の房舎に参って、拝見するお顔のご様子は、夢の中の聖僧と少しも違いがありません」と言って、喜びの余り涙を流

かれは《ば》、夢にまかすへ《べ》しとて、いまも御《み》くしは《ば》かりをうつしたてまつりけり。夢想《むそう》は仁治《にんじ》三年九月廿日の夜《よ》也《なり》。つら〱この奇瑞《きずい》をおもふ《う》に、聖人、弥陀如来の来現《らいげん》といふ《う》こと炳焉《へいえん》なり。しかれば、すなわち、弘通《ぐずう》したまふ《う》教行《きょうぎょう》、おそらくは弥陀の直説《じきせつ》といひ《い》つべし。あきらかに無漏《むろ》の恵燈《えとう》をかゝけ《げ》て、とを《お》く濁世《じょくせ》の迷闇《めいあん》をはらし、あまねく甘露《かんろ》の法《ほう》雨《う》をそゝき《ぎ》て、はるかに枯渇《こかつ》の凡悪《ぼんあく》をうるほ《お》さむ《ん》となり。あふ《お》く《ぐ》へ《べ》し、信す《ず》へ《べ》し。

したのであった。それゆえ「夢にまかせましょう」と言って、今度も顔のお姿だけを写し申し上げたということである。(定禅法橋が)この夢を見たのは、仁治三年(一二四二)九月廿日の夜のことであった。つくづく、この尊く不思議な出来事を考えてみると、聖人は阿弥陀如来が姿を現わされた方だということは、明らかである。それゆえ、聖人が世にひろめられた教《きょう》・行《ぎょう》は、おそらくは阿弥陀如来がみずから説いたものとすることができるであろう。明らかに(親鸞聖人は)、煩悩のけがれがない智慧の灯火《ともしび》を示して、久しく濁りけがれた世の中の迷いの闇をはらし、遍《あまね》く衆生に甘露《かんろ》の雨のような仏教の教えを注いで、枯れて渇《かわ》いた凡夫悪人の心を永遠に潤《うるお》そうとされているのである。仰ぐべきである。信ずべきである。

（六）伝記に示された独自の教義
―史料『親鸞聖人伝絵』「吉水入室」、「熊野霊告」―

『親鸞聖人伝絵』には、聖人の説かれた教義が要所要所に見出される。例えば、聖道門《しょうどうもん》（自力の力で修行して証《さと》りを得ようとする聖者の道）を難行道《なんぎょうどう》（自力を頼る行《ぎょう》じ難い道）として捨て、浄土門（阿弥陀如来の救いにより浄土に往生する道）を易行道《いぎょうどう》（阿弥陀如来の本願力をたのむ行じやすい道）としてこれに入るという教義は、「吉水入室史料①（上巻第二段）」、「信行両座（上巻第六段）」、「熊野霊告史料②（下巻第五段）」といった段で繰り返し示されている。とりわけ「熊野霊告」では、「一向専念」以下の教義がかなり詳細に綴られている。また、単なる聖人の伝記として綴られているように見える表現の中にも、教義を示すことを意図したと解釈される部分がある。例えば「信行両座（上巻第六段）」の物語や、「稲田興法（下巻第二段）」の中の「幽栖《ゆうせい》を占《しむ》といへ《え》と《ど》も、道俗跡《どうぞくあと》をたつ《ず》ね、蓬戸《ほうこ》を閉《とず》といへ《え》と《ど》も、貴賤《きせん》衢《ちまた》に溢《あふ》る」

〈**訳文**〉人に知られないような住いではあったが、僧侶も在俗の人々もお住いの場所を尋ね、よもぎで編んだような戸を閉ざしてはいても、身分の貴い者達、賤しい者達が共に道に溢れていた〉といった表現は、そのまま事実と見るよりは、親鸞聖人の教義あるいは教義を説く姿勢を表わしたものと言えよう。

このように覚如上人は、『親鸞聖人伝絵』を単なる伝記として著しただけではなく、そこに更に親鸞聖人の教義も盛り込んで、宗派としての独自性を明らかにしようとしている。

史料①『親鸞聖人伝絵（康永本）』上巻第二段「吉水入室」

本文

…世くた《だ》り、人つたなくして、難行《なんぎょう》の小路《しょうろ》まよひ《い》やすきによりて、易行《いぎょう》の大道《だいどう》におもむかんとなり。…

訳文

…世の中が末世に向うにつれて、人間の根機《こんき》が劣ってゆき、修行の難しい自力の狭い道では、どうにも迷いやすいため、誰もがたやすく修められる他力の広い道に進もうとしたからである。…

史料②『親鸞聖人伝絵(康永本)』下巻第五段「熊野霊告」

本文

一向専念《いっこうせんねん》の義は往生《おうじょう》の肝腑《かんぷ》、自宗の骨目也《こつもくなり》。即《すなわち》、三経《さんぎょう》に穏顕《おんけん》ありといへ《え》と《ど》も、云レ文云《いいもんといい》レ義《ぎと》、共に明哉《あきらかなるをや》。大経《だいきょう》の三輩《さんぱい》にも一向と勧《すす》めて、流通《るづう》にはこれを弥勒《みろく》に付属し、観経《かんぎょう》の九品《くほん》にも、しは《ば》らく三《さん》心《じん》と説《とき》て、これまた阿難に付属す、小経《しょうきょう》の一心、ついに諸仏これを証誠《しょうじょう》す。依レ之《これによりて》、論主《ろんじゅ》

訳文

一向専念《いっこうせんねん》(ただひとすじに専ら阿弥陀仏の名号を念ずる)という教義は、浄土往生にとって最も大事なものであり、我が浄土真宗の要点であります。このことはすなわち、浄土三部経には穏《おん》(裏に隠れた教説)と顕《けん》(表に現われた教説)があるとはいうものの、経文《きょうもん》の表現の上からも内容の上からも、共に明らかなことです。『大無量寿経』の三輩《さんぱい》段には「一向」と勧めて、流通分《るづうぶん》(教えの附属《ふぞく》の事を記した経典の締めくくりの部分)では、その教えを弥勒《みろく》に付属《ふぞく》(教えを授《さず》けて永久に承《う》け伝えて弘めることを頼むこと)し、『観無量寿経』の九品《くほん》段にも、ひとまず「三心《さんじん》(三種類の心)をすべてそなえたものは、必ず彼《か》の国土に生まれることができるのである」と説いて、これをまた流通分《るづうぶん》で阿難に付属しています。『阿弥陀経』の「よくその名号を信じて一心に思いを乱さない」という教えも、最後の証誠《しょうじょう》の段で、六方の諸仏がこれを証明しています。さらにこの経文によって、天親菩薩は『浄

一心《いっしん》と判《はん》し《じ》、和尚《かしょう》一向と釈す。然《しかれば》則《すなわち》、何《いずれ》の文《もん》によりて、専修《せんじゅ》の義《ぎ》、立すへ《べ》からさ《ざ》るそ《ぞ》や。…

土論』で「世尊我《われ》一心に」と明らかにし、善導大師は「一向に専《もっぱ》ら阿弥陀仏の名号を称する」と解釈しています。ですからすなわち、どんな経典や論釈の文《もん》によって専修念仏の教義が、立てられないというのでありましょうか。…

第四章　留守職をめぐる紛争

唯善創建の寺
常敬寺《じょうきょう》（本願寺派）山門
千葉県野田市中戸
延慶2年（1309）青蓮院の裁決に敗れた唯善は、大谷御影堂の親鸞聖人像を関東へ持ち去って、鎌倉常葉《ときわ》の一向堂に安置したが、やがて暦応元年（1338）頃になって、寺基ごとこの地に移されたと見られている。

第一節　唯善と大谷南地

（一）唯善の経歴と大谷居住

—**史料**『最須敬重絵詞』第五巻、『存覚上人一期記』、『大谷遺跡録』巻四—

若い時期の覚如上人を悩ませたのは、大谷廟堂をめぐる叔父唯善との争いで、これを唯善事件と称する。それは唯善が大谷廟堂に居住するようになる永仁《えいにん》四年（一二九六、覚如上人二十七歳）以前の時期に始まる。この事件のために覚如上人は、四十歳までの実に十数年もの間、悩まされ続けることになるのである。

唯善は、覚如上人の祖母覚信尼が小野宮《おののみや》禅念と再婚してもうけた子供で、覚恵とは父親を異にする兄弟の関係にある。その誕生は『恵信尼書状』第十通[1]から文永《ぶんえい》三年（一二六六）と判断され、禅念の家（後の大谷廟堂）で生まれたものと見られる。幼名は一名《いちみょう》丸と言い、出家して弘雅《こうが》と名乗ったのは、覚信尼の三通

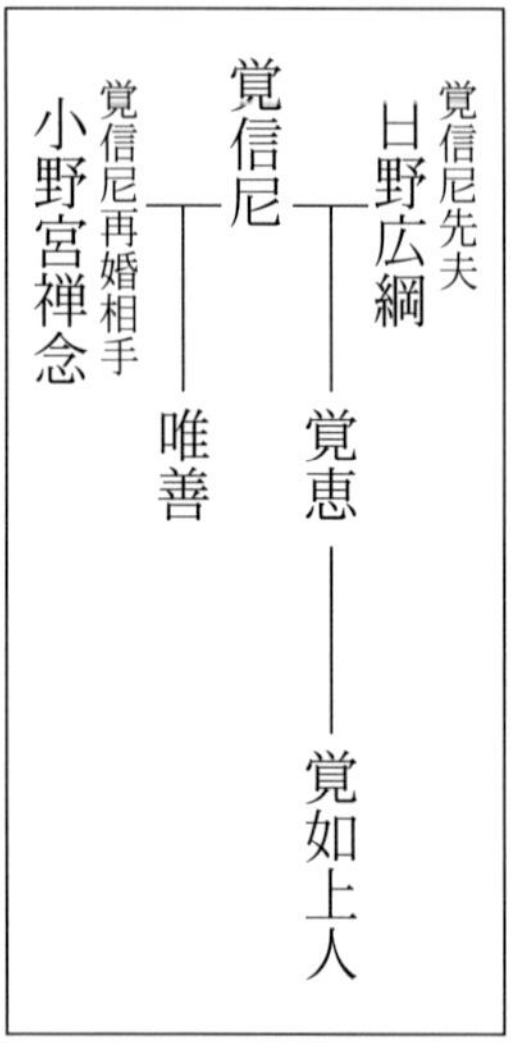

覚如上人と唯善との親族関係

[2]目の寄進状（弘安《こうあん》三年、一二八〇年）に「一名丸」と署名されているところからして、十五歳を過ぎてからのことであろう。覚恵が青蓮院で密教や声明の修行をしたのに対し、仁和寺相応院[史料①②]に入り、真言宗や修験道の修行を行っている。やがて隠遁して唯善と名乗り、関東へ赴いて河和田の唯円の弟子となったというが、なぜ如信上人の弟子ではなく唯円を選んだのか、はっきりした理由は分からない。河和田の唯円は覚如上人十九歳の年に上京し、それから間もなく没したと伝えられている。唯善は覚如上人より四歳年上であるから、おそらく唯円房に学んだのは、覚信尼が世を去った唯善十八歳の年から二十三歳にかけての間であろう。

　近年河和田の唯円と唯善との関係について、腹違いの兄弟だったのではないかとの説[3]が注目を浴びている。これは江戸時代中期に聖人の遺跡をくまなく巡り『大谷遺跡録』[4]を著わした先啓《せんけい》（一七一九〜九七年）の所伝[史料③]に基づくものであるが、所伝の根拠を裏付けてくれる記録は現存せず、また唯円と唯善とは四十四歳程も年の差があるところから、疑問視する向きも多い。だが唯善がその後関東で少なからぬ門徒勢力の支持を得ているところからすると、唯円とはかなりの縁故があったと見るのが妥当ではなかろうか。『存覚上人一期記』によれば、河和田に居た唯善を都へ喚《よ》びよせたのは覚恵であったと言う。それはちょうど、覚恵が覚如上人を伴って正応《しょうおう》三年（一二九〇）東国を巡見した時期に相当する。「無足窮困之間《むそくきゅうこんのあいだ》」〈**訳文** 銭がなく貧乏で苦しんでいたので〉とあるが、これが禍根《かこん》の始まりとなってしまう。けれども、後の唯善の行動から推察すると、既にこの大谷入居の背景には、東国の門徒集団の一部と密接な関係が存在していたとも考えられる。

注
1―本書 第一章第二節（三）史料②
2―本書 第一章第四節（一）史料
3―禅念が覚信尼と結婚する前にもうけた子供が唯円だと見る。
4―宝暦五年（一七五五）刊行。

史料①『最須敬重絵詞』第五巻

本文

大納言《だいなごん》阿闍梨《あじゃり》弘雅《こうが》トイフ人《ウ》アリ。俗《ぞく》姓《しょう》ハ小野宮《おののみや》少将《しょうしょう》入道《にゅうどう》具親《ともちか》朝臣《あそん》ノ子息ニ、始《はじめ》ハ少将《しょうしょう》阿闍梨《あじゃり》名失ト申《もうし》ケル人ノ

訳文

大納言阿闍梨弘雅《あじゃりこうが》という人がいた。僧侶になる前の家柄は、小野宮《おののみや》少将入道具親朝臣《ともちかあそん》の息子で、始めは少将阿闍梨（実名がわからない）と言い、世俗を離れて

世《よ》ヲ遁《のがれ》テ禅念《ぜんねん》房トナン号《ごう》セシ人ノ真弟《しんてい》ナリ。仁和寺《にんわじ》鳴滝相応院《なるたきそうおういん》前《さきの》大僧正坊守助ノ弟子ニテ、御室《おむろ》ヘモ参仕《さんし》ノ号《ごう》ヲ懸《かけ》ラレケリ。ムネトハ広沢《ひろさわ》ノ清流《せいりゅう》ヲ酌《くみ》テ真言ノ教門《きょうもん》ヲウカ《ガ》、ヒ《イ》、兼《かね》テハ修験《しゅげん》ノ一道《いちどう》ニ歩《あゆみ》テ山林ト斗籔《とそう》ヲタシナマレケルカ《ガ》、後《のち》ニハコレモ隠遁《いんとん》シテ河和田《かわわだ》ノ唯円大徳《ゆいえんだいとく》ヲモテ師範《しはん》トシ、聖人ノ門葉《もんよう》ト成《なり》テ唯善房《ゆいぜんぼう》トソ《ゾ》号《ごう》セラレケル。トリワキ一宗ヲ習学《しゅうがく》ノ事ナト《ド》ハナカリシカト《ド》モ、真俗《しんぞく》ニ亘《わたり》テツタナカラス《ズ》、万事《ばんじ》ニツケテ才覚《さいかく》ヲタテラレケル人ナリ。

出家し禅念房と称した人の、実子にして弟子である。仁和寺鳴滝相応院《にんなじなるたきそうおういん》の前大僧正のご坊（守助《しゅじょ》）[1]の弟子で、仁和寺の御室《おむろ》（法親王の御僧房）へも参上してお仕えする数に入っておられた。主としては真言宗広沢流《ひろさわ》というすぐれた法流[2]を受け継いで、真言宗の教えの門を身につけ、それとあわせて修験道《しゅげんどう》の道も歩んで山林修行に親しんでいたという。だがその後、この人も隠遁《いんとん》して河和田《かわわだ》の唯円大徳《だいとく》を師とし、親鸞聖人の門人となって、唯善房と称された。特別深く一つの宗派を学び修めたことなどなかったけれども、出家の事から在家の事に及ぶまで劣っているところはなく、すべてにつけて学識を現わされた人である。

注　1—西園寺実氏《さいおんじさねうじ》の子息。永仁三年（一二九五）没。

2—真言宗の法流は、仁和寺を中心とした広沢流と醍醐寺を中心とした小野《おの》流に分かれていた。

史料②『存覚上人一期記』冒頭

【史料解説】『存覚《ぞんかく》上人一期記《いちごき》』は正しくは『常楽台主老衲一期記《じょうらくだいしゅろうのういちごき》』と言い、その名の通り存覚上人の生涯を綴った自叙伝で、誕生から八十四歳で没するまでの身辺に起こった重要な事件が記録されている。最初に「御前《ごぜん》に於《お》て口筆し畢《おわ》んぬ」とある通り、七十二歳までの記事は、存覚上人が口述したものを子息の慈観《じかん》（綱厳）が筆記し、残りの部分は慈観が書き加えている。原本は存覚上人創建の坊舎京都常楽台《じょうらくだい》（常楽寺）が室町時代の享禄年間（一五二八〜三二年）に炎上した際に焼失し、今日伝えられているものは、大永年間（一五二一〜二八年）に加賀光教寺顕誓《けんせい》（蓮如上人四男蓮誓の九子）が原本から要点を抜き出して写した抄録本である。口述の記憶違いや、抄録の際の書き誤りも指摘されているが、本願寺創立の時代を知る第一級の史料として重視されている。
尚本書では、龍谷大学善本叢書３『存覚上人一期記・存覚上人袖日記』（昭和五十七年）所収の写本に基づき、谷下一夢氏（一九〇二〜一九六六年、元龍谷大学講師）『存覚一期記の研究並解説』（昭和十八年発行）の考証を参考にして解読した。

本文

唯善房《ゆいぜんぼう》者《は》、本山臥也《もとはやまぶしなり》。仁和寺《にんなじ》相応坊《そうおうぼう》

訳文

唯善房は初め山伏《やまぶし》であった。仁和寺《にんなじ》相応院守助《しゅじょ》[1]僧正

守助《しゅじょ》僧正《の》弟子也《なり》。号《ごうす》二大納言《だいなごう》阿闍梨《あじゃり》弘雅《こうがと》一。而《しかるに》落堕《らくだの》之後《のち》、居《きょし》二奥郡《おうぐん》河和田《かわわだに》一嫁《かして》或《ある》仁《ひとに》、子息等《ら》出来《いでく》。無足《むそく》窮困《きゅうこんの》之間《あいだ》、大々上《だいだいじょう》被《られ》二喚上《よびのぼせ》一令《しめ》二同宿《どうしゅくせ》一給《たもう》。…

の門弟で、大納言阿闍梨《あじゃり》弘雅《こうが》と称した。けれども還俗して後は、常陸国《ひたちのくに》奥郡《おうぐん》河和田《かわわだ》に住んで、ある人と結婚し、子供ができた。銭がなく貧乏で苦しんでいたので、大々上（覚恵）が都へ喚びよせられて、同居されておられた。

注　1―一二四〇～九四年、太政大臣西園寺実氏の子息。弘安九年（一二八六）僧正となる。仁和寺の院家、鳴瀧の相応院に住した。

史料③『大谷遺跡録』巻四「恵日山立興寺《りゅうこうじ》記」

[史料解説] 江戸時代中期の安永八年（一七七九）十一月に、美濃の国不破郡亀山（岐阜県養老郡養老町室原）の安福寺十四世住職先啓（字了雅）が著わした親鸞聖人と門弟の遺跡記。特にこの立興寺記は先啓の安福寺と深い関りがある内容だけに、その記述には大変興味深いものがある。

本文

…唯円善房五十三歳于レ時文永十一年に都ニ上リ、

訳文

…唯円房は五十三歳（その時文永十一年、一二七四）で京序《ついで》ヲ以テ河州安福郡郡上ニ至り、慶《きょう》西《さい》房ノ誘引ニヨリテ和州ニ移リ教導。覚《つい》ニ吉野郡下市秋野川ノ辺ニ草庵ヲ占メ、後関東ニ下リ、又正応元年上洛シ、覚上人に謁し奉り、同二年二月六日下市ニシテ寂ヲ示ス。行年六十八歳。…。

都に上り、縁あって河内国《かわちのくに》（大阪府東部）安福郡郡上に立寄り、親鸞聖人の門弟慶西房[1]の誘いによって大和国《やまとのくに》に移って布教する。それでとうとう吉野郡下市の秋野川の辺《あたり》[2]に草庵を設けて居住することとなった。その後再び関東へ下り、また正応元年（一二八八）に上洛して、覚如上人と出会った。そして正応二年（一二八九）二月六日に下市で亡[3]くなった。行年六十八歳。…

注　1―慶西は親鸞聖人の関東の門弟の一人で、最初常陸国北郡由下に道場が在ったが、後に聖人の命により、河内国玉手の安福寺に住する。蓮如上人の時代になって、美濃国の門末が同寺の法西を迎えるに至り。その寺地が岐阜県養老郡養老町室原《むろはら》の現在地に移った。

2―現在の奈良県吉野郡下市町　立興寺《りゅうこうじ》（本願寺派）

3―立興寺本堂裏の崖地に、唯円のものと伝えられる墓碑が残されている。

（二）大谷南地の購入
―史料『存覚上人一期記』、『良海沽却于善信上人遺弟中状』―

唯善が居住したのは、大谷廟堂に隣接した南側の敷地であった。ここには、覚如上人が幼い頃学問を授けられた慈信房澄海が住んでいたが、澄海が亡くなった後は、実子で弟子の禅日房良海が十六年間暮らしていた。この土地が永仁四年（一二九六）に、唯善の提案で大谷廟堂の土地に加[史料①]えられることになったのである。

事の経緯からすると、唯善はいわば寄食《きしょく》の身で、自分からそのようなことを言い出せる立場にないとも思われるが、東国の門弟達に提案して購入を働きかけ、しかも良海に売却の気がなかったにもかかわらず、万疋《びき》という大金で購入しているところから見ると、東国の一部の門徒集団と計らい、大谷廟堂での自身の立場をより確かなものにしようとねらったものであろう。この時の買券《ばいけん》の正本[史料②]は、今でも高田派本山専修寺に残されている。

その広さは、今までの廟堂の土地とほぼ同じ位で、「善信上人御影堂敷として、彼《か》の遺《ゆい》御弟中《ごていちゅう》に売り奉ること実なり」〈**訳文** 善信上人の御影堂の敷地として、その遺《のこ》された弟子の間《あいだ》に売り渡し申し上げることに相違ない〉と、門弟達の宛名がはっきりと記入されている。この時唯善は、買券の宛名を自分にしなかったことで、腹を立てているが、それは、廟堂の土地の相続権が本来自分にあるとの気持を抱いていたからであろう。

これ以後、大谷廟堂にはもう一つ坊舎（南殿）が造られ、事実上覚恵を主とし、唯善を副とする二人の留守役が居る形となったのである。

史料①『存覚上人一期記』

本文

正安《しょうあん》元年、大谷南《みなみ》敷地《しきち》被《られ》二買副《かいそえ》一畢《おわんぬ》。彼《かの》地主者《は》、長楽寺隆寛律師《の》弟子慈信房隆（澄）海《かいの》能説学生旧跡也《なり》。彼真弟禅日坊良海相伝《かのしんていぜんにちぼうりょうかいそうでん》居住《して》、雖《いえども》レ無《なしと》二沽却《こきゃくの》之志《こころざし》一、特《ことに》可《べきの》二買徳《ばいとくす》一之由《よし》懇望《こんもうの》之間《あいだ》、

訳文

正安元年[1]（実は永仁四年、覚如上人二十七歳、唯善三十一歳の誤り）大谷廟堂の南側の敷地[2]を買い副《そ》えた。その土地は、長楽寺隆寛《りゅうかん》律師一門の弟子に当たる慈信坊澄海という説法にすぐれた学僧が住んでいた場所である。そこに、実子にして弟子である禅日坊《ぜんにちぼう》良海が受け継いで住んでいて、売却する気持ちは無かったのであるが、とりわけ買い取りたい

以《もって》二直《あたい》法万疋《びきを》一買徳畢《ばいとくしおわんぬ》。…北の敷地闕少《けっしょうなり》。被《らるれば》レ加《くわえ》二南敷地《を》一者可《べきの》レ宣《よろしかる》之由《よし》、唯公《ゆいこう》於二門弟中《じゅうに》一連々《れんれん》被《るるの》二相語《あいかたら》一之間《あいだ》、夏比奥郡《ごろおうぐんの》人々有《ありて》二上洛一及《およぶ》二沙汰《に》一。而《しかるに》禅日房《ぜんにちぼう》欲《ほっするの》レ書《しょせんと》二買券《を》一之時《とき》、沽却誰人之《こきゃくたれびとの》由可《よしとべき》レ書《ぞしょす》哉《やと》、云々《うんぬん》。宛《あてて》二唯公《に》一可《べきの》レ書《しょす》之由申人《よしともうすひと》少々在《あり》レ之《これ》。其時大々《そのときだいだい》上《じょうられて》被レ仰云《おおせいわく》。為《ためならば》レ被《られん》レ広《ひろげ》二上人《の》御敷地《を》一者、被《らるるの》レ沽《こ》二却《きゃくせ》門弟中《へ》一之由被《よしられんのせ》レ載之条、可《じょうべきか》レ叶《かなう》二覚信御房《のご》御素意《そいに》一歟。被《らるれば》レ宛《あて》二一人《に》一者、未来之《の》牢籠《ろうろう》勿論《もちろんなり》。為《たる》二衆《しゅ》中《じゅうの》一之管領《かんれい》一、唯公《ゆいこう》居住不《ざるの》レ可《べから》レ

と熱心に頼んだので、代価万疋《まんびき》3（百貫文）で買い取ることとなった。…そのきっかけは「大谷廟堂の敷地だけでは狭い。南側の敷地をこれに加えられるのが好ましい」とのことを、唯善公は門弟に絶えず語られたからで、夏頃（常陸《ひたちの》国《くに》）奥郡《おうぐん》の人々が上洛して実現の運びとなった。ところが、禅日坊良海が買券《ばいけん》（財産の売買を証明する証文）を書こうとした時、「売却する相手を誰の名に書いたらよいか」という話しになった。「唯善公の宛名に書くのが適当だ」との意見を申す人が少々あった。その時、大々上（覚恵）がこう言われた。「親鸞上人（聖人）の御廟の敷地を広げようとされるためならば、門弟中へ売却するという内容で載せられるのが、覚信御房（覚信尼）のかねてからのお考えにかなうであろう。一人の名前に宛てれば、将来面倒な問題が起こることになるに違いない。門弟達の間で支配されても、唯善公が居住することに差し支えはないであろう」というふうに

有《ある》二子細《しさい》一之由被《よしらる》レ仰《おおせ》レ之《これを》。其時《そのとき》唯公《ゆいこうましまして》在レ座《ざに》、変《へんじ》二顔色《がんしょく》一腹立《ふくりゅう》無《なし》レ極《きわまり》。然而《しかれども》如《ごとく》二大々上《の》仰《おおせの》一宛《あて》二載《のせ》門弟中《へと》一畢《おわんぬ》。其後《そのご》造《つくり》レ坊《ぼうを》唯公居住《ゆいこうきょじゅう》。同行《どうぎょう》参《さんずるの》二御堂《みどうへ》一之後《のち》、必《かならず》先《まず》参《さんじ》二北殿《に》一参《さんず》二南殿《に》一。

言われた。その時唯善公はその座に同席していて、顔色を変え腹を立てること甚だしかった。しかしながら、大々上（覚恵）が言われたように、門弟御中という宛名を載せることとなった。その後南側の敷地に坊舎を造り、唯善公が居住した。東国の御同行の人達は、大谷の廟堂へ参詣した後、必ず最初に北殿《ほくでん》を訪れ、それから南殿《なんでん》を訪れたのである。

注　1―『大谷南地本券』（高田派本山専修寺蔵）によると、永仁四年（一二九六）七月十七日が正しい。

2―『存覚上人一期記』は、この土地の広さについて、元々の北地と同じ面積だと記している。

3―今日の五百四十万円位

史料②『良海沽《こ》二却《きゃくするの》一于善信上人遺弟中《に》一状』高田派本山　専修寺

本文

沽却《こきゃくす》大谷《の》地壹処事《いっしょのこと》

在 自今小路末南 七観音大道東《の》顔　祇園林《の》良方

四至《しし》 限東越中律師領　限西大道 限南大進法眼領　限北善信上人　御影堂地

口伍丈奥同 南寄東西拾参丈五尺 北寄東西拾丈柒尺

右件地者《みぎくだんのちは》、自《より》二先師慈信《せんしじしん》上人之《の》手一、相《あい》二副《そえ》代々手《のて》継《つぎを》一、良海得《えて》レ譲《ゆずりを》而多年所《ところの》二居住《する》一之私領也《なり》。然依《しかるによりて》レ有《あるに》二要用一、直《あたい》銭伯貫文仁《に》限《かぎりて》二永代《を》一為《して》二善信上人《の》御影堂敷《と》一、所《べきところ》レ奉《たてまつる》三売《うり》二渡《わたし》彼遺《のゆい》弟御中《ていおんちゅうに》一、実也《じつなり》。更不《さらにず》レ可《べから》レ有《ある》二他妨《のさまたげ》一。雖《といえども》レ須《すべからく》三相《あい》二副《そう》代々本券《の》一《を》、於《おいては》二尼照阿并《ならびに》先師《せんし》二代之手継《に》一者、他事多相交《おおくあいまじるの》之間《あいだ》、不《ず》レ副《そえ》二渡《わたさ》正文《しょうもんを》一、書《かき》二案文《あんぶんを》一封《ふうず》レ裏《を》兮。渡進《わたししんずる》之上者《うえは》、手継《てつぎ》相承《そうじょう》之儀《ぎ》、敢不《あえてず》レ可《べから》レ有《ある》二子細《しさい》一。随則所帯正文仁《ずいそくのしょたいしょうもんに》被《るる》二買取《かいとら》一之由《よし》、令《しめ》二裏書《うらがきせ》一給畢《たまいおわんぬ》。不《ざる》レ可《べから》レ有《ある》二違乱《いらん》一者也《ものなり》。向後若号《こうごもしごうし》二子息《と》一、或称《あるいはしょうし》二門徒《と》一、致《いたすのさまたげを》レ妨之輩出来《やからしゅったいの》之時者《ときは》、可《べきなりらる》レ被《しょせ》レ処《に》二罪科一也。仍為《よってために》二後日亀鏡《のききょうの》一放《はなつの》レ券之状《を》、如《じょうごとしくだんの》レ件。

永仁四年七月十七日

良海　在判

訳文

「良海が善信上人の遺《のこ》された弟子の間に土地を売却する文書」

大谷の土地一箇所を売却すること。

場所　今小路に続く通りより南側　七観音の大道に面した東側　祇園林の東方の方角

東西南北の境界　東は越中律師の領地を境とし　西は大道を境とし　南は大進法眼の領地を境とし　北は善信上人御影堂の地とする。

入口の幅は五丈奥行きも同じ、南寄りの東西の幅は十三丈五尺（四〇・五メートル）　北寄りの東西の幅は十丈七尺（三〇・三メートル）

右に記した土地は、亡くなった師慈信上人の手より、代々の手継証文をいっしょに添え、良海が譲られて、長年居住した私領である。しかしながら必要があって、急に銭《ぜに》百貫文で年期を限らず善信上人の御影堂の敷地として、その遺《のこ》された弟子の間に売り渡し申し上げるというのが、この文書の内容である。（これについては）少しも他人の妨《さまた》げがあってはならない。当然代々の土地の権利書をいっしょに添えるべきであるとはいうものの、尼照阿《あましょうあ》および亡くなった師の二代の手継証文に関しては、他の事が色々入り混じっているため、正文を添えて渡さないで、写しを作って、裏側にその旨を記し署名書き判をしておいた。これを渡して差し上げる以上は、代々土地を受け伝えられてゆくことに少しも差《さ》し支《つか》えあろうはずがない。更に所有する財産の証文通り買い取られたことを裏書きさせていただいた。だから、このことに混乱があってはならないのである。今後もし子息と称し、あるいは門弟と称して、これに妨害する連中が出て来た時は、処罰するようにしてほしいのである。そういうわけで、後日の証拠のために権利書を発行することは以上の通りである。

永仁四年（一二九六）七月十七日　　　　良海　在判

第二節　唯善の陰謀

（一）宿善論争

—**史料**『最須敬重絵詞』第五巻、『慕帰絵』—

覚如上人と唯善との対立は、唯善が大谷廟堂へ移って来た直後から始まっていたようである。そのことを伝えてくれるのが、『慕帰絵』や『最須敬重絵詞』[史料①]に見える宿善論争の話である。『慕帰絵』はこの論争の原因を二人の性格の違いに求めようとして、それを絵に描き出して[史料②]いる。まず大谷廟堂の北殿では、覚恵と覚如上人が静かに仏法を語り合っている。それに対して大谷廟堂の南殿では、唯善が囲碁や弓矢に興《きょう》じている。このような唯善と覚如上人の性格の違いが宿善論争を生んだとするのである。唯善の主張は一見正論とも思われるが、覚如上人に対してみずからの正当性のみを言い張っている感がある。宿善とは「過去の世に修めた善い行い」という意味で、極楽浄土のための善行ではなく、阿弥陀如来の本願に出遇うきっかけとなる善行を言う。あえて言うならば、善行と言うよりは大菩提心《だいぼだいしん》(この上ない悟りを求めようとする衆生の心)とでも言うべきであろう。宿善の語には、自力の善行ともとれるきわどい面もあるが、覚如上人の解釈はあくまでも親鸞聖人の教えに基づいている。

史料①『最須敬重絵詞』第五巻第十八段

本文

…大和尚位《だいかしょうい》ニハ淑姪《しゅくてつ》ノ中《なか》ニテ、居《きょ》ヲ南北ニナラヘ《ベ》、交《まじわり》ヲ朝夕《ちょうせき》ニムスハ《バ》レケルカ《ガ》、常ニハ法門ノ談話アリケリ。或時《あるとき》ハカリナキ諍《じょう》論《ろん》アリ。尊老人《そんろうひと》ニ対シテ法文ヲ演説シ給《たもう》コトアリケル詞《ことば》ニ、「イマ聞法能行《もんぽうのうぎょう》ノ身《み》トナルハ善知識《ぜんぢしき》ニアヘ《エ》ル故《ゆえ》ナリ。知識《ちしき》ニアフ《ウ》コトハ宿《しゅう》善開発《ぜんかいほつ》[1]ノユヘ《エ》ナリ。サレハ《バ》聞《きき》テ信《しん》

訳文

…(唯善は)大和尚位《だいかしょうい》(覚如上人)にとって叔甥《おじおい》の仲で、住まいを南と北に並べ、朝夕につき合いをもっておられて、平生教えについての会話があったそうだ。ある時、際限のない言い争いがあった。覚如上人がある人に対して、教えの文を解き述べられたことがあったが、その言葉に「今、仏の教えを聞き念仏を行ずる身となったのは、善知識《ぜんぢしき》(教えを導く立派な指導者)に遇《あ》うことができたからであります。その善知識に遇うのは宿善開発《しゅくぜんかいほつ》の(過去の世に修めた善い行いが開ける)ためであります。だから、

行《ぎょう》セン人ハ宿縁《しゅうえん》ヲ悦《よろこぶ》ヘ《べ》シ」トノタマヒ《イ》ケレハ《バ》、唯善大徳難《だいとくなん》セ《ぜ》ラレテイハ《ワ》ク、「念仏往生ノ義理《ぎり》、マタク宿善《しゅうぜん》ノ有無ヲイフ《ウ》ヘ《ベ》カラス《ズ》。ステ《デ》ニ所被《しょひ》ノ機《き》ヲイフ《ウ》ニ、十方衆《じっぽうしゅ》生《じょう》ナリ。ソノ中ニ善悪《ぜんあく》ノ二機《にき》ヲ摂《しょう》ス《ズ》。善人ニハ、マコトニ過現《かげん》ノ善根《ぜんごん》モアルヘ《べ》シ。悪人ニハ、二世《にせ》一毫《いちごう》ノ善種《ぜんしゅ》サラニナキ者《もの》モアルヘ《べ》シ。今ノ義ナラハ《バ》、是等《これら》ノ類《たぐい》ハ本願ニモレン」ト申《もう》サレケリ。尊老《そんろう》ノ給《たまい》ケルハ、「頓教一乗《とんぎょういちじょう》ノ極談凡《ごくだんぼん》愚済度《ぐさいど》ノ宗旨《しゅうし》ヲ立《りゅう》スルトキ、タ《ダ》、ヲ《オ》シヘ《エ》テ念仏ヲ行セ《ぎょうぜ》シムルニアリ。ソノ出離《しゅつり》ノ機《き》ヲサタ《ダ》メンニヲ《オ》

善知識の説く教えを聞き信心を得て念仏を行じる人は、そうなった宿縁《しゅくえん》（過去の世からの因縁）を喜ぶべきです」とおっしゃったところが、唯善大徳がこれを非難されてこういった。「念仏を称えて極楽に往生する道理として、決して宿善の有る無しを言うべきではない。まさしく教化される機《き》（素質）を言うと、それはあらゆる世界の衆生であります。その中に善悪二つの機《き》（素質）が収められている。善人にはまことに過去・現在にわたる善根《ぜんごん》（よい報《むく》いを受けるべき善い行い）もあることだろう。悪人には現世から来世にわたって全くごくわずかな善い種《たね》もない者もあるであろう。今言われる道理ならば、これらの人々は阿弥陀如来の本願にもれることになる」と申された。これに対して尊老（覚如上人）がおっしゃったことには、「親鸞聖人が、すみやかに悟りを得る究極の完全な教えで、愚かな凡夫が救われるという宗派の趣《おもむ》きを立てた

イテ、トヲ《オ》ク宿善ヲタツヌ《ズ》ヘ《ベ》カラサ《ザ》ル事ハシカナリ。他《た》師《し》下《げ》三品《さんぼん》ノ機《き》ヲ判《はん》ス《ズ》トシテ、始《し》学《がく》大乗《だいじょう》ノ人《ひと》ナリトイヘ《エ》ルヲ、宗家《しゅうけ》破《は》シテ遇悪《ぐあく》ノ凡夫ト釈《しゃく》セラル、ハ此意《このこころ》ナリ。サレハ《バ》大経《だいきょう》ノ文《もん》ニ、雖《いえども》二一世勤苦《いっせのごんくは》須臾之《しゅゆの》2間《あいだなりと》一、後生《のちにむまる》二無量寿《むりょうじゅ》仏国《ぶつのくにに》一トイヘ《エ》ル。一世《いっせ》ノ修行ニ依《より》テ九品《くほん》ノ往生ヲウルコトハ其義《そのぎ》勿論《もちろん》ナリ。アラソフ《ウ》所《ところ》ニアラス《ズ》。タ《ダ》、シ退《しりぞい》テコレヲイフ《ウ》ニ、往生ヲウルコトハ、念仏ノ益《やく》ナリ。教法《きょうぼう》ニアフ《ウ》コトハ宿善功《しゅうぜんのこう》ナリ。モシ宿善《しゅうぜん》ニアラス《ズ》シテ直《ただち》ニ法ニアフ《ウ》トイハ《バ》、、ナンソ《ゾ》諸仏ノ神力《じんりき》、一

時、唯《ただ》念仏を行《ぎょう》ずるよう教えたとある。その迷いの世界を離れ出るきっかけを定めることに関して、遠く過去の世に修《おさ》めた善い行いを探《さぐ》ることができないことはその通りである。他流の僧侶が、『観無量寿経』に説かれる下三《げさん》品《ぼん》(下上品・下中品・下下品)という対象を明らかにするということで、初めて大乗仏教を学ぶ人であると言っているのを、宗祖上人が論破して『遇悪《ぐあく》の凡夫(悪に遇った凡夫)』と解釈されているのは、こういう意味であります。だから『大無量寿経』の文(下巻弥勒の領解)に、『一生涯勤め励み苦しんだとしても、それはほんの束《つか》の間の事であって、後の世では無量寿仏の国に生まれる』と説かれている。一生涯の修行によって、極楽浄土の九通りの往生を得るというのは、その教えとして言うまでもない。争うようなことではない。けれども一歩引いて言うと、極楽に往生することができるのは、念仏の利益《りやく》によるの

時ニ衆生ヲツクシ、如来ノ大悲《だいひ》、一念ニ菩提《ぼだい》ヲエシメサ《ザ》ル。シカルニ仏教ニアフ《ウ》ニ遅速《ちそく》アリ、解脱《げだつ》ヲウルニ前後《ぜんご》アルハ、宿善《しゅうぜん》ノ厚薄《こうはく》ニコタヘ《エ》修行ノ強弱《ごうにゃく》ニヨル。コノユヘニ経《きょう》ニハ、若人《もしひとなくしては》無二善本《ぜんぽん》一不《ず》レ得《え》レ聞《きくことを》二此経《このきょうを》一トモ、宿世《しゅうせにみるもの》見二諸仏《しょぶつを》一楽聴《ねごうてきく》二如《ごとき》レ是教《かくのきょうを》一トモトケリ。就《なかん》レ中《ずく》和尚《かしょう》清浄覚経《しょうじょうがくきょう》ノ文《もん》ヲ引《ひき》テ、信・不信ノ得失《とくしつ》ヲアカシタマヘ《エ》リ。コレスナハ《ワ》チ不《ふ》信者《しんのもの》ハコノ説ヲ聞テ慚愧《ざんき》ヲイタシ、自身ヲハゲマサンカ《ガ》タメ、モトヨリ信順ノモノハイヨ〳〵堅《けん》持《じ》シテ、怯弱《こうにゃく》ノコヽロヲノソ《ゾ》カン

である。教えに遇《あ》うことは宿善の効果である。もし宿善でなくて、直接法に遇《あ》うというのならば、どうして諸仏の神通力が短時間に衆生を救済し尽し、如来の大悲（大いなるあわれみ）が一瞬の信心に悟りを得させなさるのだろうか。それなのに仏教に遇《あ》うのに遅い速いがあり、解《げ》脱《だつ》を得て煩悩から解放されるのに前後があるのは、宿善の厚い薄いに応じて修行が強くなるか弱くなるかによるのであります。こういう訳《わけ》で経には、『もし人が前世で善い行いを積んでいなければ、この教えを聞くことはできない』とも、『前世に仏がたを仰ぎ見た者は、喜んでこの教えを聞く』とも説かれている。中でもとりわけ、善導和尚は『往生礼讃《らいさん》』（初夜讃）で、『無量清浄平等覚経《むりょうしょうじょうびょうどうがくきょう》』の文を引いて、信心を得るか得ないかのいわれを明らかにしておられる。これはとりもなおさず、不信心の者はこの教えを聞いて恥じ入り、わが身を励まそうとするた

カ《ガ》タメナリ。仏説ステ《デ》ニ炳焉《へいえん》ナリ。イカテ《デ》カ宿善《しゅうぜん》ナシトイハ《ワ》ン」ト。唯公《ゆいこう》、又《また》「サテハ念仏往生ニハアラテ《デ》宿善《しゅうぜん》往生ニコソ」ト申《もう》サレケレハ《バ》、尊老又《そんろうまた》「宿善《しゅうぜん》ノ当体《とうたい》ヲモテ往生ストイフ《ウ》事《こと》ハ、始《はじめ》ヨリ申《もう》サネハ《バ》、宿善《しゅうぜん》往生トカケ《ゲ》リオホ《オ》セラル、ニオヨハ《バ》ス《ズ》。往生ノ因《いん》ハ、宿世《しゅうせ》ノ善モナラス《ズ》今生《こんじょう》ノ善モナラス《ズ》、教法《きょうぼう》ニアフ《ウ》コトハ、宿善《しゅうぜん》ノ縁《えん》ニコタヘ《エ》、往生ヲウルコトハ、本願ノ力《ちから》ニヨル。聖人マサシク遇獲信心遠慶宿縁《ぐぎゃくしんじんおんきょうしゅうえん》[3]ト釈《しゃく》シ給《たまう》ウヘ《エ》ハ、余流《よりゅう》ヲクミナカ《ガ》ラ相論《そうろん》ニヲ《オ》ヨヒ《ビ》カ《ガ》タキ歟《か》」ト云々。其後両方《そののちりょうほう》

めで、元から教えに信じ順《したが》っている者は、増々固く保つように、臆病で弱い心を除こうとするためである。このように善導の教えにすでに明らかである。どうして、宿善が無いと言えるだろうか」と。唯善公はまた非難して、「それなら念仏往生ではなくて宿善往生であることよ」と申されたので、尊老（覚如上人）は更にまた、「宿善のままで往生するということは始めから申していないので、宿善往生と好ましくなくおっしゃる必要はありません。往生のもととは、過去の世の善によっても不可能であり、今生《こんじょう》（この世）の善によっても不可能であります。教えに遇《あ》うことは宿善の縁に応じ、往生することができるのは、阿弥陀如来の本願の力によるのです。親鸞聖人がまさしく『遇獲信心遠慶宿縁《ぐぎゃくしんじんおんきょうしゅくえん》（たまたま信心を得たならば、遠く過去の世からの因縁《いんねん》を喜《よろこ》ばねばならない）』と解釈されている以上は、他宗派の教えを取り入れながらの論じ

問答《もんどう》ヲヤメ、タカヒ《ガイ》ニ言説《ごんせつ》ナカリケリ。

合いはできないでしょう」と言った。その後どちらも問答をやめ、互いにものを言わなくなった。

注

1—宿善の語は一般に「しゅくぜん」と発音されるが、『最須敬重絵詞』の本文では「しゅうぜん」（旧仮名遣いでは「しふぜん」）と表記されているので、それに従った。

2—時間の単位を表わす仏教語に由来する。転じて、短時間・瞬間・束の間を表わす。

3—『教行信証』後序

史料②『慕帰絵』第五巻

写真『真宗重宝聚英』（同朋舎メディアプラン）

写真A、大谷北殿で対談する覚恵・覚如父子

写真B、大谷南殿で遊興にふける唯善

（二）陰謀の発覚

―史料『存覚上人一期記』―

覚恵・覚如上人父子と唯善が、大谷廟堂の北殿と南殿に隣り合わせて生活を始めてから五年程の歳月が経《た》った。正安《しょうあん》三年（一三〇一）覚如上人三十二歳唯善三十六歳の年、新たな事態が生じて来た。唯善の陰謀が発覚したのである。

覚如上人が唯善の陰謀を知ったのは鹿島門徒の長井導信《ながいのどうしん》[1]の上京によってであった。すでに『報恩講式』『親鸞聖人伝絵』を製作していた覚如上人の才能は、東国の門徒集団の間でも高く評価されたようである。導信もやはりそんな上人の才能を期待して、出羽国《でわのくに》より法然上人伝の製作を依頼しに来たのであった。そうして作られたのが『拾遺古徳伝《しゅういことくでん》』である。「拾遺《しゅうい》」とは、「取り忘れたところを拾《ひろ》う」という意味で、それまでの法然上人伝に取り上げられることの無かった、親鸞聖人の記事を加えた法然上人伝である。製作はかなり短期間に行われ、正安《しょうあん》三年（一三〇一年）十一月十九日からわずか十七日間で仕上げられたという日付[2]が伝わっている。『拾遺古徳伝』は間もなく絵巻物化されて、関東を中心にかなり流布したようで、今日でも覚如上人在世中のものとして常福寺[3]（浄土宗）の完本と無量寿寺[4]（本願寺派）を始めとする三種類の残欠本が伝えられている。

このように『拾遺古徳伝』のために上京していた長井導信《ながいのどうしん》[5]から、覚如上人はとんでもない事を聴かされたのである。唯善が父親禅念からの譲状《ゆずりじょう》があると偽り、廟堂の相伝を認める院宣《いんぜん》（上皇の意を体した役人が出す文書）を手に入れたというのである。唯善は大谷南殿だけでは満足できず、ついに大谷廟堂まで手に入れようとの陰謀をめぐらせたのである。事態はもはや放置しておけない状況であった。

唯善が大谷御影堂を我が物にしようとした出来事は、唯善事件と称されるが、この事件の顛末を始めとして、長男存覚を義絶した経緯については、これまで拠り所として来た『慕帰絵』『最須敬重絵詞』には、一切触れられていない。

『慕帰絵』を見てみると、全十巻のうち第五巻第三段から第九巻までは、覚如上人が熱心だった和歌や名所訪問のことが取り上げられたいる。例えば、第五巻第三段には『閑窓集』という自作の和歌集（現存しない）製作のことが綴られ。第六巻には京都北野天満宮の聖廟に他の親王・公卿・僧侶達とともに和歌・漢詩を捧《ささ》げた時のことが、第七巻には紀州玉津島明神や南都春日大社に詣でて和歌を詠んだことが、第八巻には大原《おおはら》勝林《しょうりん》院《いん》や大谷《おおたに》の竹杖庵で和歌を詠んだ時のことが、更に第九巻には天橋立を見物したことが詳しく綴られている。

したがって、以下は覚如上人の伝記ではなく、長男存覚上人が記録した『存覚上人一期記』や西本願寺等に伝えられる古文書によって、本願寺における出来事を追ってゆきたい。

注

1—『親鸞聖人門侶交名牒』によれば、順信房の孫弟子に当たる。『存覚上人一期記』には道信と表記されているが、正安四年(一三〇二)の『門弟等連署状案』や『親鸞聖人門侶交名牒』では導信と伝えられていて、導信の方が正しいと見られる。

2—大阪府門真市願得寺の『拾遺古徳伝』古写本(南北朝時代)より知られる。

3—茨城県那珂市瓜連。ここの『拾遺古徳伝』はかつて那珂市本米崎《もとこめざき》の上宮寺(本願寺派)に所蔵されていたが、水戸藩主徳川光圀からの所望で、その手に渡り、更に水戸徳川家の菩提寺であった常福寺に寄進されている。

4—鹿島門徒の本拠地、茨城県鉾田市鳥栖《とりのす》。

5—無量寿寺本は原本が完成して間もない頃の作であるが、残念なことに慶長十三年(一六〇八)に火災に遭い、その多くを消失してしまっている。今一つは以前兵庫県芦屋市の某家に伝来していた良本だったが、現在では海外も含む複数箇所に分蔵されてしまっている。残る一本は、新潟県小千谷市西脇家に所蔵されるもので、やはり巻八のみが残されている。

史料　『存覚上人一期記』正安三年（一三〇一）存覚上人十二歳の条

本文

十二歳〈正安三〉冬比《ごろ》、長井道信《ながいのどうしん》〈鹿島門徒〉依《より》二黒谷伝《の》〈九巻〉新草所望《しんそうしょもうに》一在京《ざいきょうす》。仍《よって》大上令《しめ》レ草《そうせ》レ之給《これをたまう》。其次《そのついでに》道信申《もうして》云《いわく》、「唯公《ゆいこう》称《しょうして》レ有《ありと》二禅念坊譲状《ゆずりじょう》一、宛《あて》二唯公身《のに》一、被《るるの》レ掠《かすめ》二賜《たまわら》院宣《を》一之由《よし》、有《あり》二其聞《のきこえ》一。随而《したがって》被《るる》レ構《かまわ》二管領《かんれいの》之所存《しょぞんを》一歟《か》。此事《このこと》不《ず》レ可《べからしかる》レ然。其故《そのゆえ》者《は》当《とう》敷地《は》

訳文

存覚上人十二歳の正安三年（一三〇一年、覚如上人三十二歳）冬のころ、長井道信《ながいのどうしん》[1]（鹿島門徒）が黒谷法然上人の伝記（『拾遺古徳伝《しゅういことくでん》』九巻）を覚如上人に新たに執筆してほしいとの願いのために、京都に滞在していた。そこで大上《だいじょう》（覚如上人）はこれを執筆された。その折に道信が申したことには、「唯善公は、禅念坊からの譲状《ゆずりじょう》があると称して、唯善公に宛てて不正に院宣を頂いておられるとのことが噂《うわさ》されています。それゆえ、廟堂の支配権を掌握しようとの考えをたくらんでおられるのでありましょうか。このことは間違っています。といいますの

為《ために》レ建二立《せんが》上人《の》御影堂《を》一、覚信比丘尼《びくに》於《おいて》二門弟中《に》一可《べきの》二管領《す》一之由《よし》、寄進状顕然《にけんぜんなり》也。而《しかるに》構《かまえ》二謀書《ぼうしょを》一被《るるの》レ称《しょうさ》二禅念坊譲与状《と》一之条《じょう》、母子《ぼし》敵対《し》、未来之《の》牢籠《ろうろうなり》也。此事争不《このことあらそいてざる》レ被《れ》二申被《もうしひらか》一哉《やと》」云々

は、この廟堂の敷地は、親鸞聖人の御影堂を建立するために、覚信比丘尼（覚信尼）が門弟中で管領《かんれい》（支配）するようにされたものであることが、寄進状に明らかであります。それなのに偽《にせ》の文書を作り、禅念坊譲与状と称せられるので、母と子が敵対することとなり、将来面倒な問題が起こることになるでしょう。この事をどうして争って弁明しないでおかれるのですか」と言った。

注　①―導信、順信の孫弟子で羽前長井吉田（山形県東置賜郡川西町）に住んでいた。

（三）唯善の言上書《ごんじょう》

―**史料**『唯善申状《もうしじょう》案』―

唯善が院に言上書《ごんじょうしょ》史料を提出して廟堂の相伝を認める院宣を手に入れたのは、ある事件がきっかけだった。事件を起こしたのは言上書に「何も関係のない分不相応の連中」とあ

る人物、すなわち親鸞聖人の血筋を引く源伊《げんい》とその弟の光昌《こうしょう》という二人の僧侶であった。源伊《げんい》は、親鸞聖人の子息の一人と見られる即生房《そくしょうぼう》の外孫に当たる人物で、初め比叡山の堂僧を勤めていたが、ゆえあって聖人の弟尋有《じんう》の坊舎であった善法院（三条富小路）を相伝していた。また弟の光昌《こうしょう》は曼殊院《まんしゅいん》1の慈順僧正の坊にいた。この光昌が大谷廟堂を兄が支配すべきであると天台座主（良助法親王）に訴えていたのである。事件は覚恵の弁明により事無きを得たが、何とこの出来事が唯善に格好の口実を与えることとなった。すなわち、唯善の言上書というのは、そうした源伊兄弟の要求を差し止めるためと称して提出されたもので、そこに何と、大谷廟堂が父禅念から相続した土地であるという、偽りの内容が記されていたのである。おそらくこの時、言上書といっしょに偽《にせ》の譲与状も提出されたものであろう。それに対して院の方では、その内容を充分に検討もせずに、唯善の嘆願に従って院宣を下してしまっていたようである。

この事態に覚恵側は、早急な対応を迫られた。

注　1──室町時代に天台宗の門跡寺院となる。

史料『唯善申 状《もうしじょう》案』高田派本山　専修寺蔵

本文

僧唯善謹言上《つつしんでごんじょうす》

欲《ほっする》下早《はやく》任《まかせて》二由緒《ゆいしょ》相伝《そうでんの》道理《どうりに》一、下《くだし》二賜安堵院宣《たまわりあんどのいんぜんを》一、被《られんと》上レ停《ちょう》二止源伊《じせげんい》律師等《とうが》非《ひ》分競望《ぶんのけいぼうを》一、大谷坊地間《のあいだの》事。

右件坊地者《みぎくだんのぼうちは》、親父禅念相伝《しんぷぜんねんがそうでんの》私領也《なり》。而吾祖《しかるにわがそ》□《し》親鸞為《として》二法然上人《の》弟子一、伝《つたえ》二浄土深義《のじんぎを》一、勧《すすむ》二□□(末世)《まっせの》浅機《せんきを》一。仍《よって》禅念以《もって》三帰《き》二敬仏法《きょうするをぶっぽうに》一、祖師没後《そしのもつごに》、於《おいて》二別相伝《べつそうでんの》大谷敷地《に》一、去文永第《いんしぶんえいだい》九暦《くのれき》、与《と》二門弟等《ら》一合《ごう》《あはせて》レ力《りょくして》《ちから》、建二‐立《し》一《ひとつの》草堂《そうどうを》一、安二置《す》彼《かの》影

訳文

僧唯善が謹《つつし》んで申し上げる。

すみやかに代々伝えられて来た筋道の道理に従い、安堵《あんど》（土地の支配を承認する）の院宣《いんぜん》を下《くだ》して頂き、源伊《げんい》律師らの分不相応の望みを差し止められるようにと願う、大谷坊舎の土地に関する事。

右に述べた坊舎の土地は、父親禅念が伝え継いだ私有地である。けれども我《わ》が祖師親鸞が法然上人の弟子として、浄土の深い教義を伝え、末法の世の機（素質）の浅い者を仏法に帰依させた。そのため（父）禅念は仏法を信じ敬うところから、祖師（親鸞）の没後に別に伝え継いで来た大谷の敷地に、去る文永九年（一二七二）門徒たちと力を合わせて一つの草堂を建立し、彼《か》の聖人の姿を写した影像を安置した。そして同じ文永の年の十二年（一二七五）に死去したのであ

像《を》一、同《おなじき》十二年《に》死去畢《しおわんぬ》。唯善為《たるの》二一子《いっし》一之間《あいだ》、相伝管領《そうでんかんれいしてより》以来《このかた》、云《いい》二坊地《と》一、云《いい》二影堂《と》一、已《すでに》送《おくる》二数十ヶ廻《すじゅうかかいの》之星霜《せいそうを》一者也《ものなり》。爰《ここに》員外非分《いんがいひぶんの》之輩《ともがら》、動《ややもすれば》寄《よせて》二事《ことを》於左右《さうに》一、致《いたすの》二希望《けもうを》一之条《じょう》、存外《ぞんがいの》之次第也《しだいなり》。所レ詮《ところせんずる》、停《ちょう》二止猛悪非分競望《じしてもうあくひぶんのけいぼうを》一、唯善永為《ながくために》三全《まったくせんが》二相伝管領《そうでんかんれいを》一、欲《ほっす》三申《もうし》二賜《たまわらむと》安堵院宣《あんどのいんぜんを》一。仍粗言上如《よてほぼごんじょうごとし》レ件《くだんの》。

正安三年十二月　日

る。唯善は嫡子《ちゃくし》であるのでこれを受け継いで支配し、以来坊舎の土地にしても影堂にしてもすでに数十年の年月を経《へ》ているのである。ここに、何も関係のない分不相応の連中が、どうかするととやかく口実をつけて土地の支配を望むことは、思いの外のなりゆきである。つまるところ、乱暴でよからぬ分不相応なわれがちな望みを差し止めて、唯善が永久に土地を伝え継いで支配をまっとうするために、安堵の（土地の支配を承認する）院宣を頂戴したいと願うのである。そういうわけで、大体申し上げることは以上の通りである。

正安三年（一三〇一）十二月　日

（四）大谷安堵の院宣下る

—史料『存覚上人一期記』—

覚恵はそこで、院宣の授与に直接携《たずさ》わった参議六条有房《ありふさ》の屋敷を訪ねた[史料①]。院宣が下された時の事情を尋ねようとしたのである。案の定六条有房は、唯善の提出した禅念の譲状を本物と思い込み、処置してしまっていたことが判明した。またその際禅林寺（南禅寺）の長老規庵《きあん》[1]（一二六一～一三一三年）が動いたというのであるから、おそらく唯善が資金を集めて働きかけたものであろう。ともかく院宣が改められる見通しがついたので覚恵は有房亭を引き上げたのであった。

早速翌乾元《けんげん》元年（一三〇二）、院宣を改めさせるべく段取りがとられた[史料②]。覚如上人が使者となって東国から募金を集め、六条有房の好意もあって、ようやく大谷安堵の院宣が下ったのである。その際有房は、当時身分卑しい連中と目されていた東国の門徒等《ら》の宛名にすることに難色を示したが、覚恵が懇切に説明し要望したので、希望通り「親鸞上人門弟御中」とされた。院宣の正本は今でも京都西本願寺に所蔵され、正安四年[2]二月十日の日付が付されている。なお当初この正本は鹿島門徒の指導者順性《じゅんしょう》房[3]が預かっていたようで、そのことを記す順性の同年四月十五日付の書状が、これまた京都西本願寺に伝わっている。

注　1―禅林寺（南禅寺）開山

2―乾元元年と同年。古来より亀山院の院宣と称せられるが、当時院政を行っていたのは後宇多院である。

3―順信の弟子

史料①『存覚上人一期記』正安三年（一三〇一）存覚上人十二歳の条

本文

…仍《よって》大々上《だいだいじょう》入《にゅう》二御《ぎょ》左《さ》大弁宰《だいべんさい》相《しょう》有房卿亭《に》一、是《これ》千草《ちぐさの》先祖也《なり》。宗真法印《の》引導也《なり》。被《るるの》三申《もうし》二述《のべら》上件《の》子細《を》一之処《ところに》、彼《かの》卿云《のいわく》、「任《まかせ》二禅念《の》譲書《ゆずりしょに》一畢《おわんぬと》」云々。被《れて》レ申《もうさ》云《いわく》、

訳文

そこで大々上（覚恵）は左大弁参議六条有房《ろくじょうありふさ》[1]（一二五一～一三一九年）亭にお入りになった。この人は千種《ちぐさ》家の先祖である。宗真法印が仲介してくれた。上記の件の詳しい事情を申し述べたところ、その有房卿は「禅念の譲状《ゆずりじょう》に従って処置した」と言った。大々上（覚恵）が申されるには「譲状《ゆずりじょう》と

「譲状《ゆずりじょうの》之事不実也《なり》。若令《もしらるれば》二備《び》進《しんせ》一者是謀書也《これぼうしょなり》。出《いだざるる》二門弟中《へ》一覚信寄進状顕然也《けんぜんなり》。若彼卿《もしかの》被《らるる》二御覧《ごらんぜ》一歟《かの》」之由被《よしるるの》レ仰《おおせら》之処《ところ》、「無《なし》二其儀《そのぎ》一。禅林寺長老《の》規庵《きあん》依《よりて》レ被《らるるに》二申沙汰《もうしざたせ》一、無《なく》二左右《そう》一勅許《あり》、被《れ》レ出《いださ》二符案《ふあんを》一可《べきのかき》レ書二進《すすむ》院宣《を》一之由被《よしるるの》二仰下《おおせくださ》一之間《あいだ》、任《まかせ》レ案計也《にはかるなり》。重被《かさねてるれば》二申披《もうしひらか》一者、定《さだめてべきかの》可レ帰《きす》二正理《しょうりに》一歟」之由《よし》返答《あり》。仍令《よってしめ》二帰坊《きぼうせ》一畢《おわんぬ》。

いうのは嘘です。もし用意して進上しているというのならば、それは偽造した文書であります。門弟中宛てに出された覚信（覚信尼）の寄進状は疑う余地のない明らかなものです。本当にその譲状をご覧になられているのですか」とおっしゃったところ、「そのようなことはありません、禅林寺の長老規庵《きあん》が直接後宇多院《ごうだいん》[2]に申し立てたので、とやかく言うこともなく勅命による許可があり、院宣の案文が出されて、この通りに院宣を書き進めるようにとの仰せが下されたので、案通りに計ったのであります。再度弁明されれば、きっと正しい道理が通りましょう」と返答があった。そういうわけで（覚恵は）坊舎に帰られたのであった。

注　1——久我通光の五男通有の子息。
2——上皇在位一三〇一～〇八年および一三一八～二一年。

史料②『存覚上人一期記』乾元元年（一三〇二年）存覚上人十三歳の条

本文

十三歳乾元々、為《して》二大々上《だいだいじょう》御使節《と》一、大上為《だいじょうために》下勧《かん》中進可《じんせんがべき》二申披《もうしひらく》一之料足《りょうそくを》上、御《ご》－下《げ》二－向《こうし》東国《へ》一、無《なく》レ幾《いくばく》則《すなわち》帰洛《きらくす》。仍《よって》被《れ》三申《もうし》二下《くださ》院宣《を》於当方《に》一畢《おわんぬ》。其詞《そのことばに》云《いわく》、「親鸞上人影堂敷地《の》事、依《より》二山僧濫妨《らんぼうに》一、唯善歎申《なげきもうすの》之間《あいだ》、雖《いえども》レ被《るると》レ下《くださ》二院宣《を》一、所詮任《しょせんまかせ》二尼覚信置文《のおきぶみに》一門弟等《らの》沙汰《さた》不《ず》レ可《べから》レ有《ある》二相異一。者《てえれば》依《よりて》二院宣《に》一所《ところ》レ仰如《おおせのごとし》レ件《くだんの》。正安四年月日、参議有房卿判、親鸞上人門弟等中《へと》」。付《つきて》二此宛所《このあてどころの》事《に》一彼卿《かのきょう》被《れて》レ申云《もうさいわく》、「可《べきは》レ進《すすむる》二貴辺《きへんに》一如何《いかんと》」

訳文

存覚上人十三歳の年乾元元年《けんげん》（一三〇二）、覚如上人は大々上（覚恵）の使者となって、院に再度弁明すべく、その費用を募金するために東国に下り、程なくして京都へ帰った。そういうわけで、院宣を覚恵の側に下されたのであった。その院宣の言葉には次のようにあった。「親鸞上人の御廟堂の敷地のことは、比叡山の僧侶（源伊）の無法な行為のために、唯善が嘆願したので、院宣を下したとはいうものの、結局覚信（覚信尼）の置文に従って、門弟等《ら》が支配すべきであることに相違ない。というわけで院宣によって右の通り御命令になられる。正安四年（一三〇二）月日参議有房卿判、親鸞上人門弟等《ら》中」。この宛名を誰にするかについて、その有房卿が申されるには、「貴殿に与えるようにしてはどうであろうか」と。この時大々上（覚云々《うんぬん》。爰《ここに》大々上《だいだいじょう》被《られて》レ仰《おおせ》云《いわく》、「当方唯公共《ともに》以《もって》非《あらず》レ可《べきに》二自専《じせんす》一。覚信《の》置文顕然之《おきぶみけんぜんの》上《うえ》者《は》可《べきと》レ宛《あつ》二門弟中《に》一」云々《うんぬん》。爰彼《ここにかの》卿云《いわく》、「所《ところ》レ被《るる》レ申《もうさ》、廉直《れんちょく》之《の》至《いたり》尤《もっとも》可《べし》レ然《しかる》。但《ただし》彼《かの》上人《の》門徒《は》一向《いっこう》在家下劣《げれつの》輩《やから》也《なり》。然者《しかれば》書《かくの》二門徒中《と》一之条不《じょうずと》レ可《べから》レ叶《かなう》」云々。其時被《そのときれて》レ申《もうさ》云《いわく》、「以前所《ところの》レ被《るる》レ下《くださ》二唯善《に》一之院宣《いんぜん》以《もって》可《べし》レ為《たる》二同前一。強《あながち》彼《かの》門徒《は》一向非《あらず》レ可《べきに》二下劣《なる》一。況《いわんや》唯公又《また》門徒《の》之随一《ずいいち》也《なり》。然者《しかれば》彼《かの》時所《ところの》レ被《らるる》レ載《のせ》唯公《は》、与二彼《かの》門弟《と》一更不《さらにざるの》レ可《べから》レ有《ある》二勝劣《しょうれつ》一」之由《よし》、詳《つまびらかに》被《るるの》レ申《もうさ》之間《あいだ》、伏《ふし》レ理《りに》任《まかせ》レ望《のぞみに》被《れ》レ書《かき》二下《くださ》門弟等中《と》一畢《おわんぬ》。

恵）がおっしゃるには、「自分の方も唯善公の方も共に自分のほしいままにすべきではありません。覚信（覚信尼）の置文が明らかなものであるからには、門弟中に宛てるべきであります」と。この時有房卿が言うことには、「申されることは、私欲がなく正直《しょうじき》の極みでいかにももっともである。ただし、彼《か》の親鸞上人の門徒は、まったく在家の身分卑《いや》しい連中である。だから、門徒中と書くことは許されない」と言った。その時大々上（覚恵）が申されることには「それでは以前唯善に下された院宣と同じになってしまうでしょう。必ずしも彼《か》の門徒は身分が卑しいとばかりは言えません。まして、唯善公もまた門徒の中の一人であります。ですから、その時宛名として載せられた唯善公とこの門徒と、少しも優劣があってはなりません」とこのことを詳しく申されたので、道理に従って望んだ通りに門弟等中と書き下されたのであった。

（五）東国の門弟等の連署状

――史料『門弟等連署状案』――

大谷安堵の院宣は下りたものの、いつまた唯善が同じような陰謀をめぐらせるか分からない状況であった。そこで東国の門弟達は、覚恵の廟堂御留守という地位を確認すべく連署状《史料》を認《したた》めた。署名した門弟は全部で二十一名であったが、その内容を見ると門徒集団全体というよりは覚恵を支持する門徒集団という色合いが濃い。すなわち、順性を筆頭とする鹿島門徒が八～九名、光信源海を中心とする荒木門徒が三名、法智を中心とする安積門徒が二名、田中の明信を中心とする勢力三名などを見出すことができる。この時すでに東国門徒集団の中には、覚恵を支持する勢力と、唯善を支持する勢力、そして中間の勢力が作られていたことが窺われるのである。

史料『門徒等連署状案』　京都西本願寺蔵

本文

親鸞上人御影堂敷地事《の》、任《まかせ》二故《こ》覚信御房置文《のおきぶみに》
一、進退不《しんだいざるの》レ可《べから》レ有《ある》二相違一之由《よし》、宛《あて》二御門徒等《に》
一　忝《かたじけなくも》被《れ》レ下《くださ》二院宣仰《のおおせを》一　候条《そうろうのじょう》、尤以《もっとももって》
畏入候《おそれいりそうろう》。早《はやく》安二置《して》門弟等中《に》一、殊可《ことにべく》レ奉《たてまつる》二
尊仰《そんごう》一　候者也《そうろうものなり》。然者《しかれば》、如《ごとく》二日来《ひごろの》一、覚恵御房
御影堂之《の》御留守《なること》、更不《さらにず》レ可《べから》レ有《ある》二相違《そうい》一。此旨《このむね》
等可《とうべく》レ有《ある》二御存知一候《そうろう》。仍連署之《よってれんしょの》状如レ件《じょうごとしくだんの》。
正安四年四月八日

順性　在判
直信　在判
鏡願　在判
妙性　在判
来信　在判
敬信　在判

訳文

親鸞上人御影堂の敷地の事については、故覚信御房（覚信尼）の置文通り、その土地の寄進に相違ないとの院宣の御命令が、おそれ多くも御門弟等宛てに下されました。いかにも勿《もっ》体《たい》なく思うことでございます。早速（この院宣を）門徒等の中に据《す》え置いて、崇め敬い申し上げることであります。だから日頃の通り、覚恵御房が御留守であることは、少しも相違あるはずはありません。このこと承知頂けますように。そういうわけで、門弟の連署状（門弟が連名で署名した書状）は以上の通りであります。

正安四年（一三〇二年）四月八日

導信　在判
唯浄　在判
信浄　在判
乗一　在判
慶西　在判
光信　在判
明信　在判
教覚　在判
西光　在判
法智　在判
信入　在判
覚念　在判
西善　在判
証信　在判
覚信　在判

順性　在判
（以下二十名省略）

第三節　新たな陰謀と廟堂占拠

(一)鎌倉幕府の下知状を得る唯善

―**史料**『存覚上人一期記』、『唯善書状』―

大谷廟堂まで我《わ》がものにしようとの唯善の陰謀は、一旦は挫《くじ》かれたかに見えたが、翌年また新たな陰謀がめぐらされた。今度は東国の親鸞聖人門流の指導者達を味方につけようとしたのである。

嘉元《かげん》元年(一三〇三)九月、鎌倉幕府から、当時諸国に横行していた時衆の人達の活動を禁止する御《み》教《ぎょう》書《しょ》が出された。唯善は早速関東へ下り、史料①この禁止令が親鸞聖人の門流へ及ばないように幕府へ工作する。鎌倉幕府は時衆の動きに目くじらを立てていたようで、親鸞門流が時衆とは違うことを幕府に認めさせるのに、かなりの金銭が必要だったようである。その多額の金銭を拠出《きょしゅつ》した中心人物は横曽根門徒の小針《こばり》の智信《ちしん》という人で、三百貫[1]という大金が用意された。他にもあちこちの門徒達が少しずつ金銭を出し合って、全部で数百貫という金が集められた。こうして、幾分の月日が費やされたものの、多額の金銭の甲斐あって、その年の内に幕府より親鸞門流を禁止の対象から除外するとの安堵の下知状を得るに到った。

ところがこの時、唯善はこの下知状の中に「唯善彼《か》の遺跡と為《し》て」〈**訳文** 唯善が親鸞聖人廟堂の相続者として〉という言葉を忍び込ませていたのである。これは最初から、その下知状を、自分が大谷廟堂の後継者であるお墨付《すみつ》きにしようと目論《もくろ》んでいたからに他ならなかった。

　鎌倉幕府の下知状を得たことは、すぐに門弟達に伝えられたようで、高田派本山専修寺には、当時七十九歳の顕智に宛てた唯善の書状[史料②]が残されている。この書状の中にも「親鸞上人の遺跡」〈**訳文** 親鸞聖人廟堂の相続者〉という言葉が見出されるが、高田門徒ばかりか全門徒集団にも大きな影響力を持っていた顕智への働きかけに、門弟達の多くを味方に引き入れようとする唯善の様子を見て取ることができる。

注　1——およそ現在の千六百二十万円程に相当する。

史料①『存覚上人一期記』嘉元元年(一三〇三)存覚上人十四歳の条

本文

於《おいて》二関東《に》一有《あり》二専修念仏停廃事《ていはいのこと》一。其時唯公《そのときゆいこう》竊《ひそかに》馳下《はせくだり》、以《もって》二巨多《きょたの》之料足《りょうそくを》一、被《れ》レ申《もうし》二成《なさ》安堵之《の》御下《ごげ》知《ちを》一了《おわんぬ》。横曽根《よこぞねの》門徒小針《こばりの》智信《ちしん》出《いだし》二三百貫《を》一、其外《そのほか》勧《かん》二進《じん》所々《しょしょに》一、以《もって》二数百貫《を》一被《るるの》レ申《もうさ》之間《あいだ》、無《なし》二相違《そうい》一。其《その》文章《に》、「仮令《たとい》於《おいては》二親鸞上人《の》門流《に》一者、非《あらず》二諸国横行之《おうこうの》類《たぐいに》一。在家《ざいけ》止住《しじゅうの》之土民《どみん》等《ら》勤行《ごんぎょうするの》之条《じょう》、為《して》レ国無《となく》レ費《ついえ》、為《して》レ人無《となし》レ煩《わずらい》。不《ざるの》レ可《べから》レ混《こんず》二彼等《かれらに》一之由《よし》、唯善為《して》二彼《かの》遺跡《と》一所《ところ》レ申《もうす》非《あらざるの》レ無《なきに》二其謂《そのいわれ》一之間《あいだ》、所《ところ》レ被《らるる》二免許《めんきょせ》一如件《ごとしくだんの》。嘉元元年

訳文

関東で鎌倉幕府が専修念仏を禁止するという事[1]があった。その時唯善公は、こっそりと急ぎ関東へ下り、巨額の金銭を使って安堵《あんど》の(禁止の対象から外《はず》す)下知状《げちじょう》[2]を申請して手に入れられた。横曽根《よこぞね》門徒の小針《こばり》[3]智信《ちしん》は三百貫を出し、その外《ほか》あちこちで勧進《かんじん》(寄付を集めること)を行い、数百貫の金銭を使って申請したので、これは確かなことである。その文章には、「かりにも親鸞上人(聖人)の門徒については、諸国に横行している時衆の連中とは異なる。在家に止《とど》まって生活する土着の民《たみ》衆が勤行することは、国の損害とはならず、民の迷惑ともならない。彼《か》の時衆の連中と混同してはならない。このことについて唯善が親鸞聖人廟堂の相続者として遺跡を継いで申すことはもっともなことなので、以上の通り(禁止の対象か

月日、加賀守三善判」此《この》下知《げち》無《なし》二両所判形《りょうしょのはんぎょう》一、号《ごうすと》二政所下《まんどころくだしと》一云々。文章又非《またあらず》二遺跡成敗《いせきのせいばいに》一。然《しかれ》而《ども》為《ために》レ混《こんぜんが》二事《ことを》於遺跡《いせきに》一申《もうし》二成《なすか》之《これを》一歟。

ら）除外されるものである。嘉元元年（一三〇三）月日加賀守三善判」とある。この下知状に二ケ所の書き判は無い。政所下《まんどころくだし》と称するという。文章もまた大谷の遺跡の処置ではない。しかしながら、大谷の遺跡の事と混同させようとして、うまくこしらえて申したのであろうか。

注　1―嘉元元年（一三〇三）九月

2―鎌倉幕府最高の決定を伝える文書。執権と連署が将軍の意を奉じて出した。

3―小針は、埼玉県行田市あるいは同北足立郡伊奈町の地名と考えられている。

史料②『唯善書状』高田派本山専修寺蔵

本文

嘉元元年九月日、被《らるる》レ禁《きん》二制《ぜいせ》諸国横行人《のを》一御教書《みぎょうしょに》偁《しょうす》、「号《ごうし》二一向《いっこう》衆《しゅうと》一成《なすの》レ群《ぐんを》之輩《やから》横《おう》二行《こうするの》諸国《に》一之由《よし》、有《あり》二其聞《そのきこえ》一。可《べきと》レ被《らるる》二禁制《きんぜいせ》

訳文

嘉元元年（一三〇三）九月日の、諸国に横行する人を禁止する御教書《みぎょうしょ》[1]には、「一向衆と称して群集をなす連中が諸国にはびこっているとのことが噂されている。禁止されるべきである」などと述べられている。このために、一

二」云々《うんぬん》。因《よって》レ茲《これに》、混《こんじ》二一向之《の》名言《みょうごんを》一、不《ずは》レ論《ろんぜ》二横行不横行之《の》差別《しゃべつを》一、一向専修念仏及《およぶの》二滅亡《に》一之間《あいだ》、唯善苟《かりそめにも》依《よりて》レ為《たるに》二親鸞上人之《の》遺跡《いせき》一、且為《かつはために》レ興《おこす》二祖師之《の》本意《を》一、且為《かつはため》レ糺《たださん》二門流之《の》邪正《じゃしょうを》一、申《もうし》二被子《ひらきし》細《さいを》一、忝《かたじけなくも》預《あずかり》二免許御下知《めんきょのごげちに》一畢《おわんぬ》。早以《はやくもって》二此案文《このあんぶんを》一、披《ひ》二露《ろうし》于地頭方《じとうがたに》一、如《ごとくもとの》レ元可《べきの》レ被《らる》二興行《こうぎょうせ》一之状《じょう》如《ごとし》レ件《くだんの》。

嘉元二年十二月十六日沙門《しゃもん》唯善

顕智御房

向という名称が混同され、諸国を横行する者とそうでない者との違いを区別することがなければ、一向専修念仏を滅亡させてしまうことになる。そこで唯善は、かりにも親鸞上人（聖人）廟堂の相続者であるので、一方では祖師（親鸞聖人）の本意を表わすため、一方では門徒が正しい者かそうでないかを明らかにするために、詳しい事情を弁明して、かたじけなくもお許しの下知状を受けた。早くこの案文（写し）を地頭方に披露されて、元のように一向専修念仏を盛んにされるように。書状は以上の通りである。

嘉元二年（一三〇四）十二月十六日　沙門唯善

顕智御房

注　1――鎌倉幕府の将軍仰せを奉じて執権と連署が出す文書、下知状の補助的な役割を果たしていた。

（二）唯善を支持した門弟達

―史料『親鸞聖人門侶交名牒《もんりょきょうみょうちょう》』―

多額の金銭を拠出した小針《こばり》の智信《ちしん》を始めとする門徒指導者達は、主に唯善を支持する勢力であったとみられる。このような唯善支持勢力が、どの程度の人数であったかを知る手掛りとされているのが『親鸞聖人門侶交名牒《もんりょきょうみょうちょう》』である。『親鸞聖人門侶交名牒《もんりょきょうみょうちょう》』は親鸞聖人の門弟達の名前を書き連ね朝廷や幕府に報告したと考えられる名簿であるが、この中には唯善を支持した門弟達が「唯善与同《よどう》1」と記されている。峰岸純夫《すみお》2氏（一九三二年～）は「鎌倉時代東国の真宗門徒」という論文で、『親鸞聖人門侶交名牒《もんりょきょうみょうちょう》』の五種類の史料から二十六名の「唯善与同」の名前を拾い出している。彼等は常陸国河《ひたちのくにかわ》和田《わだ》を中心に下総国《しもうさのくに》、下野国《しもつけのくに》、武蔵国《むさしのくに》とかなり広範囲の有力門徒指導者で、小針《こばり》の智信が属する横曽根門徒もある程度加わっていたとすると、思いの外大きな勢力であったことが推測される。

注　1―「同意して力を貸す」という意味。

2―峰岸純夫氏は、都立大学名誉教授、日本中世史研究家。著書として、『中世社会の一揆と宗教』二〇〇八年発行の他多数がある。

史料『親鸞聖人門侶交名牒《もんりょきょうみょうちょう》』に見える、唯善支持の門弟達

所在	門徒名(系譜)	記載の「門侶交名牒」本
下総新堤	観法 (信楽)	B C E
〃幸島	実念 }(常念)	B C D E
〃幸島	慶信 }	Ⓓ Ⓔ
〃蕗田	智光 }	Ⓓ Ⓔ
〃蕗田	善智 }	Ⓓ
〃蕗田	妙性 }(善性)	Ⓓ
〃蕗田	覚源 }	Ⓓ
〃蕗田	覚円 }	Ⓓ
〃西宮	性覚 }(信性)	D Ⓔ
〃高野	覚智 }	D Ⓔ

注①
A 三河妙源寺本
B 常陸光明寺本
C 甲斐万福寺本
D 近江光照寺本
E 京都光薗院本
による。また、光照寺本・光薗院本で○印を付けたものは、原典に朱線で「唯善与同者」と示されているものである。

〃　高野	空性（慶覚）	Ⓓ
下総長沼（中）	明性（実名永賢）（信性）	A B C Ⓓ E
〃　長沼	信澄（信性）	D Ⓔ
〃　上野	誓願（尼法仏）	C D E
〃　上野	唯円（尼法仏）	Ⓓ Ⓔ
〃　上野	定信（尼法仏）	Ⓓ Ⓔ
〃　天命	唯仏（光信）	A
武蔵荒木？	覚証（光信-覚念）	E D
〃　川越	覚智（慶覚）	C E
〃　野田	覚念（西念）	C E D
常陸河和田	唯善（唯円）	A B C D E
〃　河和田	明円（唯円）	Ⓓ Ⓔ
〃　河和田	覚明（唯円）	Ⓓ Ⓔ
〃　河和田	慶信（唯円）	Ⓓ Ⓔ
〃　田中	性覚（西念）	E
〃　志田	道戒（西念）	E D

注②　（　）内は、師匠を示す。

※この表は、峰岸純夫氏「鎌倉時代東国の真宗門徒」昭和六〇年による。

（三） 唯善の廟堂占拠と覚恵の入滅

―**史料**『存覚上人一期記』―

鎌倉幕府の下知状という成果をあげた唯善は、いよいよ大谷廟堂を我《わ》がものにしようと謀った。具体的にどういうことが謀られたのか明確な記録は残されていないが、近年神田千里氏[1]（一九四九年～）は、この時唯善が東国門徒指導者達に、大谷廟堂の留守の役職に就任させてくれるように懇願したのではないか、と主張している。懇願といっても、既に父禅念の偽《にせ》の譲り状を使って大谷廟堂を我がものにしようとした唯善であったから、唯《ただ》頼んだだけでは門弟の承認は得られなかったであろう。そこで神田氏は、唯善が母覚信尼の寄進状を遵守するとの誓約[2]を文書に認《したた》めて提出したのではないかと推測する。大谷廟堂の留守役は、覚信尼の寄進状に[3]「しんらん上人の御でしたちの御心にかないて候は《わ》んものをば、この御はかどころをあづけたび候て…」〈**訳文** 親鸞上人の御《お》弟子の人達の御心にかなうものを（選んで）、この墓地を預け与えてくだされ…〉ある通り、建前《たてまえ》としては、門弟達に任命権があるが、同じ寄進状に[4]「このお墓あいつぎて候は《わ》んずるあまがこ」〈訳文　ここのお墓を受け継いでおりますでしょう尼の子〉とあるように、覚信尼の意向に添って長男の覚恵が留守役を勤めて来たのである。

けれども覚信尼が亡くなって二十年、東国の門弟達の世代も次々に交代し、覚信尼への親近感も薄らいでいたのかも知れない。唯善はそんな隙《すき》をついて東国門徒指導者達に訴え、大谷廟堂の留守役に就くべく、支持を取り付けようとしたのではなかろうか。

こうして、ある程度の支持を取り付けることに成功した唯善は、関東へ下って三年後の徳治元年（一三〇六）突然大谷廟堂へ乗り込んで来た[史料①]。そして、廟堂の鍵を渡し留守の役を譲るよう、覚恵と覚如上人に要求したのである。重病で床についていた覚恵の看病で、到底唯善と渡り合える状況になかった覚如上人は、止むなく廟堂を離れ妻の実家である教仏の家へ移った。そして、このことが体にたたったものか、徳治二年（一三〇七）四月十二日、とうとう覚恵はこの教仏の家で息[史料②]を引き取ってしまう。遺骨はひとまず京の西北、蓮台野芝築地にある日野広綱の墓の側《かたわら》に埋葬され、事件解決後に大谷廟堂へ移されることになる。

注　1――元東洋大学教授、日本中世史研究家。著書に、『一向一揆と真宗信仰』（一九九一年発行）、『信長と石山合戦』（一九九五年発行）等がある。

2―『青蓮院下知状案』（本書第四章第四節（三）史料②参照）に「門弟等に懇望状（意に背かないとする誓約書）などを出している」とあることが根拠とされる。

3―本書第一章第三節（二）史料①**訳文**参照

4―本書同前史料①**訳文**参照

史料①『存覚上人一期記』徳治元年（一三〇六）　存覚上人十七歳の条

本文

十七歳徳治元、今年《こんねん》唯善房騒乱《のそうらん》漸《ぜん》更《こうに》発《おこる》。霜月《しもつきの》之比《ころ》、大々上受《うくる》二重病《を》一御平臥《ごへいがの》之最中、奉レ乞《たてまつりこい》二御影堂《の》鎰《かぎを》一傲々《ごうごうの》之間《あいだ》、竊《ひそかに》逃《のがれ》出《いでて》令《しめ》レ移二住《せ》衣《え》服寺《ぶくじに》一給《たまい》了《おわんぬ》。…

訳文

十七歳の徳治元年（一三〇六）、この年唯善房の騒動がまたまた始まった。十一月の頃、大々上（覚恵）が重病にかかって床についている最中に、（唯善が）御影堂の鍵《かぎ》を渡すように求めて来て騒々《そうぞう》しいので、ひそかに逃げ出し、衣服寺《えぶくじ》あたりに移り住まわれた。…

史料②『存覚上人一期記』徳治二年（一三〇七）　存覚上人十八歳の条

本文

…大々上御入滅之《の》地者《は》、二条朱雀《すざく》衣《え》服寺《ぶくじ》也《なり》。彼所《かのところ》者教仏《僧》宿処《のしゅくしょ》也《なり》。是又先妣《これまたせんぴの》父也《なり》。先妣者《は》奉《たてまつる》レ宮《みや》二仕《づかえし》大々上《に》一。初播磨局《はじめはりまのつぼね》、後大夫《のちだいぶ》。予兄弟誕生之《の》後、号《す》二御上之《とこれを》一。四十六歳入滅《にゅうめつ》。

訳文

…大々上（覚恵）が御入滅された場所は、二条朱雀《すざく》の衣《え》服寺《ぶくじ》あたりである。そこは僧教仏の家である。この教仏はまた亡くなられた存覚の母（播磨局《はりまのつぼね》）の父である。この母はかつて大々上（覚恵）にお仕えした人で、初めは播磨局《はりまのつぼね》、後《のち》に大夫《だいぶ》と称した。我々兄弟を産《う》んだ後《のち》は、御《お》上《かみ》と称していた。四十六歳で没した。

第四節　唯善との対決

（一）東国門徒唯善を訴える

―史料『存覚上人一期記』―

大谷廟堂を占拠した唯善は、北殿に比叡山の山法師を住まわせ、覚如上人は何の手立ても施せないままに暗澹《あんたん》たる日々を送っていた。東国の門徒指導者達も、唯善の挙動に敢《あ》えて介入しようとしなかったようである。徳治《とくじ》二年（一三〇七）十一月、奥州伊達《だて》郡伊達門徒の了専とその子息了意が上洛して、教仏の家に居た覚如上人と対面したが、生活も思うに任《まか》せずすっかり気力を失っていた様子に、了専が見兼ねて、奥州伊達の地へ招いた程であった。

けれどもこの頃から、大谷廟堂を占拠する唯善が東国門徒指導者の意向に反する挙動を重ねるようになった。東国の門弟が大谷廟堂へ参詣しようとするのを妨げたり、覚信尼の寄進状に反して廟堂の土地を債務の形《かた》に入れたりしたのである。このように大谷廟堂を我《わ》がものにしようとする唯善の態度に、東国の門弟達もついに動き出す。東国門徒集団全体を代表する鹿島の順性《じゅんしょう》・高田の顕智・和田の信寂《しんじゃく》の三人の指導者が、それぞれ使者を送って来たのである。史料①東国門徒の後援を得た覚如上人は、伝《つて》を頼って朝廷に働きかけ、検非違使《けびいし》から大谷廟堂の所有権を承認する別当宣《べっとうせん》2を通達される。

史料②検非違使庁の別当宣が下されても、事態は一向に好転をみせなかった。山法師達は依然として廟堂を退いて行かなかったのである。このままでは廟堂が占拠されたままになってしまうと心配した使者たちは、今度は覚如上人に伏見院《ふしみのいん》の院宣を得るよう働きかけた。そこで覚如上人は、日野本家の日野俊光の力を借りることとなる。事情を聴いた俊光は心よく承知し、間もなく「検非違使庁が処置した内容を聞き届ける」との院宣が下される。覚如上人や使者達はこれを喜んだが、この動きをあらかじめ察知していた唯善は、簡単には引き下がらなかった。

注　1――今日の福島県福島市から伊達郡に掛けての地域。
2――検非違使の長官である別当の命で発給された文書。取り上げた文書については、第四章第五節（四）「留守職の名称とその権限」の史料 参照

史料①『存覚上人一期記』延慶元年（一三〇八）存覚上人 十九歳の条

本文

御門弟三方《の》使者上洛《す》〔法興寺辻子御宿〕鹿嶋順性《じゅんしょうの》〔順慶父〕使《は》浄信、高田顕智《の》〔定専曽祖父〕使《は》善智、和田信寂《の》使《は》寂静《じゃくじょう》〔子息也〕各申曰《おのおのもうしていわく》、「以《もって》二巨《きょ》多之料足《たのりょうそくを》一改《あらため》二院宣《を》一、門弟多年致《いたすの》二管領《かんれい》一之処《ところを》、唯公一向押領被レ置《いっこうおうりょうしてるるのおか》二山僧等《を》於北殿《に》一之間《あいだ》、門弟等参入《の》且《かつは》有《ありはばかり》レ憚、又背《そむく》二本意《に》一。早被《はやくれ》二申披《もうしひらか》一、令《しむるの》二安堵《あんどせ》一之様可《ようべしと》レ有《ある》二御沙汰《ごさた》一」云々。而其時洛《しかるにそのときらく》中雑訴《ちゅうのざつ》等不《そとうはず》レ及《およば》二勅裁《ちょくさいに》一、偏可《ひとえにべきの》レ為《す》二使庁《しちょうの》沙汰《と》一之由《よし》

訳文

門弟を代表する三方からの使者達が上洛した（法興寺辻子《ずし》[1]にあった覚如上人の宿所）。鹿島《かしま》門徒の指導者順性《じゅんしょう》（順慶の父）の使者浄信、高田門徒の指導者顕智（定専の曽祖父）の使者善智、和田門徒の指導者信寂の使者寂静《じゃくじょう》（信寂の子息）がそれぞれ申すことには、「多額の金銭によって院宣を改めたのに、門弟が多年に渡り支配してきた廟堂を、唯善公がすべて力ずくで奪い取り、比叡山の山法師《やまほうし》達を北殿に置いています。そのために門徒等《ら》がお参りするのでさえ差《さ》し支《つか》える始末で、これはまた覚信尼公が廟堂を建立された本意にも反しております。早くこのことを朝廷に弁明され、廟堂の所有権を承認してもらうよう訴えられるべきです」と言った。その時、洛中（都の中）の公家《くげ》の所領などの訴訟は、朝廷で裁決する程のこととはされておらず、もっぱら検非違使庁《けびいしちょう》[2]が裁くことと

被《らるるの》レ定《さだめ》之間《あいだ》、任《まかせて》レ法《に》経《へ》二其《その》沙《さ》汰《たを》一畢《おわんぬ》。于レ時《ときに》大理《だいり》三条坊門《ぼうもんの》宰相中将通《道》顕《あきは》（後到二内大臣一 于レ時十九歳）刑部《ぎょうぶ》卿《きょう》入道顕盛朝臣《あきもりあそん》（于レ時前宮内大輔）納之《のうの》読書之《の》師範也《なり》。大理《だいりの》父内大臣通重《みちしげ》（于レ時大納言）者右少弁《うしょうべん》有正（于レ時前甲斐司）無双之《の》文友知己《ぶんゆうちき》也《なり》。仍《よって》叔姪《しゅくてつ》父子所縁異《ことなるの》レ他之《に》間《あいだ》、被《れ》レ申《もうし》二下《くださ》安堵之《あんどの》庁裁《ちょうさいを》一了《おわんぬ》。…

定められていたので、法に従って検非違使庁に訴えたのであった。その時検非違使の別当《べっとう》（長官）であった三条坊門《ぼうもん》の参議中院《なかのいん》中将通顕《みちあき》[3]（後に内大臣となる、その時十九歳）は、刑部《ぎょうぶ》卿《きょう》入道冷泉《れいぜい》顕盛朝臣《あきもりあそん》[4]（その時前宮内大輔《くないたいふ》）の読書の先生であった。またこの検非違使中院通顕《なかのいんみちあき》の父である内大臣中院通重《なかのいんみちしげ》（一二七〇〜一三二二年）（その時大納言）は、右少弁冷泉《うしょうべんれいぜい》有正[5]（その時前甲斐司）と並ぶものがない程の親しい学友の間柄であった。こうした叔父と甥、父と子という他にないような縁故があったので、大谷廟堂の所有権を承認する検非違使庁の別当宣[6]が通達されたのであった。…

注　1―現在の寺町二条の地で、法興寺と衣服寺とは小路をはさんで接していた。
2―京都の治安維持に当たった役所。この頃は警察権・裁判権ももっていた。
3―村上源氏の家柄
4―藤原氏内麿公系。存覚上人は八歳の時この顕盛の兄親顕の養子となっている。
5―前記の冷泉親顕の子息

6—検非違使の長官である別当の命で発給された文書。

史料② 『存覚上人一期記』延慶元年（一三〇八）存覚上人 十九歳の条

本文

…如此《ごとくかくの》当方雖《いえども》令《しむと》安堵《あんどせ》、敵方《がたの》之山徒不《ず》及《およば》退出《に》。然而《しかして》使庁《の》下部等《かぶら》非《あらざるの》可《べきに》致《いたす》嗷義《ごうぎ》之間《あいだ》停滞《ちょうていす》。此《この》人々申云《もうしていわく》、「重又不《かさねてまたざれば》申《もうし》賜《たまわ》伏見院宣《を》者、此事難《このことがたき》道《どう》断《だんし》歟《かと》」云々。仍属《よってぞくし》故日野大納言《だいなごん》俊光卿《としみつに》于時中納言《に》被《らるるの》述《のべ》此子細《このしさいを》之処《ところ》、可《べきの》伺試《うかがいこころみる》之由領状《よしりょうじょうす》。仍《よって》経《へての》七八ケ日《を》之後《のち》、為《ため》催促《さいそくの》随身《ずいしんして》小酒肴《しゅこうを》渡《と》御《ぎょの》彼亭《かのていに》之時《とき》、彼《かの》卿云《いわく》、「経《ふるの》奏聞《そうもんを》之処《ところ》、

訳文

…このように、当方が廟堂の所有権を了承させたとは言うものの、敵方の山法師が廟堂を退いてはゆかず、そして検非違使庁の配下の者達も強制的に執行できることでなかったので、事態が滞《とどこお》ってしまった。よって、この門弟の使者達が申すことには、「再度伏見院《ふしみのいん》[2]の院宣を頂かなければ、このことは難しくなり、道が断たれてしまうでしょう」と。そこで、古くからの知り合いであった日野大納言俊光卿《としみつ》（その時中納言）に頼んで、この詳しい事情を述べたところ、院に伺《うかが》ってみることを承知してくれた。それで、七、八日経《た》ってから、催促のために酒肴《さけさかな》を携《たずさ》えてその屋敷に出かけたが、その時彼の俊光卿が言っ

任《まかすの》[1]二使庁成敗《しちょうせいばいに》一之由被《よしるるの》二聞召《きこしめさ》一之旨仰下《むねおおせくださるるの》之条《じょう》、不《ざるの》レ可《べから》レ有《ある》二子細《しさい》一之由《よし》勅定《答》也《なり》」仍《よって》畏悦《いえつ》無極《むごく》。「然者《しかれば》則《すなわち》拝領《はいりょう》可《べきぞ》レ為《なす》二何様《いかように》一哉《やの》」之由被《よしらるるの》レ仰《おおせ》之間《あいだ》、於《》二当座《とうざに》一記書《しるしかき》渡畢《わたしおわんぬ》。其詞云《そのことばにいわく》、「親鸞上人影堂幷《ならびに》、敷地事《の》、任《まかするの》二正安院宣使庁《しちょう》成敗《に》一之由《よし》、被《る》二聞召《きこしめさ》一。者《ていれば》院宣如《ごとし》レ此《かくの》。仍《よって》執達《しったつ》如《ごとし》レ件《くだんの》。延慶元年月日 判 表書、親鸞上人門弟等中、俊光《としみつ》」云々《うんぬん》、

たことには、「院に申し上げたところ、検非違使庁の処置に任《まか》せるとの内容をお聞き届けになるとのことが下されたので、院宣を下すのに何の差《さ》し支《つか》えもないとの答えである」。それを聞いて覚如上人等《ら》は、おそれいり悦《よろこ》ぶこと極まりなかった。「それでは、頂く院宣の文はどのようにしたらよいか」と俊光卿が言ったので、覚如上人は即座に文書を記して渡したのであった。その言葉には、「親鸞上人の影堂および敷地の事は、正安の院宣や検非違使庁の処置に従うとの内容をお聞き届けになった。というわけで、院宣[3]はこの通りである。故に、以上の通り通達する。延慶元年（一三〇八）月日、判、表書、親鸞上人門弟等中俊光」とあった。

注　1―谷下一夢氏の解釈に従い、「任」の字を加えた。
2―伏見上皇、在位一三〇八～一三一三年
3―正安四年（一三〇二）二月十日に出された院宣。

（二）青蓮院に訴える唯善

―史料『存覚上人一期記』―

唯善は更に新たな計略《史料》をめぐらした。当時、大谷廟堂は法楽寺という寺の敷地として登録され、その法楽寺は妙香院という寺院の別院になっていた。そしてその妙香院を支配していた本所（大本の支配者）が青蓮院であった。唯善はこのことに目をつけ、本来青蓮院で裁決すべき訴訟を朝廷に訴えた手落ちを追及させようと働きかけたのである。事はまったく唯善の思う壺に運び、青蓮院から覚如上人の許《もと》へ「もってのほかのことである。本所青蓮院に訴えを申し述べて裁決を乞うように」との命令が下されて来た。唯善の計略にすっかり翻弄《ほんろう》させられた覚如上人の側は、体勢を立て直すことになる。

史料『存覚上人一期記』延慶元年（一三〇八）存覚上人 十九歳の条

本文

…如《ごとく》レ此《かくの》致《いたすの》二沙汰《さたを》一之処《ところ》、唯公又《また》廻《めぐらし》二異《いの》方便《を》一申《もうし》二青蓮院《へ》一令《しむ》レ申《もうし》二成《なさ》院宣《を》於門跡《に》一。大旨《おおむね》云《いわく》「妙香院《みょうこういん》領《りょう》法楽寺《ほうらくじ》敷地事《しきちのこと》、任《まかせ》二先規《せんきに》[1]一一円可《いちえんべきの》レ有《ある》二計《はからい》御沙汰《ごさた》一之由《よし》、院宣所《ところ》レ候《そうろうなり》也。仍《よって》言上《ごんじょう》如《ごとし》レ件《くだんの》。俊光《としみつ》恐惶頓首謹言《きょうこうとんしゅきんげん》。正慶《延慶》元年月日、判 奏《たてまつる》」表書云《にいう》、「進《しん》二上《じょうす》青蓮院法印御坊《に》一俊光」《と》云々。此《この》青蓮院者《は》慈深後光明峰《ぶ》寺摂政《せっしょう》家経御息《ごそく》、僧正之《の》後《のちに》御遁《とん》世《せいありてごうす》号二海津僧正御房《と》一。大乗院御師此《この》院宣以後、自《より》二門跡[4]一被《るるのおおせら》レ仰二

訳文

…このように処置していたところへ、唯善公は、また異なる手立てを廻らせた。すなわち、青蓮院に申し立て、門跡に院宣が下るように申請した。その院宣の大体の意味は次のようなものである。「妙光院が支配する法楽寺の敷地の事は、先例に従ってすべて計らい処置するべきとのこと、院宣があった。よって以上の通り申し上げる。俊光《としみつ》恐惶頓首謹言《きょうこうとんしゅきんげん》[2]（恐れかしこみ謹んで申し上げる）、延慶元年（一三〇八）月日、判を奉ず」。また表書には、「青蓮院法印御房に進上する。俊光」とあった。この青蓮院門跡慈深《じじん》とは、後光明峰寺殿《ごこうみょうぶ》と言われた摂政一条家経《いちじょういえつね》[3]の御子息で、後《のち》に近江海津の峰寺に遁世して海津僧正御房（大乗院の御師）と称している。この院宣の後《のち》に、青蓮院門跡より当方にご命令があったことには、「本来青蓮院門跡で採決すべきと

当方《に》一之様《ようは》、「自《より》レ元《もと》於《おいて》二門跡《に》一可《べきの》レ有《ある》二成敗《せいばい》一之処《ところ》、及《およぶの》二宣使庁《の》之沙汰《に》一之条《じょう》、存外《ぞんがいの》之次第《しだい》也《なり》。於《おいて》二本所一可《べきの》レ究《きわむ》二訴諫《そちんを》一」之由《よし》被《らるる》レ仰《おおせ》之間《あいだ》、仰天《ぎょうてん》無《なし》レ極《きわまり》。仍《よって》三方《の》使節大略退屈《たいりゃくたいくつし》、其《その》上《うえ》無《む》足《そくの》之在京難治《ざいきょうなんじの》之間《あいだ》、先《まず》帰国了《しおわんぬ》。此沙汰《このさた》不慮《ふりょに》延引《えんいんす》。

ころを、院宣や検非違使庁の裁きを仰ぐに至ったことは、もってのほかのことである。本所（大本の支配者青蓮院）に、訴えを申し述べるように」とのことが命じられたので、覚如上人等は仰天することはなはだしかった。そういうわけで、三方からの使者達は、（余りにも事が運ばないことに）およそ閉口し、その上銭もなくなってこれ以上京都に留まることが難しくなったので、ひとまず東国に帰ったのであった。という訳で、この採決は思いがけず長引くこととなった。

注　1――谷下一夢氏に従い「一同」とあるのを「一円」と解釈。
2――文書の最後の決まり文句。
3――永仁元年（一二九四）四六歳没
4――谷下氏に従い「跡」の前に「門」の一字を加え、「門跡」とした。

（三）青蓮院の裁決

―史料『存覚上人一期記』『青蓮院下知状案』―

翌延慶《えんきょう》二年（一三〇九）七月上旬の頃、ついに覚如上人側と唯善が対決を迎えた。青蓮院では雑掌《ざっしょう》[1]を通じて双方に言い分が聴取[史料①]されたが、その姿勢は事の正否を徹底的に究明しようとする厳しいものであった。さすがの唯善も、青蓮院の裁きにまでは影響を及ぼせなかったのである。

十日程経った七月十九日、青蓮院から採決が下された。その時下された下知状の写し[史料②]が京都西本願寺に伝えられている。唯善の主張の根拠は父禅念の偽《にせ》の譲状《ゆずりじょう》であったようだ。けれども青蓮院の判断は冷静であった。「禅念の譲状によって、覚信尼の寄進状を破ることができるならば、門弟達に懇望状《こんもうじょう》（意に背《そむ》かないとする誓約書）を出すであろうか」とは、唯善の真意を見抜いた見事な判断である。唯善はまた、自分を訴えている門弟達というのは、決して東国門弟の全体ではないと申し立てたようだ。これについても青蓮院の判断は「顕智、順性、信寂以下の門弟数千人が諸国に散在している」と退けている。

こうして青蓮院は、「覚信尼の寄進状に従えば、聖人の門弟達の支配となるべきことは明らかである」という内容の裁決を下したのであった。唯善の野望は、ここに完全に潰《つい》えたのである。

けれどもこの裁決文は、覚如上人の立場にとっても厳しい内容を含んでいた。それは、「覚信尼の子孫達を受け容れるか受け容れないかに関しては、当然門弟達の意にあるべきことである」という部分である。この文面には東国門弟達の権限ばかりが重んじられ、子孫に廟堂管理の役目を伝えてゆきたいとの覚信尼の願いは汲み取られていない。このことが、覚如上人の立場に大きな影響を及ぼし、ひいては本願寺誕生の誘因となったのである。

注　1――雑掌とは公家・寺社の荘園管理を扱った者を指す。ここでは、青蓮院で訴訟事務に当たっていた沙汰雑掌を指す。

史料①『存覚上人一期記』延慶二年（一三〇九）存覚上人二十歳の条

本文	訳文
延享二…去年三方《の》使節、夏比《ごろ》上	延慶二年（一三〇九）…去年の三方からの使者達が夏の頃

洛《は》、為《ためなり》三執《とり》二沙《ざ》‐汰《たせんが》此事《このことを》一也。仍罷《よってまかり》二向《むかい》門跡《の》奉行伊与法眼《ほうげん》(泰)承任《にんの》宿所《に》一、連々《れんれん》問答《す》。所詮《しょせん》不《ず》レ可《べから》レ及《およぶ》二訴陳《そちんに》一。両方参《さん》二候《こうし》[1]門跡《へ》一、以《もって》二雑掌《を》一可《べきの》レ遂《とぐる》二対決《を》[3]一之由《よし》治《じ》定《じょうす》。仍《よって》大上自《より》二三室戸《みむろど》一御出京《ごしゅっきょう》。七月上旬之《の》比《ころ》、於《おいて》二対《たいするに》青蓮院《に》一、[2]被《れ》レ置《おか》二両方之《の》正員《を》於別所《べっしょに》一、以《もって》二雑掌《を》一重々《かさねがさね》対決《す》。不審事等《の》各《はおのおの》被《られ》レ尋《たずね》二正員《に》一、両方申状《のもうしじょうことごとく》悉被《れ》二記置《しるしおか》一退散《たいさんす》。此時《このときは》不《ざる》レ及《およば》二是非《ぜひ》評判《ひょうばんに》[3]一也《なり》。其後《そのご》当方預《あずかり》二本所《の》[4]御下知《に》一了《おわんぬ》。其詞《そのことばたいとは》大途者、任《まかせ》二正安《の》院宣庁宣《のに》一又重《またかさねていんぜんりょうしょうすざるの》院宣領掌。不レ可《べから》レ有《あり》二子細《しさい》一之由《よしごげちなり》御下知也。

に再び上洛して来たのは、この事件の裁決を得るためである。そのために、青蓮院門跡の奉行であった伊与法眼《ほうげん》大谷泰任《たいにん》の住まいに赴き、引き続き問答を繰り返したが、結局訴えを申し述べるまでには至らず、双方が門跡のところに参り、青蓮院の雑掌《ざっしょう》[5]が間に入って対決するとのことが決まった。そのために大上（覚如上人）は三室戸《みむろど》[6]より京都へお出ましになった。七月上旬の頃、青蓮院に出て対決したが、双方の訴えている本人（覚如上人と唯善）を別の間に置いて、雑掌が重ね重ね対面した。不審な事などについては、各々本人に尋ね、双方の言い分を悉く記録して退出した。この時はまだどちらが正しいか裁決はされなかった。その後当方が本所（大本の支配者青蓮院）のご命令を受けた。その言葉の概略は、正安の院宣や検非違使庁の別当宣に従って、また重ねてこの度《たび》の院宣の内容を承諾する。この内容に間違いない、とのご命令である。

注

1―抄録本には「両方参候門跡参候」と、「参候」がだぶっているところから、下の「参候」を除いた。

2―抄録本には「出対青蓮院」とあるが、谷下氏の解釈に従い「於㆓対青蓮院㆒」と改める。

3―抄録本には「不及是非世評判」とあるが、谷下氏の解釈に従い「不㆑及㆓是非評判㆒也」に改める

4―抄録本に「顕」とあるのを、谷下氏に従い「預」に改める。

5―京都府宇治市三室戸

史料②『青蓮院下知状案』　京都西本願寺蔵

本文

親鸞上人門弟覚如等与《ら》㆓唯善《と》㆒相㆓論影堂《の》并《ならびに》敷地等《を》㆒事《こと》

両方申《がもうす》趣《おもむき》雖《いえども》㆑多《おおしと》㆓子細《しさい》㆒、所《しょ》詮《せん》、如《ごとくんば》㆓財主《ざいしゅ》尼覚信《の》寄進状《の》㆒者、

訳文

親鸞上人（聖人）の門弟覚如等が唯善と影法堂およびその敷地等を訴訟して言い争う事。

双方が申す内容は、色々事情があるとは言うものの、結局廟堂の土地を寄進した主である覚信尼の寄進状に従え

可《べき》レ為《たる》二上人門弟進退《のしんだい》一旨《むね》分明《ふんみょう》也《なり》。随《したがって》而唯善可《べきの》二相伝領掌《そうでんりょうしょうす》一之由《よし》、窃《ひそかに》雖《いえども》レ申《もうし》二賜《たまわると》院宣《を》一、門弟等《ら》捧《ささげ》二覚信《の》寄進状等《を》一、申《もうし》二被《ひらき》子細《しさいを》一預《あずかり》二二代《の》勅裁《に》一、蒙《こうむり》二使《し》庁《ちょうの》裁許《さいきょを》一畢《おわんぬ》。唯善猶《なお》押領《おうりょうの》之条《じょう》、不《ず》レ可《べから》レ遁《のがる》二違《い》勅《ちょくの》之科《とが》一。就《ずく》レ中《なかん》背《そむき》二亡《ぼう》母《ぼ》覚信《の》之遺誡《ゆいかいに》一、入《いれ》二置《おくの》敷地《を》於質券《しちけんに》一之条《じょう》、招《まねく》二不孝《の》之咎《とがを》一者歟《ものか》。唯善、称《しょうし》レ有《ありと》二亡父《ぼうふ》禅念《の》之後状《こうじょう》一、頻《しきりに》雖《いえども》レ申《もうすと》二子細《を》一、令《しむるの》レ懇《こん》二望《もうせ》門弟等《に》一之状等《じょうとう》、已《すでにもって》以歴然也《れきぜんなり》。以《もって》二禅念《の》之後状《こうじょうを》一可《べくんば》レ破《やぶる》二覚信《の》之寄進状《を》一者、唯善何《なんぞ》可《べけんや》レ令《しむ》レ懇《こん》二望《もうせ》門弟等《に》一哉。加《しか》

ば、上人の門弟の支配となるべきことは明らかである。したがって唯善が受け継いで領有すべきとの内容で、内密に願って院宣をいただいているとは申すものの、門弟等《ら》は覚信尼の寄進状等《など》を差し出して詳しい事情を弁明し、（後宇多上皇と伏見上皇の）二代に渡る天子の御裁断を頂き、検非違使庁の裁決を受けている。唯善がそれでもなお不法に占拠していることは、天使の御命令に背く罪を逃れることができない。中でも亡き母親覚信尼の遺言に背き、敷地を債務の形《かた》に入れることは、親不孝の咎《とが》めを身に招くものではなかろうか。唯善は亡き父禅念の後《こう》状《じょう》（譲状）が有ると称して、しきりにあれこれ事情を申し立てているけれども、門弟等《ら》に懇望状《こんもうじょう》（門弟等の意に背かないとする誓約書）などを出していることはすでに歴然としている。禅念の後状（譲状）によって覚信尼の寄進状を破ることができるならば、何で門弟等に懇望状をだすで

レ之《のみならず》、以《もって》二関東《の》御下知《を》一雖レ申《いえどももうすと》二子細《しさいを》一、彼御下知《かのごげち》全《まったく》非《あらざるの》二影堂敷地相論《に》一之上《うえ》、唯善為《して》二門弟等《の》之代官《と》一令《しむるの》二申沙汰《もうしざたせ》一之条《じょう》、両方所《ところのしんずる》レ進之前後《の》状等炳焉《へいえんなり》也。非《あらざるか》二唯善自専之《の》証《あかしに》一歟。又号《またごうするは》二門弟等《と》一者、僅《わずかに》五六輩擯出《はいひんしゅつの》之族《やから》也《なり》。更《さらに》非《あらざるの》二惣衆《そうしゅうに》一之由《よし》、唯善雖《いえども》レ申《もうすと》レ之《これを》、顕智・順性《しょう》・信寂《じゃく》以下《の》、門弟等数千人令《しむるの》レ散二在《せ》諸国《に》一之上《うえ》、覚信《の》寄進状・唯善懇望《こんもう》状《じょう》以下、二代《の》勅裁《ちょくさい》・使庁《しちょうの》成《せい》敗状《ばいじょう》等、皆以《もって》帯《たいす》レ之。為《これをたるの》二惣衆《そうしゅう》一之条《じょうざるの》、不《べから》レ可レ有《ある》二御不審一之由《よし》、令《しむるの》レ申《もうさ》之状《じょう》、非《あらざるか》レ無《なきに》二其謂《そのいわれ》一

あろうか。これに加えて、（鎌倉幕府の）関東の下知状《げちじょう》によってあれこれ事情を申し立てているけれども、その下知状は全く影堂・敷地の言い争いではない上に、唯善が門弟等《ら》の代表となって申し立てを致したことは、双方から提出されている前後の文書等に明らかである。唯善が自分勝手に行っている証《あかし》ではないだろうか。また唯善が門弟等と称するのは、わずかに五、六人のしかも門弟の仲間から追放された連中である。唯善を訴えている者達は決して門弟の全体ではないと唯善は申し立てているけれども、顕智・順性・信寂以下の門弟数千人が諸国に散在している上に、覚信尼の寄進状・唯善の懇望状以下、二代に渡る天子の御裁断・検非違使庁の成敗状《せいばいじょう》（別当宣）等《など》を皆持っていて、門弟の全体とすることは、疑いをさしはさむことができない内容である。だから申されることは、根拠のないことではないだろう。すみやかに大本《おおもと》

歟。早任《はやくまかせ》二本願主覚信之《の》素意《そいに》一、為《して》二門弟等之《の》進止《しんじと》一、可《べし》レ専《もっぱらにす》二祖師之《の》追孝《を》一。於《おいては》二覚信之《の》子孫等之《の》許否《きょひに》一者、宜在《よろしくあるべきか》二門弟等之《の》意《に》一歟者《てへり》。依《よって》二青蓮院法院御房御景色《みけしきに》一、執達如《しったつごとし》レ件《くだんの》。

延慶二年七月十九日　法眼判　奉《たてまつる》

親鸞上人門弟等御中

の願主である覚信尼本来の趣旨に従い、門弟等《ら》の支配として、祖師（親鸞聖人）にもっぱら孝養を尽くすべきである。覚信尼の子孫達を受け入れるか容れないかに関しては、当然門弟達の意《こころ》にあるべきことである。青蓮院御房の御意向によって、以上の通り通達する。

延慶二年（一三〇九）七月十九日　法眼（判を書き申し上げる）

親鸞上人門弟等御中

（四）唯善の逃走

―**史料**『青蓮院下知状案』、『存覚上人一期記』―

敗北を逸《いち》早く察知した唯善は、廟堂や北殿、南殿の建物を破壊した上に、事前に他の場所に隠してあった親鸞聖人の御木像と御遺骨を持って関東に逃走した。史料①持ち去られた木像・遺骨はしばらく鎌倉常葉《ときわ》の一向堂《いっこうどう》[1]に安置されたが、後に下総国《しもうさのくに》東葛飾郡関宿《せきやど》へ移されたと伝えられる。これが今日の常敬寺《じょうきょうじ》[2]（本願寺派）である。唯善はここで、残された支持勢力に支えられながら、正和六年（一三一七）二月二日に没するまで活動を続けていたようである。史料②

その後木像の首は蓮如上人の時代に返還[3]されたと言われるが、近年津田徹英《てつえい》氏[4]（一九六三年～）は、現在常敬寺に安置されている親鸞聖人

鎌倉市常盤《ときわ》「一向堂」バス停

像が、それに該当する可能性が極めて高いと判断している。一方御遺骨の行方については全く不明である。

注　1―神奈川県鎌倉市常盤
2―千葉県野田市中戸
3―恵空は『叢林集』に「コノ像、宣如上人（東本願寺十三世、一六〇四～五八年）ノ御時東本願寺ヘ還リ入リ給フ《ゥ》」と記している。
4―津田徹英氏は、東京文化財研究所研究員。専門は日本彫刻史。著書に『中世真宗の美術』二〇〇七年（『日本の美術1』No.488）他。

史料①『青蓮院下知状案』追伸　延慶二年（一三〇九）七月十九日　京都西本願寺蔵

本文

本願主覚信之《の》素意《そいは》、専《もっぱら》為《ためと》レ全《まったくせん》二上人之《の》影堂一《を》云々。而《しかるに》相論之《の》最中、唯善潜《ひそかに》渡《わたすの》二影像御骨於《を》他所一《に》之条《じょう》、太以不《おおいにもってざるの》レ可《べから》レ然《しかる》之間《あいだ》、

訳文

大本《おおもと》の願主である覚信尼の本来の趣旨は、もっぱら親鸞上人（聖人）の影堂を護持しようとするためだと言う。それなのに相論の最中、唯善はひそかに影像・遺骨を他の場所へ移したことは、まったく許されないことであるか

急《いそぎ》可《べきの》二返渡《かえしわたす》一之由《よし》、度々《たびたび》被《れ》二仰《おおせ》下《くださ》一畢《おわんぬ》。可《べきの》レ被《らる》二存知《ぞんちせ》一之由《よし》同《おなじく》被《れ》二仰下《おおせくださ》一候也《そうろうなり》。

ら、急いで元の場所へ返すべきであると、度々《たびたび》命令が下された。これを知ってほしいとのこと、同じくご命令になっているのである。

史料②『存覚上人一期記』延慶二年（一三〇九）存覚上人二十歳の条

本文

如《ごとく》レ此《かくの》及《およぶの》二厳密《げんみつの》之御沙汰《さたに》一之間《あいだ》、唯公《ゆいこう》没二落《の》関東《へ》一之刻《きざみ》、奉《たてまつり》レ取《とり》二御影御骨《を》一、奉《たてまつる》レ安《あん》二置《ちし》鎌倉常《のとき》葉《わに》一。田舎《いなかの》人々《の》群二集《すとかのところに》彼所一云々。

訳文

このように青蓮院が厳正な裁決を下したので、唯善公は関東へ落ち延びたが、その時聖人の御影と御遺骨を奪い取り、鎌倉の常葉《ときわ》に安置申し上げた。それで、田舎の人々が彼の場所へ群集したという。

第五節　留守職就任

（一）大谷廟堂の復旧

—**史料**『青蓮院下知状』延慶二年（一三〇九）七月二十六日、
同応長元年（一三一一）十一月二十八日—

唯善事件は青蓮院の裁決でようやく落着したが、聖人の御木像と御遺骨が持ち去られて廟堂の建物も破壊され、親鸞聖人の門弟達にとっては大谷廟堂の復旧が急務であった。当初門弟達は、青蓮院に訴えて聖人の御木像と御遺骨を元に返させるよう嘆願したが、唯善が関東へ逃げて行ってしまったので、青蓮院にも如何《いかん》ともし難く、結局門弟達に影像の復旧を命じることとなった。その時の下知状[史料①]が京都西本願寺に残されている。これは唯善事件の裁決の下知状の一週間後に出されたもので、復旧の責任者として高田門徒の指導者顕智が指名されている。

この命令に従って、青蓮院裁決の一週間後に御影像（御木像）の復旧が開始され、翌年[1]親鸞聖人の木像が顕智の手で完成された。また残された御遺骨も元の通りに安置された。けれども八十五歳の高齢であった顕智はこの年七月四日[2]に天寿を全うし、残された復旧事業は安積《あさか》門徒の指導者法智に承け継がれた。こうして復旧が開始されて二年目、無事廟堂と庵室は元の姿を甦らせた[史料②]のであった。

尚大谷廟堂は、唯善事件の頃から、親鸞聖人の御影を安置する廟堂というところから、大谷御影堂と呼ばれるようになった。

注　1—延慶三年（一三一〇）
　　2—高田派本山専修寺の顕智分骨には、鎌倉時代の筆跡で命日が記されている。

史料②『青蓮院下知状』延慶二年（一三〇九）七月二十六日　京都西本願寺蔵

本文

親鸞上人影像《えいぞう》遺骨《いこつ》石塔等《の》事、被《るるの》レ申《もうさ》之趣《おもむき》、令《しむる》二披露《ひろうせ》一処《ところ》、相論《そうろんの》之最中、唯善潜《ひそかにとり》取二隠《かくすの》影像遺骨於《を》他所《に》一之間《あいだ》、如《ごとく》レ元《もとの》可《べきの》二返置《かえしおく》一之由《よし》、度々《たびたび》雖《いえども》レ被《るると》二仰下《あおせくださ》一、遂以《ついにもって》不《ず》

訳文

親鸞聖人の影像と遺骨、石塔などの事について、お申し出の内容を（唯善に）告げさせたところ、相論の最中に、唯善はこっそり影像と遺骨を他の場所へ移して隠してしまった。そのため、元の通り返しておかなければいけないと、何度も命令を下されたが、いまだに言

二叙用《じょようせ》一。剰又破《あまつさえまたやぶり》二取金物《とりかなもの》石塔等《らを》
一、逐電《ちくてんし》、不《ざるの》レ被《れ》レ知《しら》二食《しょくする》在所《を》一之
上者《うえは》、無《なし》レ拠《よりどころ》レ于二尋沙汰《たずねさたするに》一。所詮《しょせん》、
彼《かの》影像者《は》、為《として》二門弟《と》一顕智等之《の》造立《ぞうりゅうと》
云々。然者《しかれば》、為《して》二顕智以下門弟《と》一、念仏《して》
可《べきの》二専《もっぱら》追孝《ついこうす》一之由《よし》、被《れ》二仰下《おおせくださ》一
候也《そうろうなり》。仍執達如《よってしったつごとし》レ件《くだんの》。

延慶二年七月廿六日

法眼（花押）

親鸞上人門弟御中

うことを聞かない。そればかりかまた、金物や石塔などを破壊して逐電《ちくてん》してしまい、どこで生活しているのか分からないので、行方《ゆくえ》を探し求めようにも手配する依《よ》りどころがない。結局のところ、彼《か》の影像は、門弟として顕智らが、これを造立したものだと言う。だから、顕智を始めとする門弟としては、念仏して、もっぱら孝養を尽くすべきとのこと、御命令が下されたのである。ということで以上の通り通達する。

延慶二年（一三〇九）七月二十六日　法　眼（花押）

親鸞聖人人門弟御中

史料②『青蓮院下知状』応長元年（一三一一）十一月二十八日　京都西本願寺蔵

本文

親鸞上人影堂　并《ならびに》敷地《しきち》等事《とうのこと》、門弟
等《ら》与二唯善《と》一相論之《そうろんの》間《あいだ》、被《られ》三尋《たずね》二究《きわめ》

訳文

親鸞聖人の影堂および敷地などの事は、門弟等が唯善と相論したところ、その真偽《しんぎ》が究明され、証文に記さ

真偽《しんぎを》一、任《まかせ》二証文《しょうもんの》之道理《に》一、門弟等《ら》可《べきの》二進退《しんたいす》一之旨《むね》、被《られ》二裁許《さいきょせ》一了《おわんぬ》。爰《ここに》唯善無《なきの》レ理《り》之間《あいだ》、可《べきの》レ被《らる》二棄捐《きえんせ》一之子細《しさい》、遮依《これよってか》レ令《しむるに》二存知《ぞんちせ》一歟、御沙汰之《の》最中盗《ぬすみ》二隠《かくし》影像遺骨《を》一、剰《あまつさえ》破《やぶり》二取《とるの》堂舎庵室《を》一之条《じょう》、雖《いえども》レ為《たると》二希《き》代珍事《だいのちんじ》一、則逐電《すなわちちくてんの》之間《あいだ》、依《よって》レ不《ざるに》レ被《れ》レ知《しら》二食《しょくする》在所《を》一、無《なきの》レ拠《よりどころ》レ于二尋《たずぬる》御沙汰《に》一之上《うえ》、彼《かの》影像者《は》、為《として》二門弟一顕智等之《の》造立《と》云々。然者《しかれば》、為《して》二門弟等之沙汰《と》一、造《ぞう》二立《りゅうし》影像《を》一安二置《し》所《ところの》レ残《のこる》遺骨《を》一、守《まもり》二本願主《がんしゅ》覚信素意《のそいを》一、全《まっとうし》二影堂《を》一、可《べきの》三興《こう》二行《ぎょうす》念仏《を》一之由《よし》、被《れ》二仰下《おおせくださ》一了《おわんぬ》。依《よってこれにおいては》レ之、於二影像遺骨之《の》安置《に》一者、顕智存生《ぞんしょうの》之時、

れている道理に従って、門弟等《ら》が所有すべきとのことが裁決されたのである。それで唯善は、道理がないので却下されるのであろうという事情を、この時知ったのであろうか。お裁きの最中に、影像と遺骨を盗んで隠し、その上に堂舎・庵室を取り壊《こわ》したことは、世にまれな珍事である。すぐに逐電《ちくてん》してしまったので、どこに生活しているのか分からないし、行方《ゆくえ》を探し求めようにも手配する依《よ》りどころがない。その上彼《か》の影像は、門弟として顕智等がこれを造立して出来たものであると言う。だから門弟等の処置として、影像を造立《ぞうりゅう》し、廟所に残された遺骨を安置して、大本《おおもと》の願主《がんしゅ》である覚信尼本来の趣旨を守り、影堂を完全に修復して念仏を盛んに行うべきとのことが、お言いつけ下されたのである。この御命令によって、影像遺骨の安置に関しては、顕智存命の時である去年執り行ったのだが、

去年雖《いえども》レ致《いたすと》二其《の》沙汰《を》一、至《いたりては》二堂舎庵室之《の》造営《に》一者、未《いまだ》《ざるの》レ及《およば》二其《その》沙汰《に》一之処《ところ》、法智以下《の》門徒等《ら》終《おうと》二造営之《の》功《こうを》一云々《うんぬん》。彼是共急速之《かれこれともにきゅうそくの》功《こう》、殊所《ことにところなり》レ被《るる》二感思食《かんじおぼしめさ》一也。倍《ますます》興《おこし》二念仏之《の》勤《つとめを》一、可《べき》レ専《もっぱらにす》二追孝之《ついこうの》志《こころざしを》一由《よし》、所《ところ》レ被《るる》二仰下《あおせくださ》一也《なり》。仍執達如《よってしったつごとし》レ件《くだんの》。

応長元年十一月廿八日

法　眼　判奉

親鸞上人門弟御中

堂舎・庵室の造立については、まだ工事を執り行うところまで行かないので、法智を始めとする門弟等が造営の仕事を成し遂げたと言う。あれもこれも共にすみやかに進んだ功績には、門跡がとりわけ感じいられておられるのである。ますます念仏の勤めを盛んにして、もっぱら孝養の志を尽くすべきとのこと、御命令が下されたのである。以上の通り通達する。

応長元年（一三一一）十一月廿八日

法眼判を奉る

親鸞上人門弟御中

（二）許否された留守職就任と譲状

―**史料**『存覚上人一期記』、『覚恵譲状案（国々の御同行《おどうぎょう》宛）』―

延慶二年（一三〇九年）七月十九日の『青蓮院下知状』により唯善事件もようやく落着し、覚如上人も当然元の通り大谷御影堂に入れるかに見えた。ところが今度は東国の門徒指導者達がこれを拒否したのである。[史料①]「自分達にはいずれとも取り計らって申せません。門徒一同の意見で処置があるでしょう」という使者達の答えは、覚如上人にとって寝耳に水のことだったであろう。唯善事件が門徒達の気持ちを大きく変えさせてしまっていたことに、この時覚如上人はようやく気付いたのであった。使者達はとりあえず下間《しもつま》蓮位房の孫に当たる下間性善《しもつましょうぜん》[1]（仙芸）に御影堂の留守を預からせた。

覚如上人が使者達の答えを意外に感じたのは、すでに父君覚恵より譲状[史料②]を受けて[2]大谷御影堂御留守《おるす》の役を譲られており、土地の証文も渡されていたからである。それは青蓮院裁決の七年前の正安四年（一三〇二）五月二十二日のことであった。折しもこの日は、鹿島門徒等二十一名が覚恵の地位を確認する連署状を認《したた》めた一ヶ月半程後に当たっている。この譲状の趣旨は、「かねて御ゑ《え》いた《だ》うの御るすの事は覚如房に申つけ候也《そうろうなり》」〈**訳文**かねて御影堂《ごえいどう》の御留守《おるす》の事は、覚如房に申し付けております〉というものである。それは覚信尼の「このしや《よ》う人の御はかの御さたをば、せんせ《しょ》うは《ぼ》うに申《もうし》をきさふらふ《そうろう》なり」という最後の置文に従ったもので、覚恵は、万が一の時のことに備えて、母覚信尼が自分に伝えたのと同じように、覚如上人に留守の役を伝えようとしたものであろう。この譲状の終りには、「国々の御同行の御中へ」という宛名の後にもう一つ、嘉元四年（一三〇六）十一月二日の日付と署名・花押が書き加えられている。嘉元四年十一月は、唯善が大谷御影堂を占拠した月である。後日署名・花押の脇に「大ちや《よ》うの判也」〈**訳文**往生の判である〉と追記されている所から、非常の事態に際し、往生が近いことを感じて、改めて譲状に確認の署名・花押を加えたものと見られている。ここにも大谷御影堂を何としても覚如上人に継がせたいとする覚恵の気持ちが籠められている。

注　1―下間来善《しもつまらいぜん》（蓮位房の子息）の子息仙芸（法名性善）のことと見られる。実悟の『下間系図』によれば、下間性善は正和二年（一三一三）に四十歳で没している。

2―重松明久氏はこの譲状について、同文のものが門弟達の間に送られていたかどうかを不明としている。『覚如』（同前）五十七頁

史料①『存覚上人一期記』 延慶二年（一三〇九） 存覚上人二十歳の条

本文

…御留守《おるす》識《しきの》之事、可《べきや》レ為《なす》二何様《いかように》一哉、如《ごとく》レ此《かくの》落居《らっきょの》之上《うえ》者《は》、可《べきか》二移住《す》一歟、如何《いかんの》之由《よし》被《らるるの》レ尋《たずね》二使節《に》一之処《ところ》、吾等《われら》無《なく》二左右《そう》一難《がたきの》二計《はからい》申《もうし》一之間《あいだ》、以《もって》二門徒一同之《の》衆儀《しゅうぎを》一可《べきの》レ有《ある》二沙汰《さた》一之由《よし》返答《へんとうす》。仍《よって》御影堂《の》御留守《るすは》性善也《なり》。

訳文

「御留守職《おるすしき》の事はどのようにしたらよいか。このように事の決まりがついた上は、大谷廟堂へ移住してよろしいか。どうであるか」とのことを、覚如上人が門徒の使者達に尋ねられたところが、「自分達だけではいずれとも取り計らって申せません。門徒一同の意見で処置があるでしょう」と返答した。そういうわけで、御影堂《ごえいどう》の御留守《おるす》は、（とりあえず）下間性善《しもつましょうぜん》が預かった。

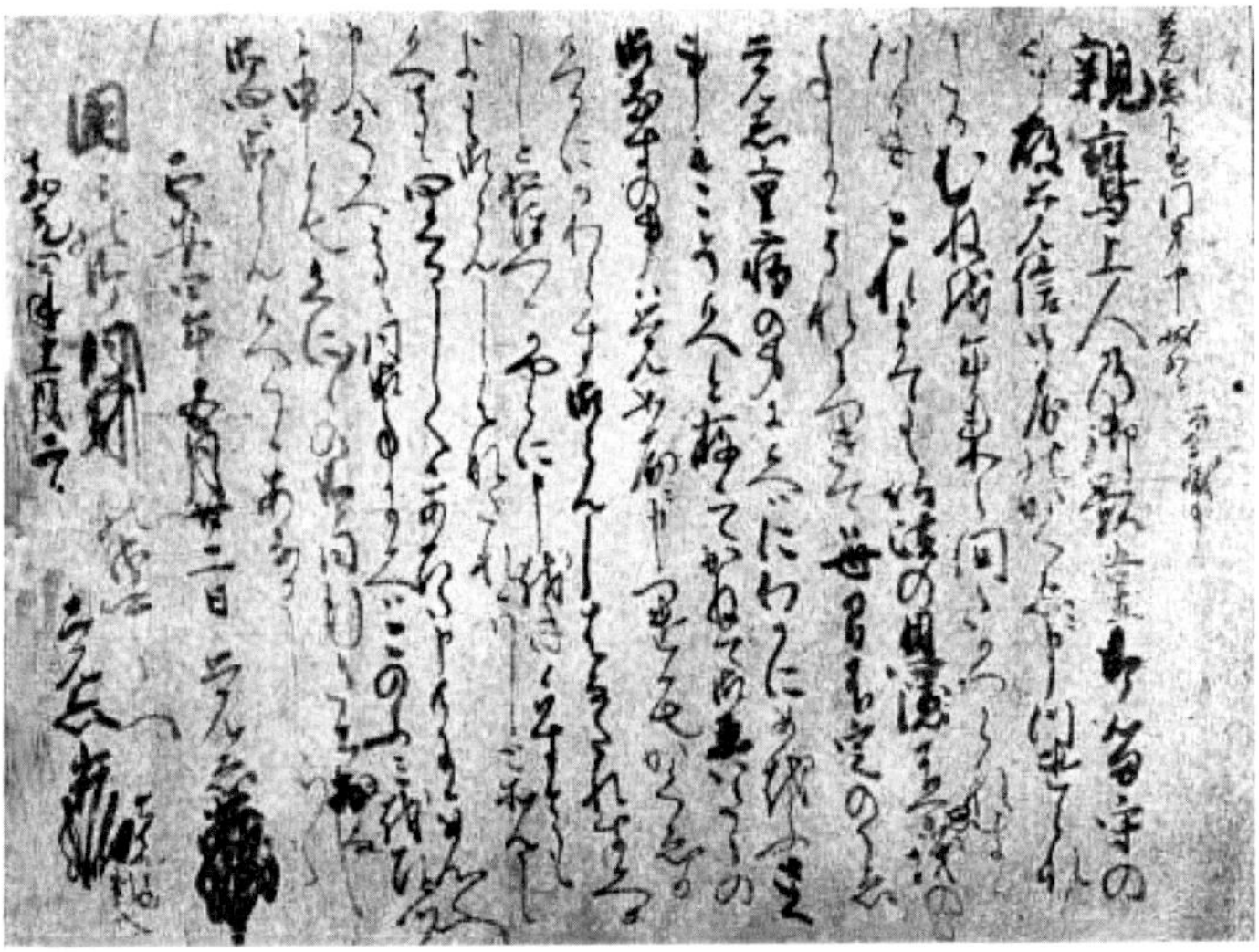

史料②『覚恵譲状（国々の御同行宛）』
写真　京都西本願寺蔵　重要文化財

本文

親鸞上人の御影堂御留守《おるす》の事、故覚信御房のかくゐ《(覚恵)》に申《もうし》つけられたるむねを、年来之間《のあいだ》たかへ《がえ》られす《ず》候《そうらい》つる事、これまても《で》仏法の恩徳不可思議の事に候《そうろう》。それにつきては世間不定《ふじょう》のうゐ《え》、覚恵重病の身に候へは《そうらえば》、にわかにめをふさく《ぐ》事もこそ候へ《そうらえ》と存候《ぞんじそうらい》て、かねて御ゐ《え》いたう《だ》の御るすの事は覚如房に申つけ候也《そうろうなり》。かく恵か《が》候《そうらい》つるにかわらす《ず》御らんし《じ》はなたれす《ず》候へ《そうらえ》かしとおほへ《ぼえ》候《そうろう》。かやう《よ》に申《もうし》を《お》き候は《そうらわ》す《ず》とも、よも御らんし《じ》はなたれ候は《そうらわ》し《じ》とそ《ぞ》んし《じ》候へ《そうらえ》と《ど》も、心くる《ぐ》しく候《そうろう》あひ《い》た《だ》申候《もうしそうろう》に候《そうろう》。めん〱へ申《もうす》へ《べ》く候へ《そうらえ》と《ど》も、同御事《おなじおんこと》に候へは《そうらえば》、この

訳文

親鸞上人の御影堂の御留守《おるす》の事で、故覚信御房《ごぼう》（覚信尼）が覚恵に申し付けられた内容を、長年の間《あいだ》違《たが》えることもなくて済《す》んだのは、これまでの仏法の恩徳の何とも不可思議なことでございます。それにつけても世の中は無常な上に覚恵は重病の身でございますので、にわかに死ぬこともあるだろうと存じまして、かねて御影堂の御留守の事は、覚如房に申し付けております。覚恵が居りました時に変わらずお世話をなされて、見放《みはな》されないようであってほしいと思われるのでございます。このように申し残さなくとも、よもやお世話をなされて見放されまいとは存じますが、申し訳なく思って申すのでございます。おひとりおひとりへお願い申さなければならないのですが、同じ事で

ふみをひとつに申《もうし》候《そうろう》也《なり》。くに〳〵《ぐに》の御
同行たちおなし御心《じ》に御らん候《そうろう》へ《べ》く候《そうろう》。
あなかしこ〳〵。
正安四年五月廿二日　覚　恵（花押）
国々の御同行《門弟》の御中へ
嘉元四年十一月二日　覚　恵（花押）　大ちやうの判也
注　1―後に書き入れられた文字

ございますので、このひとつの手紙で申すのでございます。国々の御同行《ごどうぎょう》の方々も同じ御心で御覧なさって下さいますように。あなかしこ〳〵。
正安四年（一三〇二）五月二十二日　覚恵（花押）
国々の御同行の御中へ
嘉元四年（一三〇六）十一月二日　覚恵（花押）　往生の判である。[1]

（三）『覚恵置文』から窺える留守職就任

―史料『覚恵置文（長文のもの）』京都西本願寺蔵―

譲状が書かれたのと同じ日、覚恵は覚如上人個人に宛てて、長文、短文二通の置文を残している。短文の置文のほうは、土地の権利書を覚如上人に伝える内容が記されているだけであるが、長文《史料》の置文には、留守役を受け継ぐことについての、覚恵の考え方が

よく表わされている。

覚恵は第一に、大谷御影堂の手継証文《てつぎしょうもん》（今までの土地の権利書）を所持していることが、留守役の裏付けだと述べている。その根拠は、母親覚信尼が「手継証文等をは《ば》御ゑ《え》いた《ど》うのさたせんす《ず》る子に帯せさすへ《べ》し」〈**訳文**〉手継証文《てつぎしょうもん》を御影堂の管理に選ばれた子供に持たせるべき〉と寄進状に書き残しているからだというのだが、実際に寄進状に記された覚信尼の考えは「土地の権利書、代々受け継いだ手継《てつぎ》証文も、この寄進状に添えて、お同行の間へ差し上げるべきでございますが、京都あたりの土地の習慣で、境界争いなどがもつれました時に、この墓を受け継いでおりますでしょう尼の子に預けておいて、境界争いを断念させるために、添えてございません」というものであった。それを覚恵は、手継証文を子供に預けておいたというところに、大谷御影堂を子孫達に受け継がせようとする覚信尼の真意があると解釈し、「これらを持っていれば、御影堂の留守職であることに少しも相違があろうはずがない」と記している。

また覚恵は第二に、大谷御影堂の留守役は、覚信尼の最後の置文の言葉に従って前任者が任命するものだとの考え方を述べている。これについても、覚信尼の寄進状には「御弟子の人達の御心《おこころ》にかなうものを（選んで）、この墓地を預け与えてくだされ、管理されるのがよいでしょう」とあるのだが、それよりも覚信尼最後の置文の「この上人のお墓の管理を専証房（覚恵）に言い置いております」の文に真意があると解釈している。

けれどもこの置文には、留守職の用語が用いられている点等に、疑義が出されている。[1]留守職の用語については、七年後に記される「留守職懇望状」に初めて用いられた用語だとするのが通説である。したがってこの置文の真偽については、なお検討の余地があると言えよう。

注　1――重松明久著『覚如』六十三頁

史料『覚恵置文（長文のもの）』　京都西本願寺蔵

本文

親鸞上人の御影堂の敷地等の事、故尼御前亡母《ぼうぼ》覚信御影堂にきしんせられて、としひさしくなりぬ。手継《てつぎ》証文等をは《ば》、御ゑ《え》いた《ど》うのさたせんす《ず》る子に帯せさすへ《べ》し、とかきをか《お》れたり。それにつきてへいせいの御自書の最後のを

訳文

親鸞聖人の御影堂の敷地等の事は、故尼御前《こあまごぜん》（亡くなった母覚信尼）が御影堂に寄進されて、長い年月が経った。（覚信尼は）「手継証文《てつぎしょうもん》を御影堂の管理に選ばれた子供に持たせるべき」と書き残されている。（また）それに関して（平生に書かれたご自

状ならひ《い》に（花押）き文に、御はかのさたをは《ば》専証房覚ゑ《え》遁世のはじめの名也。に申おくなりと、ゐ《い》中の門弟等の中へ、おほ《お》せられおきたるによりて、手継証文等を帯して、御影堂当御墓是也《これなり》の留守さう《そ》ゐ《い》なくて、すて《で》におほ《お》くの年序《ねんじょ》をへ畢《おわんぬ》。又南の地は、国々の門弟合力して、御影堂の敷地のためにとてかいよせられたり。かのうりけんも覚恵帯すへ《べ》しと門弟等申《もうす》によりて、所《す》二持之《これを》一。しかれは《ば》御影堂の敷地南北の文書等、弟子たるによりて覚如房に渡《わたす》也《なり》。これらを帯して、御影堂の留守職さらにさう《そ》ゐ《い》あるへ《べ》からす《ず》。かつはこのむねを別紙にのせて、国の門弟の中へも申《もうし》おくものなり。後々末代までも、御ゑ《え》いたう《ど》の留守においては、あへ《え》て他のさま

筆の状・花押ならびに）最後の置文《おきぶみ》に「御墓の管理を専証房（覚恵）に申し置くのである」と田舎《いなか》の門弟等の中へお命じになって置いてあるので、手継《てつぎ》証文《しょうもん》を持っていれば、御影堂（当地お墓がそれである）の留守《るす》に相違なく、それで既に多くの年月を経《へ》て来ている。また（御影堂の）南の土地は、国々の門弟達が力を合わせて、御影堂の敷地のためにと言って買い加えられたのである。その土地の売買証文も覚恵が携《たずさ》えるべきだと門弟等が申すので、これを所持しているのである。ということで御影堂の敷地の南北の文書等は、弟子であることから覚如房に渡すのである。これらを携《たずさ》えていれば、御影堂の留守職であることに少しも相違あろうはずがない。この上は、この内容を別紙に載せて、国の門弟の中へも申し置くのである。後々《のちのち》末

たけ《げ》あるへ《べ》からす《ず》。爰《ここに》唯善事をさ《そ》うによせて、禅念房のゆつ《ず》り状を帯するよし、不実を構《かまえ》て一身にあてゝ院宣をかすめたまは《わ》りたるよし、そのきこへ《え》あるにより て、故尼御前のきしん状《じょう》にまかせて、門弟等の中へと院宣を申《もうし》なを《お》したり。彼《かの》院宣の正文《しょうもん》は、門弟の中へわたし畢《おわんぬ》、然者《しかれば》、彼《かの》院宣をあか《が》めたてまつりて、覚恵日来《ひごろ》にかは《わ》らす《ず》、御ゑ《え》いた《ど》うのるすさ《そ》うゐ《い》あるへ《べ》からさ《ざ》るよしの、門弟等連署《れんしょあり》有レ之《これ》。同《おなじく》　本券等にあいそへ《え》て所《ところ》レ渡《わたす》レ之也《これをなり》。世間不定のうへ《え》、やまいおもき身なれは《ば》、自然の事もこそあれとて、かねて如《ごとく》レ此《かくの》かきを《お》く状如《じょうごとし》レ件《くだんの》。

正安四年　五月廿二日　覚恵（花押）

代までも御影堂の留守については、少しも他の妨げがあってはならない。ところで、唯善は、あれこれかこつけて、禅念房の譲り状を携えるという内容で、嘘《うそ》をこしらえ上げて、自分自身に宛てて院宣をごまかして頂いているとのことがとりざたされているので、故尼御前（覚信尼）の寄進状に従って、門弟等の中へと院宣をお願いし直したのである。その院宣の原本は門弟の中に渡してある。それゆえ、その院宣を崇め奉って、覚恵を常日頃と変わらずに、御影堂の留守に相違ないとする門弟等の連署状がある。（これを）同じ土地の権利書等に添えて渡すのである。世の中は無常な上に、病も重い身であるので、不測の事もあることと思い、前もってこのように書き残しておくのである。書状は以上の通りである。

覚如房へ

正安四年（一三〇二）五月二十二日　覚恵（花押）

覚如房へ

（四）留守職《るすしき》の名称とその権限

―史料『検非違使別当宣案《けびいしべっとうせん》』京都西本願寺蔵―

覚恵の置文に初めて登場する留守職《るすしき》という言葉については、研究者の間で色々な意見が出されているが、最も注目されるのは重松明久氏[1]の説である。

重松明久氏は、覚信尼が用いた「沙汰」から、覚恵が用いた「留守」、そして覚如上人が用いた「留守職」という御影堂管理者の名称の変化に、地位の変化が表わされていると主張する。すなわち「沙汰」は事務処理、「留守」は管理代表、「留守職」は管理権者と説明されるような権限の強化が見出せるというのである。

この説に対して近年神田千里氏[2]は、「沙汰」「留守」「留守職」という名称の変化は、東国門徒との契約の有無を表わしていると主張する。すなわち、覚信尼の時代は文書での契約を必要としない役目であったのが、覚恵・覚如上人の代になるに従い、東国門徒達との間には、はっきりとした契約を必要とする役目に変わっていったととらえるのである。

いずれにしても留守職の名称が使われ始めた頃、覚恵・覚如上人と東国の門弟達との間には、「留守」「留守職」という役目について解釈の相違が生じていたようである。覚恵・覚如上人は、寄進状や最後の置文から、覚信尼の自分の子孫に大谷廟堂の管理を受け継がせたいとの心情を汲んで、留守職は覚恵から当然子息の覚如上人に承け継がれるものと考えていた。それに対して東国の門徒達は、覚恵が留守を受け継いだのは、覚信尼の心情に押されたままでで、本来は寄進状の通り門弟達が留守を任命すべきだと考えていたようである。このような両者の解釈の違いを一挙に表面化させてしまったのが、唯善事件ではなかっただろうか。そのことを何よりも明らかにしているのが、青蓮院の裁決『青蓮院下知状案』（同章第四節（三）史料②参照）である。この文の終りには「覚信の子孫等の許否においては、宜《よろ》しく門弟等の意《こころ》に在るべきか」〈**訳文** 覚信尼の子孫達を受け容れるか容れないかに関しては、当然門弟達の意《こころ》にあるべきであろう〉と記されている。これは実は東国の門弟達が、自分達の留守職についての解釈を青蓮院の下知状に明記させたものに他ならない。

そのことを更にはっきりさせてくれるのが、青蓮院裁決の前年十一月に出された『検《け》非違使《びいし》別当宣《べっとうせん》』 史料 の文である。ここには「覚恵当所を以《も》って覚如に申し付け畢《おわ》んぬ」〈**訳文** 覚恵は当大谷御影堂のことを覚如に申し付けたのである〉と留守職が覚恵によって任命されるものとする覚如上人の立場が表わされている。留守職の語も公文書の上ではここに初めて登場するのである。もし、青蓮院の裁決文がこの『検非違使別当宣』の考え方によって出されていたならば、全く別の表現になっていたことであろう。それが「覚信尼の子孫達を受け容れるか容れないかに関しては、当然門弟達の意《こころ》にあるべきであろう」とされたのは、『青蓮院下知状』が東国門徒指導者達の考えによって出されたからに他なるまい。

注　1―『覚如』一九六四年発行、四十一頁。重松明久氏は、元広島大学教授、真宗史研究家。主著として、『中世真宗思想の研究』（一九七三年発行）、『親鸞・真宗思想史研究』（一九九〇年発行）等がある。

2―『一向一揆と真宗信仰』一九九一年発行、二十七頁。

史料　『検非違使別当宣案《けびいしべっとうぜん》』　京都西本願寺蔵

本文

安堵別当宣案

親鸞上人影堂并《ならびに》敷地事《の》、任《まかせ》二尼覚信置文《のおきぶみに》一、覚恵帯《たいし》二安堵院宣《の》一、留守職無《になし》二相違《そうい》一。仍《よって》覚恵以《もって》二当所《を》一申《もうし》二付《つけ》覚如《に》一畢《おわんぬ》。爰《ここに》唯善無《なく》レ故《ゆえ》致《いたすの》二非分之《の》押領《おうりょうを》一之間《あいだ》、就《つき》二訴申《うったえもうすに》一可《べきのちょう》レ停二止彼押領《じすかのおうりょうを》一之由《よし》、度々《たびたび》雖《いえども》レ被《るると》レ仰《おおせ》二遣之《つかわさこれを》一、一切不《ざるの》二叙《じょ》用《ようせ》一之条《じょう》、自由《じゆうの》之至《いたり》、太以《おおいにもって》不《ず》レ可《べから》レ然《しかる》。云《いい》二勅裁《と》一、云《いい》二別当宣《と》一、違《い》背《はいの》之科《とが》、無《なき》レ所《かところ》レ遁《のがるる》歟。此上者《このうえは》、早《はやく》任《まかせ》二相伝《に》一、先可《まずべきの》二進退領掌《しんだいりょうしょうす》一之由《よし》、可《べきの》下令《しめ》レ下《げ》二知彼《ちせかの》門弟覚如等《らに》一給《たもう》上之旨《むね》、別当殿仰所《のおおせにところ》レ候也《そうろうなり》。仍《よって》

訳文

親鸞上人の影堂および敷地の事は、尼覚信《あまかくしん》（覚信尼）の置文に従って、覚恵が安堵《あんど》の（土地の所有を認める）院宣を持っており、留守職《るすしき》に相違《そうい》ない。そこで覚恵は当大谷御影堂のことを覚如に申し付けたのである。この時唯善は理由もなく非道に奪い取ったので、すなわち訴え申すのである。その奪い取っているのを止《や》めるようにと度々《たびたび》命令下さったけれども、一切聞き入れないことは、自分勝手もはなはだしく、けっしてあってはならないことである。勅裁と言い、別当宣《べっとうせん》と言い、これに背《そむ》く罪は遁《のが》れられない。此の上は、早く承《う》け伝えられているところに従って、まず土地を領有すべきのことを、その門弟覚如等に命令されるようにとの内容が、別当殿のお言いつけである。そういうわけで、以

執達《しったつ》如《ごとし》レ件《くだんの》。
延慶元年十一月三十日
前丹後守為清《ためきよ》奉
進二上　高倉大□殿へ一

上の通り通達する。
延慶元年（一三〇八）十一月三十日
前丹後守《さきのたんごのかみ》為清《ためきよ》奉る
高倉大忠殿に差し上げる

（五）覚如上人の十二箇条懇望状

―**史料**『覚如懇望状案』覚如上人自筆　京都西本願寺蔵―

門徒の使者達に、大谷御影堂に入ることを事実上拒否された覚如上人は、青蓮院裁決の一週間後の延慶《えんきょう》二年（一三〇九）七月二十六日、東国の門弟達に宛てて自分を留守職に任命してくれるようにとの《史料》懇願書を出した。これが『十二箇条懇望状《こんもうじょう》』で、唯善が記した同様の文書に習ったものと見られている。唯善事件の直後ということもあって、十二箇条の条文には、大谷御影堂留守職の行状についてかなり懐疑的になっている東国門徒達の気持が反映されている。特に宮崎円遵《えんじゅん》氏は、十二箇条のうち第九条までについて、唯善が行った行為を考慮して書かれたものと解釈している。また後文には「今覚如についてまでもその唯善になぞらえ、心配されている御門弟がおられるので、此の書状を出すのであります」と、覚如上人までもが唯善と同じように見られていた様子が窺われる。

門徒達の懐疑的な空気に対して、覚如上人が示した姿勢は、終始門徒達にへりくだる屈辱的と思われる程の低姿勢であった。「自分は唯善とは違う。誤解しないでほしい。もし私が唯善がやったようなことをしたら、追い出されてもかまわない。異義を申したりしたならば朝廷や幕府に訴えて遠流に処してほしい」。文面にはこのような覚如上人の姿勢が滲み出ている。

この懇望状が書かれたのは、青蓮院の裁決のわずか一週間後のことである。十二箇条の条文に表わされた内容は、どれもこの一週間の間に東国門徒指導者達が覚如上人に示した難色の理由であったに違いあるまい。ということは、すでに青蓮院の裁決が下される以前から、東国門徒指導者の間で、覚如上人を留守職に任ずるか否かについて、一定の方針が決められていたということが推測される。

一体なぜ、東国の門徒達は、覚如上人に不信感を懐いたのであろう。その理由として、第一に、唯善事件が唯善に対しても、覚如上人に対しても、東国門徒達に大きな経済的負担を負わせる結果となったこと、第二に事の正邪はいずれにあれ、覚恵・唯善兄弟の相続争いから大谷御影堂が破壊されてしまい、覚信尼の子孫に対する信頼感を甚だしく失墜させる結果となったことが考えられる。だがそれ以上に大きな問題は、唯善事件を通して、覚如上人と東国門徒達との間に、大谷御影堂の留守職について大きな考え方の隔たりが明らかになってきたことである。

　このように見てゆくと、『十二箇条懇望状』は、覚如上人と東国門徒達の間のその後を考える上で極めて重要な書状と言えよう。

史料『覚如懇望状案』　覚如上人自筆　京都西本願寺蔵

本文 ※傍線部分は訂正され削除された文字

（端書）「出《いだす》二御門弟中《に》一愚状案《ぐじょうあん》。又一通書《はかき》二与《あたう》善智房《に》一、已上二通。内一通者《は》留《とどむ》二三川《みかわ》《に》一云々《うんぬん》。書《かき》二渡《わたす》善智房《に》一事《こと》。延慶《えんきょう》二年八月一日、依《よりて》二所望《に》一也《なり》。」

訳文

（端書《はしがき》[1]）「御門弟のうちに出す愚かな私の手紙の下書き。もう一通は善智房[2]に書き与え、以上二通である。内一通は三河に留めると言う。善智房に書いて渡すのは、延慶二年（一三〇九）八月一日に望まれたからである。」

親鸞聖人御門弟御中江《へ》令《しむる》二懇《こん》条望《もうせ》一
条々《の》事。
一、毎日御影堂《の》御勤《つとめ》不《ざる》レ可《べから》二闕《けつ》怠《だいす》一事。
一、不《ざる》レ可《べから》レ背《そむく》二財主《ざいしゅ》尼覚信《の》建治弘安《の》
寄進状《に》一事。
一、自《より》二御門弟等御中一、縦《たとい》雖《いえども》レ被《らるると》レ
申《もうし》二付《つけ》御留守職《に》一、於《おいては》レ相《あい》二背《そむくに》
御門弟《の》御意《ぎょいを》一者、雖《いえども》レ為《たりと》二一日
片時《へんじ》一被《るるの》レ追《おい》二出《ださ》影堂敷内《を》一之時《とき》、
不《ざる》レ可《べから》レ申《もうす》二一言《の》子細《を》一事。
一、御門弟等、忝《かたじけなく》被《るるの》レ賜《たまわ》二両御代《の》
院宣并《ならびに》庁裁《ちょうさい》、本所《の》御成敗《ごせいばいを》一之
上《うえ》者《は》、雖《いえども》レ為《たりと》二留守職一、一切不《ざるの》
レ可《べから》レ申《もうす》二子細《を》一事。

親鸞聖人御門弟御中へ懇望（懇願）致す条々の事。
一、毎日御影堂のお勤めを怠らない事。
一、御影堂を寄進した尼《あま》覚信（覚信尼）の建治・弘安の寄進状に背《そむ》かない事。
一、御門弟等《ら》の中から、たとえ御留守職《おるすしき》に申し付けられても、御《ご》門弟のお心に背《そむ》いた場合には、それがわずかな間であっても、影堂の境内から追い出される時、一言《ひとこと》の不都合もけっして申さない事。
一、御《ご》門弟等《ら》に、もったいなくも、お二人の天子の院宣および検非違使《けびいし》庁の裁決・本所《ほんじょ》（大本の支配者）青蓮院のお裁きが与えられている以上は、留守職《るすしき》であっても、一切あれこれ言わない事。
一、今後は、本所青蓮《しょうれん》院のお裁きの内容に従って、御門弟等のお考えに背かない事。
一、自分自身が負った借財を、御門弟等《ら》に負担させた

一、於《おいては》二向後《きょうごに》一者任《まかせ》二本所御成敗《ごせいばいの》之旨《むねに》一、不《ざる》レ可《べから》レ背《そむく》二御門弟等御《らのお》計《はからいを》一事。

一、以《もって》二私所《にところの》レ取《とる》之借上《しゃくじょうを》一不《ざるのべから》レ可レ奉《たてまつるかけ》レ懸二御門弟等《らに》一事。

一、聖人《の》御門弟等《ら》者《は》、縦《たとい》雖《いえども》レ為《たりと》二田夫野人《でんぷやじん》一、任《まかせ》二祖師之《の》遺誡《ゆいかいに》一、全《まったくなし》成二蔑如《べつじょの》之思《おもいを》一、不《ざるのべから》レ可レ致《いたす》二過言《かごん》一事。

一、雖《いえども》レ被《らると》レ申《もうし》二付《つけ》影堂留守職《に》一全《まったく》不《ざるの》レ可《べから》レ成《なす》二我領《わがりょうの》之思《おもいを》一事。

一、自《より》二御門弟御中一賜《たまわるの》二御状《ごじょうを》一之時《とき》、以《もって》二彼《かの》文章《を》一備《そなえ》二後日《こうじつの》之亀鏡《ききょうに》一、不《ざるのべから》レ可レ申《もうす》二子細《しさいを》於御門弟御中《に》一事。

りしない事。

一《ひとつ》、聖人の御門弟等は、たとえ田夫野人《でんぷやじん》（田舎者《いなかもの》）であるからと言って、祖師（親鸞聖人）の残された教えに従い、けっしてさげすんで、言い過ぎないようにする事。

一《ひとつ》、影堂の留守職《るすしき》に申し付けられたからと言って、けっして自分の所有物であるように思ったりしない事。

一《ひとつ》、御門弟の中から、書状（手紙）を頂いた時は、その文章を、後日のための証拠とし、あれこれと御門弟に申したりしない事。

一《ひとつ》、影堂の境内に容貌の美しい遊女等《ら》を招き入れて酒宴を催《もよお》したりしてはならず、自分でも他人でも共に禁止すべき事。

一《ひとつ》、御門弟の許しを受けず、度々《たびたび》諸国に下り、ある時

一、影堂敷内仁《に》招《まねき》二入《いれ》好色傾城《こうしょくけいせい》等《とうを》一、不《ず》レ可《べから》二酒宴《す》一。自《じ》他《た》共《ともに》可《べき》二禁《きん》制《ぜいす》一事。
一、不《ず》レ蒙《こうむら》二御門弟《の》御免許《ごめんきょを》一、細々[3]下二向《し》諸国《に》一、或《あるいは》称《しょうし》二勧進《と》一、或《あるいは》号《ごうし》レ不《ずと》レ諧《かなわ》二定員数《ていいんずうに》一、不《ざるの》レ可《べから》レ奉《たてまつる》レ諂《へつらい》二御門弟《に》一事。
一、奉《たてまつり》レ対《たいし》二諸国《の》御門弟《に》一不《ざる》レ可《べから》下自《みずから》称《しょうす》中有《あるの》二忠節一由《よしを》上事。
以前《の》条々、雖《いえども》レ為《たりと》二一事一不《ず》レ可《べから》レ背《そむく》二御門弟《の》御計《おはからいに》一。現《あらわし》二不調不善《を》一、或於《あるいはおいては》レ背《そむくに》二財主尼覚信《の》寄進状并《ならびに》両代勅裁《のちょくさい》、使庁成敗《のせいばい》、本所御下《ごげ》知《ち》等《に》一者、為《して》二御門弟等《らの》御計《おはからいと》一、不《ず》レ廻《めぐらさ》二時日《を》一、可《べき》レ被《る》レ追《おい》二出《いださ》御影堂《の》

には勧進《かんじん》（寄付を集める）と称し、またある時は、決まった数が集まらないと称し、御門弟にへつらうようなことを言わない事。

一《ひとつ》、諸国の御門弟に対し、自分の方から変わりなく忠義を尽くすなどと称したりしない事。

右の一箇条一箇条については、一つの事柄といえども、御門弟のお考えに背《そむ》いたりしません。不届《ふとど》きなことや善くないことを言い、また御影堂の施し主である覚信尼の寄進状および二代にわたる天皇の勅裁[4]・検非《けび》違使《いし》庁の成敗《せいばい》[5]状、本所青蓮院の下知状などに背くということがあるなら、御門弟達のご処置で時の経過を待たず、御影堂の敷地内から追い出されてもかまいません。一方では唯善坊が、御影堂および御門弟等《ら》に敵対し、様々な不届《ふとど》きをし、ある時は御影堂の敷地および房舎などを債務《さいむ》の形《かた》に入れ、またある時には御書状等

敷内《を》一者《ものなり》也。且《かつは》唯善坊、敵《てき》二対《たいし》御影堂并《ならびに》御門弟等《に》一、現《あらわす》二種々《の》不調《ふちょう》。或以《あるいはもって》二御影堂敷并《ならびに》房舎等《を》一入《いれ》二質券《しちけんに》一、或給《あるいはたまい》二置《おき》御書状等《を》一備《そなゆ》二後日之《の》亀鏡《ききょうに》一。雖《いえども》レ掠《かすめ》二申《もうすと》子細《を》一、既《すでに》被《るるの》[6]棄置《すておか》二之上《うえ》者《は》、雖《いえども》レ無《なしと》二子細一、今《いま》覚如於《を》毛《も》准《じゅんじ》二彼《かの》唯善《に》一、自《より》二御門弟御中一御恐[7]之《の》間《あいだ》、所《どころ》レ出《いだす》二此《この》状《じょうを》一也《なり》。雖《いえども》二向後《きょうごと》一令《しめ》三敵《てき》二対《たいせ》于御門徒《に》一、称《しょうし》レ有《ありと》二証文一、以《もって》二門弟之《の》御書状等《とうを》一、若有《もしあらば》下申《もうすの》二子細《しさいを》一之事《こと》上者、皆悉《みなことごとく》被《られ》レ処《しょせ》二今案之《きんあんの》謀計《ぼうけいに》一、努力《ゆめ》〳〵不《ざる》レ可《べから》レ有《ある》二叙用《じょよう》一者《ものなり》也。如《ごとく》レ此《かくの》乍《ながら》レ出《いだし》レ状《じょうを》、猶以《なおもって》後日《こうじつ》申《もうさば》二子細《しさいを》一者、以《もって》二此状《この》《を》一為《なし》二証文《と》一、本所

等を思いがけず手に入れて、後日の証拠として持っていました。物事の詳しい事情をごまかしているとはいうものの、すでに放置してしまった以上は、不都合はありません。とは言うものの、今、覚如についてまでもその唯善になぞらえ、御門弟の中で心配されておられるので、此の書状を出すのであります。今後御門弟に敵対し、証拠となる文書があると称し、門弟の御書状などによって、もしも異議を申す事があれば、皆すべて新しく考え出した謀《はかりごと》として処理され、けっして登用されてはならないのであります。このように書状を出しながら、それでもなお後日《ごじつ》異義を申すならば、この書状を証拠の文書とし、本所青蓮院および公家・武家へ訴え申されて、遠流《おんる》の重い罪科に処せられて下さい。そもそも上に述べた一箇条一箇条など、覚如に関しては、初めからそんなことを企《くわだ》てる意図など無

并《ならびに》公家武家江被《れ》ニ訴申《うったえもうさ》一、可《べし》レ被《らる》レ処《しょせ》ニ遠流《おんるの》之重科《に》一。抑《そもそも》上件《の》条々等、於《おいては》ニ覚如《に》一者、自《より》レ元《もと》[8]、無《なし》ニ其企《そのくわだて》一雖《いえども》レ不《ず》レ現《あらわさ》ニ不調《ふちょうを》一、併《しかしながら》為《ために》ニ未来《の》一如《ごとくかくの》レ此（書）出《いだす》レ状者也《をものなり》。若《もし》偽《いつわり》申《もうさ》者《ば》、惣《そうじては》三朝《の》浄土高祖、別《べっしては》蒙《こうむり》ニ祖師聖人之《の》冥罰《みょうばつを》一、而《しかも》□[9]ニ現当《の》之悉地《しつじ》一。□[10]為《たるの》ニ未来之《の》亀鏡《ききょう》一状《じょう》、如《ごとし》レ件《くだんの》。

延慶二年己酉七月廿六日

覚　如（花押）[11]在判

く、不届きなことを致したりはしませんけれども、しかしながら将来のために、このように書状を出すのであります。もし偽《いつわ》りを申しましたならば、広くはインド・中国・日本の浄土の教えを開いた高僧方、とりわけては祖師親鸞聖人の冥罰《みょうばつ》（人知れず与えられる罰）を受け、その上に現世と来世の悟《さと》りを得られなくなるでしょう。そういうわけで、将来の証拠である書状は以上の通りであります。

延慶二年（一三〇九）七月二十六日

覚如（花押）在判

注　1―文字の右端《みぎはし》に記された文字

2―高田顕智の使者

3―訂正前は「無《なく》ニ左右《そう》一罷《まかり》ニ下《くだり》諸国《に》一」と記されていた。

4―天子の御裁断

5—裁きの文書
6—「奇」と記されているが、明らかに「棄」の誤り。
7—訂正前は「不《ふ》審之《しんの》上者《うえは》」と記されていた。
8—訂正前は「不《ざるの》レ存《ぞんぜ》之上者《うえは》」と記されていた。
9—□の部分は「可《べし》レ失《うしなう》」だと推察されている。
10—□の文字は「仍《よって》」だと見られている。
11—花押が後から抹消されている。

（六）留守職就任認可

―史料『存覚上人一期記』―

十二箇条の懇望状にもかかわらず、東国の門徒達は、覚如上人の留守職就任を容易に認めようとしなかった。その中でもとりわけ強く反対したのが、高田門徒の指導者顕智であったと考えられる。そのことは、十二箇条の懇望状が高田顕智の使者善智と高田門徒の影響下にあったと見られる和田門徒に一通ずつ提出されていることからも知ることができる。

覚如上人個人に何か特別な問題があるというのならばいざ知らず、どうして顕智はこれほどまでに覚如上人の留守職就任に反対したのであろう。一つの見方として、顕智は覚如上人の宗教者としての才能を恐れていたのではなかろうか。『報恩講式』『親鸞聖人伝絵』『拾遺古徳伝』等を書き上げた才能はどう見ても並の才能とは見られなかった筈である。「高田門徒が、東国を中心とする門徒集団の中心となってゆくべきである」と考えていたであろう顕智にとって、覚如上人程懸念される存在はなかったであろう。

そういう訳で、とうとう覚如上人は翌年延慶三年（一三一〇）正月、廟堂の留守職を諦《あきら》め、別に一寺を建立してそこで一生を終えようと、悲痛な決意で関東へ向かうこととなった。この時寺を建立するための勧進帳《かんじんちょう》の文案を考えた人物として、初めて長男存覚上人の名前が登場して来る。十五歳の時比叡山で受戒した光玄《こうげん》（存覚上人）は、既に二十一歳の年齢で、東山毘沙門谷《びしゃもんだに》の証聞院《しょうもんいん》で尊勝陀羅尼《そんしょうだらに》の供僧《くそう》となっていた。

　ところが、このように覚如上人の留守職就任に最も強く反対していたと見られる高田の顕智が、何とその年の七月四日に死去してしまう。そして、これを境に関東の情勢はにわかに覚如上人に有利に傾くようになり、上人の強い決意に心を動かされた安積《あさか》門徒や鹿島門徒の説得が功を奏して、波乱の末にようやく覚如上人の留守職就任が認《史料》められることとなった。

　こうして覚如上人は、その年の秋に京都の御影堂へ入ることができたのである。その年齢は既に四十一歳となっていた。ただしこの時、覚如上人が留守職の裏付けと考えていた廟堂の土地の手継証文は、全て東国門徒達に渡すことが条件とされた。これは覚如上人にとってかなり辛《つら》い事であったに違いないが、それだけ関東の門徒達の間には、覚恵・覚如上人の留守職に対する考え方を警戒する空気が強かったのであろう。また、あくまでも東国門徒達が主体となって大谷御影堂を支配してゆこうとする姿勢も窺える。

結局、こうした両者の間の溝がきっかけとなって、覚如上人は東国門徒達からの独立を目指す新たな道を歩み始めることになる。

史料『存覚上人一期記』延慶三年（一三一〇）存覚上人二十一歳の条

本文

…同三、正月、大上御《ご》二下《げ》一向《こう》東国一へ。其故者《そのゆえは》、御留守職事《るすしきのこと》若不《もしざれば》レ叶者《かなわ》、談《かたらい》二有《あるの》レ志之人《を》一、別建《べつに》二立《して》一所《を》一可《べき》レ終《のおう》二生涯《を》一之由《よし》内々御所存也《しょぞんなり》。勧進帳《かんじんちょう》草《そうし》試《こころみん》哉《やの》之由《よし》含《ふくめらる》レ仰《おおせ》之間《あいだ》、自《より》二毘沙門《びしゃもん》谷《だに》一草進《そうしんし》了《おわんぬ》。仮令《けりょう》四五日間《の》思案也《なり》。是《これ》予筆削《よがひっさく》之《の》最初也《なり》。殊《しゅ》勝《しょうの》之由《よし》被《られ》二感《かんじ》仰《おおせ》一了《おわんぬ》。此時《このとき》

訳文

…同じ延慶《えんきょう》の三年（一三一〇）正月、大上（覚如上人）は東国に下向《げこう》された。そのわけは、大谷御影堂に入って、留守職となることがかなわないのならば、味方をしてくれる門弟と相談して、別に一寺を建立し、そこで生涯を終えようと、心中ひそかにお考えになっていたからである。それについて、一寺を建立するための勧進帳《かんじんちょう》1の文案を作ってみないかとのことを私（存覚）に暗におっしゃったので、当時居た東山毘沙門谷《ひがしやまびしゃもんだに》の証聞院《しょうもんいん》2から、私（存覚）は草案を進上した。これはおよそ四、五日の間考えめぐらしたものである。これは私

御影堂相続之《の》事《こと》并《ならびに》若州・伊賀国久多庄等《くたのしょうとうの》事、条々悉被《じょうじょうことごとくられ》レ載《のせ》二御譲状《に》一賜《たまい》レ之了《これをおわんぬ》。秋比《あきごろ》御帰洛。安積《あさか》・鹿嶋《かしま》殊共許《ことにともにゆるすの》之間《あいだ》、御入洛已後《じゅらくいご》即《すなわち》御居二住《す》御影堂《に》一。但就《ただしついて》レ被《らるるに》レ帯《たいせ》二文書《を》一、連々如《れんれんごとく》レ此煩出来《かくのわずらいしゅったい》、悉《ことごとく》可《べきの》レ被《る》レ出《いだき》二門弟中《に》一之由《よし》、面々《めんめん》令《しむるの》レ申《もうさ》之間《あいだ》、雖《いえども》レ有《ありと》二御斟酌《ごしん》一、不《ずば》レ被《れ》レ出《いださ》者御居住難《がたきの》レ治《おさまり》之間《あいだ》、留守職相承券契《るすしきそうじょうのけんけい》・覚信御坊《の》御状被《され》レ出了《いだおわんぬ》。其上《そのうえ》条々《の》懇望状《の》事等《とう》寂静令《しむるの》レ申《もうさ》之間《あいだ》、被《され》二書出《かきいだ》一了《おわんぬ》。

の著作の最初である。幸いにも大上（覚如上人）は、上出来《じょうでき》とのことを感想としておっしゃられた。この時大谷御影堂相続の事および若狭国《わかさのくに》・伊賀国《いがのくに》久多庄《くたのしょう》などの事を一つ一つすべて書き記した譲状《ゆずりじょう》をくださった。

秋頃、京都にお帰りになった。安積《あさか》門徒や鹿島《かしま》門徒がとりわけ覚如上人の留守職《るすしき》を認めたので、京都に入られてからは、すなわち大谷御影堂にお住まいになった。ただし、留守職に関係した覚信尼の残した文書等を持っておられることに関して、「その文書によって絶えずこのような心配が起こって来るので、ことごとく門弟中に提出するように」と、門弟の面々が申すので、ためらわれたけれども、提出しなければ御影堂に住まわれることが難しいので、留守職を承け継いだ時の券契《けんけい》[3]（文書）と、覚信御坊（覚信尼）の御《おん》状を提出されたのであった。その上、重ねて懇望状《こんもうじょう》[4]を書くようになどと寂静《じゃくじょう》[5]が申したので、書いて提出された。

注

1――寺の建立のために募金の趣旨を記した文書。
2――真言宗東寺系の寺。存覚上人は、この二年間に証聞院の尊勝陀羅尼供養の供奉僧に任じられていた。
3――平安時代～鎌倉時代に用いられた語で、財産に関する文書のこと。
4――十二箇条懇望状のこと。
5――三河和田門徒の指導者。

第五章　本願寺誕生

『親鸞・如信・覚如連座像』に記入された「本願寺親鸞聖人」の札銘『真宗重宝聚英』（同朋舎メディアプラン）
覚如上人真筆。本願寺の寺号が公称された元亨《げんこう》元年（1321）以後に記されたことは明らかである。

第一節　各地へ教化に乗り出す覚如上人

（一）「鏡《かがみ》の御影」修復

―史料「鏡の御影」―

覚如上人は、様々な紆余曲折《うよきょくせつ》を経て、延慶《えんきょう》三年（一三一〇）四十一歳の年ようやく大谷御影堂の留守職に就任した。けれどもこの間、東国の門徒達との間には埋めることのできない溝が生じ、覚如上人の考えも祖母覚信尼の懐いた廟堂の姿を離れて、東国門徒達の意向から独立した門流の形成に向けられて行った。

その第一歩は「鏡《かがみ》の御影」の修復であった。「鏡の御影」史料①は、当時盛んであった似絵《にせえ》の手法で描かれた聖人の肖像画で、当代一流の似絵画家として著名であった藤原信実《のぶざね》の子息専《せん》阿弥陀仏の手になり、聖人の御影としてばかりか、鎌倉時代の肖像画としても最高傑作の一つに数えられている。似絵《にせえ》とは、人物や牛馬などを写実的手法で描き出す大和絵の肖像画で、「鏡《かがみ》の御影」と呼ばれるのも、描かれた姿が鏡に写したように聖人に似ているという意味だと考えられている。この御影が描かれた由来を覚如上人は、御影の巻留の識語《しきご》（来歴[史料②]などを記したもの）に記しているが、この中に「泣きて之《これ》を図畫《ずが》し奉る」〈**訳文** 泣いてこれを描き申し上げた〉という文が問題とされている。日下無倫《くさかむりん》氏は、聖人生前中に「泣きて之《これ》を図畫《ずが》し奉る」というのはおかしいとし、「泣」の文字は「謹」の誤写ではないかとの意見を出している。これに対し、近年中沢見恵氏は、この識語の意味について「専阿（専阿弥陀仏）が聖人存生《ぞんしょう》中に描かれた絵像を拝し奉って、なつかしさのあまり泣いてその絵像を写し奉った」と[1]解釈している。

覚如上人はこのような「鏡の御影」の修復に着手したのである。覚如上人は延慶三年（一三一〇）秋（七月～九月）頃に京都へ帰っているから、鏡の御影の修復はその後に始められて十一月二十八日の御正忌の前までに完成されたことが知られる。この修復は、「鏡の御影」元々の体裁を大幅に改めるものだったようである。その内容は昭和二十九年（一九五四）西本願寺で行われた修理の際に次のように判明している。

第一は、当初御影の上部に「本願名号正定業《しょうじょうごう》～即横超截《ちょうぜつ》五悪趣文」の二十句の『正信偈』の文が記されていたのを、覚如上人が切り取って、みずから「和朝親鸞聖人真影、憶念弥陀仏本願　自然即時入必定　唯能常称如来号　応報大悲弘誓恩」〈**訳文** 我《わ》が国の親鸞聖人の真影《しんえい》（真《まこと》の肖像）。阿弥陀仏の本願を心に憶念する（念じたもって忘れない）ならば、おのずと他力のはたらきによってその時ただちに正定聚《しょうじょうじゅ》の位に入るのである。ただよく阿弥陀如来の名号を称えて、大悲の本願の御恩を報じるべきである〉という、『正信偈』の文四句を記したことである。

第二は、御影の下部に、法然上人の『選択集』に「信疑決判の文」と言われる「源空聖人[2]云　当知生死之家以疑所止　涅槃之城　以信為能入文」の文、および親鸞聖人の『正信偈』の源空を讃えた文、「釋親鸞云　還来生死流転之家　決以疑情為所止　速入寂静無為之城　必以信心能入文」記されていたのを塗りつぶして書表装《かきびょうそう》[3]を施したことである。

この改変について、切り取られたり塗りつぶされた初めの文字は、親鸞聖人の直筆ではないかとの論議が為されている。赤松俊秀氏や宮崎円遵氏[4]はこれを聖人の直筆と見るが、中沢見恵氏や平松令三氏[5]はこれに疑問を投げかけており、いまだ結論は得られていない。

ともかくも、覚如上人が鏡の御影の体裁《ていさい》を改めた狙いは、浄土宗の一門流としてしか見られて来なかった親鸞聖人の門流を、聖人を祖師とする独立した宗派として宣明しようというところにあったと考えられている。

源空（法然）上人の言葉を塗りつぶしたのも、法然上人の浄土宗の一門流というイメージを改めようという意図からと見られ、みずから筆で認《したた》めた正信偈の五句の文字も、覚如上人の教学の中心であった「信心正因《しんじんしょういん》、称名報恩《しょうみょうほうおん》（信心こそが浄土に往生するもとであり、称名念仏は仏の大悲弘誓《だいひぐぜい》の恩に報《むく》いるいとなみである）」にぴったり当てはまる文と言えよう。

この年親鸞聖人の祥月命日（報恩講）には、修復されたばかりの鏡の御影が御影堂に掲げられたことであろう。鏡に写したような聖人のお姿を前に行われた御正忌の勤行と、覚如上人が親鸞聖人の教えとして信受していた「信心正因、称名報恩」という教えの教化伝道こそが、まことに親鸞聖人を祖師とする他力真宗の宣明であると共に、独自の門流形成を目指すものと言えよう。

注　1――中沢見恵「鏡御影私見」（『真宗研究』第三一輯所収）
2――現代語訳すると次のような意味になる。「源空上人がおっしゃることには、『生死を繰り返す迷いの家にとどまるのは、人間の本性である疑いによるのであり、涅槃（証り）の城には、本願が信じられてこそ、入ることができるのである、ということを知るべきである』」。
3――表装の部分も布地を使わず筆で描いたもの。塗りつぶされた文字は、透かして見ることができる。
4―赤松俊秀氏は「親鸞像について」昭和二十九年・「鏡の御影の賛について」昭和三二年（共に『鎌倉仏教の研究』昭和三二年発行所収）に、「筆跡からして親鸞の自筆であることが確実」と述べている。また宮崎円遵氏は、当初直筆に否定的だったが、昭和三十八年の鏡の御影の修理の際に、赤松氏と共に銘文を直接調査した結果、真筆との見方に改めている。
5―平松令三氏は、「親鸞聖人絵像」（『真宗重宝聚英』第四巻所収）で、中沢見恵氏の研究を取り上げて、それに基づき、親鸞聖人の真筆とする見方に疑問を呈している。本文でも紹介した通り、中沢見恵氏の「泣きて之を図畫し奉る」という識語についての解釈は、鏡の御影の賛銘を直筆でないとする見解に基づいていた。

史料①「鏡の御影」と巻留職語

写真京都西本願寺蔵　国宝

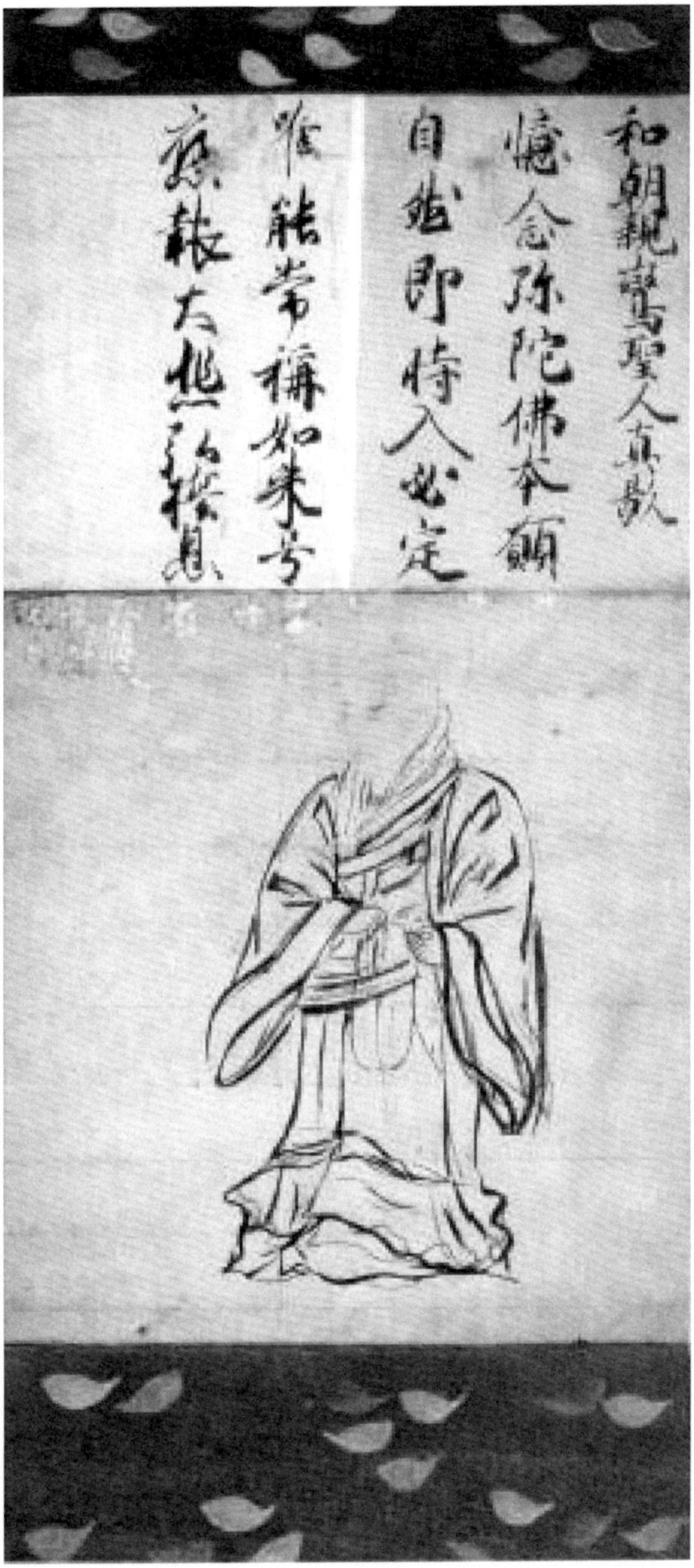

史料②御影巻留職語（来歴などを記したもの）

本文

専阿弥陀仏（信実朝臣《あそん》息也《そくなり》 号《す》二袴《はかま》殿《と》一）奉《たてまつり》レ拝《はいし》二聖人御存生《ぞんしょうの》之尊像《を》一、泣《なきて》奉《たてまつる》レ図《ず》二畫《がし》之《これを》一。末代《まつだい》無《む》双重宝《そうのじゅうほうなり》。仰《あおぎて》可《べし》レ帰《き》二敬《きょうす》之《これを》一。毛端《もうたん》不《ずと》レ奉《たてまつら》レ違《たがい》云々《うんぬん》。所《ところなり》レ得《うる》二其証《そのあかしを》一也。延慶三歳庚戌《かのえいぬ》十一月廿八日以前奉《たてまつり》二修補《しゅうほし》一、遂《とげ》二供養《を》一訖《おわんぬ》。

応長元歳辛亥《かのとい》五月九日、於《おいて》二越州《に》一教行証講談之《の》次《ついでに》記《しるし》レ之《これを》了《おわんぬ》。

注　1——これわれたところを繕う。

訳文

専《せん》阿弥陀仏は（藤原信実《のぶざね》朝臣《あそん》の子息である。袴殿《はかまどの》と名乗った）、親鸞聖人の御存命の尊い像を拝見申し上げ泣いてこれを描き申し上げた。末《すえ》の世《よ》に在って並ぶものがない大切な宝物であり、いただいてこれを帰敬《ききょう》（帰依し敬う）すべきである。極めて細かいところまで違わないという、その確かな証明を得ているものである。延慶《えんきょう》三年（一三一〇年、覚如上人四十一歳）庚戌《かのえいぬ》十一月二十八日以前に修[1]理し、供養をし終えた。

応長元年（一三一一）辛亥《かのとい》五月九日越前国（福井県）で『教行証（教行信証）』を講話した折にこれを記した。

（二）自主的教化の開始

―史料『存覚一期記』―

「鏡の御影」を修復した上に覚如上人は、東国門徒の影響から離れて、独自の教化活動を始めた。

けれども、東国門徒集団の勢力が強い地域で教化活動を行うことは、事実上困難であったから、そうした勢力が余り及んでおらず、しかも親鸞聖人の教えが浸透し始めていた土地が選ばれた。それが北陸越前国（福井県）であった。当時、越前国では、三河和田門徒円善の門人と言われる如道[1]が、大町の道場[2]を中心に教えを広めていた。覚如上人はこの如道と親交を結び、留守職就任の翌年応長元年（一三一一）五月、みずから「鏡の御影」を持参し、長男存覚上人を伴って大町の道場へ赴[史料]いたのである。すでに存覚上人はその前年、病気のためと父親の命によって、二十一歳で証聞院から大谷に帰住していた。

大町の道場に二十日余り滞在した覚如上人は、如道やその門弟達に直接親鸞聖人の教義を説いたようである。また同行した存覚上人も『教行信証』の伝授に携わっている。後

福井市大町
「三門徒派開基如道の墳墓」

に『六要鈔《ろくようしょう》（教行信証六要鈔）』という『教行信証』の注釈書を著作することになる存覚上人のこと、すでに『教行信証』には相当通熟していたことと見られる。

この越前大町での直々の教化によって覚如上人は、大谷御影堂留守職という管理者の立場を一歩踏み出し、独自の門流の主として活動を開始したのである。まことに、本願寺教団の淵《えん》源《げん》がここに始まったと言っても過言ではなかろう。

これをきっかけにして、覚如上人は各地へ教化伝道に赴くようになった。その年は伊勢国と奥州へ、三年後には尾張国にも足を運んでいる。けれどもその伝道についての詳しい記録は残されていない。

注　1―越前国に親鸞聖人の門流を初めて伝え、三門徒流の祖とされる。
2―福井市大町。現在は三門徒派本山専照寺の墓所になっており、石碑に「真宗三門徒派本山創建地」と明記されている。その中に如道の墳墓が立っている。

史料『存覚上人一期記』応長元年（一三一一）存覚上人二十二歳の条および正和三年（一三一四）存覚上人二十五歳の条

本文

…廿二歳応長元五月之《の》比《ころ》、大上御‐下二‐向《し》越前国《へ》一、則《すなわち》奉《たてまつり》二扈従《こじゅうし》一畢《おわんぬ》。廿余日《よにち》御‐居二‐住大町如道《の》許《もとに》一、奉《たてまつるの》レ伝二受《し》教行証《を》一之間《あいだ》、依《よって》二御与奪《よだつに》一、予《よ》大略《たいりゃく》授《さずけ》レ之《これを》畢《おわんぬ》。…

秋比、大上御下二向勢州《へ》一。…廿五歳正和三、春比《ごろ》、大上御‐下‐向二尾

訳文

…二十二歳、応長元年（一三一一、覚如上人四十二歳）五月の頃、大上（覚如上人）は越前国《えちぜんのくに》（福井県）へ下向《げこう》された。その時私（存覚上人）も大上に付き従った。二十日余り大町《おおまち》の如道《にょどう》（一二五二～一三四〇年）の許《もと》に滞在され、『教行証（教行信証）』を伝授する間《あいだ》は、お指図《さしず》により、私が大方これを授けたのであった。…秋頃、大上（覚如上人）は伊勢国（三重県）に下向された。…二五歳、正和三年（一三一四）春頃、大上（覚如上人）は尾張国《おわりのくに》（愛知県西部）

州へ一、奉《たてまつり》二扈従《こじゅうし》一了《おわんぬ》。廿余日御逗留。

に下向され、（私も）大上に付き従った。二十日余り滞在された。

（三）留守職を存覚上人に譲与

―史料『存覚上人一期記』―

覚如上人の独自の教化伝道は、当然のことながら東国門徒達から歓迎されるものではなかった。おのずと今まで大谷御影堂に届いていた門徒達の志も滞りがちとなったようである。そこで覚如上人は新たな打開策を講じた。長男存覚上人に留守職を譲ろうと言史料①い出したのである。初めは固辞していた存覚上人であったが、再三再四の要請でついにこれを受諾する。正和三年（一三一四、覚如上人四十五歳）存覚上人二十五歳の年であった。

この時、大谷御影堂がいかに困窮していたか『存覚上人一期記』の記述は如実に語っている。この年の暮れに、東国門弟の中で唯一覚如上人の後ろ盾となっていた法智から五百疋（二十七万円程）という銭が届いた時、覚如上人が「冥盧《みょうりょ》に叶《かなう》ふ之由《のよし》御感《ぎょかん》す」〈訳文仏の思《おぼ》し召しにかなうこととおほめになった〉と言った言葉は印象的である。けれども留守職を譲ったのは表面的なことで、実際の権限は覚如上人が握っていた。

そんな中でも、覚如上人の教化伝道は根気強く行われた。留守職を譲ってから五年目の元応元年（一三一九、覚如上人五十歳）存覚上人を伴って信濃国《しなののくに》（長野県）へ教化[史料②]に赴いた。信濃国《しなののくに》伊《い》那《な》郡《ぐん》飯田には寂円房道源という門徒指導者が居た。関東の駿河法印栄海の兄で、仏教諸宗の教学にも世法にも通じるすぐれた人物であったと『慕帰絵』に記され、康永二年（一三四三、覚如上人七十四歳）には覚如上人から『最要鈔』という著作を授っているよき協力者であった。けれどもこの時は、弟子の善教《ぜんきょう》が寂円を離れて覚如上人の直参門徒（直属の門徒）となったため、覚如上人と一時不和になったようである。

このようにして、上人の努力も少しずつ報いられ、次第に一定の勢力が築かれていった。

その一方で覚如上人は、若い頃から親しんできた和歌の道にも熱心で、正和四年（一三一五）四六歳には『閑窓集』という和歌集を編纂している。現在は失われているが、奥書に詠われていた二首が『慕帰絵』に残されているので、紹介したい。

かずならで風の情もくらき身に　光をゆるせ玉津島姫

あつめおく和歌の浦わの玉ゆへ《え》に なみのした草あらは《わ》れやせん

『慕帰絵』にはこの他にも、元亨元年(一三二一)五二歳の時に、北野天満宮の聖廟で多くの歌人達に交じって漢詩と和歌三首を詠んだことや、晩年に差し掛かった貞和二年(一三四六)七七歳に、南都春日大社や大原《おおはら》照林院、大谷域内の竹杖庵にて歌を詠んだこと等が紹介されている。いずれも、仏教と共に詩歌にも優れていた上人の一面を伝えてくれる。

史料①『存覚上人一期記』正和三年(一三一四)存覚上人二十五歳の条

本文

…大上連々《だいじょうれんれん》御所労之《しょろうの》間《あいだ》、当寺管《かん》領《れいのこと》事、自《より》二存日《ぞんじつ》一可《べきの》レ被《らる》二譲与《ゆずりあたえ》一之由《よし》、自《より》二秋比《ごろ》一連々《れんれん》雖《いえども》レ被《るると》二仰《おおせ》下《くださ》一、奉《たてまつるの》二固辞《し》一之処《ところ》、於《おいては》レ身《みに》者可《べし》レ退《しりぞく》二当寺《を》一。於《おいて》二管領事《かんれいのに》一不《ざる》レ随《したがわ》レ命者《めいに》以《もって》二聖跡《せいせきを》一可《べきか》レ懸《かく》二牛馬之《の》蹄《ひずめに》一歟。可《べきとの》レ在《ある》レ意《い》之由《よしらるるの》被

訳文

…大上(覚如上人)はご病気がちであったので、当寺の管領《かんれい》[2]の事(留守職)を存命のうちから譲り与えられたいとのこと、秋頃より絶えずお言い付け下され、固辞申し上げていたところ、「自分は当寺院を退くつもりだ。管領《かんれい》の事(留守職《るすしき》)に関して命《めい》に随わないのは、聖人ゆかりの遺跡を牛馬の蹄《ひずめ》に懸けようというのか。考えておけ」とのことをおっしゃったので、かくなる上は固辞する理由も

レ仰《おおせ》之間《あいだ》、此上《このうえは》固辞無《なきかの》レ拠歟《よりどころ》
之間《あいだ》、奉《たてまつる》二承諾《しょうだくし》一。仍《よって》十二月
廿五日、請《うけ》二取《とる》之《を》一、其時《そのとき》絹一疋用《ぴきよう》
途《ど》百疋賜《ぴきたまう》レ之《これを》。年内無《になく》下可《べきの》二上洛《す》一
之人《ひと》上、越年《えつねん》已下《いか》令《しむるの》二周章《しゅうしょうせ》一之
処《ところ》、法智《ほうち》当年《の》灯明遅引、仍《すなわち》廿八日
五百疋《ぴき》到来之《の》間《あいだ》、叶《かなうの》二冥廬《に》一之由《よし》
御感《ぎょかんす》。以《もって》レ之《これを》如《ごとく》レ形《かたの》致《いたし》二越年等《とうの》
之沙汰《さたを》一了《おわんぬ》。御渡世《とせいの》之料足上《りょうそくじょう》
下《げ》四人之《の》衣食被《られ》レ定《さだめ》二員数《を》一了《おわんぬ》

なかったので、留守職を承諾申し上げた。そういうわけで十二月二十五日管領の事（留守職）を引き受けた。その時、絹一疋《ぴき》（二反《たん》）、銭百疋《ぴき》（一貫文）[3]を頂いた。年内に上洛して来る予定の門徒もなく、年を越すことからして、どうしたらよいかと、うろたえていたところ、法智の当年の灯明料が遅れていたのが、二十八日に五百疋[4]届いたので、大上（覚如上人）は「仏の思し召しにかなうこと」と深く感動された。これでもって型通りに年越し等をすることができた。また暮しに必要な費用として、大上（覚如上人）以下四人の衣食を、人数に応じて割り振った。

注　1―「雖」の文字は抄録本にはないが、谷下一夢氏の解釈に従い加えた。
2―管理支配すること。
3―五万四千円位。
4―二十七万円位。

史料②『存覚上人一期記』元応元年（一三一九）存覚上人三十歳の条

本文

…元応元、…五月之《の》比《ころ》、大上御二下向《し》参州《へ》一、奉《たてまつり》レ伴《ともし》了《おわんぬ》。自《より》二参州一令《しめ》レ越《こえ》二信州《へ》一給《たまい》、入《じゅ》二御《ぎょす》飯田寂円許《のもとへ》一。帰洛之《の》時《とき》、予《よ》瘧《ぎゃく》病《やみ》、横吹《よこぶき》之《の》嶮《けん》路《ろ》乍《ながら》二乗馬《し》一打《うち》在《あり》了《おわんぬ》。善教奉《たてまつるの》二扈《こ》従《じゅうし》一之後《のち》、捨《すて》二師匠寂円《の》一直参《じきさんす》。寂円預《あずかり》二御勘気《に》一了《おわんぬ》。

訳文

元応元年（一三一九、覚如上人五十歳）…五月の頃、大上（覚如上人）は三河国（愛知県西部）へ下向されたので、私（存覚上人）もお伴《とも》申し上げた。また三河国より信濃国《しなののくに》（長野県）へお入りになり、飯田の寂円の許《もと》に滞在された。京都へお帰りになる時、私（存覚上人）は瘧《ぎゃく》[1]（おこり）にかかり、かの横吹《よこぶき》のけわしい道は乗馬したままで通過した。善教はこの道中に付き従い申し上げた後で、寂円との師弟関係を断《た》って大上の直参《じきさん》となった。更にこの時寂円は大上のおとがめを受けた。

注　1――一定の時間をおいて発病する病気。「わらわやみ」とも言う。

第二節　本願寺誕生と留守職の公認

（一）初めての寺号専修寺

―　**史料**『存覚上人一期記』―

覚如上人は、各地での教化活動によって独自の門流形成に努めるとともに、大谷御影堂についても、東国門徒達の一方的支配から脱却させようと図《はか》った。その最初の試みが、寺号を掲げることであった。

大谷御影堂が復旧された翌年の正和《しょうわ》元年（一三一二）夏、四三歳を迎えた覚如上人は、初めてここに寺号を掲げた。それが専修寺《せんじゅじ》とい[史料]う寺号である。この時、寺号を掲げる提案をしたのは、御影堂の復旧に尽力した安積《あさか》の法智である。前年の冬から覚如上人は、如信上人の十三回忌を勤めるために奥州に赴いていた。おそらく、その下向の時に安積《あさか》の法智と寺号を掲げることを協議し、京都へ帰るに際して法智がそれに伴って事を取り運んだのではないかと、宮崎円遵《えんじゅん》氏は[1]推測している。

けれどもこの掲額にはとんだ横槍が入ってしまう。専修という言葉の使用に反対する比叡山延暦寺の山僧から撤去するように要求して来たのである。すでに法然上人が比叡山の弾圧を受けてから九十年近く経《た》っていたが、叡山の僧兵の間では、いまだに「一向専修」という言葉に対する拒否反応が強かったようである。色々伝《つて》を頼って天台座主に働きかけてはみたものの、結局最初の寺号は外《はず》されることとなった。

この時外された専修寺の寺号は、法智が安積に持ち帰り自分の道場に掲げたとあるが、その後《のち》これが高田門徒の根本道場である如来堂の寺号として用いられるようになるのである。

注 1――「覚如と法智」（『龍谷史壇』四四、昭和三三年十二月刊 所収）

史料『存覚上人一期記』正和元年（一三一二）存覚上人二十三歳の条

本文

正和元、常寿院宮也[1]…夏比《ごろ》為《して》二法智《の》発起《と》一、被《る》レ打《うた》二額《に》寺号《を》専修寺《と》一。同人計《はからい》二申《もうし》之《これを》一、勘解由小路《かでのこうじ》二位入道経尹《つねただ》卿法名寂尹《じゃくいん》書《かく》レ之《これを》。予申《もうし》二錦《にしきのこうじ》小路僧正《に》一

訳文

正和元年（一三一二、覚如上人四十三歳）…夏頃、法智の提案で、額に寺号を専修寺と掲げられた。同じく法智の考えで勘解由小路《かでのこうじ》二位入道世尊寺経尹《せそんじつねただ》卿[2]がこの字を書いた。私が錦小路僧正《にしきこうじ》[3]（尊勝院玄智）を通して依頼したので

誂《ちょうす》レ之《これを》。秋比《ごろ》山門事書《のことがき》到来《す》。其《その》旨趣《ししゅは》、「一向専修者《は》往古《おうこ》所《ところなり》二停《てい》廃《はいする》一也。而《しかるに》今専修《の》号不《はず》レ可《べから》レ然《しかる》、早《はやくべしと》可二破却《す》一」云々。座主裏築地《はうらついじ》僧正公什《こうじゅうなり》也。附弟《ふてい》慈什《じじゅう》僧正者《は》鷹《たか》司《つかさの》禅尼《と》冬雅卿伯母曾孫《の》之間《あいだ》、以《もって》二彼《かの》縁《えんを》一令《しめ》レ談《だんぜ》二座主《ざすに》一、仍《よって》無《む》為《い》也《なり》。然《しかれ》而《ども》猶《なお》定《さだめて》不《ざるか》レ休《やすまら》歟。枉《まげて》[4]卿可《べし》レ改《あらたむ》二寺号《を》一。然者《しかれば》先《まず》可《べきの》レ撤《てっす》レ額《を》之[5]（旨）間、座主《ざす》并《ならびに》玄智《げんち》僧正相《あいはからうの》計之間《あいだ》、被《らる》レ撤《てつせ》二其《その》額《を》一。後日《こうじつ》法智申《もうし》二下《くだし》吾《わが》寺《てらに》一、用《もちい》二彼《かの》寺号一打《うつとこれを》レ之云々。

ある。秋頃、比叡山の事書《ことがき》[6]が届いた。その内容は「一向《いっこう》専修《せんじゅ》（ひとえに専《もっぱ》ら念仏一行を修すること）は、ずっと昔廃止されたものである。それなのに今、専修《せんじゅ》の名称は適当ではない。急いで（額を）こわすべきである」という。時の天台座主《ざす》は裏築地《うらついじ》僧正公什《こうじゅう》であった。公什の弟子慈《じ》什《じゅう》[7]僧正は鷹司《たかつかさ》禅尼（清水谷冬雅卿伯母）の曾孫《ひまご》であるので、その因縁によって天台座主にかけ合って、額はそのままにしておいた。しかしながら、まだおそらく落ち着かなかったのであろうか。「まげて寺号を改めるべきである。それでまず額を取り除くように」と、座主および玄智僧正が取りはからったので、その額を取り除いた。その後法智が自分の寺にもらい受け、その寺の寺号として用いて掲げたと言う。

注　1――谷下一夢氏はこの「常寿院宮也」について、掲額のこととは関係がないことから、前の部分に見える「良助親王」についての注ではないかと推察している。

2―三跡の一人藤原行成を祖とし、鎌倉時代書家として天下を風靡した家柄で、世尊寺流と呼ばれた。
3―藤原洞院家出身。
4―谷下一夢氏に従い、抄録本の「枉卿改寺号」に「可」を加え、「枉卿可改寺号と解釈した。
5―谷下一夢氏は、「間」を「旨」の誤りではないかと見ている。
6―比叡山の衆徒が合議をふまえて、強く意志を主張する時に用いた箇条書きの決議文。
7―西園寺家庶流清水谷家出身

(二) 本願寺の寺号誕生
――史料『本願寺親鸞上人門弟愁申状』、『妙香院挙状』――

比叡山の要求は、寺号を掲げること自体を非難したものではなかったので、やがて再び新しい寺号が掲げられた。これが本願寺である。

新しい寺号は、最初の掲額《けいがく》の九年後の元亨《げんこう》元年（一三二一）、初めて公《おおやけ》の文書に「本願寺親鸞聖人門弟等」という差出人の名前として登場する。この文書は、親鸞聖人の門弟等が依然として時衆と混同され、幕府から伝道停止の命令を受けていたのを撤回してほしいと訴えた愁申状《しゅうしんじょう》史料①（迷惑な状態を訴える状）というものである。当時は直接幕府に訴えることが許されなかったので、妙香院に挙状（取次ぎ状）を依頼するという形で訴えている。その妙香院からの挙状《きょじょう》史料②も案文として伝えられている。この愁申状・挙状の端裏書《はしうらがき》には「奥州浅香《あさか》（安積）法智坊申間《もうすあいだ》、予《よ》秘《ひそかに》計《はからう》レ之《これを》」という文言が記されており、この差出人の名称が法智の提案により覚如上人が記入したものであることが知られる。

この時は、愁申状で用いた「本願寺」という寺号に対して、比叡山から何の横槍も入ることがなかった。ここに初めて大谷御影堂は、本願寺という寺号を名乗ることが公に認められたのである。そうしたところから、これ以後覚如上人は、親鸞聖人のことを本願寺の聖人と呼ぶようになる。

史料① 『本願寺親鸞上人門弟等愁申《しゅうしん》状』案文覚如上人筆 元亨元年（一三二一）二月日

写真 京都西本願寺蔵

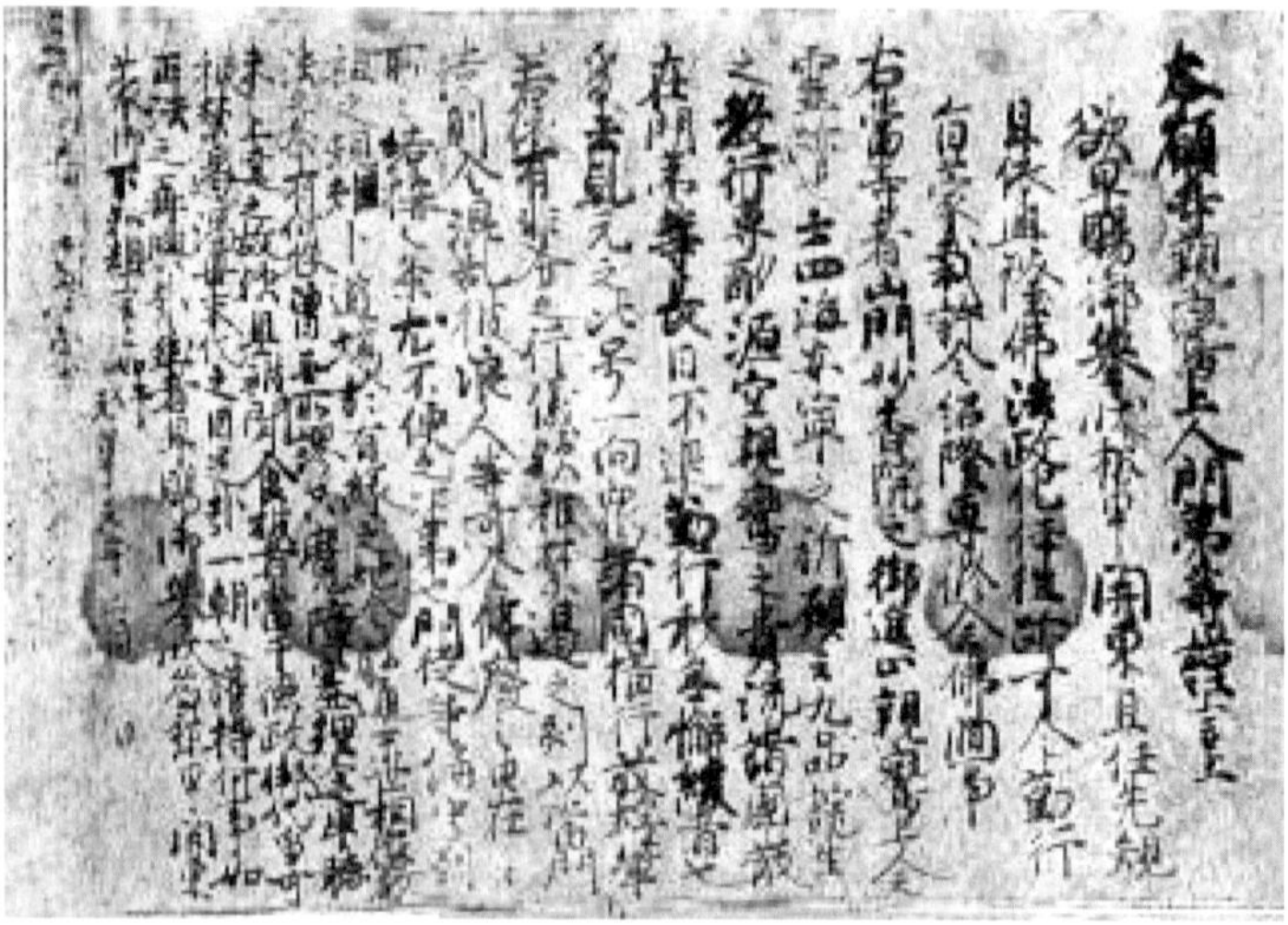

本文

本願寺親鸞上人門弟等《ら》謹《つつしんで》
言上《ごんじょうす》
欲《ほっする》下早《はやく》賜《たまい》二御挙状《ごきょじょうを》一、愁《しゅう》二
申《しんし》関東《に》一、且《かつは》任《まかせ》二先規《せんきに》一、且《かつは》依《より》二
興隆仏法《に》一政化《し》、任《まかせ》二往跡《おうせきに》一可《べき》レ
令《しむ》二勤行《せ》一旨《むね》、蒙《こうむり》二裁許《さいきょを》一令《しめんと》上
レ紹《しょう》二隆《りゅうせ》専修念仏《を》一間事《あいだのこと》。
右《みぎ》当寺者《は》、山門妙香院《みょうこういんの》之御進《ごしん》
止《し》、親鸞上人《の》之霊跡也《れいせきなり》。云《いい》二四海《しかい》
安寧《あんねいの》之祈願《と》一、云《いい》二九品託生《くほんたくしょうのきょう》教
行《ぎょうと》一、専《もっぱら》酌《くみ》二源空親鸞《の》之貴《き》流《りゅうを》
一、諸国散在《の》門弟等《ら》、長日《ちょうじつ》不退勤《に》
行《し》敢《あえて》無《なき》二懈緩《けかん》一者也《ものなり》。爰《ここに》去《さる》乾元《けんげんの》
之比《ころ》、号《ごうし》二一向衆《と》一、諸国横行《おうこうの》放《ほう》

訳文

本願寺親鸞上人の門弟等《ら》が謹《つつし》んで申し上げる。

すみやかに御挙状《きょじょう》（取次《とりつ》ぎ状）をくだされ、関東（鎌倉幕府）に迷惑な状態を訴え、一方では以前からの掟《おきて》に従い、また一方では仏法を興隆させて国を治め民《たみ》を導き、昔の遺跡のままで勤行できるよう裁決をいただき、専修念仏を継承発展させてほしいと願う事。

右この寺は、山門（延暦寺）妙香院の御支配で、親鸞上人の聖なる遺跡である。世の中が穏《おだ》やかで平安であるようにとの祈願といい、九品《くほん》（九種類）の極楽往生の教えや行《ぎょう》といい、もっぱら源空・親鸞の貴い流れを酌《く》むのである。諸国に散在する門弟等《ら》は長い間常に勤行に努め、少しも緩《ゆる》み怠《おこた》る者はいないのである。ここに、去る乾元《けんげん》元年（一三〇二）の頃、一向衆（時衆）と称し諸国に横行している勝手気ままに振る舞う連中を、あるいは道理に合わな

埒輩《らつのやからを》、若依《もしよって》レ有《かあるに》二非分《ひぶんの》之行儀《ぎょうぎ》一歟、被《らるるの》二禁遏《きんあつせ》一之刻《きざみ》、以《もって》二当門徒《を》一、則令《すなわちしめ》レ混二乱《せ》彼《かの》浪人等《とうに》一、可《べきの》レ令《しむ》二停廃《ていはいせ》一之由《よし》、在々所々《ざいざいしょしょ》結構《けっこうの》之条《じょう》、尤《もっとも》不便《ふびんの》之次第也《しだいなり》。門徒等《ら》偏《ひとえに》守《まもり》二列祖《の》之規矩《きくを》一、卜《ぼくし》二道場《を》於有縁《うえんの》之地《に》一。令《しむるの》三弘《ぐ》二通《ずうせ》末世《まつせ》相《そう》応《おうの》教法《きょうぼうを》一之条《じょう》、有《あらん》二何咎《なんのとが》一。曾《かつて》無《なし》レ所《ところ》レ謬《あやまる》。只魔障《ただましょう》塞《ふさぎ》二理途《のみちを》一、卑聴《ひちょう》未《いまだ》二上達《じょうたつせ》一之故《ゆえ》歟《か》。具《つぶさに》被《るれば》二聞食《きこしめしひらか》被《ざるの》一者、当《あたり》二于徳政御代《のみよに》一、争可《いかでかべき》レ被《やらる》レ禁《きん》二遏濁世《あつせじょくせ》末代《まつだいの》之目足《もくそくを》一哉。一朝《いっちょうの》之護持《ごじ》、何事《なにごとか》如《しかんや》二正法《の》之再興《に》一哉。然者《しかれば》、早《はやく》賜《たまい》二御挙状《ごきょじょうを》一、為《ために》下愁《しゅう》二申《しんし》関東《に》

い立ち居振る舞いがあってか、禁止される時、当門徒までその浮浪人と混同されて、廃止させるようにとここかしこで準備されているのは、いかにも不都合ないきさつである。門徒等は偏《ひとえ》に歴代の祖師の規則を守り、縁ある土地に道場を占め定めている。末法の世にふさわしい教法を弘めることに何の罪があるだろう。今まで一度も道を誤ったことはない。ただ魔の障害が理の道を塞《ふさ》いで、聴くことを卑しいこととして蔑《さげす》ませ、下々《しもじも》の声がいまだにお上《かみ》（幕府）の耳に達しないためであろうか。詳《くわ》しくお聞きになってそのことを解明されるならば、この徳政《とくせい》の御代《みよ》に、どうして、末法の濁《にご》り汚《けが》れた世の中で最も大事な教えを、禁止されるはずがあろうか。朝廷を護持するのに、正しい教えを再興させることに匹敵するどんな事があるであろうか。かくして、すみやかに御挙状《きょじょう》（取次ぎ状）をいただいて、関東（鎌倉幕府）に迷惑な状態を訴え、

一　蒙《こうむらん》中御下知《を》上、粗言上如《ほぼごんじょうごとし》レ件《だんの》。

元亨元年二月　日

御命令を受けようとするため、おおよそ以上の通り申し上げるのである。

元亨元年（一三二一）二月　日

史料②『妙香院挙状』案　覚如上人筆　元亨元年（一三二一）二月三十日

本文

本所妙香院挙状案

元亨元《げんこう》辛酉《かのととり》
奥州浅香《あさか》法智坊申間《もうすのあいだ》予秘計《ひそかにはからう》レ之《これを》

本願寺親鸞上人門弟等申《もうす》二専修念仏興行《を》一事、申状《もうしじょう》如《ごとく》レ此《かくの》候《そうろう》。子細《しさいは》見レ状候《じょうをそうろうの》之由《よし》、妙香院僧正御房可レ申旨也《べきもうすむねなり》。恐々《きょうきょう》謹言《きんげん》。

元亨《げんこう》元辛酉二月廿日

権大僧都経尋《きょうじん》

訳文

（端裏書）

本所《ほんじょ》（大本の支配者）妙香院《みょうこう》挙状《きょじょう》（取次状《とりつぎじょう》）案文。元亨元年（一三二一）辛酉、奥州浅香の法智坊が提案したので、私が自分の判断で記した。

本願寺親鸞聖人門弟等が、専修念仏を盛んに行いたいと申すことは、申状《もうしじょう》に以上の通りである。詳しくは状にある通りだとのことを、妙香院僧正御房が取り次いで申し上げるでありましょう。恐れながら謹んで申し上げる。

元亨《げんこう》元年（一三二一）辛酉《かのととり》二月三十日

謹上《きんじょう》　相模守殿

——

謹んで相模守殿に申し上げる

権大僧都　経尋《きょうじん》

（三）親鸞門流の寺号の始まり

―史料　親鸞門流の寺号初出年代―

大谷御影堂が本願寺の寺号を称したことが皮切りとなって、親鸞門流全体の中でも次々と寺号が用い始められた。史料

当初寺号を称したのは、仏光寺派の祖了源《りょうげん》が京都山科《やましな》に創った興正寺《こうしょうじ》（後の仏光寺）、備後山南《さんな》の荒木門徒の光照寺、元弘の頃から覚如上人に接近し弟子となった乗専の豪《ごう》摂《しょう》寺、近江国木辺《おうみのくにきべ》門徒の錦織《きんしょく》寺等いずれも覚如上人、存覚上人と関りの深い寺であった。覚如上人自身、『改邪鈔』第九箇条の中に、「祖師である親鸞聖人がまだ世においでになった昔は、篤《あつ》く聖人の一流の教えを直接口で授かった御門弟の方々で、大小の寺の建物を作る人はいなかった」と記している通り、親鸞聖人の門流は元来寺院を作らず、もっぱら道場を教えの場としていた。このような在家仏教の精神は、その後も継承されて行くが、大谷御影堂を東国門徒集団の一方的支配から守り、本願寺の門流の自立を計ろうとしていた覚如上人にとって、寺号を掲げ朝廷からも幕府からも仏法の場として公認されることは極めて切実な願いであったと考えられる。

史料　親鸞門流の寺号初出年代

寺号	初出年代	出典
専修寺（大谷	正和元年（一三一二）	存覚「一期記」
専修寺（法智の寺）	同	同
興正寺（京都山科）※後の仏光寺	元応二年（一三二〇）	了源「勧進帳」・存覚「一期記」
本願寺（大谷）	元亨元年（一三二一）	「本願寺文書」
久遠寺《くおんじ》	元弘三年（一三三三）	同
光照寺（備後山南）	建武五年（一三三八）	同寺蔵一幅絵伝裏書
毫摂寺《ごうしょうじ》（丹波）	観応二年（一三五一）（以前）	「慕帰絵」
錦織寺《きんしょく》（近江木辺）	同	存覚「一期記」
常楽台（京都）	文和二年（一三五三）	存覚「一期記」
如意寺（三河志多利郷）	同　三年（一三五四）	同寺蔵伝絵裏書
万福寺（武蔵荒木）	康安二年（一三六二）	「浄典目録」
常楽寺（近江佐々木）	貞治二年（一三六三）	存覚「袖日記」

専光寺（越前大野）	同　三年（一三六四）	「三河念仏相承日記」
善教寺（信濃）	応安四年（一三七一）	「本願鈔」存覚識語
瑞泉寺（越中井波《いなみ》）	明徳元年（一三九〇）	堯雲「勧進帳」
浄興寺（信濃長沼）	応永三一年（一四二四）	同寺蔵「顕名鈔」性順識語
証誠寺（越前横越《よこごし》）	同　三五年（一四二八）	高田派専修寺像「選択集」奥書
真照寺（越前鯖江）	永享五年（一四三三）	誠照寺所蔵文書
本誓寺（能登阿岸《あぎし》）	同　八年（一四三六）	同寺蔵親鸞影蔵裏書写
専光寺（加賀吉藤）	同　九年（一四三七）	同寺蔵「三帖和讃」存如奥書
福田寺（近江長沢）	同一〇年（一四三八）	「口伝鈔」蓮如識語
聞名寺（飛騨吉田）	文安元年（一四四四）	同寺蔵方便法身尊像書写
本遇寺	同　三年（一四四六）	本派本願寺蔵蓮如写「愚禿鈔」奥書
光徳寺（加賀木越《きごし》）	同　六年（一四四九）	本派本願寺蔵蓮如写「三帖和讃」奥書

※宮崎円遵氏「真宗における道場と寺院」より。
存覚上人は「存覚」と略記。

（四）置文偽作

―**史料**『財主覚信専証に申し置く状』―

京都西本願寺には覚信尼の最後の置文とはまた別に、弘安三年（一二八〇）十月二十六日の日付を持つもう一通の置文[史料]が残されている。この置文については、山田文昭氏、日《くさ》下《か》無倫《むりん》氏、藤原融雪《ゆうせつ》氏[1]（一八九一～一九五八年）を始めとする真宗史の学者達が挙《こぞ》って偽作であることを指摘している。一体なぜ覚如上人は覚信尼の置文を偽作したのであろうか。本願寺の寺号は称したものの、大谷御影堂留守職という立場は、東国門弟達の意向を無視することができない立場であった。それは唯善事件を決着させた延慶二年（一三〇九）の青蓮院下知状の、「覚信の子孫等の許否においては、宜しく門弟等の意に在るべき者なり」〈**訳文** 覚信尼の子孫等を受け容れるか容れないかに関しては、当然門弟等の意にあるべきことである〉との文言があるからであった。何とかして、青蓮院の下知状の内容を改めさせたい。そういう止むを得ない方便として覚如上人は、覚信尼の置文を偽作したものと考えられる。

確かに覚信尼が寄進状に示した真意は、「大谷御影堂を東国の門弟等に寄進する代わりに、自分の子孫に廟堂の管理を勤めさせてほしい」というものであっただろうが、覚信尼の書き方では、子孫が廟堂の管理を務めるその立場がいかにもはっきりとしないのである。覚信尼の真意を明らかにして東国門徒達を説得すればとも思われるが、おそらく覚如上人にとっては、到底不可能なことだったのであろう。そうだとすると覚如上人はきっと、留守職の立場を揺るぎないものにするには、他に方法がないと考えたに違いない。

そういうわけでこの置文には、留守職《るすしき》という立場が、大谷御影堂の敷地を所有する東国門弟達に対して、御影堂そのものを管領《かんれい》（支配）する権限を持つ者として極めて明解に示されている。また留守職の任命についても「子供の中でふさわしい人を考えて、末の世までも順々に留守職に申し付けるべき」とか、「留守職に関しては、この状（の内容）を守って、尼覚信（覚信尼）の子孫がずっと引き継いでゆくべき」と明記されているのである。

注　1――元東洋大学学長、真宗史研究家。主著として『真宗史研究』（一九三九年発行）がある。

史料「財主覚信専証に申し置く状」

写真 京都西本願寺蔵

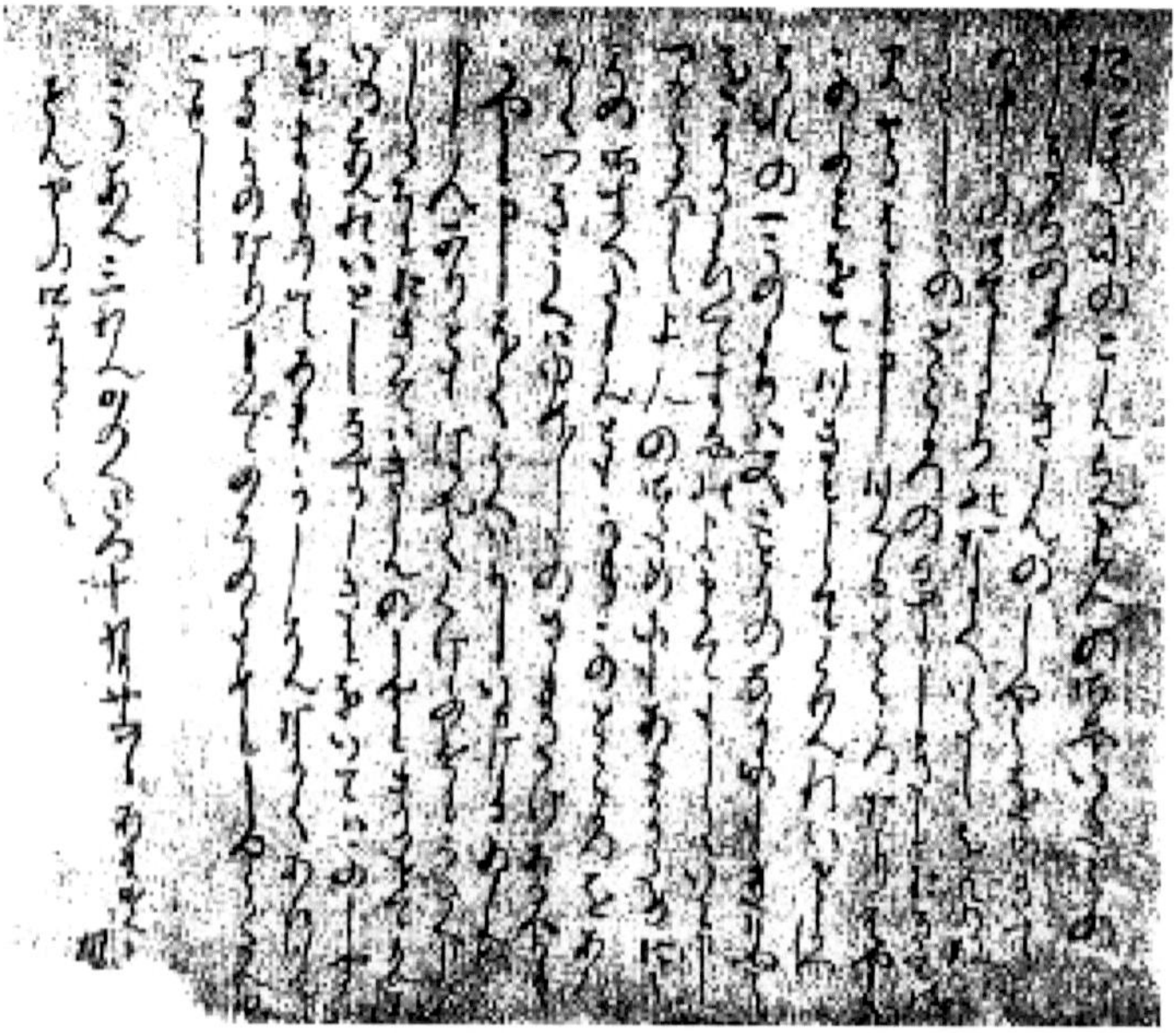

本文

おほたに（大《おお》谷）のこしんらん（故親鸞）上人の御ゐいたう（影堂《えいどう》）のしきち（敷地）の事、きしん（寄進）のしやう（状《じょう》）をかき（書）てゐ中（田舎《いなか》）の御てしたち（弟《で》子達）のなか（中）へいたしをは《お》り《わ》ぬ。たゝ《だ》しこのところのるすしき（留守職）におきては、せんせうはう（専証《しょう》房《ぼう》）に申しつくるところなり。はやくこのふみ（文）をてつき（手継《つぎ》）としてくわんれい（管《かん》領）いせらるへ《べ》し。それの一この（期《ご》）ゝちは又こども（子供《ども》）のなか（中）にもきりよう（器量《りょう》）をはからひ《い》て、すゑ（末《すえ》）のよまても《で》したい（次第《しだい》）に申しつけらるへ《べ》し。上人の御ためにもあま（尼）か《が》ためにも、その御すへ（末《すえ》）たらんともか《が》らこのところをあひつく（相《あい》継《つぐ》）へ《べ》き

訳文

大谷の故親鸞上人の御影堂の敷地の事は、寄進の状を書いて、田舎《いなか》の御弟子達の中へ差し出しました。しかし、この御影堂の留守職に関しては、専証房《せんしょうぼう》（覚恵）に申し付けるものであります。すみやかにこの文書を手継証文《てつぎしょうもん》として（御影堂を）管領《かんれい》（支配）されるように。あなたが生涯を終えた後は、また子供の中でふさわしい人を考えて、末の世までも順々と留守職に申し付くべきである。親鸞上人の御《おん》ためにも、私尼《わたくしあま》覚信《かくしん》（覚信尼）のためにも、その御子孫でありましょう人々が、この場所をそれぞれ受け継ぐ以

うへ《え》は、ゆめ〱《ゆめ》た（他）のさまたけ《げ》（妨）あるへ《べ》からす《ず》。かや《よ》うに申しを《お》くうへ《え》は、もしいかなるゐらん（違乱）を申人《もうすひと》あるとも、はや（早）くくけふけ（公家《げ》武《ぶ》家）にうた（訴）へ《え》申て、したち《じ》（下地）におきてはきしん（寄進）のしやう（状《じょう》）にまか（任）せてもんてい（門弟）のくわんれい（管《かん》領）とし、るすしき（留守職）にを《お》いてはこのしやう（状《じょう》）をまもりて、あま（尼）か《が》しそん（子孫）か《が》くあひつく《ぐ》（相継《あいつぐ》）へ《べ》きものなり。よて、のち（後）のためにしやう（状《じょう》）くたん（件《くだん》）のこ《ご》とし。

こうあん（弘安）三ねん（年）かのへたつ（庚辰）十月廿六日

あまかくしん（尼覚信）

せんせう（専証《しょう》）の御はう《ぼ》へ　ありはむ（在判）

上は、けっして他の事で妨げられるようなことがあってはならない。このように申し残す上は、もしどのように異を称える人があっても、すみやかに公家武家《くげぶけ》に訴え申し上げ、下地《したじ》（土地そのもの）に関しては、寄進状に従って門弟の管領《かんれい》（支配）とし、留守職に関しては、この状の内容を守って、尼覚信（覚信尼）の子孫がずっと引き継いでゆくべきものである。というわけで、後のために、状は以上の通りである。

弘安三年（一二八〇）庚辰十月二十六日

尼覚信（覚信尼）

専証（覚恵）の御房へ　在判

（五）留守職の公認

―史料『妙香院門主下知状』、『兵部卿宮安堵令旨』、『青蓮院下知状』―

こうした置文の効果があって、覚如上人はついに留守職の相伝を公認されることとなった。すなわち青蓮院の裁決から十五年目の元亨四年（一三二四、覚如上人五五歳）、妙香院より唯善事件の裁決として、青蓮院下知状[史料①]の内容を改める新たな下知状が下されたのである。その文面を見てみると、まず最初に裁決の下知状にある「覚信の子孫達の許否においては、宜しく門弟達の意に在るべき者なり」の文が引かれ、その文について妙香院は従来の判断を改め、「留守職に関しては、長く将来に渡って覚信尼の子孫に受け継がれてゆくべき」と、その相続権を認める内容が明示されている。本願寺自立の道は、ここに大きく開けたのである。

けれども覚如上人は、この後も更に努力を続けてゆかなければならなかった。元弘《げんこう》三年（一三三三）鎌倉幕府が倒れると、早速新政府の立役者大塔宮護良親王《おおとうのみやもりよししんのう》（一三〇八～三五年）に令旨《りょうじ》[史料②]を願い出てこれを獲得した。この令旨でも、留守職の相続権が妙香院の下知状通り認められ、本願寺と久遠寺が新政府の御祈祷所とされた。ところが妙香院の下知状や大塔宮の令旨を得たことは、今度は東国門弟達の反発を買い、同年の十一月三日に改めて青蓮院に訴え、「門弟たちの支配に相違があってはならない」との裁決内容を再度確認する下知状[史料③]を取り付ける。

こうした対立を経て、大谷御影堂留守職は、次第に東国門弟達の一方的支配を離れ、独自の門流の主と成って行くである。

史料①『妙香院門主下知状』元亨四年（一三二四）四月六日　京都西本願寺蔵

本文

親鸞上人影堂留《る》守《す》職《しきの》事。延慶《えんきょう》年中、門弟等《ら》与《と》二唯善一確論《かくろんの》之刻《きざみ》、如《ごとくんば》二所《ところの》レ被《るる》レ下《くださ》之御下《ごげ》知《ち》状《じょうの》一者、於《おいては》二覚信子孫等之《の》許否《きょひに》一者宣《よろしく》レ在《ある》二門弟等意《らのいに》一云々《うんぬん》。而今《しかるに》如《べしとごとくんば》二御所進之《の》証文《の》一者、就《ついて》二本願

訳文

親鸞上人影堂留守職の事は、延慶年中、門弟等《ら》が唯善と確かな証拠に基づいて議論したときに、青蓮院より下された下知状《げちじょう》[1]（命令状）に従えば、「覚信（尼）の子孫等を受け入れるか容れないかに関しては、当然門弟等の意《こころ》にあるべきことである」とある。しかしながら、今妙香院門主が差し上げる証文は次のとおりである。大本《おおもと》の願主覚

主覚信《の》寄附《に》一、門弟等《に》雖《いえども》レ令《しむると》三進《しん》二止《しせ》敷地《を》一、為《して》二財主《ざいしゅの》子孫《と》一、於《おいては》二留守職《に》一者相承《の》之儀《ぎ》、非《あらざるか》レ無《なきに》二所見《しょけん》一一歟。門弟等《ら》強《しいて》非《あらざるや》二自専《の》之限《かぎりに》一哉。何況《なんぞいわんや》、寄《よせ》二事《ことを》左右《そうに》一、門弟等《ら》中、動《ややもすれば》欲《ほっするの》三相《あい》二妨《さまたげんと》留守職《を》一之条《じょう》、一類別心《いちるいべっしんの》輩《ともがら》張《ちょう》行《ぎょうか》歟。太《はなはだもって》以不《ず》レ可《べから》レ然《しかる》。…所《しょ》詮《せん》任《まかせ》二財主《の》之素意《そいに》一、於《おいては》二留守職《に》一者、永《ながく》守《まもり》二附属状《を》一、敢《あえて》不《ざるの》レ可《べから》レ有《ある》二他妨《のさまたげ》一之旨《むね》、妙香院前権《さきのごん》僧正御房所《ところなり》レ候《そうろう》也。仍《よって》執啓《しっけい》如《ごとし》レ件《くだんの》。

元亨《げんこう》四年四月六日法眼（花押）奉

謹上　勘解由小路《かでのこうじ》中納言律師《りっし》御房

信（尼）の寄付について、門弟等に敷地を支配させるとはいうものの、御影堂の施主（覚信尼）の子孫として、留守職を承け継いでゆくことについては、考えがなかったわけでもなかろう。だから門弟等がむやみに自由にすることはできないであろうか。まして、あれやこれや口実をつけて、門弟等の中でややもすると留守職を妨げようとすることは、同じ仲間でありながら二心《ふたごころ》ある連中の、無理な行いと言えよう。まったくそんなことがあってはならない。…結局、施主（覚信尼）の本来の気持ちに従って、留守職に関しては、長く将来に渡って附属状（譲り状）を守り、少しも他の事で妨げられるようなことがあってはならないとのこと、妙香院前権僧正の御房のご意向であるということで、以上の通り申し上げる。

元亨《げんこう》四年四月六日

法　眼（花押）奉る

謹んで差し上げる、勘解由小路《かでのこうじ》中納言律師《りっし》（覚如）御房へ注　1—延慶二年（一三〇九）の青蓮院下知状を指す。

史料②『兵部卿宮安堵[1]令旨《りょうじ》』元弘三年（一三三三）六月十六日　京都西本願寺蔵

【史料解説】令旨《りょうじ》は皇太子や三后（太皇太后・皇太・皇后）后の命令。この文書の場合は護良《もりよし》親王の意向を受けた近侍者の名で作成し、発給された文書を言う。

本文

本願寺 并《ならびに》 久遠寺可《をべき》レ為《なす》二御祈祷所《ごきとうしょと》一
由《よしの》事、先度《せんど》已《すでに》被《れ》二仰下《おおせくださ》一了《おわんぬ》。随《したがって》
則《すなわち》 親鸞上人影堂《の》敷地、門弟等進止《のしんし》、
并《ならびにかの》 彼留守職《の》之事、任《まかせ》二証文《の》之道理《に》一、
可《べき》下令《しめ》レ 全《まったくせ》二管領《かんれいを》一給《たまう》上者《ものなり》。依《より》二宮将
軍令旨《りょうじに》一執達如《しったつごとし》レ 件《くだんの》。
元弘三年六月十六日
左少将（隆貞）（花押）
謹上　中納言法印御房

訳文

本願寺および久遠寺《くおんじ》を御祈祷所《ごきとうしょ》とすべき理由の事は、先頃すでに御命令が下されている。したがってすなわち、親鸞聖人影堂の敷地、門弟等の支配、およびその留守職の事は、証文の道理に従って、管領（支配）を完全に果たすべきである。宮将軍の令旨《りょうじ》によって、以上の通り通達する。

元弘[2]三年（一三三三）六月十六日
左少将（隆貞）（花押）
謹んで差し上げる　中納言法印（覚如）御坊

注　1―護良《もりよし》親王は、後醍醐天皇の皇子で、若くして三千院門跡となり、天台座主を二度勤めて大塔の宮と号した。のちに還俗して護良親王と改名し、父後醍醐天皇を援けて、建武の新政を行った。

2―元弘は南朝の年号で、北朝では正慶二年とされる。

史料③『青蓮院下知状』元弘三年（一三三三）十一月三日　京都西本願寺蔵

本文

親鸞上人影堂 并《ならびに》 敷地 等《とうの》事、且守《かつはまもり》二本願主覚信寄附之《の》素意《そいを》一、且任《かつはまかせ》二代々門主《の》下知之《の》旨《むねに》一、彼《かの》門弟等《らの》進止《しんし》、不《ざる》レ可《べから》レ有《ある》二相違《そうい》一者《ものなり》。青蓮院二品《にほん》親王御《の》気《き》色《そく》如《ごとし》レ此《かくの》。仍《よって》執達《しったつ》如《ごとし》レ件《くだんの》。

元弘三年十一月三日

法（良増）眼　判《はん》　奉《たてまつる》

親鸞上人門弟御中

訳文

親鸞上人の影堂および敷地等の事は、一方では大本の願主覚信（覚信尼）の寄付のかねてからの考えを守って、また一方では代々の青蓮院門主の命令の内容に従って、その門弟等の支配に相違があってはならない。青蓮院二品親王の御意向は、この通りである。というわけで、以上の通り通達する。

元弘三年（一三三三）十一月三日　法（良増）眼　判を奉る

親鸞上人門弟御中

第六章　覚如上人の晩年

本願寺派西山別院（久遠寺）内
覚如上人墓所
京都市西京区川島北裏町
現在の墓所は本願寺派16世湛如上人が西山御坊の西北にあった古墓所を覚如上人墓所として再建したもの。

第一節　存覚上人義絶

（一）義絶の始まり

—**史料**『存覚上人一期記』—

覚如上人は、長男存覚上人に留守職を譲り渡した八年後の元亨《げんこう》二年（一三二二、覚如上人五十三歳、存覚上人三十三歳）六月二十五日、突然存覚上人の留守職を剥奪《はくだつ》し義絶を言い渡す。史料①義絶は、途中四年間の義絶解除を挟《はさ》んで二十四年間も続いた。覚如上人は亡くなる前年に義絶を解いたが、本心では最後まで存覚上人を疑い続けていたようである。俗に本願寺の三大悲劇とも呼ばれる存覚上人の義絶は、一体何が原因だったのであろう。

『存覚上人一期記』には義絶の始まりについて「口舌の事相《あい》続き」[1]〈**訳文** 口論することが続いて〉と記されている。そのことから江戸時代までの本願寺の記録では、法義（教義）について意見が合わなかったためとされて来た。しかし大正時代に入り、村上専精《むらかみせんしょう》氏[2]（一八五一～一九二九年）が不和の原因について、必ずしも教義上にあると断定することはできないとして以来、研究者の間で様々な説が主張されるようになった。

滋賀県東近江市瓜生津町「弘誓寺本堂」

義絶されて大谷本願寺を去った存覚上人は、ひとまず京都牛王子辻子《ごおうじつじ》というところに身を寄せたが、やがて妻奈有《なう》の実家近江国《おうみのくに》瓜生津《うりゅうづ》[3]を経て奥州へ向かった。それは東国の門弟達に和睦の口添えをしてもらうためであった。翌年京都の山科興正寺へ入った存覚上人の許へ、東国から長井の導信や鹿島の順慶、成田の信性など鹿島門徒の門弟達が上洛[史料②]して来た。義絶を解くための連署状を認《したた》めるためであった。これには京都に上洛して来た他の門弟達も加わり、全部で四十名余りの署名が集まったが、不幸にして焼失してしまう。

注　1―『反古裏書』永禄十一年（一五六八）刊、『鑑古録』享保六年（一七二一）刊、『大谷本願寺通紀』天明五年（一七八五）刊等。

2―元東京帝国大学名誉教授、元大谷大学学長。『真宗全史』一九一六年発行。村上氏は、「結局、覚如・存覚二師不和の原因は、余の解し得ざるところ也《なり》」と述べた上で、「存覚の声望隆々として世に挙がることは、父覚如と雖も尚《お》ほ及ばざる者ありき」として、「是に於て乎《か》、存覚上人自身は何等の異心あるにあらざりしも、…果たして讒者其の時を得て之を師父に誣告するものあり、是れ父子不和の原因と成れるものならん」と、自らの推論を記している。

3―滋賀県八日市市瓜生津。妻奈有の父愚咄の道場があった

史料① 『存覚上人一期記』 元亨二年（一三二二） 存覚上人三十三歳の条

本文

三十三歳 元亨二、…

此《この》両年口舌《こうぜつの》事相続《あいつづき》、遂《ついに》預《あずかるの》二御《ご》勘気《かんきに》一之間《あいだ》、六月廿五日令《しめ》二退出《たいしゅつせ》一、寄《き》二宿《しゅくす》牛王子辻子《ごおうじつじに》一。七月廿日出京《しゅつきょうして》、着《つく》二江州瓜生津《ごうしゅううりゅうづに》一。是《この》

訳文

（存覚）三十三歳（元亨《げんこう》二年、一三二二）…

この一両年、覚如上人と口論することが続き、ついに勘当《かんどう》を受けることになったので、六月二十五日大谷本願寺を去り、京都牛王子辻子《ごおうじつじ》に身を寄せた。七月二十日、京都を出て、近江国瓜生津《おうみのくにうりゅうづ》[1]に着いた。そしてこの年は奥

年《とし》於二奥州《に》一越年《えつねん》。是者《これは》東国同行《どうぎょう》等《ら》和睦《わぼく》口入《くにゅう》之《の》為《ため》也《なり》。来秋《らいしゅう》必《かならず》可《べしと》レ申《もうす》云々。

州で年を越した。これは東国の門弟等に和睦《わぼく》の口添えをしてもらうためである。門弟等は「来年秋には必ず（義絶を解くように）申し上げましょう」と言った。

史料②『存覚上人一期記』元亨三年（一三二三）　存覚上人三十四歳の条

本文

三十四歳 元亨三、三月晦日《つごもり》、自《より》二奥州一着《つく》二江州瓜生津《うりゅうづに》一。五月赴《おもむく》二帰路《きろに》一。了源《りょうげん》所《ところの》二建立《する》一寺山科也《てらやましななり》。奥州《の》人々上洛《じょうらくして》、以《もって》二連署《を》一被《る》レ申《もうさ》。長井《ながいの》明源道信、鹿嶋《かしまの》順慶《じゅんけい》、成田《なりたの》信性《しんしょう》以下也《なり》。此後《こののち》数年信海門流不《ず》レ及《およば》二参詣《に》一、近年上洛《す》。此後《こののち》対《たいし》二所《ところの》レ被《らるる》レ来《こ》之同行達《どうぎょうたちに》一、如《ごとく》レ此《かくの》有《あり》二連署《れんしょ》一。為《ため》二後証《こうしょうの》一被《らる》二載署《さいしょせ》

訳文

（存覚）三十四歳（元亨《げんこう》三年、一三二三）三月三十日、奥州より近江国《おうみのくに》瓜生津《うりゅうづ》へ到着した。そして五月京都への帰途に立った。空性房《くうしょうぼう》了源が建立した山科《やましな》の興正寺《こうしょうじ》である。奥州の人々が上洛し、連署状《れんしょじょう》に義絶を解くよう認《したため》められた。長井《ながい》の明源道信（導）[1]、鹿島の順慶[2]、成田の信性以下の門弟達である。この後数年信海の門流大谷本願寺に参詣せず近年上洛した。これ以来、京都に上洛して来た同行達に対しても、このような連署が行われ、後の証《あかし》のために名前を書き記してくれるようにと頼んだの

一哉《かの》之由《よし》令《れ》レ申《もうさ》候《そうろう》間《あいだ》、四十余《よ》輩《はいの》
上足《じょうそく》加判《かはんす》。然者《しかれば》不《ず》レ及《およば》二進覧《しんらんに》
一、世《せ》上《じょう》擾乱《じょうらんの》之時焼失了《しおわんぬ》、無
念了。

で、四十名余りの高弟達が書き判を加えた。このように連署が多数あったので、覚如上人にはあえてご覧に入れなかったが、世の中が騒乱の時に焼失してしまい残念であった。

注　1——鹿島門徒。本書第四章第二節（二）陰謀の発覚 参照。

2——鹿島門徒の祖順信の孫。

（二）妙香院下知状と義絶の原因

―**史料**『妙香院門主下知状』―

門弟達の署名の動きは当然覚如上人の耳にも入ったものと思われる。けれども覚如上人はこの動きによってかえって警戒心を募らせたようである。それを物語るのが、連署状が作られた翌年元亨四年（一三二四）に妙香院門主慈慶から下された下知状《史料》である。下知状は妙香院門主の言葉ではあるが、明らかに覚如上人の働きかけにより記されたものと見られ、当時の覚如上人の気持がここに反映されていると言うことができる。この文からは東国の門弟達が留守職の役職を妨害することに大変神経質になっている覚如上人の様子が窺われる。そもそも覚如上人が存覚上人に一度は留守職を譲ったのも東国の門弟達の妨害をかわすために、いわば院政をしいたものではないかとも考えられている。従って、東国の門弟達が存覚上人を贔屓《ひいき》して留守職の実権を奪おうとしていると疑うのももっともなことである。

三浦周行《ひろゆき》[1]氏（一八七一～一九三一年）は義絶の原因がここにあるとしている（留守職の問

題説）。三浦氏は「存覚上人の学徳がすぐれ、父子の間の仲をさこうと讒言《ざんげん》が絶えなかったこと、および存覚上人を擁立して留守職にしようとする門弟達の動向が覚如上人の猜《さい》疑《ぎ》心《しん》を深める結果となって、存覚上人の義絶となった」とし、教義上の問題は全く関係ないと主張している。この説を山田文昭《ぶんしょう》氏[2]（一八七七～一九三三年）も支持し、「覚如上人と存覚上人の間には性格の上で大きな違いがあり、東国の門弟達はともすると怨《うら》みを懐かれることがあった覚如上人を退け、人気のあった存覚上人を擁立しようとした。これが最大の原因である」としている。

注　1——元京都帝国大学名誉教授。『日本史の研究』一九二二年刊。
2——元大谷大教授。『真宗史の研究』一九三四年刊。

史料　**『妙香院門主下知状』元亨四年（一三二四）四月六日　京都西本願寺蔵**

本文

…何《なんぞ》況《いわんや》、寄《よせ》二事《ことを》於左右《そうに》一、門弟等《らの》中動《ややもすれば》欲《ほっするの》レ相《あい》二妨《さまたげんと》留守職《を》一之条《じょう》、一類《いちるい》別心《べっしんの》輩《ともがら》

訳文

…まして、あれやこれや口実をつけて、門弟らの中でややもすると留守職を妨げようとすることは、仲間でありながら二心ある連中の無理な行いであろうか。まったくそんな

帳《ちょう》行《ぎょう》歟《か》、太《はなはだ》以《もって》不《ず》レ可《べから》レ然《しかる》。加《のみならず》レ之《しか》、御真弟光玄律師《ごしんていこうげんりっし》、依《より》二条々《じょうじょうの》不義《ふぎに》一義絶《ぎぜつの》之由《よし》、被《れ》二聞食《きこしめさ》一候処《そうろうところ》、門弟等《らの》之間《あいだ》、有《ありと》下贔《ひい》二負《きの》彼《かの》律師《に》一輩《ともがら》上云々。以《もって》二義絶之《の》身《みを》一、争《いかでかべけんやしむ》可レ令レ競《けい》二望《もうせ》留守職《を》一哉、更非《さらにあらず》二沙汰之《の》限《かぎりに》一。…

ことがあってはならない。それればかりでなく、あなたの息子にして弟子である光玄（存覚）律師は、色々と不義《ふぎ》（道にはずれること）があったために義絶されたとのこと、お聞きとどけになられておられましたところ、門弟らの間で、その（存覚）律師に贔屓《ひいき》する連中があると言う。義絶の身でもってどうして留守職を競い望むことができるのであろうか。まったくもってのほかのことである。…

（三）了源と善照尼

―史料『存覚上人一期記』―

存覚上人義絶の原因として、存覚上人と仏光寺了源との関係を無視することはできない。空性房了源は荒木門徒の門流の鎌倉甘縄《あまなわ》道場の明光《めいこう》（了円）の弟子であった。荒木門徒は光明本《こうみょうぼん》（光明本尊）や絵系図を用いて民衆の教化に力を注いでいたが、その反面善知識を極端に崇拝する知識帰命を説き、ややもすると親鸞聖人本来の教義から大きく外《はず》れる傾向が見られた。そんな荒木門徒の流れを汲む了源が、義絶の二年前（一三三〇年）に大谷本願寺に現われ[史料①]、門下となって存覚上人の指導を受けることとなったのである。井上鋭夫《としお》[1]氏は、了源が本願寺に来たのは、造寺造像の斡旋《あっせん》のためではないかとしているが、仏光寺に残される聖徳太子像がこの年の一月二十六日に開眼されているところから見て、了源の真意は、最初から本願寺の権威を利用して寺院を建立し、みずからの教化活動の指南をしてもらうために存覚上人に近付いたところにあると想像される。こうしたところから、浄土真宗の門流の中心は大谷本願寺でなければならないと考える覚如上人と、了源に接近して汎《はん》真宗門流主義の考えにより活動する存覚上人との対立が、義絶の原因となったとする説が主張されている。

このことは、義絶後の存覚上人と了源との更に深い結びつきを見てゆくと、一層はっきりと浮かび上がって来る。義絶後奥州で年を越した存覚上人は、翌年京都山科《やましな》の了源の寺興正寺《こうしょうじ》に落ち着き、元亨四年（一三二四、存覚上人三十五歳）八月の彼岸会の導師[史料②]を勤めている。またこの年、了源のために『浄土真要鈔《しんようしょう》』[2]『諸神本懐《ほんがい》集』[3]『持名鈔《じみょうしょう》』[4]『破邪顕《はじゃけん》正抄《しょうしょう》』[5]『女人《にょにん》往生聞書《ききがき》』[6]という五種類の著作を書き与えている。これだけの著作をわずか一年の間に書き上げる存覚上人の才能とバイタリティーには驚かされる。

存覚上人と了源の関係はこの後も更に続いた。嘉暦《かりゃく》元年（一三二六）に、了源は絵系図を作成した。後に覚如上人が『改邪鈔』で厳しく批判した絵系図であるが、平松令三《れいぞう》氏によると、[7]何とその序題（序文）の筆跡が存覚上人の筆跡に一致するという。こんなところにも覚如上人との対立点が窺われる。その翌年嘉暦二年（一三二七）には了源のはからいで仏光寺に存覚上人の住坊が建てられ、[史料②]嘉暦三年（一三二八）頃には、山科から洛東の渋谷《しるたに》に移った興正寺の新しい寺名を存覚上人が仏光寺と名付け[史料②]落慶法要の導師も勤めている。このように見て来ると、存覚上人と了源との関係は極めて親密であり、了源との

京都市下京区新開町
仏光寺山門

関係が原因だとする説には充分頷《うなず》かれるものがある。

　またその一方で、覚如上人が文保二年（一三一八、覚如上人四十九歳、存覚上人二十九歳）に娶った最後の妻善照尼が関与していたとの説[8]もある。とりわけ、存覚上人の住坊を建てる際に、今出川上臈《じょうろう》という覚如上人と一時関係のあった女性が力添えをしていて、そのことから善照尼が、この今出川上臈との葛藤が原因で、存覚上人と感情的に対立したのではないかとする見方が出されている。千葉乗隆氏[9]もこの説に同調して、法華宗徒を論破した功で一時存覚の義絶を解除した時に、留守職就任の道を断ち善照尼を第一候補者としていることから、義絶は善照尼の筋書で行われたのではないかと推測し

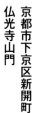

ている。

注

1―『一向一揆の研究』一五九頁。

2―『浄土真要鈔』二巻。浄土真宗の教えの要義を示した著書。最初に正定業《しょうじょうごう》である専修念仏を取り上げた後で、十四の設問を立て、平生業成《へいぜいごうじょう》・不来迎《ふらいごう》・現生《げんしょう》正定聚《しょうじょうじゅ》等が詳しく説明されている。

3―『諸神本懐集』一巻。浄土真宗の神祇に対する立場を明らかにした著書。内容は三部からなり、権社の神はいずれも仏菩薩の垂迹《すいじゃく》であり、実社の神は悪霊・死霊等の悪鬼人で、諸神の本懐について、衆生を仏道に導き弥陀一仏に帰依させるためだと説く。

4―『持名鈔』二巻。称名念仏について、誰もが称えやすく、諸行に勝《まさ》って功徳が得られる行であることが説かれる。

5―『破邪顕正抄』三巻。聖道門の僧や山伏・巫女《みこ》・陰陽師《おんみょうじ》等が専修念仏を非難して停止を求めたのに対して反論するという形で、十七箇条に渡って教えの正統性を表明した著書。朝廷に言上するという体裁で記されている。

6―『女人往生聞書』一巻。『涅槃経』等によって、五障三従《ごしょうさんしょう》等、女人の罪深いことを示した上に、こうした女人が往生できる道は阿弥陀如来の本願による外はないと説かれている。

7―『真宗重宝聚英』第十巻 一九八八年発行 総説 絵系図
8―長岡仙覚説。「覚如・存覚不和の原因」（『史学雑誌』三三編七号所収）
9―『存覚上人一期記・存覚上人袖日記』解説、昭和五十七年発行。

史料①『存覚上人一期記』元応二年（一三二〇） 存覚上人三十一歳の条

本文

三十一歳 同二 仏光寺《ぶっこうじ》空性《くうしょう》初参《しょさん》俗体弥三郎 六波羅南方《みなみかた》越後守維貞 家人《けにん》比留左衛門《ひるざえもん》（太）大郎維広之《これひろの》中《ちゅう》間也《げんなり》。初参之《の》時申云《もうしていわく》、於《おいて》二関東《に》一承《うけたまわる》二此御流《このごりゅうの》念仏《を》一知識者《は》甘縄了円《あまなわりょうえん》。是阿左布《これあさぶの》門人也《もんにんなり》。而《しかるに》雖《いえども》レ懸《かくと》二門徒之《の》

訳文

（存覚）三十一歳（同じく元応二年、一三二〇）仏光寺の空性房《くうしょうぼう》了源《りょうげん》が新たに門下に加わった。（俗人としての名前は弥三郎である）京都の南方《みなみかた》六波羅探題[2]（北条―大仏《おさらぎ》―越後守維貞《えちごのかみこれさだ》[3]、一二八五～一三二七年）の御家人《ごけにん》で比留左衛門《ひるざえもん》太郎維広《これひろ》の中間《ちゅうげん》[4]である。新たに門下に加わった時、申して言うことには、「関東でこのご流派の念仏を受けた善知識は甘縄《あまなわ》の了円《りょうえん》（明光《めいこう》）である。この方《かた》は阿左布《あざぶ》の了海《りょうかい》の門人である。けれども門徒の名を掲《かか》げて

名字《みょうじを》一、法門已下《いか》御門流事《のこと》、更《さらに》不《ず》二存知《ぞんちせ》一。適《たまたましむるの》令二在洛《ざいらくせ》一之間《あいだ》、所《ところ》二参詣《する》一也《なり》。毎事《まいじ》可《べしと》レ預《あずかる》二御風諫《ごふうかんに》一云々。其時《そのとき》大上《の》1御時《座》向窪《むかいくぼに》、依《よりもうし》レ申二入此《いるにこの》由《よしを》一、雖《いえども》レ有《ありと》二御対面一、於《おいては》二如《ごときの》レ然《しかの》之扶持《ふちに》一者、一向可《いっこうべきの》レ為《なす》二予《が》沙汰《を》一之由《よしらるるの》被二仰付《おおせつけ》一之上《うえ》、直此旨《ただちにこのむねらるるの》被レ仰《おおせ》二含《ふくめ》彼《かの》男《に》一之間《あいだ》、其後連々入来《そののちれんれんじゅらいす》。依《より》二所望《しょもうに》一、数十帖《の》聖教或《あるいは》新《しん》章《そうしあるいは》或書写《して》、入《いり》二其功《そのこうに》一了《おわんぬ》。

いるとはいうものの、教えを始めとする御門流の事は少しも心得ていない。たまたま京都に住むことになったので、こちらへ参ったのである。事ごとにお諫《いさ》めに預《あず》かりたい」と言った。その時大上(覚如上人)は、京都一条大宮の窪寺《くぼでら》付近に居られたので、この内容を申し入れたところ、御対面が許されたけれども、希望通り面倒をみることに関しては、すべて私が指導に当たるようにとのことを仰せ付けられた上に、ただちにこのことをその男に言い含められた。それゆえその後了源はしばしば尋ねて来た。そして望みによって、数十帖《じょう》の聖教を、ある場合は新しく起草し、またある場合は書き写して、彼に与えたのであった。

注　1―原本には「対時」とあるが、谷下氏の解釈に従い。「時座」とした。

2―鎌倉幕府が京都に置いた六波羅探題は、北方と南方という二つの館に分かれていた。

3―大仏維貞《おさらぎこれさだ》（一二八六～一三二七年）は、鎌倉北条氏の一族。正和四年～正中元年（一三一五～二四年）六波羅探題の長を務めた。嘉暦元年（一三二六）に鎌倉幕府の連署となったが、翌年九月七日に病死している。

4―中間《ちゅうげん》という言葉からは、とかく江戸時代の低い身分の従者が連想されがちだが、実はそれなりの力を持った中級クラスの武士。了源が南関東の真宗門流の教えを受けていたのを、主君の比留維広が後押しをして、京都へ進出させたものと見られる。

史料②『存覚上人一期記』正中元年～元徳二年（一三二四～三〇年）

本文

三十五歳正中元、…（中略）…

八月時正中日《にしょうちゅうにち》、山科興正寺に空性建立之《の》寺 寺号大上被《らる》レ付也予致《いたし》二供養《を》一。装束鈍色《にびいろ》甲袈裟《こうのけさ》也《なり》。

三十八歳嘉暦二秋比《のころ》、取《とり》二立《たつるに》住坊《を》一、為《なす》二空性沙汰《を》一。此時今出川《このときいまでがわの》

訳文

（存覚）三十五歳（正中元年、一三二四）八月の彼岸会中日に、山科の興正寺《こうしょうじ》（空性房了源が建立した寺。寺号は大上が付けられたのである）で私は供養を行った。装束《しょうぞく》は鈍色《にびいろ》[1]の甲袈裟《こうげさ》[2]である。

（存覚）三十八歳（嘉暦二年、一三二七）秋の頃、住坊を建て[3]る。空性房了源が計《はか》らった。この時今出川上臈《いまでがわじょうろう》[4]が随分力

上臈《じょうろう》被《れ》レ致《いたさ》二随分《ずいぶん》助成一、為《ための》レ被《るる》レ訪《とぶらわ》二菩提《を》一之由《よし》被《る》レ示《しめさ》也《なり》。四十一歳元徳二、二月時《ときに》正中日、供二養《の》仏光寺《に》一本寺号二興正寺一、一両年以前自《より》二山科《やましな》一移《うつす》レ之《これを》。予改《あらたむ》二仏光寺《と》一導《どう》師《しは》予《よ》也《なり》。聖道出仕《しょうどうしゅっしの》儀式也《なり》。

添えをされ、自身の菩提《ぼだい》を訪われるためとのことを示されたのである。

（存覚）四十一歳（元徳二年、一三三〇）二月の落慶法要の中日、仏光寺（本《もと》の寺号は興正寺。一、二年以前に山科よりここに移り、私が仏光寺と改めた）で供養を行った。導師は私である。聖道門の出仕の儀式である。

注　1—鈍色は、橡《つるばみ》（クヌギ又はそのドングリ）で染めた濃いねずみ色。

2—甲袈裟は七条袈裟の一種で、袈裟を構成する地裂《じぎれ》を、甲冑《かっちゅう》の甲葉《こうよう》に譬《たと》えて甲と呼び、この甲の部分と周縁の黒い部分と色目を別にしたものを言う。天台宗・華厳宗・法相宗と浄土真宗本願寺派で用いられる。

3—存覚上人の住坊。

4—かつて覚如上人の四度目の妻だった女性。

5—洛東渋谷《しるたに》。現在の京都市東山区茶屋町。京都国立博物館の北側の地で、豊国神社や方広寺がある場所。

（四）大谷本願寺焼失と義絶解除

―史料『存覚上人一期記』―

様々な原因が渦巻く中で続いて行った存覚上人の義絶も転機を迎えることになる。建武二年（一三三五）仏光寺了源が伊賀国《いがのくに》（三重県西部）で布教中暗殺され、また建武三年（一三三六）には、何と大谷本願寺の伽藍が戦火を受けて焼失[史料①]してしまう。この戦火は、足利尊氏が九州から京都へ攻め上《のぼ》り、後醍醐天皇が比叡山に難をのがれた際の戦火だったと見られる。本拠地を失った覚如上人は、翌年娘の嫁ぎ先である源雅康邸に身を寄せることになるが、そこで本願寺再建のため、存覚上人の義絶を解くことを考え始める。

本願寺焼失から二年目の暦応《りゃくおう》元年（一三三八）、存覚上人は備後《びんご》国府（広島県府中市）へ赴き、法華宗と対論[史料②]することになった。みごと法華宗を屈服させた存覚上人は更にこの地で荒木門徒の指導者明光および明光の門人の所望による著作を七つ[1]も制作している。誠《まこと》に存覚上人の非凡な才能が窺われる。

この活躍が覚如上人に認められて、存覚上人は瓜生津愚咄の口添えにより十六年ぶりで義絶を解かれた[史料③]。そしてこれ以後は覚如上人と共に雅康邸に住むこととなる。

注　1―『決智《けっち》鈔』『報恩記』『至道《しどう》鈔』『選択註解《せんじゃくちゅうげ》鈔』『歩船《ぶせん》鈔』『法華問答《ほっけもんどう》』『顕《けん》名《みょう》鈔』の七つ。その概要は次の通りである。

『決智抄』一巻。法華と念仏との優劣を論述した書で、法華が優れた機《き》（素質）の人を利益《りやく》するのに対し、劣った機（素質）の衆生には、行じやすい念仏が最適だと説く。

『報恩記』一巻。『存覚一期記』には『仮名報恩記』と記される。父母・師長に対する浄土真宗の孝養追善の意義が明らかにされている。

『至道抄』一巻。荒木門徒満福寺の空暹《くうせん》の請いによって作られた。追善の意義等の批判を試みた書物と伝えられる。

『選択註解抄』五巻。備後山南の慶願の依頼に応じて述作したという。『選択集』の要義を註釈している。

『歩船鈔』二巻。備後山南の慶元に与えた書。法相・三論を始めとする十宗の教義の大綱を示して、それらがすべて難行道なのに対し、浄土一宗が凡夫に相応した易行道であると説く。

『法華問答』二巻。十一の設問に答える形で、法華宗の浄土真宗に対する批判に反論する内容。

『顕名鈔』二巻。建武四年（一三三七）京都で明光から所望されたのを、八月備後滞在中に著したという。三界（地獄・餓鬼・畜生）の苦しみの世界を描き出した上、これを逃れるには弥陀の名号以外にはないと、その意義を明らかにしている。

史料①『存覚上人一期記』建武三年（一三三六）存覚上人四十七歳の条　建武四年（一三三七）存覚上人四十八歳の条

本文

四十七歳（同三）夏比《ごろ》、大上《だいじょう》御‐下‐二向《と》溝杭《みぞぐい》辺《あたりへ》一云々。行《ぎょう》二幸《こう》坂本《へ》一、大谷殿上下相《あい》二具《ぐし》数十人《を》一、御没落《ぼつらく》、瓜生津《にして》御越年《と》云々。此[2]御留主(守)《に》大谷御影堂（并御影）

訳文

（存覚）四十七歳（同じく建武三年、一三三六）夏の頃、大上（覚如上人）は溝杭《みぞぐい》[1]あたりへ下向したと言う。（まもなく足利尊氏が九州から東上して来たため）後醍醐天皇が延暦寺坂本に行幸された。それで覚如上人も、大谷殿（本願寺）に仕える身分ある者ない者数十人を伴って都落ちし、近江国瓜生津《うりゅうづ》で年を越し

等回禄了《かいろくしおわんぬ》。予《よ》、光徳丸住《とじゅうす》二塩小路烏丸興国寺《に》一。四十八歳同四春比《ごろ》、大上御帰洛御-居二-住《す》西山《に》一久遠寺上臈《じょうろう》十六歳前源中納言《と》同宿之《の》間《あいだ》、大上等御-同二-宿彼亭《しのに》一了《おわんぬ》。

たと言う。この御留守に大谷の御影堂（および親鸞聖人の御影）等が火災に遭ってしまった。私は息子光徳丸[3]と塩小路烏丸興国寺に居住していた。（存覚）四十八歳（同じく建武四年、一三三七）春の頃、大上（覚如上人）は京都に帰られ、西山（久遠寺）に居住された。また大上の娘の阿居護《あいご》（十六歳）が前源《さきのみなもとの》中納言雅康《まさやす》に嫁していたので、大上等はその屋敷に一緒に住んだ。

注　1—摂津国三島郡溝杭村。現在の大阪府茨木市南部の寺田町から南目垣にかけての地域に当たる。

2—原本には、「此御留主大谷御堂如々留守御影堂并御乳」とあるが、谷下氏の解釈に従い、これを「此御留主、大谷御影堂并御影」と改めた。

3—長男巧覚の童名

史料②『存覚上人一期記』暦応元年（一三三八）三月存覚上人四十九歳の条

本文

四十九歳 暦応元 三月、於《おいて》二備後《びんご》国府守護《の》前《に》一、与《と》二法花宗一対決了《しおわんぬ》。御門弟依《より》二望《のぞみもうすに》申一、忌《いみ》二其《その》憚《はばかりを》一、改《あらため》二名字《を》一号《ごうして》二悟一《と》一出対了《しおわんぬ》。法花衆屈《くっす》。仍《すなわち》当方《とうほう》弥《いよいよ》繁昌《はんじょうす》。其次《そのついでに》作《つくり》二決智《けっち》抄《を》一了《おわんぬ》。仮名報恩記・至道《しどう》抄 各一帖 選択註《ちゅう》解《げ》抄 五帖 等也《なり》。顕名抄《けんみょうしょう》者《は》、明光《めいこう》於《おいて》二京都《に》一所望《しょもうの》之間《あいだ》、於《おいて》二彼境《かのきょうに》一草《そうし》遣《つかわし》了《おわんぬ》。

訳文

（存覚）四十九歳（暦応《りゃくおう》元年、一三三八）三月、備後国府《びんごのこくふ》（広島県府中市）の守護の前で法華宗と対決した。御門弟が希望するので、支障のないように名前を変えて悟一と称して対決に出た。法華衆が屈服したために、当方はいよいよ繁昌《はんじょう》することとなった。それに続いて『決智抄《けっちしょう》』『仮名報恩記』『至道抄《しどうしょう》』（各《おのおの》一帖）『選択註解抄《ちゅうげしょう》』（五帖）等を製作した。『顕名抄』は明光《めいこう》が京都で所望《しょもう》したので、備後《びんご》のその地で書いて贈った。

史料③『存覚上人一期記』暦応元年（一三三八）閏七月　存覚上人四十九歳の条

本文

閏《うるう》七月、帰京《す》。九月、依二愚 瓜生津人也

訳文

（暦応元年、一三三八）閏《うるう》七月京都へ帰る。

咄坊《の》口《く》入《にゅうに》一、預《あずかる》二大上《の》御《ご》免《めんに》一。同十八日、相《あい》二伴《ともない》愚咄坊《を》一参《さんじ》了《おわんぬ》。其時《そのとき》御在京《は》八条源中納言雅康《まさやす》卿亭《の》也《なり》。可《べきの》二同宿《す》一之由《よし》被《るるの》レ仰《おおせら》之間《あいだ》、参住了《しおわんぬ》。

九月愚咄坊《ぐとつ》の口添えにより、大上（覚如上人）の赦免を受ける。同じ九月の十八日、愚咄坊と連れ立って（覚如上人の許へ）参上した。その時京都で住んでおられたところは、八条の源中納言雅康《まさやす》卿の屋敷である。一緒に住むようにとのことお言いつけであったので、そこへ参って住むことになった。

（五）本願寺の復興

―**史料**『存覚上人一期記』、『順証書状』―

存覚上人の赦免には、大谷本願寺の再建が深く結びついていた。その証拠に、義絶が解かれた後、東国門弟達と覚如上人との交流がにわかに活発となる。史料①その一つに親鸞聖人御影の返還騒動がある。ここで顕智の後を継ぐ高田門徒の指導者専空が活躍する。結局御影は返還されず、覚如上人は尾張国《おわりのくに》（愛知県西部）まで出向いて戻っている。この折覚如上人は、瓜生津《うりゅうづ》の愚咄《ぐとつ》の案内で大和国《やまとの》（奈良県）吉野の秋野川《あきのがわ》を訪れている。

こうして東国門弟達の力により義絶解除から二ケ月後大谷本願寺が再建[史料①]された。再建の中心となったのは、高田の専空で、本願寺のために三十六貫で建物を買い入れている。この時三河和田門徒の寂静も協力している。新たな御堂には親鸞聖人の御木像とともに十字名号の本尊も安置されたようで、覚如上人直筆の賛銘が入った十字名号が京都西本願寺に伝えられている。

また寺号を称したことから、本願寺には本尊の安置が不可欠となっていたようで、高田文書には、この時期からそうした要望を門弟達に依頼していたことを示す書状[史料③]が残されている。結局同書状が伝えるように、その後本願寺には善如上人（本願寺四世）晩年から綽如上人（本願寺五世）初期にかけて、阿弥陀如来像が安置されるようになる。

覚如上人と存覚上人はまもなく、共に再建された大谷本願寺[史料②]御堂に入るが、この頃から二人の関係は再び険悪な様相を帯びて来る。

史料①『存覚上人一期記』暦応元年（一三三八）十月　存覚上人四十九歳の条
暦応元年（一三三八）十一月　存覚上人四十九歳の条

本文

…十月之《の》比《ころ》、御影反座《へんざの》之事、唯善坊遺跡令《しむるの》二承諾《せ》一之由《よし》依《より》レ有《あるに》二其《その》説一、高田専空等《ら》為《して》二御迎《むかえと》一下二向《す》彼《かの》境《きょうに》一。此上《このうえ》者《は》争《いかでか》不《ざらんの》二動坐《どうざせ》一之由《よし》、被《られ》レ仰《おおせ》則《すなわち》御下向《す》。予《よ》奉《たてまつり》二扈《こ》従《じゅうし》一了《おわんぬ》。而《しかるに》依《より》レ無《なきに》二其実《そのじつ》一、専公《せんこう》空《むなしく》帰洛。於《おいて》二尾州《に》一参会之《の》間《あいだ》、御上洛《す》。予又同前《なり》。御下向之《の》時者《は》、先《まず》着《つき》二瓜生津《に》一、彼房《かのぼう》主《ず》奉《たてまつり》レ伴《ともない》二大和《に》一、性空《しょうくうも》同道《す》。

…十一月日、為《して》二専空《の》沙《さ》汰《たと》一、買《ばい》二得《とくし》今《の》御堂《を》一本願寺三十六貫建立《し》了《おわんぬ》。其《その》時和

訳文

（暦応元年、一三三八）十月の頃、親鸞聖人の御影の返還を唯善房の後継者が承諾《しょうだく》したとの風説があったので、高田専空[1]らがお迎えするためにその土地（鎌倉）へ下向した。大上（覚如上人）も「この上はどうして出向かないでいられようか」とのことをおっしゃって下向され、私もお供として付き従った。けれどもその成果が無く、専空公が空しく京都へ帰ってゆくところに、尾張国で出会《でくわ》したので、（覚如上人は）京都へ戻られた。私も同じく京都へ戻った。もっとも下向された時は、まず瓜生津に着き、その房主（愚咄）が有縁の地である大和国《やまとのくに》までご案内申し上げ、それに（大和秋野河の）聖空《しょうくう》も同道した。

（暦応元年、一三三八）十一月、専空の取りはからいで、今

田《の》寂静《じゃくじょう》令《しめ》㆓上洛《せ》㆒、同《おなじく》致《いたし》㆓其沙《そのさ》汰《たを》㆒了《おわんぬ》。

の御堂（本願寺 三十六貫[2]）を買い取って大谷に建立した。その時和田門徒の寂静が上洛していてこれに協力した。

注 1―高田専空（一二九二〜一三四三年）は、真宗高田派四世門主。真岡城主大内国行の第三子と伝えられ、大谷御影堂の再建に尽力している。また聖徳太子伝の絵解き台本である聖法輪蔵《しょうぼうりんぞう》（一三一七年成立）を筆者したことでも知られる。

2―今日のおよそ百九十四万円程。

史料②『存覚上人一期記』暦応二年（一三三九）四月十二日　存覚上人五十歳の条

本文

五十歳 暦応二、四月十二日、大々上三十三回忌辰也《のときなり》。…予《よ》病《びょう》悩《のう》之《の》間《あいだ》不《ず》レ及《およば》㆓出現《するに》㆒、其《その》後奈有病《びょう》悩《のうし》、而《しこうして》亭主 中納言 令《しむ》㆓恐怖《せ》㆒歟之《かの》由《よし》推量之《の》間《あいだ》、移《い》㆓住《じゅうす》大谷《に》㆒。其時《そのとき》未《いまだ》及《およば》㆓房舎造立之《の》沙汰《さたに》㆒《ず》。仍《すなわち》寄㆓

訳文

（存覚）五十歳（暦応二年、一三三九）四月十二日、大々上（覚恵）の三十三回忌の日である。…私は病気であったので、出ることができなかった。その後奈有《なう》も病気にかかり、亭主（中納言雅康）が奈有の病気に恐怖心を懐いていると思われたので、大谷に移り住んだ。その時はまだ大谷の房舎は建立の運びになっていなかった。そこで、御堂の宿《す》御堂北局《のきたのつぼねに》一、秋比《ごろ》大上御二入《にゅう》寺《じ》南局《みなみのつぼねに》一。

北の局《つぼね》に身を寄せた。秋頃、大上（覚如上人）も大谷本願寺の南の局《つぼね》に入られた。

史料③『順証書状』専修寺文書　真宗高田派本山

本文

定専坊主の時、大谷の坊主御みゑ《え》ひ《い》をかたわらへうつし申候《もうしそうらい》て、本た《ど》うには阿みた《だ》を立《たて》申候へ《べ》きと候しを、定専さいさん御申 候《そうろう》（お）によんて《で》、うちをかれて候に、いま又かや《よ》うに御はからひ《い》候《そうろう》間《あいだ》、せん師の御《お》申《もうし》のこ《ご》とく歎《なげき》申候《そうら》へ《え》と《ど》も、御もちひ《い》なく候。いかや《よ》うに候へ《べ》きやらん、た《だ》んか《ご》う申たく存《ぞんじ》候。専空坊主も大谷のかゝる大事をは《ば》、御申《おんもうし》あわせ候けるとそ《ぞ》承《うけたまわり》候間《あいだ》、その御いしゅをそむき候は《わ》し《じ》と令《しめ》レ申《もうさ》候。諸

訳文

定専（高田派五世）門主の時、大谷の門主が親鸞聖人の御影を傍らに移して、本堂に阿弥陀如来像を立てようとしましたのを、定専[1]が再三申して、そのままにしたことがありましたが、今また同じように主張して来たので、先師が申した通り歎いたのですが、受け容れようとしません。どのようにしたらよいか、門徒の方々にご相談したいと思います。専空（高田派四世）も大谷御影堂について同じようなことが話し合われたとお聞きしていて、そのお気持に背かないよ

事期《ごし》二後信《を》一候。恐々謹言。

十一月廿日　　順証（花押）

惣門徒之御中へ

申給へ

うにとおっしゃっております。すべては後からの手紙をお待ちしています。敬具。

十一月二十日　　順証[2]（花押）

ご門徒全部に申されますように

注　1――定専（一三一七～六九年）は専修寺五世。四世専空の第二子。康永二年（一三四三）に継職し正平二四年（一三六九）に没している。したがって、本願寺三世覚如上人晩年から四世善如上人（法主在位一三五一～一三七五年頃）にかけての時期に、起こった出来事と見られる。

（六）再度の義絶

――**史料**『覚如上人の置文』、『従覚に与える処分状』、『存覚上人一期記』――

大谷本願寺が再建された翌年、暦応《りゃくおう》二年（一三三九）の十一月二十八日の報恩講の際に、覚如上人は留守職継承に関する置文と三通の譲状を認《したた》めた。西本願寺に伝わるこの置文史料①には、①寺務職（留守職）を受け伝える順序について、②娘の源雅康の妻安居護《あいご》の面倒をみること、③存覚上人が大谷本願寺・西山久遠寺に入るのを許してはならないこと、の三箇条が記されている。

①寺務職を受け伝える順序については、最初に妻の善照尼の名前が挙げられているところが注目される。存覚上人はさておき、次男の従覚や孫の善如を差し置いてまで、三十歳年下の後添えの妻善照尼を指名するというところに、義絶問題に微妙に絡んでいる善照尼の存在が窺われるのである。

③の存覚上人に対する記述には、覚如上人の強い不審感が露《あらわ》にされている。例えば、「爰《ここ》に愚老閉眼《ぐろうへいがん》せ令《し》むれば、当所《とうしょ》に押入るべき」〈**訳文**今老いた私が死んで眼を閉じるな

らば、当所に押し入るだろう〉と、一方的な思い込みで恐れている気持がありありと読み取れる。この感情は、村上専精《せんしょう》氏（一八五一〜一九二九年）が紹介した『従覚に与える処分状[史料②]（譲状）』[1]では、「仏法に託した外道《げどう》で冥罰《みょうばつ》を受けることは明らか」とか、「当大谷本願寺の敷地に足を踏み入れてはならない」とか、「正しい法を護《まも》る四大天王などがこれを罰して定めて引き返したりしようとはしない」、「浄土に居ても、心の中を人間世界に働かせて、その罰を与える」などと、一層強く表現されており、強い恨みの感情さえ窺わせる。

ともかくも、この置文や譲状を記した時、覚如上人の気持の中では、存覚上人を再び義絶することが決まっていたものと思われる。

こうして三年後の康永《こうえい》元年（一三四二）、再度存覚上人は義絶されたの[史料③]である。この後も東国や畿内の門弟によって赦免運動が繰り返されたが、義絶は覚如上人が亡くなる前年まで続くことになる。

一説に覚如上人と存覚上人が相謀《あいはか》って、南朝方と北朝方に分かれたものだとするの説[2]も出されているが、それにしては事態は余りにも深刻すぎる。

こうした中で重松明久氏は[3]、改めて二人の考え方の違いに着目し、その行実や思想を分析している。それによると、とりわけ称名念仏について、覚如上人が、信心が決定《けつじょう》した（定まった）上での仏恩報謝《ぶっとんほうしゃ》の（阿弥陀仏の御恩に報い遺徳に感謝する）行《ぎょう》と提唱しているのに対して、存覚上人は、往生が定まるように称《とな》える善行と受け止めていたことが知られる。

更に源了圓《みなもとりょうえん》氏は、[4] こうした重松氏の研究を踏まえて、二人の姿勢を明らかにしている。その内容を見ると、本願寺を中心とする教団構想および親鸞聖人を宗祖と仰ぐ独自の宗派を強調する覚如上人に対して、各地の門徒達と融和を結び、通仏教の立場で真宗を捉えようとする存覚上人の立場の違いが明らかにされている。

おそらく覚如上人はこうしたところから、どうしても存覚上人と妥協できなかったのであろう。存覚上人の義絶は、後の本願寺教団の発展を考える時、深い問題を投げかけている。

注　1—『真宗全史』一九一六年。三八〇頁

2—梅原隆章氏（一九一九～九九年、元富山大学名誉教授）が「南北朝内乱期における本願寺」（『真宗史の諸問題』一九五九年発行　所収）で説いた説。当時が南北朝時代であったことに着目し、覚如・存覚両上人が談合の上で北朝と南朝に別れ、廟

堂中心主義を取る覚如上人が北朝に、直弟子達を収攬《しゅうらん》する存覚上人が南朝に接近し、それぞれ本願寺留守職の権威樹立を考えたと見ている。

3―重松明久氏は、元広島大学教授。『覚如』昭和三十九年発行 一六四頁。「覚如と存覚の関係」(『中世真宗思想の研究』昭和四十八年発行 所収)。重松氏は、「従来の法義説の弱点は印象的見解に止まって…存覚の行実《ぎょうじつ》乃至は思想を分析した上で、覚如との異動に言及した研究はなかった」と述べて、細かい分析を試みた上に、存覚の真宗教学について、「称名を往生決定の業と考えて…行的念仏を提唱し、…称名念仏も善行と考えて、…親鸞流の非業非善的念仏をとく『歎異抄』にいわゆる悪人正機説とは、明らかに対蹠的である」と解した上で、「存覚は親鸞教学を理解しえなかったのではないが、みずから依拠した思想的立場は、浄土宗の範囲内であった」と見ている。そこから「覚如が暦応二年、従覚に与えた留守職譲状に、「附《ふするの》二仏法《に》一之外道」といった存覚批判は、親鸞主義に徹しようとした覚如上人にとっては、むしろ当然の言辞といわざるをえない」と結論付けている。

4―源了圓氏は、東北大学名誉教授。『蓮如』(浄土仏教の思想第十二巻)一九九三年

発行 七十五頁で、「私は覚如・存覚の確執の原因を、法義の点では真宗の独自性を強調しようとする覚如と通仏教の立場で真宗を捉えようとする存覚の相違と見たい」と述べた上で、「この宗乗の差異と、本願寺を中心とする教団を作ろうとする覚如と、従来のように各派の門徒たちのつくった各地方の寺院の諸集団を真宗教団の実体として、本願寺はいわばそれらを結合する象徴的存在としてはたらくという存覚との、教団形成の考え方が絡まっていると思う」と解している。

史料①『覚如上人の置文』暦応二年（一三三九）十一月二十八日　京都西本願寺蔵

本文

就《ついて》二本願寺留守職《に》一別当職也相伝等可《べき》レ令《しむ》二存知《ぞんちせ》一条々。

一　寺務職相伝《の》次第

右当寺務職者《は》、祖母覚信御房元兵衛督局《もとひょうえのかみのつぼね》亡夫元中納言阿闍梨覚恵御房、宗昭《そうしょうの》三代相続《して》無《なし》二依違《いい》一。而《しかるに》宗昭一《いち》

訳文

本願寺の留守職（別当職[1]である）を承け伝えることなどに就《つ》いて、心得られてほしい条々。

一《ひとつ》、寺務職を受け伝える順序。

右の当寺院の寺務職は、祖母覚信御房（覚信尼、元兵《ひょう》衛督局《えのかみつぼね》）、亡くなった父（元中納言阿闍梨）覚恵御房、宗《そう》昭《しょう》（覚如）の三代にわたって相続されて来たことに相違

期《ごの》之後者《は》、任《まかせ》二祖母《の》之例《に》一、同宿善照御房可《べし》レ居《おる》二其《その》職《に》一。善照御房一期後《ののちは》者、可《べし》レ為《たる》二慈俊法印一。慈俊一期《の》之後者《は》、字《あざな》光養丸叙爵《し》号《す》二大夫宗康《と》一可《べきの》レ令《しむ》二伝持《せ》一之旨《むね》、以《もって》二次第附属《の》之儀《を》一、書《かき》二与《あたえ》譲状《を》一訖《おわんぬ》。堅《かたく》応《まさに》《べき》被《る》レ守《まもら》二此《この》趣《おもむきを》一者也《ものなり》。

一　安《あ》居《い》護《ご》一条《いちじょう》前《さきの》源《みなもと》中納言入道後室可《べき》レ加《くわう》二扶《ふ》持《ちを》一間事《あいだのこと》

…（省略）…

一　光玄小法師事

右彼《かの》光玄者《は》、依《より》二不義《の》子細重《ちょう》畳《じょうに》一、不孝義絶度《ど》々《ど》、既《すでに》及《および》二多年《に》一畢《おわんぬ》。爰《ここに》愚老令《しむれば》二閉眼《せ》一

ない。けれども宗昭（覚如）が生涯を終えた後は、祖母の例に従って、私と一緒に暮らす善照御房（善照尼）がその職に就《つ》くべきである。また善照御房（善照尼）が生涯を終えた後には、慈俊《じしゅん》（従覚）法印がなるべきであり、慈俊（従覚）が生涯を終えた後は、幼名光養丸《こうようまる》（子供の時爵位を受けて大夫宗康《たいふそうこう》と称す）が受け伝えて護持されるべきとのことを、順次に承け伝えるようにと、譲状《ゆずりじょう》を書き与えた。堅《かた》くこの趣旨を守られるべきものである。

一《ひとつ》、（存覚の妹）安居護《あいご》（一条前《さきの》源《みなもと》中《ちゅう》納《な》言《ごん》入道壬生《みぶ》雅康《まさやす》の妻）に、扶持《ふち》を与えられるようにとのこと。

…（省略）

一《ひとつ》、光玄（存覚）小法師《こぼうし》[2]の事。

右の光玄（存覚）は、道にはずれた不都合なことが幾重《いくえ》にも重なって、親不孝による義絶がたびたびであり、

者、可《べきの》レ押《おし》二入《いる》当所等《に》一之由《よし》、自《より》二当時一相議《あいぎすと》云々《うんぬん》。以《もって》二不孝之《の》身《を》一、重《かさねて》不《ざるの》レ可《べから》レ及《およぶ》二没後不義《の》企《くわだてに》一之処《ところ》、背《そむき》二不孝状《じょうに》一、定《さだめて》相《あい》二語《かたらい》悪党人等《らと》一、不《ず》レ限《かぎら》二于大谷本願寺《に》一、至《いたり》二于西山《にしやま》久遠《くおん》寺《じに》一、依《より》レ有《あるに》二係望《けいもうの》之憶《おもい》一欲《ほっするか》二乱入《せんと》一歟。雖《いえども》レ然《しかりと》、如《ごとくんば》二本所代々令旨《のりょうじの》一者、光玄以《もって》二不孝義絶之《の》身《を》一、争《いかでか》可《べけんやと》レ係《けい》二望《もうす》当敷地等《を》一哉云々《うんぬん》。公験等《くげんとう》明鏡《めいきょうの》之上《うえ》、且又《かつまた》勅裁之《の》地、旁《かたがた》令《しむれば》二違犯《いはんせ》一者、其咎《そのとが》不《ざる》レ軽《かるから》者哉《ものや》。速《すみやかに》不《ず》レ廻《めぐらさ》二時日《を》一、奏《そう》二問《もん》公家《に》一、言上《ごんじょうし》二本所《に》一、触《ふれ》二申《もうすの》武

既《すで》に長い年月に及んでいる。今老いた私が死んで眼を閉じるならば、当所に押し入るだろうなどのことを、義絶当時より計画していると噂《うわさ》されている。親不孝の身で、私の没後に重ねて道にはずれた企《くわだ》てに及んではならないのに、親に背《そむ》く不孝なありさまでは、さだめし悪党の人らと互いに語らい、大谷本願寺に限らず西山久遠寺に至るまで競い望む気持ちから乱入しようとすることであろう。けれども、本所（大本の支配者）青蓮院代々の令旨《りょうじ》の通りならば、「光玄（存覚）は親不孝の義絶の身でもってどうして当大谷本願寺の敷地などを競い望むことができようや」と言う。公験《くげん》（土地の所有者を立証するための文書）などが明らかである上に、かつまた天皇のご裁決を受けている土地で、いずれにしても違犯《いはん》[3]すればその罪は軽くないものであることよ。すみやかに時を経《へ》ず朝廷に奏上し、本所青蓮院に

家《に》一之時、蓋被《けだしれんや》下治《ち》二罰《ばつし》彼違背《のいはいの》之狼藉《ろうぜきを》一、追《つい》中放《ほうさ》光玄小法師《を》上哉。

右以《みぎもって》二前条々《さきのじょうじょうを》一如《ごとし》レ斯《かくの》。各《おのおの》、守《まもり》二此旨《このむねを》一可《べし》レ全《まったくす》二彼《の》寺務職等《とうを》。若於《もしおいては》下令《しむるの》二違犯《せ》一之輩《やからに》上者、予《よ》、雖《いえども》レ在《ありと》二浄刹《じょうさつに》一、廻《めぐらし》二眦《まなじりを》於閻浮《えんぶに》一、可《べし》レ与《あたう》二其罰《そのばつを》一。若《もし》又至《またいたっては》二于遵行《じゅんこうの》之族《やからに》一者、若《もしく》者《は》子孫若《もしくは》門弟、可《べき》レ与《あたう》二寿福《を》於厥《その》身《に》一者也《ものなり》。仍《よって》置文之《の》状、如《ごとし》レ件《くだんの》。

暦応弐歳　十一月廿八日

法印（花押）

言上し、武家に知らせて、まさしくその規則に違反する狼藉《ろうぜき》を罰《ばっ》せられ、光玄（存覚）小法師を追放されるように。

右の一箇条一箇条についてはこの通りである。各々《おのおの》この趣旨を守ってその寺務職などを成し遂げるように。もしこれに違犯する連中については、私が浄土に在《あ》っても眦《まなじり》を人間世界に見開いて、その罰を与えよう。もしまたこれに従う連中については、あるいは私の子孫あるいは門弟の身に、長寿と幸福を与えるであろう。

そういうわけで、置文の書状は以上の通りである。

暦応二年（一三三九）己卯《つちのとう》十一月二十八日

法印（花押）

注　1──別当は寺院の代表権者。

2──長男存覚のことを若造《わかぞう》というように卑下して呼んだ言葉と見られる。

史料②『従覚に与える処分状（譲状）』暦応二年（一三三九）村上専精氏紹介

［史料解説］処分状は、所領・所職などの財産を譲渡するときに、生前に作成して被譲渡者に与える証文。譲状とも言う。譲状を処分状と言うのは財産を譲渡することを処分とも言い、「処分」「譲与」などの文言《もんごん》で書き出すからである。村上氏が『真宗全史』で紹介した際に、真偽が決しがたいと述べているが、重松明久氏は「覚如と存覚との関係」（『中世真宗思想の研究』一九七三年発行所収）で、実際に出されたものと見ている。原本は失われたものと見られ、村上氏が『真宗全史』に引用したものを、取り上げた。

本文

処分《す》東山大谷本願寺　并《ならびに》　西山久遠寺御留《る》守《す》職《しきの》事

右、御留守職者《は》、至《いたり》㆓于愚老《に》㆒既《すでに》三代相続、敢以無《あえてもってなし》㆓依《い》違《い》㆒。而《しかるに》病気頻《しきりに》浸《おかし》、旦暮《たんぼ》叵《がたし》㆑識《しり》。因《より》㆑茲《これに》、以《もって》㆓次第附属之《の》儀《を》㆒所《なり》㆑処《しょ》㆓分《ぶんする》于従覚坊《に》㆒也。偕老《かいろう》比丘尼善照御房、

訳文

東山大谷本願寺および西山久遠寺《くおんじ》の御留守職を譲り与える事。

右の御留守職は、老いた私に至るまで既に三代にわたって相続されて来ていることに、少しも相違がない。けれども（私は）しばしば病気におかされ、いつ命を終えるかわからない。こういうわけで、順次に承け伝えるように、従覚坊に譲り与えるものである。妻の比丘尼善照御房

御一期《いちごの》之後《のちは》者、従覚御房為《して》二御留守職《と》一、可《べき》レ住二持《す》本願寺 并《ならびに》久遠寺《を》一者《ものなり》也。然《しかれば》者祖母覚信御房・亡父覚恵御房御手継院宣《のいんぜん》、并《ならびに》本所代々令旨《のりょうじ》・御教書等《みぎょうしょとう》、悉《ことごとく》所《ところなり》レ副《そえ》二渡《わたすこれを》之一。抑《そもそもおいては》於二存覚小法師《に》一者、已《すでにつき》就下附《ふすの》二仏法《に》一之外《げ》道《どうに》上蒙《こうむるの》二冥罰《みょうばつを》一之条顕然《じょうけんぜん》、其《その》咎《とがず》不レ軽《かるから》。努力努力《ゆめゆめ》、不《ず》レ可《べから》レ被《らる》レ踏《ふみ》二入《いれ》足《を》於当鋪地《しきち》并《ならびに》久遠寺槨内《かくないに》一。彼《かの》小法師間《のあいだの》事、予《よ》不孝上《の》者、又不《ざるの》レ可《べから》レ有《ある》二連枝《れんしの》之儀《ぎ》一由《よし》、先年起請文《きしょうもんの》上《うえは》者、雖《いえども》二勿論《もちろんなりと》一、弥《いよいよかたくべし》固可レ被《る》レ守《まもら》二其旨《そのむねを》一。凡《およそまかせ》任二次第附属儀《のに》一雖《いえども》二示置《しめしおくと》一、此《これ》

（善照尼）が生涯を終えた後は、従覚御房が御留守職として本願寺および久遠寺を住持するべきものである。だから、祖母覚信御房（覚信尼）・亡くなった父覚恵御房から代々受け継がれた院宣《いんぜん》および本所（大本の支配者）青蓮院代々の令旨《りょうじ》・御教書《みぎょうしょ》など、ことごとく副《そ》えて渡すのである。

そもそも、存覚小法師《こぼうし》に関しては、すでに仏法に託した外道で、冥罰《みょうばつ》（神が人知れず与える罰）を受けることは明らかであり、その罪は軽くない。けっして当大谷本願寺の敷地および久遠寺の境内に足を踏み入れてはならない。彼《か》の小法師との関係の事、私に不幸を働いた以上、再び連枝《れんし》（本願寺留守職の一門）と認めることがあってはならないとのこと、数年前に起請文を記した通り、言うまでもないことではあるが、確かに固くこの趣旨を守られるべきである。おおよそ順次に受け伝えるように示し置い

等《らの》条々、於《おいては》二違背之《の》子《し》孫《そんに》一者、正《しょう》法《ぼう》護持之《の》四大天王等、其罰《そのばっする》レ之《これを》、定《さだめて》不《ざる》レ可《べから》レ回《めぐらす》レ踵《きびすを》者《もの》哉《か》。予《よ》又《また》、雖《いえども》レ有《ありと》二浄刹《じょうさつに》一、廻《めぐらし》二臍《ほぞを》於闇《えん》浮《ぶに》一、可《べし》レ与《あたう》二其罰《そのばつを》一。若又《もしまた》於《おいては》下遵《じゅん》二行《こうするの》遺誡《ゆいかいを》一之族《やからに》上者、当寺《の》本尊諸天冥衆《みょうしゅう》等、宜《よろしく》《べきなり》レ被《らる》レ授《さずけ》二寿福之《の》大慶《を》一也。仍《よって》処分状如《ごとし》レ件《くだんの》。

暦応二年己卯《つちのとう》　覚如御判

てはいるものの、これら一箇条一箇条に背《そむ》いた子孫に関しては、正しい法を護《まも》る四天王などがこれを罰して、定めし引き返したりしようとはしないものであることよ。私もまた浄土に居ても、心の中を人間世界に働かせて、その罰を与えるであろう。もしまた遺言《ゆいごん》に従った連中に関しては当本願寺の本尊、神々や守護神などが当然長寿と幸福の大きな喜びを授けられるであろう。そういうわけで、処分状（譲与状）は以上の通りである。

暦応二年（一三三九）己卯《つちのとう》　覚如御判

史料③『存覚上人一期記』康永元年（一三四二）存覚上人五十三歳の条

本文

五十三歳康永元、為《ため》二湯治《の》一宿《しゅくす》二五条坊門室町旅所《のりょしょに》一、。其《その》最中御義絶之《の》由被《よしらるるの》レ仰《おおせ》之間《あいだ》、不《ず》レ及《およば》レ帰《き》二

訳文

（存覚）五十三歳（康永元年、一三四二）湯治《とうじ》のために五条坊門室町《ぼうもんむろまち》の宿屋に宿泊していた。その最中に義絶とのことお言い付けになったので、大谷の住まいに帰ることが

参《さんする》大谷宿《のに》一、塩小路油小路顕性《の》宿所《にして》越年了《しおわんぬ》。

法印（覚如）花押

できず、塩小路油小路の顕性の住まいで年を越したのであった。

法印（覚如）花押

第二節　三代伝持

（一）如信上人との出会い

―史料『慕帰絵』、「如信上人影像」と裏書―

覚如上人は若年の頃より、『報恩講式』や『親鸞聖人伝絵』に、「親鸞聖人がこの門流を開いたのであり、門弟達が聖人を慕う大谷御影堂こそが他力真宗の中心でなければならない」という考えを描き出し、門流全体に親鸞聖人本来の教えを甦らそうと願って来た。けれども当時の親鸞門流の間では、師から弟子へと受継がれる教えの流れが血脈《けちみゃく》と呼ばれて重んじられており、それに対して大谷御影堂の留守職《るすしき》は、あくまでも聖人の末娘覚信尼からの縁で、大谷御影堂を管理する立場に過ぎず、いまだ独自の血脈《けちみゃく》とは認められていなかった。

そこで覚如上人は、自主的な教化活動によって独自の門流形成を進めたり、大谷御影堂を本願寺という寺院にしたりして、東国門徒達からの自立をはかったのだが、それだけに本願寺の血脈《けちみゃく》を確立させることは、悲願であったに違いない。

この血脈《けちみゃく》形成の源流は如信上人との関係であった。というのは、関東の諸門流の中でも覚如上人と最も近い関係で結ばれていたのが、如信上人の大網《おおあみ》門徒だったからである。元々如信上人は、覚如上人の父覚恵と従兄弟の関係であったし、また大谷廟堂には毎年のように参拝に訪れていたようである。

大体、覚如上人が親鸞聖人の教えに深く目覚めるようになったのも、十八歳の年の親鸞聖人祥月命日に参拝に訪れた如信上人から、本願他力の教えを直接口伝えに授けられたことが、大きなきっかけであった。

そんなことから、もっと多くの弟子達に会ってその教えを直接耳にしてみたいと、二十一歳の年に父親に同行して東国に足を運んだのであったが、その途中で、何と再び如信上人と対面[史料①]することになった。それはちょうど余綾《よろぎ》[1]という今日の小田原市国府津《こうづ》から大磯町にかけての山中で、覚如上人が熱病にかかった時のことであった。突然そこへ善鸞がやって来て自分の護符《ごふ》を与えようとするのであるが、その傍《かたわ》らに如信上人が居たのである。おそらく晩年の善鸞を世話していたものであろう。再会を伝える『慕帰絵』には、如信上人との詳しいやり取りまでは見えないが、それ以来覚如上人は、如信上人の人柄に対して、一層好感を抱くようになったと想像される。

おそらくこうした度重なる縁が、その後《のち》如信上人と血脈《けちみゃく》を結ぶきっかけとなったものであろう。

京都西本願寺には、古い如信上人の影像[史料②]が伝えられている。これはその裏書[史料③]から、覚如上人が関東で如信上人と再会したことがきっかけとなり、絵師康楽寺浄喜に描かせて、翌年の正月二十二日に完成したものと見られる。当時まだ関東巡拝中だっただけに、いかに如信上人を慕う気持が強かったかが窺い知られる。

この御影は、その三十年後の元亨《げんこう》三年（一三二三）に覚如上人の手で、また更に五十一後の応安《おうあん》七年（一三七四）本願寺四世善如上人の手で修復が施されている。こうした使用頻度の多さからも、如信上人への崇敬《そうきょう》の篤さが偲ばれて来る。

注　1―相模国（神奈川県）の相模湾岸中央部にあった郡の名称。五来重氏（一九〇八～一九九三年、元大谷大学名誉教授、民俗学者）は、国府津と大磯の間の山中と見ている。

史料①『慕帰絵』巻四

本文

同三年には、法印そのとき廿一のこ

訳文

同じ正応の年の三年、というと法印（覚如上人）がとにや、…（中略）…東国巡見《じゅんけん》しけるに、国はもし相州《そうしゅう》にや、余綾山中《よろぎやまなか》といふ《う》所にして、風瘧《ふうぎゃく》[1]をいたは《わ》る事侍《はべ》るに、慈信房元宮内卿公善鸞入来《にゅうらい》ありて、退治のためにわか封《ふう》なと《ど》そ《ぞ》、さた《だ》めて験《げん》あらんと自称しあたへ《え》んとせらる。真弟《しんてい》如信ひし《じ》りも坐《ましま》せられるに、法印申《もうさ》は《ば》、いまた《だ》若齢《じゃくれい》そ《ぞ》かし、其《その》うへ《え》病屈の最中も堅固の所存《しょぞん》ありけれは《ば》、おもひ《い》ける様《よう》、おとさは《ば》われとこそおとさめ、この封《ふう》を受用せん事しかるへ《べ》からす《ず》、ゆへ《え》は師匠のまさしき厳師《げんし》にて坐《ましま》せらるれは《ば》、もた《だ》しか《が》たきには似たれと《ど》も、この禅《ぜん》襟《きん》としひさしく田舎法師となり侍《はべ》れ

二十一歳のことであろうか。…東国を見て回っていたところ、国はあるいは相州（神奈川県）であろうか、余綾《よらぎ》（淘綾《ゆるぎ》）山中《やまなか》という所で、風瘧《ふうぎゃく》をわずらったことがあったが、その折に慈信房（元宮内卿公善鸞）が訪れて来て、「病気を治すためには、私の護符《ごふ》などがさだめし効《き》き目があるであろ」と自慢して（それを）与えようとされたのである。慈信房の子息であり弟子である如信上人聖《ひじり》もそこにいらっしゃったが、法印（覚如上人）は申すならばまだ若年であった。その上病気にかかっている最中でも、本願念仏への固い気持ちがあったので、こう思われたのである。「貶《おとし》めようというのならば、自分自身をこそ貶めてもらいたいものだ。この護符を受け容れて用いるような事をしてはならない」と。どうしてかというと、慈信房は、師匠である如信上人の紛《まぎ》れもない師にして父君でいらっしゃるので、黙っ

は《ば》、あなつ《ず》らは《わ》しくもおほ《ぼ》え、しかるへ《べ》くもおもは《わ》ぬうへ《え》、おほ《お》かた門流にを《お》いて聖人の御義《ぎ》に順せ《ぜ》す《ず》、あまさへ《え》堅固あらぬさまに邪道をことゝする御子《おんこ》になられて、別解《べつげ》・別《べつ》行《ぎょう》の人にてましますうへ《え》は、今これを許容しかた《が》く、粛清《しゅくせい》の所存ありけれは《ば》斟酌《しんしゃく》す。まつ《ず》請取《うけとり》てのむ気色《きそく》にもてなして掌中《しょうちゅう》にを《お》さめけり。それをさすか《が》みとか《が》められけるにや、後《ご》日《じつ》に遺恨《いこん》ありけるとなん。

て見過ごすこともできないようなのであるが、この僧侶は長い年月田舎《いなか》法師になっているので、あなどりたい気持ちにもなり、立派な人とも思わないうえに、およそ門流において聖人の御教《みおしえ》に順わず、それればかりか堅く信心を得ていない様子で、邪道ばかりを行うお子様になられて、念仏しながら他力を頼まず自力の修善をたのむ人でいらっしゃる以上は、今これを許容しがたく、排除しなければならないという気持ちもあったので、あれこれ考えて取り計らった。まず受け取って飲むふりをして、手の中に収めたのだった。そのことをさすがに見て気付かれたのであろうか。後日恨《うら》みごとを言っていたということである。

注　1―『最須敬重絵詞』では「傷寒」と記されている。漢方で急性疾患のことを総称して呼んだものである。

史料②『如信上人の影像』
写真 京都西本願寺蔵

史料③『如信上人の影像』裏書　京都西本願寺蔵

本文

時也春秋五十七御影也《なり》　入寂《にゅうじゃく》正安二年庚子春稙《しゅんじゅう》六十六

如信上人御影

奇瑞不《ず》レ可《べから》二称計《しょうげす》一　画工康楽寺法眼浄喜筆也《なり》

先年正応四辛卯歳《かのとうのとし》　正月廿一日　銘文書《かくこれを》レ之　而依《しかるによって》レ送《おくるに》二年序《を》一

破損之《の》間《あいだ》　奉《たてまつる》二修復一也《なり》　元亨三歳癸亥十二月十二日記《しるしこれをそうろう》レ之候

康楽寺

沙門宗昭頽齢《たいれい》五十四　画工沙弥円舜《しゃみえんしゅん》

応安七年甲寅二月廿二日　所《ところなりたてまつる》レ奉二修復《し》一也

権少僧都俊玄

訳文

如信上人御影《ごえい》　その時、年齢五十七の御影《ごえい》である。御《ご》入滅正安二年（一三〇〇）庚子《かのえね》齢《よわい》
六十六歳
示された奇瑞《きずい》は数えられないほどである。

画工《がこう》（絵かき職人）康楽寺法眼浄喜の筆である。

先年正応四年（一二九一）辛卯《かのとう》の歳正月二十一日、銘文を書き記した。しかしながら年月がたって破れ落ちて来たので、修復申し上げるのである。

元亨《げんこう》三年（一三二三）癸亥《みずのとい》十二月十二日このことを記すのである。

沙門宗昭《しゃもんそうしょう》 老齢五十四。康楽寺画工（絵かき職人）沙弥円舜

応安七年[1]（一三七四）甲寅《きのえとら》二月二十二日。修復申し上げるのである。

権少僧都《ごんのしょうそうず》　俊玄《しゅんげん》[2]

注　1―覚如上人の滅後二十三年

2―本願寺四世善如上人

（二）如信上人の臨終

―史料『最須敬重絵詞』、『存覚上人一期記』―

覚如上人の心を強く引き付けたのは、如信上人の人柄とともに、毎年のように大谷御廟を参拝し続ける、親鸞聖人に対する篤《あつ》い気持であった。とりわけ生涯最後となった参拝の時の様子は、覚如上人にとって忘れられない出来事だったようで、『最須敬重絵詞《さいしゅきょうじゅうえことば》』の中にも、父覚恵の臨終と共に、感動的に綴られている。史料①多分、作者乗専《じょうせん》は、覚如上人の気持を受けてこのように記したものであろう。

正安《しょうあん》元年（一二九九）如信上人は、いつものように大谷廟堂の参拝を終えると、一路地元大網《おおあみ》を目指して帰路を辿っていた。十二月二十日、大網まであと三十里に迫る奥州金《かね》沢《さわ》（茨城県大子町上金沢《だいごまちかみかねさわ》）という所で、如信上人はしばらく逗留《とうりゅう》する。この地には如信上人に大網道場を世話したという、乗善という弟子の草庵があった。あるいは、大網に比べて比較的過ごしやすいこの地で、雪融けを待とうとしたのかもしれない。けれども突然襲った病《やまい》により、ついにここが終焉《しゅうえん》の地となってしまう。正安二年（一三〇〇）正月四

茨城県大子町上金沢法龍寺
「覚如上人御手植えのイチョウ」

日のことであった。

この年覚如上人はまだ三十一歳であったが、秋の頃になってその知らせを聞くと、その日を如信上人の命日に見立てて、追善供養を営んだという。三代伝持を称えるのはまだ三十年以上も後のことであるが、そんな頃から法要を欠かさなかったことが、血脈《けちみゃく》の表明に深く結びついて行くのである。

往生した如信上人は、そのまま金沢《かねさわ》の草庵に葬られた。その知らせを京都で聞いた覚如上人は、十三回忌に当る正和《しょうわ》元年（一三一二）四十三歳の年にみずから如信上人の旧跡地へ足[史料②]を運んだ。当時の交通状況を考えると、それは容易でないことだったと思われる。おそらく如信上人への思慕《しぼ》の念とともに、内心独自の血脈《けちみゃく》確立を意識した並々ならない情熱が働いていたものであろう。

金沢の道場は、その後大網門徒の本拠地・願入寺の御廟として護持され、江戸時代に入ると法龍寺という寺院となった。現在の本堂前には、うっそうとしたイチョウの老木が茂り、如信上人の墓所を示している。言い伝えによれば、その十三回忌の折に覚如上人の手で植えられたものだという。また、三十三回忌にも覚如上人がここを参拝に訪れていることが、『存覚上人一期記』[史料③]に見える。

史料①『最須敬重絵詞』第六巻

本文

如信上人ハ奥州大網東山《おおあみひがしやま》トイフ《ウ》所《ところ》ニ居《きょ》ヲシメ給《たまい》ケルニ、勧化《かんげ》ニシタカ《ガ》フ《ウ》人国郡《こくぐん》ニミチ、徳行《とくぎょう》ヲアフ《ウ》ク《グ》ヤカラ遠近《えんきん》ニアマネシ。爰《ここ》ニカノ禅室《ぜんしつ》ヲサルコト坂東《ばんどう》ノミチ三十里西《にし》ノ方《かた》ニヨリテ、金沢《かねさわ》トイフ《ウ》所ニ乗善房《じょうぜんぼう》トイフ《ウ》人アリ。本願ヲ信受《しんじゅ》スルコ、ロ誠《まこと》アリテ、師恩《しおん》ヲ慚謝《ざんしゃ》スルオモヒ《ィ》コトニネンコロ《ゴ》ナリ。コレニヨリテ正

訳文

如信上人は、奥州大網東山《おおあみひがしやま》[1]という所《ところ》を御自分の住まいとされていたが、その勧めに従って仏教に帰依する人は国《くに》にも郡《ぐん》にも満ちあふれ、その徳と修法を尊敬する人々はあちこちに広く及んでいた。ところでその禅室《ぜんしつ》(仏道を修する居室)を去ること三十里[2]西の方向に、坂東の道に沿って行った金沢《かねさわ》[3]という所《ところ》に乗善《じょうぜん》房という人がいた。阿弥陀如来の本願を信受《しんじゅ》する(信じ受ける)心にいつわりなく、師の恩を敬い感謝する気持ちがとりわけ厚かった。こういうわけで、正安元年(一二九九)

安元年窮冬《きゅうとう》廿日アマリノ比《ころ》、カノ草庵ニ請《しょう》シタテマツリ昼夜聞法《ちゅうやもんぽう》ノ益《やく》ニアツ《ズ》カリ、朝夕給仕《ちょうせききゅうじ》勤《つとめ》ヲソ《ゾ》イタシケル。カ、ルホト《ド》ニ年光《ねんこう》ハヤククレテ、陽春《ようしゅん》アラタニ来《きたり》ケリ。シカルニ正月二日ヨリ心神《しんしん》イサ、カ例《れい》ナラス《ズ》トテ、ウチフシ給《たまい》ケルカ《ガ》、ソレヨリ後《のち》ハ、ヒトヘ《エ》ニ世事《せいじ》ノ囂塵《きょうじん》ヲ抛《ほう》却《きゃく》シテ、長時《じょうじ》ノ称名ヲ《オ》コタリ給《たまわ》サ《ザ》リケルニ、異香《いきょう》室《しつ》ノ中《うち》ニ薫《くん》シ《ジ》、音楽窓《まど》ノ外《ほか》ニキコユルコト、二日二夜《ににちにや》ノアヒ《イ》タ《ダ》耳鼻《みみはな》ニフレテ間断《けんだん》ナシ。カクテ同《おなじき》四日《よか》巳時《みのとき》ニ正知正念《しょうちしょうねん》ニシテ、ツヰ《イ》ニ称名ノイキ止給《やみたまい》ニケリ。近隣ノ輩《ともがら》ハ瑞雲《ずいうん》ニ驚《おどろき》テノソ《ゾ》ミマウ《モ》テ《デ》、

十二月二十日を過ぎた頃、その草庵においで願って、昼も夜も聞法の利益《りやく》を受け、朝夕お世話をした。

こうしているうちに、その年も早《はや》暮れ、新年が来たのであった。ところが、正月二日より気持ちが少しばかり普通でないと言われて、床についておられたが、それから後《あと》はもっぱら世俗のうるさいことを打ち捨てて、ずっと称名念仏を中断されることがなかったので、不思議なまでによい香りが部屋の中に薫《かお》り音楽が窓の外に聞こえて、二日二晩の間耳にも鼻にも絶えることがなかった。こうして、同じ正月四日巳《み》の時（午前十時頃）に、本願を信じ念仏一行《いちぎょう》を称えることをはっきり心にとめて、とうとう念仏を称える息が絶えたのであった。近くに住む人達は瑞雲《ずいうん》（めでたいしるしの雲）に驚いて、見渡してはお参りし、遠いところに住む人達には、不思議な夢を見て急いで集まって来る者が多

遠邦《えんぽう》ノ族《やから》ハ霊夢《れいむ》ヲ感《かん》シ《ジ》テハセアツマル人《ひと》オホ《オ》カリケリ。コレハ奥州ニテノ事《こと》ナレハ《バ》、尊老《そんろう》ハ知《しり》タマハ《ワ》ス《ズ》。ノチニソノ告《つげ》ヲ得給《えたまい》テコソ、都鄙《とひ》サ《ザ》カヒ《イ》ノハルカナルコトモイマサラウラメシク、死生《ししょう》ミチノヘタ《ダ》ヽ《タ》リヌルコトモ悲《かなしみ》ノ涙《なみだ》シノヒ《ヒ》カ《ガ》タク思給《おもいたまい》ケレ。ソノ年《とし》秋ノ比《ころ》ハシ《ジ》メテ聞給《ききたまい》ケレハ《バ》、ソノ時ヲ入滅《にゅうめつ》ノ忌辰《きしん》ニ擬《ぎ》シテ、五旬《ごじゅん》ノ徂景《そけい》ヲカソ《ゾ》ヘ《エ》、百日ノ光陰《こういん》ヲ勘《かんがえ》テ、一々ノ追善《ついぜん》ヲ修《しゅ》シ、懇々《こんこん》ノ精誠《せいせい》ヲ抽給《ぬきいでたまい》ケリ。

注　1―福島県石川郡古殿町《ふるどのまち》大網
2―中世の一里で数えると十九・五キロメートル
3―茨城県久慈郡大子町《だいご》上金沢《かみかねさわ》

かった。

これは奥州での事であったから、尊老（覚如上人）はご存知でなかった。後《のち》にその知らせを得られて、都《みやこ》と田舎《いなか》が遥かに隔たっていることが今更ながらうらめしく、死を生と道を隔てていることも、悲しみの涙をこらえることができないとお思いになった。その年の秋[4]の頃、初めてこのことをお聞きになったので、その時を如信上人御入滅の命日に見立てて、五旬《ごじゅん》[5]（五十日）の進んでゆく日を数え百日の歳月を考え合わせ、一つ一つの追善供養を営み、とりわけ懇《ねんご》ろな真心《まごころ》をこめられた。

4―正安二年（一三〇〇）、覚如上人三十一歳
5―四十九日のことを言うか。

史料②『最須敬重絵詞』第六巻

本文

…廻《いっかい》第三廻《さんかい》マテ《デ》ノ恩業《おんごう》ヲハ《バ》、京都ニテトリヲ《オ》コナヒ《イ》給《たまい》ケルカ《ガ》、十三年ハ延慶《えんきょう》五年実ハ正和元年ナリニ当《あたり》タマヒ《イ》ケルニ、四年ノ冬ノ比《ころ》数州《すしゅう》重嶺《じゅうれい》ノ雪ヲシノキ《ギ》、百州《ひゃくしゅう》万里《ばんり》ノ氷《こおり》ヲワタリテ、マツ《ズ》終焉《しゅうえん》ノ霊地《れいち》ヲシタヒ《イ》、カネサハ《ワ》ノ道場《どうじょう》ニイタリテ、諸方ノ門弟ヲモヨホ《オ》シ、追修《ついしゅう》ノ仏事ヲイトナミ給《たまい》ケリ。ソレヨリ大網《おおあみ》ノ遺跡《ゆいせき》ニマウテ《デ》ヽ《テ》、コヽニテモ一座ノ梵筵《ぼんえん》ヲソ《ゾ》ノヘ《ベ》ラレケル。慇懃《おんごん》ノコヽロサシ《ザ》鄭重《ていじゅう》ノイタリナリ。…

訳文

…一周忌三回忌までの師の恩に感謝する供養は、京都で執《と》り行われたが、十三回忌は延慶《えんきょう》五年（一三一二）（実は正和元年である）に当たっておられたが、四年（一三一一）の冬の頃[1]、数ヶ国の重なった嶺の雲を乗り越え、百ヶ国の非常に遠い道のりの氷を渡って、まず終焉《しゅうえん》（臨終）の聖なる地を慕い、金沢《かねさわ》[2]の道場に行き着いて、あちこちの門弟を呼び集め、追善の仏事を営まれた。そこから大網《おおあみ》の遺跡に参って、ここでも一座《いちざ》の法会《ほうえ》を執《と》り行われた。懇《ねんご》ろな志はこれ以上鄭重《ていちょう》なことがない程であった。

注　1――十～十二月

2――今日の法龍寺（真宗大谷派）

史料③『存覚上人一期記』元弘元年（一三三一）存覚上人四十二歳の条

本文

…今年大上御‐下二‐向《す》東国一《へ》。為《たるの》二如信上人三十三年御忌《ぎょき》一之間《あいだ》、為《ためと》レ被《られんが》レ詣《けいせ》二彼《かの》御遺跡《に》一云々。

訳文

…今年大上（覚如上人）は東国へ下向《げこう》された。如信上人の三十三年の年回法要に当たるので、その御遺跡に詣でられるためだと言う。

（三）『執持鈔』『口伝鈔』著作

―**史料**『口伝鈔』冒頭の文、奥書―

こうして、本願寺の寺号が認められた頃から覚如上人は、その血脈《けちみゃく》の確立に積極的な姿勢を見せ始めるようになる。

既に記した通り、元亨《げんこう》二年（一三二二、覚如上人五十三歳）、覚如上人は突然長男存覚上人の留守職の地位を剥奪《はくだつ》し、義絶を申し渡すという出来事が起こった。このことは東国の門徒達に対する大きな方針転換の表明でもあった。これを境にして覚如上人は、親鸞聖人本来の教えを甦《よみがえ》らせ、本願寺独自の血脈《けちみゃく》を表明させるべく、意欲的に著作活動に取り組むようになる。こうして誕生したのが、三部の著作と呼ばれる『執持《しゅうじ》鈔』、『口伝《くでん》鈔』、『改邪《がいじゃ》鈔』であった。

まず『執持《しゅうじ》鈔』は、覚如上人五十七歳の嘉暦《かりゃく》元年（一三二六）に、飛騨国《ひだのくに》（岐阜県北部）の願智《がんち》坊永承《えいしょう》のために作った著作である。ここにはまだ本願寺の血脈《けちみゃく》は表明されていないが、その基になる独自の教義が全五箇条に渡って綴られている。第四箇条までは「本願寺聖人の仰《おおせ》」、すなわち覚如上人が浄土真宗の真髄をなすと見做《みな》していた親鸞聖人の言葉が取り上げられている。主な内容は、仏・菩薩の臨終のお迎えをたのまない「不来《ふらい》迎《こう》」（第一箇条）、信心こそが極楽往生の正しい因《たね》だとする「信心正因《しょういん》」（第二箇条）、誓願と修行がともに具《そな》わった阿弥陀如来の救いの働きを表わす「大願業力《だいがんごうりき》」（第三箇条）、阿弥陀如来の光明と名号が因となり縁となって衆生を往生させる「光明《こうみょう》名号《みょうごう》の因縁《いんねん》」（第四箇条）等で、そうした教義が、善導大師や法然上人から親鸞聖人に受け継がれた正当な教えであることを、『歎異抄』、『三帖和讃』、『末灯鈔』、『観経疏玄義分《かんぎょうしょげんぎぶん》』等に基づいて示されている。

また第五箇条には、「私《わたくし》に曰《いわ》く」と記される覚如上人自身の解釈が述べられている。即ち、往生できるかどうかは臨終ではなく普段の信心によって決まるという「平生業成《へいぜいごうじょう》」の教義が、「われ已《すで》に本願の名号を持念《じねん》す。往生の業《ごう》すでに成弁《じょうべん》することを喜ぶべし。…平生のとき善知識の言葉の下《した》に帰命《きみょう》の一念発得《ほっとく》せば、そのときをもって娑婆のをはり《おわ》臨終とおもふ《う》べし」〈**訳文**私はすでに本願の名号を受けて常に念ずる。往生のもとになる行いがすでに成就されていることを喜ぶべきである。…普段の生活のままで、善知識の言葉のもとに、阿弥陀如来に帰依してひとたび念じて信心を起こすならば、その間を娑《しゃ》婆《ば》（苦悩を堪えて忍ばねばならないこの世界）の終り、すなわち臨終と思うべきである〉という言葉で、打ち出されている。

この他にも、梅原真隆《しんりゅう》氏1（一八八五～一九六六年）が指摘している通り、『執持鈔《しゅうじ》』の第二箇条に、「もし善知識にあひ《い》たてまつらずは、われら凡夫かならず地獄におつべし」〈**訳文**もし善知識（教えを導く立派な指導者）にお会い申し上げられなかったならば、私ども凡夫は必ず地獄に落ちるであろう〉と記されている通り、教団における教権の支持者として善知識の地位を宣揚しようとしている点が注目されている。

次に『口伝鈔《くでんしょう》』は、覚如上人六十二歳の元弘《げんこう》元年（一三三一）に制作されている。巻末に記された制作経緯を見ると、『口伝鈔』を口述筆記したのは、側近の弟子乗専（一二八五～一三五七年）であった。乗専は丹波国《たんばのくに》（京都府中部、兵庫県東北部）出身で、始め清範法眼と称する禅と法華の僧侶であったが、本願寺成立の頃から覚如上人のすぐれた弟子となり、以来その側近として親しく仕えて、門流独立のための力強い協力者となっていた。

『口伝鈔』には、親鸞聖人を浄土真宗の宗祖と仰ぐべく、その行状と言行が詳しく著わされている。全体は上・中・下三巻二十一章から成り、親鸞聖人に関する伝承や逸話を記す九つの章と、聖人の教義を表わした十二の章から構成されている。

　そのうち伝承・逸話の章を見てみると、吉水時代を取り上げた、第一章[2]「親鸞聖人が法然上人の使者として聖覚《せいかく》の許へ参向した話」、第九章[3]「親鸞聖人が鎮西の聖光房《しょうこう》を法然上人の草庵へ案内する話」、第十四章[4]「親鸞聖人と証空《しょうくう》との論争の話」という三つの章。それから関東時代で起こった、第八章[5]「一切経校合《きょうごう》の話」、第十一章[6]「助業《じょごう》を傍《かたわ》らにされた話」、第十二章[7]「親鸞聖人の本地仏は観音菩薩だという話」の三つの章、また晩年帰洛後の、第六章[8]「常陸信楽《ひたちしんぎょう》房が下向した際の話」、第十三章[9]「蓮位《れんに》夢想の話」、第十六章[10]「信の上の称名の話」の三つの章という内容である。

一方教義を表わした十二の章はというと、第二章[11]「光明名号の因縁」、第三章[12]「無明の闇を破る他力の因縁」、第四章[13]「善悪二業《ごう》の事」、第五章[14]「他力の仏智は自力の修善に勝るという事」、第七章[15]「凡夫往生の事」、第十章[16]「第十八願についての御釈の事」、第十五章[17]「三身開出の事」、第十七章[18]「凡夫の勇猛な振る舞いは全て偽りであること」、第十八章[19]「別離の苦しみに歎き悲しむ人々には仏法の薬を勧めて教え導く事」、第十九章[20]「如来の本願はもと凡夫のために起こされたものである事」、第二十章[21]「五逆謗法《ほうぼう》の大罪をおかす凡夫でも浄土に往生できる事」、第二十一章[22]「一念で足りると知って生涯念仏を尽くすべき事」という、いずれも覚如上人が受け止めていた教えの内容が説かれている。

そんな中でもとりわけ、覚如上人が重視していた浄土真宗の教義内容は第二十一章に集約され、「一念無上《むじょう》の仏智《ぶっち》をもて凡夫往生の極促《ごくそく》とし、一形憶念《いちぎょうおくねん》の名願《みょうがん》をもて仏恩報《ぶっとんほう》尽《じん》の経営《けいえい》とすべし」〈**訳文** この上ない仏の智慧を一念に信じることを、凡夫が極楽へ往生するための最大の近道とし、一生涯にわたって称名念仏を保って忘れないことを、仏の御恩に報い感謝する営みとすべきである〉と表現されている。この内容は『執持鈔《しゅうじ》』第五箇条を受けたもので、浄土の諸派が説く多念の称名は必要がなく、凡夫を救ってくれる阿弥陀如来の本願を信じる心が起こって来た時に、既に往生は定まり、臨終に阿弥陀如来や聖衆《しょうじゅう》が来迎してくることを期待する必要もないと説かれている。また、そうして信心が得られた後に生涯に渡って称える念仏は全て、仏の御恩に報い感謝する、仏恩報謝の念仏だと示されている。この教えの内容が「一念往生、平生業成《へいぜいごうじょう》（一念の信心に往生は定まり普段の生活の中で浄土に生まれる基になる行いが成就する）」、あるいは「信心正因《しょういん》、称名報恩（信心こそが往生の正しい因《たね》であり、称名念仏は仏の御恩に報い感謝する営みである）」という言葉で言い表わされて、浄土真宗の教義の真髄とされている。

またこの『口伝鈔』では、初めて親鸞聖人と覚如上人とを結ぶ本願寺の血脈《けちみゃく》が明示されている。まず冒頭に「本願寺の鸞聖人、如信上人に対しましまして、を《お》り〳〵の御物語の条々史料①」と記して、この『口伝鈔』が、宗祖親鸞聖人が如信上人に対して語られた言葉を、自分がその如信上人より聞いたものだと、初めてその教義の血脈《けちみゃく》が示され、さらにこの『口伝鈔』の奥書史料②に、「先師上人釋如信面授《めんじゅ》口決《くけつ》」〈**訳文** 私の前の師匠である上人（釋如信）に面前で直接口伝えに授けられた〉と、覚如上人に血脈《けちみゃく》を伝えた大網如信上人の存在がはっきりと表明されている。

けれども『執持鈔』で一言も触れられていない如信上人の存在が、九年後の『口伝鈔』で急に取り上げられている点に、研究者の間から疑義が出されている。とりわけ全二十一章のうち「如信上人仰せられて曰く」と、はっきり記されているのは十九章と二十章なのだが、その十九章の如信上人の言葉を見てみると、「善人なほ《お》もって往生す、いかにいは《わ》んや悪人をや」という、紛《まぎ》れもない『歎異抄』第三章の言葉である。このほかにも『口伝鈔』には六か所にわたって『歎異抄』の引用文が見出される。一体どうして、河和田の唯円の著作とされる『歎異抄』の文が、如信上人の言葉として記されたのであろうか。そのことについて細川行信氏は、唯善事件にその原因があったと見ている。

『親鸞聖人門侶交名牒』の河和田唯円の部分[史料③]には、門弟の一人として唯善の名が記されているが、その脇に、大谷御影堂を侵したので永久に聖人の門弟から追放されるとの注記が加えられている。細川行信氏[23]はこの注記を取り上げ、唯円の下から大谷横領の張本人である唯善が出たことについて、その責任を師の唯円にも負わせている記述だと主張する。また『親鸞聖人門侶交名牒』をよく見てみると、唯善に味方した門弟達に「唯善与同」というレッテルが貼られており、唯善の師河和田唯円までが同じ目で見られていた可能性が浮かび上がってくる。したがって、たとえ河和田の唯円から親鸞聖人の教えを聞いていても、そのことを公《おおやけ》にできない状況があったのかもしれない。

親鸞聖人→如信上人→覚如上人という血脈の裏には、このような事情が窺えるのである。

注　1―梅原真隆著『覚如上人』一九五二年発行。梅原氏は、元龍谷大学教授、真宗学者。元本願寺派勧学寮頭。

2―法然上人が親鸞聖人を安居院の聖覚の許《もと》へ使者に送り、聖覚と対面して、朝廷で凡夫往生を説く浄土宗の意味を説法したとの返事を得た話。

3―対面した法然上人は、その慢心《まんしん》を見抜き、更に聖光房が弟子として二、三年学んだ後暇乞《いとまご》いをして帰京する際に、その心に抱いていた勝地《しょうち》（優越心）・利養《りよう》（利益）・名聞《みょうもん》（名声）を批判したという。

4―不体失《ふたいしつ》で（身体が失われないままに）往生すると説く親鸞聖人に対して、証空は体《たい》失《しつ》して（身体が失われて）こそ往生を遂げると言い争ったという。それについて、法然上人は二人のの言い争いに対して、共に理にかなっている答えた。けれども、重ねて尋ねてみると、本願に基づく念仏によれば、身体が失われなくとも、多くの衆生が往生できるのに対し、念仏以外の行を修しての往生は、身体が失われる臨終に、仏・菩薩のお迎えを待って往生すると答え。その優劣大きな隔たりがあると述べる。

5―親鸞聖人が鎌倉で一切経校合《きょうごう》に当たっていた際、袈裟を身に着けたまま魚鳥の肉を食べている所を、幼少の北条時頼（開寿）が疑問に思って尋ねた話。聖人は、袈裟の功徳で生き物を済度させてもらおうと思ったと答える。

6―『恵信尼書状』第五通を基に、関東で親鸞聖人が風邪のために三日間伏してい時の出来事を解釈した内容。覚如上人は、聖人が伏していたのは、善導大師『往生礼讃』の「自信教人信、難中転更難」という文から、浄土三部経を読誦することに疑問を抱いたもので、いつもの病気とは違うところから、「いまはさてあらん」おっしゃったと解釈。そうしたところから、親鸞聖人は観音の垂迹《すいじゃく》として一向専念の教えを弘められたのは明らかだと記す。

7―『恵信尼書状』第三通を基に、恵信尼が関東で見た不思議な夢の話を解釈した内容。結局、法然上人は勢至菩薩の化身として、親鸞聖人は観音菩薩の垂迹《すいじゃく》として、共に阿弥陀如来の智慧の灯火を日本に輝かすために、師弟となって教えを伝えられたことは明らかだと記す。

8―弟子の信楽《しんぎょう》房が一時上人の弟子を離れた際に、「与えた本尊・聖教を取り返すべき」と告げる側近の蓮位房《れんにょ》に対し、阿弥陀如来の下《もと》では同行だから、それを取り返すようなことがあってはならないと説く。

9―弟子の蓮位坊が夢の中で、聖徳太子が親鸞聖人を阿弥陀如来の化身と拝むのを見た内容。この記録によって覚如上人は、親鸞聖人のことを観音菩薩の垂迹《すいじゃく》、あるいは阿弥陀如来が来現された方として示しているのは明らかだと説く。

10―親鸞聖人の弟子覚信房が報謝の念仏を称えながら往生を迎えた話を取り上げ、臨終を待つのではなく、信心が発《おこ》り仏恩《ぶっとん》報謝の念仏を称える時に往生は定まると説く。

11―過去の宿善によって浄土の教えを信じることができたものは、如来の光明に照らされて往生が定まる。

12―親鸞聖人が門弟に対して、「夜が明けたら太陽が出るのか太陽が出るから夜が明けるのか」を質問した上で、障《さわ》りなき光の太陽に照らされて初めて、我々の無明の闇が破られるのだと説く。

13―我々は、悪い行いを恐れながら、すぐにそれを起こしてしまい、善の本を望みながら得ることができない凡夫であるから、阿弥陀如来を信ずる以上の善は無いと説く。またこの事に関して親鸞聖人が、「人を千人殺したならばやすく往生ができる」と説くことから、正しい信心を示した時の話を引き合いに出す。

14―自力の修善《しゅぜん》で功徳を積んでも、煩悩の盗賊によって奪われてしまうが、念仏は阿弥陀如来の真実の智慧によるからそうしたことがない。

15―他の宗派とは異なり、浄土真宗では、煩悩を多く具えた凡夫こそが往生の対象とされる。

16―親鸞聖人は、師法然上人から『選択集』の付属を許された折に、師の御真影《しんねい》（肖像画）を描くことを許されているが、ここでは、その御真影に法然上人が賛銘《さんめい》として記した、第十八願加減《かげん》の文《もん》と呼ばれる善導大師『往生礼讃』の一節「彼仏今現在成仏」がテーマとされている。覚如上人は、その原文にある「現在世」の「世」の文字が省かれていることに着目し、そこに迷いの世間を越えた深い意味があると解釈している。

17―阿弥陀如来は久遠《くおん》の昔に成仏された報身《ほうじん》如来で、法身《ほっしん》・報身《ほうじん》・応身《おうじん》という諸仏は、この本体から開き出されて必要に応じて姿を現わす、阿弥陀仏の分身であると説く。

18―父母や妻子との別れを悲しむのは凡夫として当然のことで、それを隠して善人ぶった勇猛な振る舞いをすることは、皆嘘偽《うそいつわ》りだと説く。

19―人間の苦しみの中でも、別離の苦しみは最も切実だから、どんな慰めもすべきでなく、永遠の安らぎに入れる阿弥陀仏の浄土を勧めて、その教えに帰依させるべきと説く。
20―阿弥陀如来が本願を起こされたのは、もともと凡夫を成仏させるためであるから、悪しき凡夫を本《ほん》として、善き凡夫を傍《かたわ》らに成仏させるのである。
21―我々凡夫は過去世に積んだ業の報いとして、悪業をせずにはおれない身である。けれどもそんな罪を悔い改めたならば、浄土に生まれることができる。
22―一念の信心を以て往生が定まるというのが真宗の肝要な教えで、その後は一生涯に渡って仏恩報謝のための念仏を営みとする。
23―『真宗成立史の研究』昭和五十二年発行 一二七頁

史料①『口伝鈔』冒頭の文

本文

本願寺の《の》鸞聖人、如信上人に対してましく〳〵て、おり〳〵の御《おん》物語の条々

訳文

本願寺の親鸞聖人が如信上人に対して、機会あるごとに語られたお話の数々

史料②『口伝鈔』奥書

本文

元弘《げんこう》第一之《の》暦辛未仲冬《ちゅうとう》下旬之《の》候《こう》、相《あい》二当《あたりて》祖師聖人本願寺親鸞報《ほう》恩謝徳《おんしゃとくの》之七日七夜勤行中《に》一、談《だん》二話《わするの》先師上人釋如信面授口《めんじゅく》決《けつの》之専心専修別発願《せんしんせんじゅべつほつがんを》一之次《ついでに》、所《ところの》レ奉《たてまつる》二伝持《でんじし》一之祖師聖人之《の》御己証《ごこしょう》、所レ奉《ところのたてまつる》二相承《そうじょうし》一之他力真宗之《の》肝要《かんよう》、以《もって》二予口筆《よがこうひつを》一令《しむ》レ記レ之《しるさこれを》。…

訳文

暦《こよみ》は元弘《げんこう》の一年目の年（一三三一）辛未《かのとひつじ》十一月下旬の時期、祖師聖人（本願寺親鸞）の御恩に報《むく》いの仏の功徳に感謝する七日七夜《なのかななや》の（報恩講の）勤行中に当たって、（私の）前の師匠である上人（釋如信）より面前で直接口伝えに授けられた教え、すなわち「心を一つにして専ら阿弥陀仏の名《みな》を称えよ」と説く阿弥陀仏が独自に立てられた誓願のことを談話した機会に、引き続き相伝護持申し上げているこの祖師聖人の門流独特の見解や、承け伝え申し上げている他力真宗の教えの非常に大切な内容を、私の口述を筆で書き留《と》めるという方法で記させた。

史料③『親鸞聖人門侶交名牒』

本文

[妙源寺本]

同国

唯円

慶信
覚明
明円
唯善

背《そむき》二亡母覚信寄付旨《のむねに》一押二妨《するの》上人影堂《に》一之間《あいだより》自二総門弟等中一永削《ながくけずり》二当流号《のを》一了《おわんぬ》

[光明寺本]

同国住

唯円

慶信
覚明
明円
唯善

背亡母覚信寄付旨押妨上人影堂之間自総門弟等中永削当流号了

[光薗寺本]

ヒタチノ

唯円

空円
慶信
覚明
明円
唯善トキハ

カノ仁鸞聖人ニシタシトイヘトモ
門徒ヲシリソクニヨリテ
上人ノ御門徒ニアラス
ソノアトマコトニ善宗
シモヲサノクニシモカウヘ

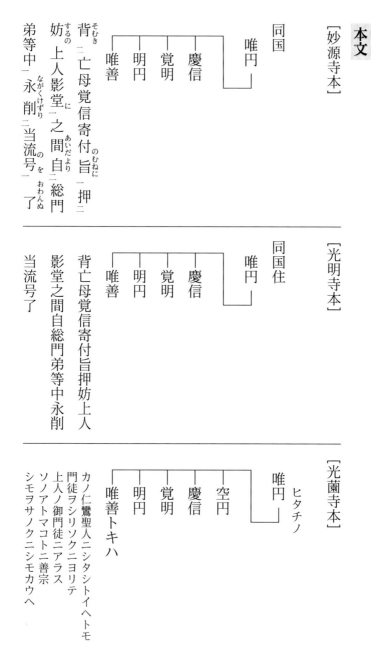

訳文　※注記部分
［妙源寺本・光明寺本］
なき母覚信（尼）が土地を寄付した事情にさからって、親鸞聖人の影堂を不当に侵したので、門弟すべての中から永久に当流派の門人としての名前を削られたのである。
［光薗寺本］
その人親鸞聖人に親しいとは言うものの、門徒の仲間を退いたのだから、もはや親鸞聖人の御門徒ではない。その後孫《あとまご》に善宗がおり下総国下河辺《しもうさのくにしもこうべ》に居住した。

(四) 三代伝持

―**史料**『改邪鈔』奥書、『親鸞如信覚如連座像』―

三部の著作の最後に作られた『改邪鈔《がいじゃ》』は、覚如上人六十八歳の建武四年（一三三七）に、『口伝鈔』と同じく乗専の筆記により著わされている。この書では、『口伝鈔』の内容をさらに進めて、「改邪《がいじゃ》」という名の通り、当時の真宗教団で行われていた邪義（邪《よこしま》な間違った教義）を、二十箇条にわたって批判し正そうとした内容が記されている。

その中身を概観してみると、まず仏光寺派で行われていることを批判したと見られる、第一章[1]「自分勝手な考えから名帳《みょうちょう》というものを作って祖師の教えを乱す事」、第二章[2]「絵系図と称するものを作って自説を建てる事」、第三章[3]「遁世者《とんせいしゃ》（世捨人《よすてびと》）の恰好《かっこう》をし、裳無衣《もなしごろも》を身に着け黒袈裟を用いる事」。以上は康永三年（一三四四）に覚如上人と大綱門徒空如が示したという六箇条[4]の禁制と重なり合い、仏光寺を強く意識した内容だと知られる。

次に東国の門徒指導者を批判した、第四章[5]「弟子と呼んで、同行《どうぎょう》を自分勝手に言いたい放題悪く言う事」、第五章[6]「同行（弟子）の落度《おちど》を責めようと、寒空《さむぞら》に冷水をあびせかけたり、炎天の下でもぐさの灸《きゅう》を据えたりする事」、第六章[7]「師弟の交わりを損じたと称して、崇めている本尊や聖教を奪い取る事」、第七章[8]「本尊および聖教の表紙に指導者の名前を書き記す事」、第八章[9]「自分の同行《どうぎょう》（弟子）人の同行（弟子）と区別をつけて争い合う事」、第九章[10]「師に従わない時は罰《ばつ》を受けてもよいという誓約書を書かせる事」。

また真宗門徒が陥りやすい誤りを指摘した、第十章[11]「在俗の信者が僧侶のように法名を用いる事」、第十一章[12]「春秋の彼岸会を念仏に励む時期と定めたりする事」、第十二章

[13]「道場と称して軒並みめいめいが集会場を構える事」、第十三章[14]「門弟の人達の間で得《とく》分《ぶん》（物質的な利益を得る）という民間用語が用いられている事」、第十四章[15]「わざと田舎の訛《なま》った声を真似て念仏する事」、第十五章[16]「一向専修《せんじゅ》という言葉によって自力の念仏ばかりを重んじる事」、第十六章[17]「真宗の門人と称する人達が没後の葬礼を本とするように話し合う事」、第十七章[18]「祖師の門流と称する連中が因果を撥無《はつむ》する（取り払う）と常に口にする事」、第十八章[19]「師を阿弥陀如来になぞらえその住居を浄土と言う事」、第十九章[20]「凡夫の自力による信心や念仏を仏《ほとけ》の証《さとり》を得た姿だと言う事」。

そして本願寺こそが真宗門流の中心だとする覚如上人の立場が表明された、第二十章[21]「祖師の末弟が建てた草堂を本寺と称して本廟の参詣を妨げる事」というような内容である。

つまりこうした批判を通して、浄土真宗の最も正統な教義が、当時隆盛だった仏光寺を始めとする諸門流ではなく、本願寺の門流に伝えられていると顕示していることが知られて来る。

またこの『改邪鈔』の奥書[史料①]には、「余壮年の往日、忝くも三代 黒谷・大綱・本願寺 伝持の血脈を従い受けて」〈**訳文** 私が若い盛りの昔、恐れ多くも三代（黒谷法然上人、本願寺親鸞聖人大網如信上人〉が受け伝えて護持された法脈を受け〉と、『口伝鈔』で示された如信上人の血脈《けちみゃく》を更に進めて、本願寺がこの三代によって受け伝えられて来た歴《れっき》とした血脈《けちみゃく》を持つ正当な門流であることが示されている。これが後《のち》に三代伝持《でんじ》の血脈《けちみゃく》と呼ばれるようになってゆく。

法然上人→親鸞聖人→如信上人という血脈自体は、すでに東国門徒の間でも広く認められていたものだが、覚如上人が示す血脈は、「親鸞聖人がこの門流を開いたのであり、門弟達が聖人を慕う大谷御影堂こそが他力真宗の中心でなければならない」との考え方に基づき、覚信尼→覚恵→覚如上人という大谷御影堂留守職の血統と親鸞聖人→如信上人→覚如上人の法脈を一体化させようとしたものと考えられる。

更に、こうした血脈《けちみゃく》を如実に表示したと見られる一幅の連座像が京都西本願寺に伝えられている。それが「親鸞如信覚如連座像」史料②（国重要文化財）である。これを見てみると、親鸞聖人が如信上人の方へ、如信上人が覚如上人の方へ、覚如上人が次の後継者の方へと、それぞれ顔を向けて描かれていて、明らかに三代伝持の血脈を表わしていることが判る。この連座像に描かれた覚如上人の容貌は、『口伝鈔』・『改邪鈔』著作の年に対応する六十歳代のものと想定されており、像の脇に記された「本願寺親鸞聖人・釋如信法師・

釋覚如」という名前と正信偈の讃銘の筆跡は、明らかに覚如上人のものだと判断される。

いずれにしても本願寺の血脈《けちみゃく》を明示して、浄土真宗の諸門流に対し、親鸞聖人の教義を最も正しく伝える門流だと、強く打ち出していることが知られて来る。

覚如上人はその他にも『改邪鈔』と同じく建武四年（一三三七）に『本願鈔』[22]を、また暦応《りゃくおう》三年（一三四〇）七十一歳の時に『願願鈔』[23]を、更に康永《こうえい》二年（一三四三）七十四歳の時には『最要鈔』[24]を著わして、その教義を示し続けたが、それがただちに教団の現実に結びつくことはなかった。けれどもこうして表明された血脈が基《もと》になって、後世本願寺は全国的大教団に発展してゆくことになるのである。

こうした著作活動の傍らで、和歌に親しむことも忘れなかった。貞和《じょうわ》三年（一三四七）七十八歳の八月一日、次男従覚より水晶念珠と歌を贈られたのに対し、「崑崙《こんろん》のたまのひかりもわがあとに、のこらむ君が身をぞてらさむ」と返歌している（『慕帰絵《ぼきえ》』巻八）し、翌貞和四年（一三四八）二月二十四日には、後に本願寺の後継者となる孝養丸（善如上人）が花瓶に桜の枝を挿して和歌を添えたのを見て、「たをりをく花のあるじの行末は、さかゆくべしと春ぞ知るらむ」等と、後継者を託す気持ちを贈っている（同前）。更に孝養丸とは同年四月初めに、丹後《たんご》の天橋立《あまのはしだて》を見物に行き、この時も互いに歌を詠み楽しんでいる

（『慕帰絵』巻九）。『慕帰絵』の後半には、そのような上人像の色濃い描写が見出せる。

注　1―たとえ名帳《みょうちょう》に自分の名前を記したとしても、他力によって浄土に生まれると説く指導者の教えを理解できなければ、浄土に生まれることはできない、と批判する。

2―仏《ほとけ》を仰ぎ見るために絵像・木造の本尊や祖師先徳の尊像を描いて安置するのは当然だが、それ以外の僧侶俗人男女の人の姿を描いて所持するなどということは、すぐにやめさせなければならない、と批判する。

3―今の世に広まっている時衆の門人は、いかにも後世者《ごせしゃ》（世間の事に執着せず極楽往生を願う人）らしい態度を他人に見せているが、親鸞聖人の考えはそれとは正反対で、賀古《かこ》の教信沙弥《きょうしんしゃみ》のように、仏法者と見えるように振る舞ってはならないと言われている。だから、門徒の人達がそうした後世者らしい振る舞いを真似ることは、やめさせなければならない、と批判する。

4―六箇条禁制の内容を見てみると、名帳・絵系図の使用、仏光寺の本寺化、門主源鸞の「鸞」の字使用、阿弥号の使用、裳無衣《もなしごろも》・黒袈裟《くろげさ》の使用という、いずれも仏光寺を批判したもので、『改邪鈔』の第一～三章と第二十章が仏光寺を強く意識していることが知られる。

5―阿弥陀如来の本願は、行者のはからいを越えた仏の智慧の力が授けてくれるものである。それで親鸞聖人は、「私はたった一人の弟子も持っていない」と言われる。だからお互いに敬い尊び合う親しい関係を作り上げるべきで、こうした意味も知らずに悪口を吐くなどということは、祖師先徳《せんどく》の残された教えに背《そむ》くのではないだろうか、と批判する。

6―浄土真宗は本願他力により、即座に往生が定まる近道である。それなのに、修験道の山林修行を真似た末法の世にふさわしくない難行をまじえて行い、本願他力によるやさしい行《ぎょう》を汚《けが》そうとしていることは教えに反している、と批判する。

7―覚如上人はこうした時、親鸞聖人の「本尊や聖教は阿弥陀如来が衆生に利益《りやく》を施すための方便で、世間の財宝などのように、返すように責めることはできない」という言葉を例に挙げて、後学の者がどうして新しい教義を主張してよいのだろうか、と批判する。

8―親鸞聖人が下付した聖教を見ると、皆願い出た人の名前をお書きになっている。それなのに、そのことを差し置いて指導者の名前を入れるのは、その弟子が背《そむ》いた時に返すようにと責めるためのようにも見える、と批判する。

9―師弟関係というのは、皆過去に結ばれた因縁によるもので、指導者の力によるものではない。だから、教化する者の幸運・不運、宿善《しゅくぜん》のあるなしは、当然師・弟子が共に恥じなければならないものなのに、一時の我執から言い争うことは愚かしい極みだ、と批判する。

10―例えば、「師を離れてはならない」とか、「本尊・聖教を取り上げられても、それを惜しいと思ってはならない」とか、「堂を建てる時にあれこれ言ってはならない」といった誓約書を書かせるようなことは、もとよりあってはならないもので、祖師聖人の教えに背いている、と批判する。

11―阿弥陀如来が本願力で凡夫を救う時は、僧侶も在俗の信者も優劣はない。それなのに、在俗の信者がそのままの形では浄土に生まれないと思い、強いて法名を用いるのは理由がない、と批判する。

12―親鸞聖人の教えでは、阿弥陀仏から与えられた安心《あんじん》（信心）によって生死《しょうじ》の苦しみの海を遠ざかり、彼岸に到達できる。すでに迷いの世界から遠ざかっている以上、彼岸会に限って浄土に生まれるための行為を勧める必要はない、と批判する。

13―およそ真宗の本尊は尽《じん》十方無碍光《むげこう》如来（阿弥陀如来）であるから、居られる浄土は空のように自由自在な所である。それで聖道門を捨て浄土門を建てるという立場に返って道場を構え本尊を安置するのである。それなのに、同じ地域にめいめい別々に道場を構えて、何の役に立つだろう、と批判する。

14—得分は、俗世間で用いられるようになった語で、仏教用語には見当たらない。それを念仏修行の道俗男女が、こうした卑劣な言葉を使えば、どんなにか智者に笑われることであろう。当然やめなければならない、と批判する。

15—親鸞聖人は、ただ阿弥陀如来から信心が得られた時に、浄土往生が定まると言っておられるので、訛《なま》った声でとかいう風に、念仏を称える曲調についてのお定めはない、と批判する。

16—凡夫往生の可否は、信心が起きるかどうかで決まる。それなのに、起行《きぎょう》のことだけを取り上げ、「念仏だけを修め、念仏以外の様々な行《ぎょう》はやめなければならない」という。だがこれは凡夫自力のくわだてだから、真実の浄土に生まれることが許されるはずがない。浄土教の肝要は、愚かな人の才覚をやめて、ただ救い取って見放されない、仏の大きな恵《めぐみ》の徳を仰ぐものである、と批判する。

17—浄土に往生するための信心をおろそかにして、ただ死後の葬礼を支援することを当流の肝要とするように話し合うから、祖師の精神も現れず、ただ世間で行われる無常講のように多くの人達が見倣してしまっている。聖人の仰せに従って信心を本とし、葬礼を一大事としてはならない、と批判する。

18―およそ他力の教えは、釈尊一代の説教にその例がない、輪廻《りんね》の法則を絶した不思議なもので、真実の浄土に生まれる素質を持った者にお与えになる信心は、すなわち仏になるための原因であり、それに引かれて得るところの正定聚《しょうじょうじゅ》の位から涅槃《ねはん》に到るのは結果である。この仏因仏果は他力によって成り立っているから、凡夫の力が及ぶものではない。それだから因果を取り払うなどと言ってはならない、と批判する。

19―師を本尊のように思わなければならないと言うのは、心底より尊び敬う分には当然だが、それは仏の智慧に導かれてのことで、凡夫と変わらない師を「如来が人間になった姿だと見るように」と、勧められることは、祖師の教えに背いている、と批判する。

20―凡夫の迷いにとらわれた心を、不動の金剛心《こんごうしん》と混同すべきではない。このような凡夫の迷いの心に、無限の仏智がいっぱいに流れ込み、その力によって迷いの心を不動の心に作り上げて、阿弥陀如来の浄土に生まれたいと願う念仏が成立する。みずからの我執によって、ほしいままに是非を判定することを、「他力に帰する」とは教えておられない、と批判する。

21―祖師親鸞聖人の本寺本願寺をないがしろにして、自分たちの在所を本所と自称するのは、親鸞聖人のお蔭を忘れている者達だ、と批判する。

22―建武四年（一三三七）六十八歳の時の撰述。『大無量寿経』から十八願成就文を始めとする六文、『選択集』から一文、「教行信証」から二文を選んで、「現生《げんしょう》正定聚《しょうじょうじゅ》」「信心正因・称名報恩」といった阿弥陀如来の本願の意義を示す。

23―暦応三年（一三四〇）、近江伊香の成信の所望による著作。四十八願のうち、第十一・十二・十三・十七・十八願および十八願成就文の解釈を通して、真宗教義の根本を明らかにしようとした書。中でも十三願の注釈に機法一体の最初の所論が見える点が注目されている。

24―康永二年（一三四三）、信濃寂円房の求めによって著わされた。第十八願文・十八願成就文および『正信偈』「憶念弥陀仏本願」の解釈によって、「信心正因・称名報恩」の教義を明らかにしている。

史料①『改邪鈔』奥書

本文

右此抄者《みぎこのしょうは》、祖師本願寺聖人（親鸞）面《めん》二授《じゅ》口《く》決《けつせるの》于先《せん》師《し》大網《おおあみ》如信法師《ほっしに》一之正旨《しょうし》、報《ほう》土《ど》得生《とくしょうの》之最要也《さいようなり》。余《よ》壮《そう》季《ねんの》之往《おう》日《じつ》、忝《かたじけなくも》従《より》レ受《うけて》二三代（黒谷・本願寺・大網）伝持《でんじの》之血脈《けちみゃくを》一以降、鎮《ながく》所《ところの》レ蓄《たくわうる》二《に》尊興《そんこう》説《せつの》之目足也《もくそくなり》。…

注　1――「鈔」とは、教えの重要な内容を抜き出してまとめた書物。

訳文

以上この鈔《しょう》[1]に記されているのは、祖師本願寺聖人（親鸞）が私の前の師匠の大網《おおあみ》の如信法師に、面前で直接口伝えに授けられた正統な教義の内容であり、阿弥陀如来の誓願より成就した極楽浄土に往生できる、最も大切な教えの要《かなめ》である。またこれは、私が若い盛《さか》りの昔、恐れ多くも三代（黒谷法然上人・本願寺親鸞聖人・大網如信上人）が受け伝えて護持された法脈を受け、それに従ってから以後ずっと保ち続けて来た、釈尊と阿弥陀仏が説き興されている、目とも足ともなる最も肝要な教えである。…

史料②『親鸞如信覚如連座像』　京都西本願寺蔵（重要文化財）
写真『真宗重宝聚英』（同朋舎メディアプラン）

第三節　義絶の解除

（一）善照尼の死

―史料『存覚上人一期記』―

覚如上人八十一歳の年、長らく続いた存覚上人の義絶もようやく解除されることとなる。義絶解除のきっかけとなったのは、前年貞和《じょうわ》五年（一三四九）五日二十一日の善照尼[史料①]の死であった。やはり義絶の陰には善照尼の存在があったのであろうか。この時善照尼の弔問に、覚如上人から破門された状態であった近江国木部《きべ》の慈空[1]と信濃飯田の寂円[2]が訪れたが、覚如上人は飯田の寂円のみに面会を許し、存覚上人と縁の深い木部の慈空にはとうとう面会が許されなかったという。

こうした気運に、大和国柏木《かしわぎ》[3]の願西《がんさい》[4]の下《もと》にいた存覚上人は、義絶解除のことを秘かに取り計ろうと、京都六条大宮の住いに上洛[史料②]した。存覚上人が口添えを頼んだのは、本願寺と親戚筋に当る日野時光であった。時光は当時検非違使《けびいし》の別当という京都の民事裁判の権限を持つ役職にあったので、何とか口添えを引き受けてもらおうと再度に渡り働きかけたのである。また三河国の和田門徒にも義絶解除の口添えを頼むが、和田門徒の方は二つ返事で承諾する。存覚上人が東国の門徒達から贔屓《ひいき》にされていたことは、このことからもよく知られる。

注　1―瓜生津愚咄の弟。存覚上人の第七子綱厳（慈観）が慈空の養嗣となっている。
2―元応元年（一三一九）信濃国御教化の際にとがめを受けている門弟。
3―奈良県大和郡山市
4―木辺派の門徒と考えられる。

史料①『存覚上人一期記』貞和五年（一三四九）存覚上人六十歳の条

本文

六十歳　同五、…五月廿一日、善照御房御往生。御悲歎之《の》最中、御免事《の》種々雖《いえども》レ申《もうすと》レ之《これを》不《ず》レ叶《かなわ》、同比《おなじきころ》為《ために》レ奉《たてまつらんが》レ訪《とぶらい》二善照御房一《を》、惣（慈）公寂《じゃく》公

訳文

（存覚）六十歳　同じ貞和五年（一三四九）五月二十一日、善照御房（善照尼）が往生された。覚如上人が悲歎にくれておられた最中、存覚上人ご赦免の事を色々と申し上げたけれども、かなえられなかった。同じ頃、善照御房（善照尼）を弔問《ちょうもん》申し上げることを目的として、近江国木部《きべ》門徒の慈空《じくう》公と信濃国《しなののくに》

上洛《して》、此由申入《このよしもうしいるるの》之処《ところ》、慈公《は》者大宮方《の》縁者也《なり》、不《ず》レ可《べから》レ叶《かなう》、寂公者《は》参入不《ずと》レ可《べから》レ有《ある》二子細《しさい》一云々、仍《よって》慈公失《うしない》二面目《を》一空《むなしく》下向《し》、寂公者《は》入《いり》二見参《に》一了《おわんぬ》。

飯田の寂円《じゃくえん》公が上洛した。このことを伝えたところ、「慈空公は大宮方《おおみや》[1]（存覚方）の縁者である。面会を許すことはできない。寂円公は参っても差《さ》し支《つか》えはない」と言われた。そういうわけで、慈空公は面目を失い空《むな》しく下向した。寂円公は覚如上人にお目にかかったのであった。

史料②『存覚上人一期記』貞和五年（一三四九）存覚上人六十歳の条

本文

九月七日、自《より》二和州一上洛《し》、着《つく》二六条大宮《に》一。大谷御免之《の》事為《ためなり》二秘計《ひけいの》一也。仍相大理《よってしょうだいりの》（時光 于レ時《に》蔵人佐《くろうどのすけ》）之間、晦日《つごもり》彼《かの》卿奉《たてまつり》二召請《しょうせいし》一、申《もうすの》二此《この》事一之処《ところ》、難治之《なんじの》由《よし》御返《ごへん》答《とう》、無念之《の》間《あいだ》、十月二日示《しめす》レ之《これを》。又十月比《ごろ》、遣《つかわし》二学円《を》三川《みかわへ》一和田

訳文

九月七日、私[1]は大和国《やまとのくに》（奈良県）より上洛し、六条大宮の住まいに着いた。大谷殿（覚如上人）のご赦免の事を秘《ひそ》かに取り計らうためである。すなわち、日野時光《ときみつ》（その時蔵人佐《くろうどのすけ》であったが後《のち》に検非違使《けびいし》の別当《べっとう》[2]となる）に相談することだったので、九月三十日に時光卿を招待申し上げてこの事を申し上げたところ、困難であるとのご返事があった。残念に思われたので、十月二日にもこのことを頼んだ。また十月頃、

道場門徒口入事《のこと》談《だんずるに》レ之《これを》、領《りょう》状《じょうに》、可《べしと》レ伺《うかがう》二便《びん》宜《ぎを》一云々《うんぬん》。同十一日、向《い》二蔵人左《くろうどのすけの》西大路亭《に》一、終日《しゅうじつ》談《だんず》二此事《このことを》一、猶以《なおもって》二便《びん》宜《ぎを》一可《べき》レ被《のらる》レ得《え》レ意之《を》由懇《よしこん》二望之《もうすこれを》一。…

門弟の学円《がくえん》を三河和田門徒の道場に遣《つか》わして、赦免の口添えの事を話したところ、承諾を伝える文書に「特別なお計らいを頂けるよう申し上げましょう」とあった。同じ十月の十一日、蔵人佐《くろうどのすけ》日野時光の西大路亭《にしおおじてい》に向い、一日中この赦免の事を話し、なお特別なはからいで気持を汲んでほしいと心から頼んだ。

注　1―存覚上人
2―京都の治安維持に当たる役職の長官。

（二）覚如上人の悲しみと義絶の解除

—史料『慕帰絵』第九巻、『存覚上人一期記』—

善照尼を亡くした覚如上人の悲しみはとても深いものであった。翌年の観応元年（一三五〇）の二月、覚如上人は西山久遠寺《くおんじ》に建てられた善照尼の墓地を詣でたが、史料①そこで詠んだ二首の和歌には、善照尼との思い出深い日々と同時に、自身の寿命の長くないことを覚った心情が滲み出ている。

そんな折、何とか日野時光から義絶解除の口添えを承諾してもらおうと、存覚上人は連日弟子の教願[1]を日野時光の許へ史料②使者として送り、ついに口添えの承諾を得る。また和田門徒も約束通り特使を派遣した。すっかり気落ちしていた覚如上人は、こうした様々な働きかけに動かされて、ついに観応元年（一三五〇）八月九日[2]、二十四年間続いた義絶を解除したのである。

義絶が解除された折、存覚上人は摂津国《せっつのくに》豊島《てしま》[3]に滞在していた。当時摂津《せっつ》、河内《かわち》、和泉《いずみ》[4]という地域には、仏光寺派の門徒が勢力を伸ばしていたから、存覚上人も彼等の指導に当たっていたものであろう。その豊島《てしま》に使者教願が向い[史料③]、義絶解除を知らせる日野時光の手紙が届けられたのである。早速存覚上人は、妻奈有《なう》と子息綱厳《こうげん》を連れ立って大谷本願寺へ赴くことになった。この時京都六条大宮の住いに集まって来ていた摂津・大和の門徒同朋達の様子からは、彼等がいかに存覚上人を通して心を一つにしていたかが窺われる。

注

1―存覚上人が指導していた仏光寺門徒、河内国磯島にいた。

2―『存覚上人一期記』によれば、存覚上人が覚如上人と対面したのは七月五日（八月五日）であるが、『覚如上人置文』では八月九日とあり、こちらの方が妥当だと見られる。谷下一夢氏『存覚一期記の研究並解説』一五二頁参照。

3―現在の大阪府豊中市。

4―ほぼ今日の大阪府の地域。

史料①『慕帰絵』第九巻

本文

かの寅歳《とらどし》の二月日、改元して観応《かんのう》と

訳文

あの寅年《とらどし》の二月、年号が改まって観応《かんのう》[1]と称する時に、

号するに、かよひ《い》と《ど》ころ西山久遠寺にまふて《もうで》つゝ、としこ《ご》ろ同宿の禅尼の墓所にて、心しつ《ず》かに仏像に向ひ《い》、ねむ《ん》こ《ご》ろに名号なと《ど》書《かき》て、経木《きょうぎ》のうらに恋慕《れんぼ》のこゝろさ《ざ》しをしるしつけ侍《はべり》ける。

こゝにのみ心をとめし跡そ《ぞ》とて、きてすむわれもあは《わ》れいつまて《で》。

おりにふれ事につけつゝきし方を、老のこゝろに忘れかねぬる。

本願寺の通《かよ》い寺《でら》である西山久遠寺《くおんじ》[2]に詣でながら、長年生活を共にして来た禅尼（善照尼）の墓前で、心静かに仏像に向い、心を籠めて名号などを書いて、その経木《きょうぎ》[3]の裏に恋い慕う気持ちを記しつけました。

「ここにだけ心を残す跡があることよ」と言って、やって来ているが、この私もはかなくもいつまで生きているであろう。

折にふれ何かにつけてやって来たこの場所のことが、老いた心にはどうしても忘れることができない。

注　1――観応元年（一三五〇）二月二十七日に改元している。
2――今日の京都市西山別院。西京区川島北裏町。
3――経文を書く幅二十五センチ程の薄い板。

史料②『存覚上人一期記』観応元年（一三五〇）存覚上人六十一歳

本文

六十一歳観応元、五月之《の》比《ころ》、書二写《し》一行《を》一、於《おいては》二教願《に》一、為《して》二使者《と》一遣《つかわし》二西大路《にしおおじに》一、大谷御義絶《の》事、猶《なお》可《べきの》レ有《ある》二口入《くにゅう》一之由申《よしもうすに》、驚《おどろき》レ之可《これにべきの》レ申《もうす》レ試之《ためし》由領状《よしりょうじょうあり》。仍《よって》教願自《より》二六条大宮一連日催促《に》往反《し》、今月二日先親亜《はさきのちちあ》相《しょうの》資名卿十三廻忌、同《おなじく》十三日《は》亡祖亜相《の》俊光忌日也《なり》、旁《かたわらに》被《らるれは》レ休《やすめ》二人《の》憂《を》一者、可《べきか》レ為《たる》二追善《の》之潤色一歟。大谷又故禅尼《の》善照房一廻也《かいなり》、当《あたりて》二此《この》時《に》一赦免、可《べきの》レ為《たる》二慈悲《の》之最詮

訳文

（存覚）六十一歳（観応元年、一三五〇）五月の頃、書状を一くだり認《したた》めて、教願《きょうがん》を使者として西大路亭《にしおおじてい》（日野時光《ときみつ》の屋敷）に遣《つか》わし、大谷（覚如上人）の義絶の事をなお口添えしてくれるようにと申し上げたところ、これに動かされて、試してみようとの承諾状があった。そんなわけで、教願は六条大宮の存覚の住いより連日催促のために往復した。そして時光に対し、「今月二日は、亡くなった父親の大納言（日野資名卿）の十三回忌であり、同じく十三日は亡くなった祖父の大納言（日野俊光）の命日であります。それと兼ねて、人の憂《うれ》いを安らかにすれば、追善の恵みとなることでしょう。大谷（本願寺）においてもまた二十一日は、故禅尼（善照尼）の一周忌であります。この時期に当たって赦免するならば、慈悲のきわみとなるでありましょう」とのこと、及び「（そうしたことを）覚如上

一之由《よし》、口入《くにゅう》尤《もっとも》被《られ》レ得《え》二便宜《を》
一候由《そうろうよし》、就《つき》レ尽《つくすに》レ詞《を》及《および》二種々《の》
之述懐《に》一、有《あり》二慇懃《おんごんの》之贔屓《ひいき》一。
仍《よって》於《おいて》二本人《に》一者《は》強《しいて》無《なく》二子細《しさい》
一、足《たりぬるか》二天性《の》之理《に》一歟、然而《しかれども》
讒口《ざんこう》不《ざるの》レ絶《たえ》之間《あいだ》、無《なく》二左右《そう》一
不《ず》レ及《およば》二許諾《きょだくに》一送《おくる》二日月《じつげつを》一。
将又《はたまた》旧冬示《しめし》遣《つかわすの》之趣《おもむき》、和
田不《ず》二忘却《せ》一、差《つかわし》二専使《せんしを》一勤《つとめて》
二連署《を》一申《もうし》レ之《これを》、三人《の》加署送《おくる》
レ之《これを》。真俗如《ごとく》レ此《かくの》扶助《ふじょ》之上《うえ》、
性円《しょうえん》禅尼内々随逐《ずいちく》和談《わだんの》之
間《あいだ》、機感純熟《し》、時節到来《して》、遂《とぐ》二
御許諾《を》一。

人に口添えするならば、特別なはからいが得られやすいでしょう」とのことを、言語を尽くして色々と申し述べたところ、時光卿から懇《ねんご》ろな力添えが得られた。それで、時光の取り持ちに接した覚如上人は、「存覚本人について、自分はあえて異論はない。自然の道理と言えようか。けれども他人からの讒言《ざんげん》が絶えなかったので、仕方なく承諾せずに月日を送って来た」と言った。あるいはまた、昨年の冬に三河の和田門徒に依頼してあったことの成り行きは、和田門徒がそれを忘れずに、特使を派遣し門徒の連署状を作って申し上げ、すなわち三人の指導者の連署状を送っていた。このように、僧侶(門弟)や俗人(時光)の力添えがあった上に、性円禅尼が内々それに従って和睦の話しをしたので、仏が衆生の有様に対応する機縁が熟して好機が訪れ、ついに覚如上人から義絶赦免のご承諾が得られたのであった。

史料③『存覚上人一期記』観応元年（一三五〇）存覚上人六十一歳

本文

（六十一観応元）…七月五日被《れ》レ出《いださ》二免許《の》御状《を》一、蔵人左《くろうどのすけ》廷尉《ていい》以《もって》二自筆《を》一書銘《す》。喜悦無《なきの》レ極《きわまり》之由《よし》送《おくらるの》レ予《よに》之状《じょうなり》。六日、教願又為《して》二催促《と》一参向之《の》時与《あたう》レ之《これを》。仍《すなわち》請《うけ》二取《とり》之《を》一、不《ず》レ廻《めぐらさ》二時刻《を》一即《すなわち》下《くだり》二摂州磯嶋《いそじまに》一、其《その》夜一宿。同七日、自《より》二彼所《かのところ》一発《はっし》二使者《を》一、大和相《にあい》二触《ふる》之《を》一。同日自身者《は》帯《たいし》二彼状《かのじょうを》一、午刻許《うまのこくばかり》来二着豊嶋《すてしまに》一。被閲之《の》処《ところ》、喜悦千廻乃至。八日上洛《し》、予・奈有《なう》、綱厳《こうげん》僧正《都》、西《とりのこく》刻大宮着《にく》。同九日、早旦先《にまず》

訳文

（観応元年、一三五〇）七月五日、[1]覚如上人が赦免の御書状を出された。それで蔵人佐《くろうどのすけ》・検非違使《けびいし》日野時光は自筆で、「喜び極まりない」とこのことを手紙で書き送って来た。六日、教願がまた催促《さいそく》のために出向いた時に、時光卿はこの手紙を与えた。そういうわけで、教願はこれを受け取ると、即刻摂津国磯島《せっつのくにいそじま》に下向し、その夜一晩泊《とま》って、同じ月の七日そこから使者を遣《つか》わし大和国《やまとのくに》にこのことを知らせた。そして同じ日教願自身はその手紙を携《たずさ》えて、午《うま》の刻（正午頃）位に豊島《てしま》[2]に到着した。これを開いてみた時の喜びはこの上もないものであった。すなわち八日に上洛し、私と奈有《なう》・綱厳《こうげん》僧都[3]（一三三四〜一四一九年）は西《とり》の刻（午後六時頃）京都大宮の住いに到着した。同じく九日、早朝まず西大路亭に向い、日野時光卿に、一つには赦免成就の喜びを述べ、

向《むかう》二西大路《に》一、且賀《かつはがし》二入眼《じゅがんを》一、且《かつは》相伴《あいともないて》可《べきの》レ向《むかう》二大谷《へ》一之由示《よししめす》レ之《これを》。同道領状《の》之間《あいだ》、所《ところの》レ乗《のる》之輿《こし》返《かえし》二大宮《へ》一、奈有駕《がし》レ之《これに》、先被《にる》レ向《むかわ》。僧都同道《す》。為《ために》二一献《こんの》一二百疋《ぴき》用二意之《すこれを》一。両国《の》同朋各《おのおの》含《ふくみ》レ咲《わらいを》歓呼《の》之余《あまり》、参二集此《しこの》所《ところに》一了《おわんぬ》。

また一つには一緒に連れ立って大谷本願寺へ向かってほしいとのことを頼んだ。同道が承諾されたので、乗って来た輿《こし》を六条大宮へ返し、奈有はこれに乗って先《さき》に大谷本願寺に向かった。綱厳僧都もこれに同道した。また酒宴のための二百疋[4]を持参した。摂津《せっつ》・大和《やまと》両国の同朋は各《おのおの》笑《え》みを表わし、喜びの声を上げる余り、この大宮の住いに集まって来たのであった。

注　1―八月五日の誤りか。
2―大阪府豊中市。存覚上人はここに滞在していた。
3―存覚上人第七子。錦織寺五世となる。
4―今日の十万八千円程。

（三）最後の置文と後継者の指名
―史料『覚如上人の置文』、『本願寺別当職譲状』―

義絶は解除されたものの、存覚上人が大谷本願寺の家督を継ぐことを、覚如上人は決して認めなかった。そこで、義絶を解除した同じ八月、覚如上人はそうした気持を書き残す置文（史料①）を認《したた》めている。「ただ赦免の一言を示すならば、望み願うことは充分であるはずである」という言葉には、家督を捨てても赦免を願う存覚上人と門弟達の熱心な働きかけが反映されている。そればかりか覚如上人は、本心では最後まで存覚上人を疑っていたようで、文全体には、依然として自分の死後存覚上人が大谷本願寺の寺務職（留守職）を奪うのではないかという不安が漂っている。

その一方で覚如上人は、改めて大谷本願寺の寺務職を定める必要に迫られていた。同じ観応元年（一三五〇）の十一月二十一日、と言うと報恩講の最初の日に当たるが、この日覚如上人は

本願寺三世 覚如上人
├ 存覚（常楽台初代）― 光助（常楽台二世）
├ 従覚 ― 善如上人（本願寺四世）
└ 安居護（壬生雅康の妻）

覚如上人後継者の系図

自分の後を従覚の長男宗康《そうこう》（善如上人、幼名光養丸）に譲るとする譲状《ゆずりじょう》を認《したた》める。史料②報恩講に記されているところから、この譲状はおそらく従覚や存覚上人の了解の上で出されたものであろう。順序から言えば、従覚に譲られるところであるが、おそらく従覚は兄の存覚上人に遠慮して、これを辞退したものであろう。

大谷御影堂の留守職は、それまで東国門徒の承認の上で受け継がれて来た。だがこの時初めて直接世襲で受け継がれることとなったのである。しかも単なる留守職ではなく、祖師親鸞聖人に始まる浄土真宗の正統な門流を受け継いで行く善知識の相続でもあった。したがって、覚如上人がこの譲状で使っている「別当」、あるいは「俗別当」という言葉は、正に本願寺の管理と正統な門流の善知識の両方を兼ねる立場を表わしているものと見ることができる。

史料①『覚如上人の置文』観応元年（一三五〇）八月二十八日　京都西本願寺蔵

本文

光玄法印《の》隠遁号存覚事、任《まかせ》二当寺大師聖人《の》冥慮《みょうりょに》一、先年《せんねん》永《ながく》令《しむるの》二不孝義

訳文

光玄法印（隠遁《いんとん》号存覚）の事。当本願寺の偉大な師である親鸞聖人の思《おぼ》し召《め》しに従い、以前永く親不孝により義絶

絶《せ》二之処《ところ》、属《ぞくし》二当家一門《の》家督《に》一、愚老閉眼之《へいがんの》後《のち》、全《まったく》不《ず》レ可《べから》レ致《いたす》二係望《けいもう》一。只示《ただししめさば》二免許之《の》一言《を》一者、所《ところ》レ望応《のぞむべしと》レ足云々《たるうんぬん》。因レ茲重伺《よりこれにかさねてうかがうの》二冥慮《を》一之日、可《べしと》レ許《ゆるす》二勘発《かんぱつを》一云々《うんぬん》。仍去《よってさる》九月免二許之《しこれを》一、向顔畢《しおわんぬ》。任《まかするの》二申請旨《のむねに》一之上者《うえは》、更絶《さらにたつの》二寺務職々望《を》一之条勿論也《じょうもちろんなり》。愚老滅《の》後、背《そむき》二存日言詞《のげんしに》一、致《いたさば》二其望《ののぞみを》一者、以《もって》二此等状《これらのじょうを》一、為《して》二厥支証《そのししょうと》一、訴《うったえ》二申公家武家《もうしくげぶけに》一、可《べき》レ全《まったくす》二寺務職《を》一者也《なり》。凡如《およそごとき》レ此世出世之《かくのせしゅっせの》重事《じゅうじ》、於《おいて》レ身唯仰《みにただあおぐの》二冥慮《を》一之外《ほか》、更就《さらにつき》レ無《きに》レ私、重所《かさねてところ》二書置《かきおく》一如《ごとし》レ件《くだんの》。

していたところ、当家一門の家督《かとく》（後継ぎ）の中に入り、老いた私が死んで眼を閉じた後、決して大谷本願寺の寺務職（留守職）を競い望むようなことはしない。ただ赦免《しゃめん》の一言を示すならば、望み願うことは充分足りていると言う。再度聖人の思《おぼ》し召《め》しを伺った日、「落度《おちど》を責めあばくのを許すべきである」とあった。そういうわけで去る九日、光玄（存覚）を赦免して対面したのである。申し立ての内容のままにした以上は、改めて大谷本願寺寺務職（留守職）への望みを思い切ることは勿論である。もし老いた私の滅後、生前の言葉に背《そむ》いて寺務職を望むならば、これらの書状をその証拠として、朝廷や幕府に訴え、寺務職をまっとうすべきである。およそこのような世間と出世間の大事は、自分自身にとって、ただ仏の思《おぼ》し召《め》しを仰《あお》ぐ外に少しも私心によるものではない。ということで、重ねて書くことは以上の通りである。

観応元庚寅八月廿八日

宗昭　花押観応元年（一三五〇）庚寅八月二十八日

宗昭（覚如）花押

注　1――浄土門に帰依してからの名前

史料②『本願寺別当職譲状』　京都西本願寺蔵

本文

譲《ゆずり》　渡《わたす》

本願寺別当職事《のこと》

右《みぎ》、愚老《ぐろう》八旬《じゅん》有余之《ゆうよの》齢《よわい》、迫《せまる》二旦暮《たんぼに》一。命終《みょうじゅう》以後者《は》、二千石宗康《そうこう》可《べき》レ為《たる》二俗別当《ぞくべっとう》一者《ものなり》也、仍《よって》付《ふ》属状《ぞくじょう》如《ごとし》レ件《くだんの》。

観応元年庚寅　十一月廿一日

宗昭　花押

訳文

本願寺別当を譲り渡す事

右の通り、老いた私は八十余りの年齢で、余命わずかに迫っている。私の命が尽きた後は、国司《こくし》宗康《そうこう》[1]が俗別当《ぞくべっとう》（俗人の代表権者）となるべきものである。というわけで附属状《ふぞくじょう》[2]は以上の通りである。

観応元年（一三五〇）庚寅《かのえとら》　十一月二十一日

宗昭（花押）

注　1――善如上人は伯耆守宗康と呼ばれていた。

2――寺院僧侶関係の譲状

第四節　覚如上人の最期

（一）覚如・存覚両上人の最後の別れ

―史料『存覚上人一期記』―

御報恩の行事（報恩講）も終わった十一月二十八日の晩、六条大宮に帰った存覚上人の許《もと》へ、河内国《かわちのくに》から門徒達が訪れる。史料 河内へ招請《しょうせい》しに来たのである。当時、都の政治情勢は次第に不穏な状態になっていた。南朝方と結んだ足利直義《あしかがただよし》が足利尊氏《たかうじ》の将・高師直《こうのもろなお》と衝突を始めたのである。[1]「このような時は、一つ所に暮らすべき」と述べる覚如上人の言葉にためらいつつも、河内の門徒の招きを受けて、存覚上人は都を離れてゆく。

注　１―この頃南朝方と結んで挙兵した足利直義が京都の高師直と衝突を始めていた。これを「観応擾乱《かんのうじょうらん》」と呼んでいる。

史料『存覚上人一期記』 観応元年（一三五〇）十一月　存覚上人六十一歳の条

本文

…以下十一月、恒例七ケ日御報《の》恩《に》参籠《す》。廿八日結願了《けちがんおわんぬ》。後《のち》及《および》レ晩帰《ばんにかえる》二大宮一《に》。而《しかるに》世上《の》動乱興《こう》盛《じょうの》之間《あいだ》、自《より》二河州大枝《おおえだ》一妙覚（光）[1]以下参洛《さんらく》、招引《しょういん》刻《のきざみ》、申《もうすの》二子細《を》一之処《ところ》、如《ごときの》レ此《かくの》之時《は》一所《の》居住尤《もっとも》可《べし》レ為《たる》二本意《ほんい》一。然而《しかれども》自他依《より》レ不《ざる》レ階（諧《かなわ》）レ、[2]互不《たがいにざるは》二相扶《あいたすけ》一、背《そむき》二本意《に》一了《おわんぬ》。然者《しかれば》各《おのおの》全《まっとうせば》二身命《しんみょうを》一者、不《ず》レ可《べから》レ過《すぐ》レ之《これ》。但《ただし》老齢於《のおいては》レ今者《に》不《ず》レ可《べから》レ期《ごす》二後会《こうかいを》一。今生限《こんじょうかぎり》レ今歟《をかの》之由被《よしらる》レ仰《おおせ》レ之《これを》。則《すなわち》御落涙千行《らくるいせんくだり》。愚朦《ぐもうまた》又不《ず》レ堪《たえ》

訳文

（観応元年《かんのう》、一三五〇）十一月、恒例の七箇日の御報恩《ごほうおん》（報恩講）に参列した。二十八日結願《けちがん》（最終日）が終わった。その後晩になって六条大宮の住まいに帰った。ところで、世の中は動乱が興り、そのため河内国《かわちのくに》より大枝の妙覚（妙光）を始めとする人達が、都に参って招き寄せるので、覚如上人にその事情を申し上げたところ、「このような時は、一つ所に暮らすのがあるべき姿であろう。けれども、自分とあなたとが一つ所《ところ》に暮らすことがかなわず互いに助け合えないのは、あるべき姿に反している。そのような時はそれぞれに命を全《まっとう》うするならば、これに過ぎることはない。ただし老齢の今となっては、再会を期待することができない。今が今生の別れであろうか」とのことをおっしゃって、尽きることなく涙を流されたので、愚かなこの私（存覚）もまた別

二離憂《に》一、頗《すこぶる》温（湿《しっす》）二[3]双袖《そうしゅうを》一。翌年御入滅《にゅうめつの》之後《のち》、思《おもい》二出《いだし》此事《このことを》一、誠以《まことにもって》最後尤《もっとも》可《べし》レ悲《かなしむ》レ之《これを》。廿九日、則《すなわち》下国、先着《まずつきて》二妙性《の》宿所《に》一暫《しばらく》逗留《す》、後《のちに》移《うつり》二妙光《の》宿所《に》一了《おわんぬ》。

れの辛《つら》さに堪《た》えられず、両方の袖を涙で湿《しめ》らせたのであった。翌年（覚如上人が）御入滅された後《あと》で、この時のことを思い出すにつけ、まことにその最後が、何事にも増して悲しむべきことであった。こうして同二十九日に河内国に下向し、まず妙性の住まいに着いてしばらく逗留し、その後《あと》で妙光の住まいに移ったのである。

注　1―谷下氏は「妙覚」を「妙光」の誤りと見る。
2―「階」は「諧」と解釈される。
3―谷下氏は「温」を「湿」の写し違いと見る。

（二）父親に志を送る存覚上人

―史料『存覚上人一期記』―

存覚上人が京都を去って一箇月余り、京都の状勢は増々不穏になってきた[1]。大谷本願寺には、門徒からの志も届かなくなっていたようで、正月を迎え極めて困窮の状態に落入っていた。そんな有様を伝える覚如上人の手紙が、弟子の法心によって存覚上人の居た河内国大枝[2]に届けられた。戦乱の最中、何とか大谷本願寺へ志を届けようと、存覚上人は一計を案じた。史料

紙衣《かみこ》とは柿渋《かきしぶ》を引いた厚手の和紙で仕立てた着物で、古くは僧侶の質素な着物として用いられたようだが、ここでは冬の防寒用の下着として使われている。存覚上人は法心の着ていたこの紙衣《かみこ》に目を付けた。銭十疋《ぴき》[3]余りと五十疋[4]の合わせて六十疋余りを、紙衣《かみこ》の中に隠したのである。六十疋と言えば銭六百文、当時は中国から輸入された宋銭が用いられていたが、六百文余りの銭を紙衣の中に飯粒《めしつぶ》を練った糊《のり》で押し付けたというのだから、ほとんど体全体に銭が貼り付けられていたことになる。こんな思いをしなければ

銭を都まで届けられなかったほど、京都へ向かう道の治安は南北朝の争乱のために失われていたのであった。それだけに、この志を受け取った時の覚如上人の喜びはいかばかりであったろう。だが、その銭で買い求めた酒が、覚如上人の最後の飲食物になってしまう。

注　1―この月、足利直義は足利尊氏と京都の各所で衝突している。
2―今日の大阪府守口市
3―今日の五千四百円程
4―今日の二万七千円程

史料『存覚上人一期記』　観応二年（一三五一）　存覚上人六十二歳の条

本文

六十二歳 観応二、於《おいて》二妙光宿所《のしゅくしょに》一越年《えつねんす》。都鄙《とひの》動乱雖《いえども》レ驚《おどろかす》二耳目《を》一、郷内近辺輩《のやから》参集《して》、時々念仏《の》不《ず》レ懈《おこたら》、連々《の》法談無《なし》レ廃《やむこと》。正月八日、

訳文

（存覚）六十二歳（観応二年、一三五一）私は妙光の住まいで年を越した。都鄙《とひ》の動乱は耳目を驚かす程であったが、大枝郷近辺の門徒達は参集して来て、その都度念仏を怠ることなく、連続の法談も滞《とどこお》ることがなかった。正

尊老《の》御《おん》札《さつ》法《ほう》心《しん》持《もち》二下《くだる》之《これを》一。新《あらたに》拝《はいするは》二祝《しゅう》言《げんを》一殊《ことに》含《ふくむ》二喜《き》悦《えつを》一。但《ただし》天下《の》騒動《は》河《か》西《せい》河《か》北《ほく》不《ず》レ静《しずかなら》、仍《よって》御房中、窮《きゅう》困《こん》至《し》極《ごくの》之由《よし》被《らる》レ仰《おおせ》レ之《これを》。誠《まことに》察《さっし》申《もうす》之《の》間《あいだ》、於《おいては》二表《あらわすの》レ志《を》之条《じょうに》一者雖《いえども》レ無《なきと》二其《その》力《ちから》一、動静《の》之式朝《ちょう》夕《せき》不《ざるの》レ全《まっとうせ》之間《あいだ》、欲《ほっするの》レ申《もうさんと》二愚《ぐ》報《ほうを》一之処《ところ》、路《ろ》次《し》悉《ことごとく》塞《ふさがるの》之間《あいだ》、行《ぎょう》人《にん》往《おう》反《はん》不《ざるの》レ叶《かなわ》之由《よし》、依《よって》レ令《しむるに》二謳《おう》歌《かせ》一送《おくる》二日《ひ》数《かずを》一。然《しかれども》而愁《しゅう》吟《ぎんの》之余《あまり》、只《ただ》任《まかせ》二天運《に》一、憑《たのみて》二冥《めい》助《じょを》一可《べきの》二帰洛《す》一之由《よし》勧《すすむるの》二法心《を》一刻《きざみ》、同《おなじく》十三日帰京《す》。法心其《その》為《たらく》レ体《てい》、帷《かたびら》一《ひとつの》之下《したに》着《きる》二紙衣《かみこを》一。予《よ》偸《かりそめに》廻《めぐらし》二思案《を》一、入《いる》二

月八日、尊老（覚如上人）のお手紙を弟子の法心が携《たずさ》えて下向して来た。その手紙には「新年の祝いはとりわけ喜ばしい。ただし、世の中の騒動は特に賀茂川の西や北の方面が静まらない。そのため大谷の御房の中も、極めて困窮している」とのことが記されていた。本当にお察し申し上げるので、志を示すにはその力がなかったけれども、世の中の動静が朝夕命を全うできない状態であったので、せめて愚かな私の手紙でもお届けしようとしたところが、「道筋がことごとく塞《ふさ》がっていて、京都への往復が思い通りにならない」とのことが噂《うわさ》されていたので、そのまま日を送っていた。しかしながら、余りに心配であったので、ただ運を天に任せ神仏の助けを頼んで京都へ帰るようにとのことを、法心に勧めたところ、同じ正月の十三日に法心は帰京した。法心のその時の外見は、帷子《かたびら》[1]一つの下に紙衣《かみこ》を着ていた。私は秘《ひそ》かに考えをめぐ

鵝眼十疋余《ががんじっぴきあまりを》於紙衣中《のに》一。予《よ》自《みずから》以《もって》二2(練)続飯《めしを》一一々押《におし》二付之《つけこれを》一進《しんじ》二入之《いれこれを》一、被《られ》レ召《めし》二寄《よせ》一提《いっちょうを》一、一旦可《べきの》レ被《らる》慰《なぐさめ》二御心労《を》一之由申也《よしもうすなり》。又来《きたる》廿一日、為《はたるの》二米長丸《の》一廻一之間《あいだ》、追修《の》之時如《ごとく》レ此為《かくのため》レ加《くわえんが》二一灯《を》一、五十疋送《ぴきをおくるに》二母堂《へ》一、同押《おなじくおす》レ之《これを》。其他為《そのほかため》二袈《け》裟《さ》絹《の》3一、粥《かゆの》糜《び》牙《が》(絹)最少分送《おくる》二尼衆《へ》一。而《しかるに》於二山崎《に》一軍勢奪《うばう》二彼《かの》小米《を》一、又雖《いえども》レ剥《はぐと》二所《ところの》レ着《ちゃくする》之帷《かたびら》一、於《おいては》二紙衣《かみこ》一不懸《ずかけ》レ手存《をそんするうちになり》レ内也。仍《よって》無為京着《ににちゃくす》。雖《いえども》レ然《しかりと》京都路次《のろし》尚不《なおざるの》レ輙《たやすから》之間《あいだ》、法心於《おいて》二六条大宮《に》一暫《しばらく》休息《すと》云々《うんぬん》。移《うつしての》レ日之《を》後《のち》、十七日、持二参《する》之《これを》

らして、銭十疋《ぜにじっぴき》（百文）余りを紙衣《かみこ》の中に入れた。私みずから飯粒《めしつぶ》をねった糊で一つ一つ押し付けて入れたのである。そして「この銭で提子《ちょうし》4（酒）を一つお取り寄せになり、ひとまずご心労を慰《なぐさ》められるように」とのことを申し上げた。また来《きた》る二十一日は、米長丸5の一周忌になるので、追善法要の時、これに灯明を供えるための五十疋を母親に送り、同じ様に紙衣《かみこ》に押し付けて入れた。その外に、袈裟絹《けさぎぬ》のために、粥《かゆ》用の米をごく少量尼衆に送ったが、（帰京の途中）山崎に居た軍勢がその小米《こごめ》6を奪い、また着ていた帷子《かたびら》も剥ぎ取られてしまったけれども、紙衣《かみこ》については手を懸けられず、中のものは保たれたのである。そういうわけで、無事に京都に着いた。けれども京の道筋はなお物騒《ぶっそう》だったので、法心は六条大宮でしばらく休息したという。数日後の十七日、これを覚如上人に持参したところ、こうおっしゃった。「この心の籠った志

一処《ところ》、被《られて》レ仰《おおせ》云《いわく》、此《この》芳志《ほうしは》最《もっとも》以《もって》難《がたし》レ有《あり》。即《すなわち》被《れ》レ召《めさ》二御房人《のを》一、被《られて》レ述《のべ》二事由《を》一被《らると》レ省《かえりみ》二一滴《を》一云々。而自《しかるにより》二其晩頭《そのばんとう》一有《あり》二御違例《いれいの》之気一。後日《ごじつ》聞《きくに》レ之《これを》、彼一滴為《かのひとしずくなると》二最後之《の》御受用《と》一云々。

はこの上なく有難いものである」。すぐに大谷の房舎の人達を呼び寄せて、事の次第を述べられ、一滴《ひとしずく》の酒を飲まれたという。ところがその夕方病気の気配《けはい》があり、後日聞くところでは、その一滴の酒が最後の召し上がり物になったという。

注　1―裏を付けないひとえもの。
2―「続」を「練」と解釈。
3―「絹」を「絹」と解釈。
4―調子の一種。弦《つる》のついた鉄瓶のようなもの。ただし、ここでは酒を指している。
5―従覚の子息
6―精米する時に砕けた米。くだけ米。

（三）覚如上人の臨終

―史料『慕帰絵』第十巻、『存覚上人一期記』―

存覚上人から送られた銭で酒を口にした覚如上人は、その晩から急病に見舞われる[史料①]。おそらく戦乱のための困窮で食物も十分とれなかったところへ、冬の季節で風邪をひいてしまったものだろう。初めは大したこともなく思われた容態《ようだい》は、戦乱で医者も呼べないうちにすっかりこじれてしまう。すでに死期を迎えたことを察した覚如上人は、念仏を称えつつ、二首の和歌を残す。覚如上人は若い頃から和歌の道に優《すぐ》れ、正和四年（一三一五）四十六歳の時には『閑窓集』という和歌集を編集している。そんな歌心が死の間際まで失われずにいた才能はさすがである。こうして正月十九日の酉《とり》の刻（午後六時）頃、眠るように入滅を迎えた。八十二歳であった。

覚如上人の病気の知らせは、すぐに存覚上人にも伝えられた[史料②]。戦乱のために京都への道は困難を極め、又余寒の寒さで風も厳しかったが、存覚上人はそうしたことを顧みず、馬に乗ってただちに大谷本願寺へと馳《は》せ参じる。けれども大谷に到着した時には既に、覚如上人は往生を迎えていた。これを伝える『存覚上人一期記』の文章全体から、父を慕う存覚上人の気持が痛いほどに感じられて来る。

史料①『慕帰絵』第十巻

本文

観応二載卯辛正月十七日の晩より、いさゝか不例《ふれい》とて心神《しんしん》を労《いたわ》くし侍《はんべ》れば、たゝ《だ》白地《あからさま》におもひ《い》なすうへ《え》、天下の騒《さわぎ》もいまた《だ》を《お》ちゐ《い》ぬほと《ど》なれは《ば》、医療を訪《とぶらう》へ《べ》き時分《じぶん》もなきに、十八日の朝よりなを《お》もりたる景気《けいき》なるに、世事《せじ》はいまより口にものいは《わ》さ《ざ》れと《ど》も、念仏は《ば》かりはたえす《ず》息のしたにそ《ぞ》きこゆる。さりなか《が》ら身をはなれぬ僧のむかへ《え》るに、この二首をかたりける。

訳文

観応二年（一三五一）辛卯《かのとう》正月十七日の晩より、覚如上人はいささか病気があると言われて、心配しておりましたところが、ただ何となくそんな感じがするという上に、世の中の戦乱の騒ぎもまだ落ち着かない情勢であったので、医者を訪ね求めることのできる機会もないままに、十八日の朝よりますます重くなっている様子であった。世の中の俗事はこの時から口に出されなかったけれど、念仏だけは絶えず息の下に聞こえていた。しかしながら、側に離れずに付き添っている僧侶に、この二首の和歌を語ったと

南無阿弥陀 仏力《ぶつりき》ならぬのりそ《ぞ》なき、
たもつ心もわれとおこさす《ず》
八十地《やそじ》あまり を《お》くりむかへ《え》て此《この》春
の、花にさきた《だ》つ身そ《ぞ》あは《わ》れなる

おもひ《い》つけ《げ》たる数奇《すうき》にて、最後まて《で》もよは《わ》〳〵しき心地《ここち》に一両首をつゝ《づ》けらるよと、安心《あんじん》のむねもいまさらたう《と》とくおほ《ぼ》ゆる中に、花のなさけを猶《なお》わすれす《ず》やと、誠《まこと》に哀《あわれ》にそ《ぞ》覚《おぼゆ》る。

おほ《お》よす、このたひ《び》は今生《こんじょう》のはてなるへ《べ》し。あへ《え》て療医《りょうい》の沙汰《さた》あるへ《べ》からす《ず》と示せと《ど》も、さてしもあるへ《べ》きならねは《ば》、あくる十九日の払暁《ふつぎょう》に医師を招請《しょうせい》するに、脈道《みゃくどう》も存《おもい》の外《ほか》にや、指下《ゆび》にも

いうことである。

南無阿弥陀仏 仏の力によらない教えはないことよ、その教えを保つ心も私が起こすものではない。

八十余りの老齢を 送り迎えてこの春の、花より先に死んでゆくこの身の悲しいことよ。

思いを告げている数奇な運命の中で、最後までも弱々しい心の中で、一、二首の和歌を作られることよと、また安心《あんじん》[1]の内容も今改めて尊く思われる中にも、花への風流をなお忘れないことよと、誠に感動を覚えることである。

「およそ、今度がこの世に生きる最後であるだろう。わざわざ治療に当たる医者を呼ぶ必要もない」と、気持を表わされたが、そのまま放っても置けないので、翌十九日の明け方に医者を招いたが、脈拍

あたりけむ《ん》。なむるところの良薬も験《ためし》なく侍《はべ》れは《ば》、面々たゝ《だ》あきれはてゝ瞻《まも》り仰《あお》く《ぐ》より、ほかの事そ《ぞ》なき。つゐ《い》に酉刻《とりのこく》のすゑ《え》ほと《ど》に、頭を北にし面《おもて》を西にし、眠《ねむる》か《が》こ《ご》とくして滅《めつ》を唱《となう》るそ《ぞ》心うき。

も思いの外弱かったのか、指の下でも確かめたと聞いている。口にする良薬も効《き》き目がない状態なので、面々の人達はただどうしてよいか途方に暮れて、見守り申し上げるより外はなかった。ついに酉《とり》の刻の終り頃に、頭を北に顔を西にして眠るようにご入滅の念仏を唱えられたことは、何ともつらいことである。

注　1――本願に心が定まって安らぎを与えられた状態。

史料②『存覚上人一期記』　観応二年（一三五一）存覚上人六十二歳の条

本文

…同十九日夕《のゆうべ》、自《より》二大谷一専使《せんし》宝寿丸下着《げちゃくす》。照心房送状《おくりじょう》其《その》趣《おもむきは》。大上由自《より》二一昨日一御不《ごふ》予《よなり》。白地《あからさま》御風気歟之由《かのよし》雖《いえども》二

訳文

同じ観応《かんのう》二年（一三五一）、正月の十九日夕方、大谷本願寺より特使[1]（宝寿丸）が下り着いた。照心房が宝寿丸に託して送って来た手紙の内容は、「大上（覚如上人）は一昨日よりご病気である。明らかにちょっとした風邪かと思われるけ

思給《おもいたもうと》一、為《たるの》二御老体一之間《あいだ》、為《ため》二用意《の》一告示《の》之旨《むねなり》也。仍《よって》翌日廿日上洛《す》。当時将軍方卜《はぼくして》二陣《を》山崎《に》一、錦小路禅門《にしきこうじのぜんもんは》以《もって》二八幡《やわたを》一為《するの》レ城《と》之間《あいだ》、上下《じょうげ》往反《おうはんの》之路《みち》難儀《にして》、難《がたきの》二輙通《たやすくとおり》一之由《よし》面々雖《いえども》レ令《るる》レ申《ともうさ》、成《なし》下凌《しのぐの》二大千火《のを》一之思《おもいを》上、忘《わすれ》二身命《しんみょうを》一進発《す》。経《へて》二河内《かわちの》地《を》一揚《あぐるに》レ鞭《むちを》、近日余寒《のよかんもっての》以外上《ほかのうえ》、今朝烈風払《こんちょうれっぷうはらい》レ袖《そでを》、頗《すこぶる》難《がたし》レ向《むけ》レ面《つらを》。馬蹄《ばてい》渡《わたるの》レ河《を》之処《ところ》、湿《しっするの》レ尾《を》之滴《しずく》、即《すなわち》結《むすぶの》レ氷《を》之式《しき》也《なり》。人馬共以《ともにもって》疲極《つかれきわまりし》。上下雖《いえども》レ及《およぶと》二退屈《に》一、処々《しょしょにてやすめ》休二馬《の》足《を》一、時々続《につづけしめ》二人息《じんそくを》一、酉刻《とりのこく》

れども、何分御老体であるので、念のためお知らせする」というものであった。そういうわけで、翌日(二十日)京都に向かった。当時将軍(足利尊氏)方は陣を山崎[2]に定め、錦小路の禅門[3](足利直義《ただよし》)は八幡《やわた》[4]に城を構えていたので、京都へ上り下りする往復の道は困難で、容易《たやす》くここを通ることは難しいとのことを面々の人達は申されたが、大千世界の全宇宙がすべて焼き尽くされるという大火災を乗り越える思いで、命を顧《かえり》みずに出発した。河内の地を経《へ》て、馬の鞭《むち》をあげたが、このころは余寒《よかん》[5]がとんでもなく厳しい上に、この朝の烈風は袖を払い、少しも顔を向けられない程であった。馬が河を渡った時には、湿った尾の滴《しずく》がそのまま凍ってしまう有様であった。人馬共にこのために疲労を極め、主《あるじ》も馬丁《ばてい》もへこたれてしまったけれども、所々で馬の足を休め時々馬丁を休息させて、酉《とり》の刻(午後六時頃)にやっとのことで六条大宮へ到着した。休む間もなくすぐに

稀有着《けうにつく》二六条大宮《に》一。不《ず》レ及《およば》二休息《に》一、即馳参《すなわちはせさんずるの》之処《ところ》、去夕《さるゆうべ》御往生《す》云々《と》。締《しめくくりの》之楚忽《そこつ》、頗《すこぶる》以《もって》迷惑《せり》。唯《ただ》恨《うらむらくは》不《ず》レ拝《はいせ》二平日《の》恩顔《を》一、不レ逢《ざることをあわ》二最後刹那《のせつなに》一。……

大谷本願寺に馳《は》せ参じたところ、覚如上人は昨日の夕方御往生されたという。最後に犯してしまった過《あやま》ちに途方に暮れるばかりであった。ただ残念に思うことは、平素の慈愛に満ちたお顔を拝見できず、最後の瞬間にも合えなかったことである。

注　1―特別の使者
2―京都府乙訓《おとくに》郡大山崎町付近
3―足利尊氏の弟、一三〇六～五二年。南北朝の争乱の中で、兄尊氏との関係は様々に変わっていた。
4―京都府八幡市
5―立春後の寒さ

（四）覚如上人の葬送

―史料『慕帰絵』第十巻、『存覚袖日記』―

本願寺一族の人々や弟子達は、亡くなってみて改めて、覚如上人の偉大さを感じたようである。まもなく次男従覚によって製作された『慕帰絵』[1]には、そうした偉大さにふさわしい姿で、覚如上人の臨終の場面が描かれている[史料①]。

その葬儀は、亡くなってから四日目の正月二十三日に執り行われた[史料②]。火葬の場所は親鸞聖人の荼毘所《だびしょ》であった京都東山の延仁寺《えんにんじ》に定められ、延仁寺の住持誓阿が導師を勤めた。葬儀の形も親鸞聖人の時の様子を真似て行われたという。これには本願寺一族の人々や主要の弟子達が加わっている。遺骨を拾った時、仏舎利と同じく玉のようになったという『慕帰絵』の奇瑞は、高僧の徳を表わそうとしたものではないかと言われる。覚如上人の墓は、遺言により善照尼の墓がある河島《かわしま》、すなわち西山《にしやま》久遠寺《くおんじ》に建てられた。今日の京都の西本願寺西山別院[2]である。ここの境内地に、今日でも静かに眠っている。

注　1―観応二年（一三五一）十月、従覚撰述。

2—京都市西京区川島北裏町

史料①『慕帰絵』第十巻

本文

…つら〳〵頓卒《とんそつ》の儀《ぎ》をおもふ《う》に、縡《こと》の楚忽《そこつ》なる有待《うだい》のさかひ《ぃ》とはいひ《ぃ》なから《が》、今更不定《いまさらふじょう》のならひ《ぃ》にまよひ《ぃ》侍《はんべ》れは《ば》、常随給仕《じょうずいきゅうじ》の僧侶、別離悲歎の男女《なんにょ》、喩《たとえ》をとるに物あらむ《ん》や。釈迦如来涅槃の庭には、禽獣虫類《きんじゅうちゅうるい》までも啼哭《ていこく》したてまつりけり。大和《だいか》尚位円帰《しょういえんき》の砌《みぎり》には、上下士女まて《で》も傷嗟《しょうさ》することかき《ぎ》りなし。さても不思議を現《あらわ》せしは、発病の日より終焉《しゅうえん》の時に至《いたる》まて、始中終《しちゅうじゅう》三ケ

訳文

つくづく、にわかに亡くなられた時のことを考えてみると、思慮の行き届かないはかない人間の命の境目とは言うものの、もうどうしようもない今となって、定めのない命の決まりに迷っていた。常に付き添って世話をしていた僧侶、別離を悲しみ歎く男女の様子は、譬えられるものがあるであろうか。釈迦が涅槃に入られた庭には、鳥や獣《けもの》、虫の類《たぐい》までも大声をあげて泣き叫んでいる。法印大和尚位《ほういんだいかしょうい》(覚如上人)が往生された時には、身分の高い者から低い者、男から女までもが、悲しみ歎くこと甚だしかった。それにしても、不思議な奇瑞を現わされたのは、発病の日から死の間際

日か《が》ほと《ど》蒼天《そうてん》を望《のぞむ》に、紫雲《しうん》を拝するよし、所々《ところどころ》より告《つげ》しめす。そも〳〵三日彩雲《さいうん》の旧蹤《きゅうしょう》を尋《たずぬ》るに、いにしへ《え》高祖聖人の芳躅《ほうちょく》にかなひ《い》、いまは先師霊魂の奇特《きどく》をあらは《わ》す是《これ》なり。事《こと》切《きれ》ぬれと《ど》も、つきせぬ名残《なごり》といひ《い》、かは《わ》らぬ姿をもなを見む《ん》とて、両三日は殯送《ひんそう》の儀をもいそか《が》ねと《ど》も、かくてもあるへ《べ》き歟《か》とて、第五ケ日の暁《あかつき》、知恩院の沙汰《さた》として、彼寺《かのてら》の長老僧衆をたなひ《び》き迎《むかえ》とりて、延仁寺《えんにんじ》にしてむなしき煙となしけるは、あは《わ》れなりし事の中にも、廿四日は遺骸を拾へ《え》りしに、葬するところの白骨一々に玉と成《なり》て、仏舎利《ぶっしゃり》のこと《ご》く

の時になるまで、始めと中と終わりの三箇日の間、青空を望むと紫の雲が拝されたとのこと、あちこちから知らせがあった。そもそも三日間の紫雲のことは、古い記録を尋ねてみると、昔では高祖（法然上人）の御事跡に匹敵《ひってき》し、今では先師如信上人が魂の奇蹟を現されているのがこれに当たる。命は事切れてしまったけれども、様々な人たちが尽きることのない名残《なごり》だと言って、生前に変わらない姿をなお見ようとしたので、二、三日は遺体を葬《ほうむ》ることも急がなかったけれども、こんな状態であってよいかと思って、五日目の明け方、知恩院の命令により、その寺の長老が僧侶達を長く連ねて迎え取り、延仁寺で虚《むな》しい煙となったことは、はかないことである。そんな中にも、二十四日は遺骨を拾ったところ、火葬した白骨の一つ一つが玉になり、仏舎利のように五色にとりまいた。これを見た人は親

五色に分衛《ぶんえ》す。これをみる人は親疎《しんそ》ともに渇仰《かつごう》して信伏《しんぷく》し、これを聞《きく》人は都《と》鄙《ひ》みな乞取《こいとり》て安置す。

しい人もそうでない人も共に仰《あお》ぎ慕って敬服し、これを聞いた人は都の人も田舎の人も皆この遺骨を求め、貰《もら》い受けて安置した。

史料②『存覚袖日記』

本文

□老上人御終焉、観応《かんのう》二正月十九日酉《とりの》之中刻也《なかのこくなり》。

一、□廿一日葬送ノ事、河島《かわしま》ハ程遠ク所務ノ障《さわ》リアレハ《バ》、大祖ノ旧例《きゅうれい》ニマカセ、延仁寺可《べしと》レ然《しかる》、問答《す》。当住誓阿懇義ニ取持《とりもち》、廿三日朝出棺。

　随従　下讃岐長芸親子

　門侶　有昭　善教　覚浄

　　教円　乗智　成□

訳文

覚如上人の御臨終は、観応《かんのう》二年（一三五一）正月十九日酉《とり》の中《なか》の刻《こく》（午後六時）である。

一つ、□二十一日葬送の事は、河島[1]では距離が遠く、葬送するのに支障があるので、祖師親鸞聖人の先例に従い、延仁寺《えんにんじ》が適当であろうと話し合った。延仁寺の住持誓阿《せいあ》が親切に世話をし、二十三日朝出棺。

付き従う者、下讃岐《さぬき》長芸親子

門弟の連中、有昭　善教　覚浄

唯縁　道慶　寂定
又上洛ハ所謂《いわゆる》、如導
助信
善範　想賢
順教　順乗
空性　宗元
智専
ソノ外ニモアリ
□式ハ大祖ノ行装ヲマネヒ《ビ》テ揚《あげ》レ輿《こしを》、
先ニ松明《たいまつ》一対 火ノ番赤衣四人也《なり》
焚香　従覚
俊玄
予　乗専
上足ヨリ次第
一、拾骨取収《しゅうこつとりおさめ》メ、カメニ入ル

教円　乗智　成□　唯縁
道慶　寂定
また上洛して来たと言われるのは
如導　助信　善範　想賢　順教　順乗
空性　宗元　智専　その外《ほか》にもいた。
葬式は宗祖親鸞聖人の様子を真似《まね》て輿《こし》を担《かつ》ぐ。先に松明《たいまつ》一対・火の番（火葬の番）は赤い衣《ころも》の四人である。
焼香　従覚[2]
俊玄[3]
自分（存覚上人）　乗専[4]
上席の者より順番
一つ、拾った骨を甕《かめ》に入れて収める。
勤行　礼讃無常偈[5]　□。
一つ、河島は、彼《か》の禅尼（善照尼）のゆかりがある

勤行　礼讃無常偈以□

一、河島ハカノ禅尼ノ由縁アルニヨリ、

墳墓ノコトカネテ云伝《いいつたえ》アリ。

□形装次第別ニ乗専謄写申《もうし》候《そうろう》事。

ことにより、墳墓をここに建てることが前前々から言伝《ことづて》られていた。

様子の経過は、別に乗専が、写し申しているということである。

注　1―久遠寺（西山別院、京都市右京区河島北裏町）

2―存覚上人弟、善如上人父。一二九五～一三六〇年

3―善如上人（本願寺四世）一三三三～八九年。当時十九歳

4―覚如上人高弟、一二九五～？

5―往生礼讃偈の六時のそれぞれの終わりに配されている偈文。

（五）存覚上人のその後

―史料『存覚上人一期記』、「存覚上人影像」―

覚如上人入寂後、その譲状通り、弟従覚の長男に当たる善如上人（一三三三～一三八九年）が本願寺を継いだ。だが存覚上人もそれを後援し、覚如上人の三回忌が過ぎた時期に、周囲から勧められて、その住いをそれまでの六条大宮から、大谷のすぐ近くに当たる今小路へ移[史料①]している。これが常楽台《じょうらくだい》（今日の常楽寺）である。そして没するまでの二十二年間、よき補佐役として生涯を終えている。

その間、六十五歳の文和三年（一三五四）には、絵師康楽寺浄耀に親鸞聖人の絵像を作らせて、入寺したばかりの常楽台に安置しているが、これが背板に描かれた蓮華の花から、「華の御影」と呼ばれて親しまれている。

また七十歳の延文四年（一三五九）には、善如上人の所望に応じて『歎徳文《たんどくもん》』を著《あらわ》し、今日でも報恩講に欠かせないものとなっている。翌年七十一歳の時には、『教行信証』を解釈した『教行信証六要鈔（六要鈔）』を著述し、以後本願寺ではこの著作が『教行信証』を

京都市下京区東中筋「常楽寺」

解読する指標とされている。

八十三歳の応安五年（一三七二）六月に、死期が近いことを感じて、絵師良円に自身の肖像画を描《史料②》かせ、そこにみずからの筆で賛文を施している。こうして翌応安六年（一三七三）二月二十八日、八十四歳でその生涯を終えている。

覚如上人が確立した本願寺の血脈《けちみゃく》と、存覚上人が育んだ東国門徒達との交流は、その後の本願寺に引き継がれて行き、室町時代の蓮如上人の出現を待つことになるのである。

史料①『存覚上人一期記』文和元年（一三五二）存覚上人六十三歳の条
文和二年（一三五三）存覚上人六十四歳の条

本文

六十三歳…十月之《の》比《ころ》、性覚明光等、於㆓御廟《に》㆒参詣之《の》所申《もうして》云《いわく》、大宮経廻《よりけいかいは》遼遠《なればず》不㆓甘心《せ》㆒、枉《まげて》只可《ただべし》㆑住《とじゅうす》㆓大谷四壁《の》内《に》㆒云云。雖《いえども》㆓固辞《すと》㆒、面々異見之《の》間約《あいだやく》諾了《だくしおわんぬ》。…

六十四歳…今小路《の》地之《の》事、自《より》㆓孟夏之《の》比《ころ》㆒問答《す》、大略承諾之《しょうだくの》後《のち》、為《す》㆓此事治定《じじょう》㆒。八月十八日上洛、買《ばい》㆓得之《とくすこれを》㆒。於《おいては》㆓大宮半作《の》堂《に》㆒々沽《こ》㆓却之《きゃくすこれを》㆒。…

訳文

六十三歳（文和元年、一三五二）…十月頃に性覚・明光等は大谷御廟に参詣していた存覚上人に、「六条大宮から大谷まで通うのは道中が遠いので同意できない。是非とも大谷御廟の地に居住してほしい」と言った。存覚上人はこれを固辞したが、面々は同意せず、結局大谷に居住することを約束した。…

六十四歳…（大谷に近い）今小路《いまこうじ》に住いを設けることについては、四月の頃から（性覚・明光寺が）存覚上人と交渉し、およそ承諾が得られたので、ここに住まうことが確定した。八月十八日に上洛して、今小路の地所を買い取り、六条大宮の半分出来上がっていた堂舎は、他に売却した。…

史料②「存覚上人影像」応安五年（一三七二）製作
京都市下京区東中筋常楽寺（本願寺派）蔵
写真『真宗重宝聚英』（同朋舎メディアプラン）

注

1―この影像の上部には、存覚上人自らが記した次のような賛銘がある。

「昔酌横川稜厳院余流雖澄心
於荊渓之波今開東山常楽台
閑窓偏寄望於蓮刹之月早列
安養菩薩衆還度娑婆同行人
応安五歳横刃困敦夷則告朔
老納光玄（年齢八十三 法臈六十九）書之」

覚信尼・覚如上人略年表

年号(年)	西暦(年)	覚信尼 覚如上人 年齢	事項
弘長二年	一二六二	覚信尼 三九歳	親鸞聖人、京都善法坊で入滅。(行年九十歳)
文永三年	一二六六	同 四三歳	覚信尼、小野宮禅念との間に唯善を出産する。
文永七年	一二七〇	覚如上人 一歳	十二月二八日、覚如上人が覚信尼長男覚恵の子息として誕生。
文永九年	一二七二	覚信尼 四九歳	覚信尼、門徒達と力を合わせて、禅念の宅地に大谷廟堂を建立する。
〃	〃	覚如上人 三歳	八月二十日、母周防権守中原某女死す。
文永十一年	一二七四	覚信尼 五一歳	四月二七日、禅念、覚信尼に土地の譲状を記す。
〃	〃	覚如上人 五歳	秋頃、隣家の慈信房澄海から教育を授かる。
建治元年	一二七五	覚信尼 五二歳	小野宮禅念死去
建治三年	一二七七	覚如上人 八歳	八月十六日、覚如上人、慈信房澄海より「初心抄」五帖を授けられる。
〃	〃	覚信尼 五四歳	九月二二日、覚信尼、常念房に宛てて、大谷廟堂の土地を東国門弟に寄進する。
〃	〃		十一月七日、同じく教念房・顕智房に宛てて、二通目の寄進状を記す。
弘安三年	一二八〇	覚信尼 五七歳	十月二五日、同じく善性房等に三通目の寄進状を記す。
弘安五年	一二八二	覚如上人 十三歳	覚如上人、京都下河原の禅坊に入室するも、三井寺(園城寺)の僧兵に誘拐されて、南滝院浄珍僧正の稚児となる。更に南都興福寺一条院門主からも請われて稚児を務める。

年号（年）	西暦（年）	覚信尼 覚如上人 年齢	事項
弘安六年	一二八三	覚信尼 六十歳	十一月二四日、覚信尼関東の門弟に「最後の置文」を記す。（この後まもなく没す）
〃	〃		唯善、この頃関東へ下り河和田唯円の弟子となる。
弘安九年	一二八六	覚如上人 十七歳	十月二十日、覚如上人出家し東大寺戒壇において受戒。以後興福寺西林院で学問修行に励む。
弘安十年	一二八七	同 十八歳	十一月十九日、覚如上人、大谷廟堂を訪れた如信上人と対面する。
正応元年	一二八八	同 十九歳	冬の頃、覚如上人、大谷廟堂を訪れた河和田唯円と対面し、親鸞聖人の教えを聴聞する。
正応三年	一二九〇	同 二一歳	三月頃から、覚如上人父覚恵に同行して東国を巡見する。（『慕帰絵』に、二、三年の間と記される。この間、関東で善鸞・如信上人と対面。）
〃	〃	覚如上人 二一歳	長男存覚上人誕生（母は播磨局）
正応五年	一二九二	覚如上人 二三歳	正月半ば、覚如上人、帰洛後に興福寺を離れて大谷廟堂に居住す。
〃	〃		覚如上人、この時期に『報恩講式』を製作
永仁三年	一二九五	同 二六歳	十月十二日、覚如上人、『親鸞聖人伝絵』初稿本（現在では失われている）の製作。
〃	〃		十二月十三日、同高田本（高田派本山専修寺蔵）製作
永仁四年	一二九六	同 二七歳	唯善の提案により、南側の敷地（南地）を買い上げて、大谷廟堂の敷地に加える。（ここに南殿を建立して唯善が住まう）
正安二年	一三〇〇	同 三一歳	正月四日、如信上人、金沢草庵で往生。
正安三年	一三〇一	同 三二歳	この頃、源伊が大谷廟堂の支配を要求。

年号（年）	西暦（年）	覚信尼 覚如上人 年齢	事項
〃	〃		冬頃、鹿島門徒の長井導信、覚如上人に『拾遺古徳伝』（十二月五日完成）製作依頼のために上京。その際に、唯善の大谷廟堂を我が物にせんとの陰謀を上人に伝える。
〃	〃		十二月、唯善、源伊の要求を差し止めるためと称して院に言上書を記し、大谷廟堂の相続を認めさせようとする。（まもなく大谷廟堂の相続を是認する院宣を得る）
〃	〃		覚恵、院宣の授与に関わった六条有房亭を訪れ、唯善が得た院宣の事を尋ねる。
正安四年	一三〇二	覚如上人 三三歳	二月十日、覚恵に大谷廟堂安堵の院宣下る。
〃	〃		四月八日、東国門弟等、覚恵の地位を確認する連署状を記す。
〃	〃		五月二二日、覚如上人、覚恵より「廟堂留守職譲状」を受ける。
〃	〃		同日、覚恵、覚如上人対し長文・短文の置文を記す。
嘉元元年	一三〇三	同 三四歳	唯善関東へ下り、鎌倉幕府が九月に発した一向宗禁止の御教書から親鸞門流を除外する下知状を得る。（その際、この文の中に「唯善が親鸞聖人の遺跡を継いで」という言葉を入れさせる）
嘉元二年	一三〇四	同 三五歳	十二月十六日、唯善、下知状を受けたことを高田の顕智に書状で伝える。
徳治元年	一三〇六	覚如上人 三七歳	十一月頃、唯善大谷廟堂へ現われ、廟堂の鍵を渡し留守職を譲るよう要求。これにより覚恵と覚如は廟堂を離れ教仏宅へ移る。
徳治二年	一三〇七	同 三八歳	四月十二日、覚恵、教仏宅で没す。
			この頃覚如上人、伊達門徒の招きで奥州をへ赴く。

年号（年）	西暦（年）	覚信尼 覚如上人 年齢	事項
延慶元年	一三〇八	同　三九歳	東国門徒を代表する三方からの使者が上洛し、覚如上人対して唯善を訴えるように依頼する。（これによって上人、朝廷・院に働きかけ、大谷廟堂が門徒の所有であるとする検非違使別当宣および伏見院の院宣を得る）
〃	〃		唯善、覚如上人等の動きを察知し、青蓮院に働きかけ、大谷廟堂についての訴訟が青蓮院の管轄にあるとの院宣を得る。
延慶二年	一三〇九	同　四十歳	七月十九日、覚如上人・東国門徒が青蓮院で唯善と対決。覚信尼の寄進状などによって、大谷廟堂が聖人の門弟達の支配となるべきことが認められる。（唯善は判決前に、親鸞聖人の御木像・御遺骨を奪って関東へ逃亡。鎌倉常葉に一向堂を作ってこれを安置する）
〃	〃		覚如上人・大谷御影堂（廟堂）への入居を、東国門徒指導者から拒否される。
〃	〃		七月二六日、青蓮院、大谷御影堂の復興を親鸞聖人の門弟達に命ず。（青蓮院下知状）
〃	〃		同日覚如上人、東国門徒達に、留守職任命を懇願する『十二箇条懇望状』を出す。
延慶三年	一三一〇	覚如上人　四一歳	正月、覚如上人、留守職を諦めて別に一宇を建立ようと、関東へ向かう。
〃	〃		七月四日、高田顕智死去。
〃	〃		秋頃、秋頃、覚如上人京都へ帰る。（留守職就任が認められたため）
〃	〃		覚如上人留守職に就任する。
〃	〃		七～九月、鏡の御影修復
〃	〃	存覚上人　二一歳	十月、存覚上人、東山証聞院より大谷に帰住する。

年号（年）	西暦（年）	覚信尼 覚如上人 年齢	事項
応長元年	一三一一	覚如上人 四二歳	五月頃、覚如上人、存覚上人を伴い越前国へ教化に赴く。
正和元年	一三一二	同 四三歳	覚如上人、如信上人十三回忌に旧跡地に足を運ぶ。
〃	〃		夏頃、覚如上人、法智の提案を受けて、大谷御影堂に専修寺の寺号を掲げるが、比叡山の弾圧により、間もなく外される。
正和三年	一三一四	同 四五歳	春頃、覚如上人、存覚上人を伴い尾張国へ教化に赴く。
〃	〃	存覚上人 二五歳	十二月二五日、覚如上人、存覚上人に留守職を譲る。
正和四年	一三一五	覚如上人 四六歳	春頃、覚如上人、大谷御影堂を出て京都一条大宮の窪寺付近に住まう。
〃	〃		覚如上人、自作和歌集『閑窓集』を編纂する。
正和五年	一三一六	存覚上人 二七歳	十二月、存覚上人、瓜生津門徒の指導者愚咄の娘・奈有と結婚。
文保二年	一三一八	覚如上人 四九歳	二月、覚如上人、善照尼（十九歳）を娶る。
元応元年	一三一九	同 五十歳	五月頃、覚如上人、存覚上人を伴い三河国・信濃国に赴き布教。
元応二年	一三二〇	同 五一歳	空性房了源、覚如上人の門下に加わり、存覚上人の指導を受ける。
〃	〃		この年、了源、山科に興正寺（後の仏光寺）を創建する。
元亨元年	一三二一	同 五二歳	二月、本願寺の寺号、初めて公の文書に登場する。（この時は、比叡山からの横槍も入らず、以後寺号として定着する）
〃	〃		三月九日、覚如上人、北野天満宮聖廟に詩歌をささげる。

年号（年）	西暦（年）	覚信尼 覚如上人 年齢	事項
元亨二年	一三二二	存覚上人 三三歳	六月二五日、覚如上人、存覚上人の留守職を剥奪し義絶する。
元亨三年	一三二三	同 三四歳	関東の門弟等四四名、存覚上人義絶解除のための連署状を作る。
正中元年	一三二四	覚如上人 五五歳	四月六日覚如上人、妙香院門主慈慶の下知状によって、留守職相伝と存覚義絶が認められる。
〃	〃	存覚上人 三五歳	存覚上人、了源のために『浄土真要鈔』（一月六日）、『諸神本懐集』（一月十二日）、『持名抄』、（三月十三日）、『破邪顕正抄』（八月二二日）、『女人往生聞書』を著わす。
〃	〃		八月、存覚上人、興正寺で彼岸会の導師を勤める。
嘉暦元年	一三二六		五月、了源「絵系図」を作成する。
〃	〃	覚如上人 五七歳	九月五日、覚如上人『執持鈔』を表わす。
嘉暦二年	一三二七	存覚上人 三八歳	秋の頃、了源、存覚上人の住坊を建てる。
嘉暦三年	一三二八	同 三九歳	この頃、興正寺が洛東渋谷に移り、仏光寺と改称する。（存覚上人命名）
元弘元年	一三三一	覚如上人 六二歳	十一月下旬、覚如上人『口伝鈔』を著わす。
正慶二年	一三三三	同 六四歳	二月二日、孝養丸（善如上人）誕生する。
〃	〃		五月二一日、鎌倉幕府滅亡する。
〃	〃		六月十六日、覚如上人、護良親王に留守職相伝を公認する令旨を願い出てこれを獲得する。

年号(年)	西暦(年)	覚信尼 覚如上人 年齢	事項
〃	〃		十一月三日、東国門徒改めて青蓮院に訴え、大谷御影堂が門徒の支配に相違ないとの、下知状を得る。(こうした対立を経て、本願寺は次第に東国門徒達の一方的支配を離れ、独自の門流となって行く)
建武二年	一三三五		一月八日、仏光寺了源、伊賀国布教中に暗殺さる。
建武三年	一三三六	覚如上人 六七歳	大谷本願寺、足利尊氏入京による戦火を受けて焼失する。
建武四年	一三三七	同 六八歳	春頃、本拠地を失った覚如上人は近江より京都久遠寺に入り、娘の嫁ぎ先である源雅康邸に身を寄せる。
〃	〃	存覚上人 四八歳	八月、存覚上人、明光の希望により備後で『顕名鈔』を著わす。
〃	〃	覚如上人 六八歳	八月一日、覚如上人『本願鈔』を著わす。
〃	〃		九月二五日、覚如上人『改邪鈔』を著わす。
暦応元年	一三三八	存覚上人 四九歳	三月、存覚上人、備後国国府で法華宗徒と宗論して、これを破る。
〃	〃		存覚上人宗論に続き、『決智鈔』『報恩記』『至道鈔』『選沢註解鈔』『歩船鈔』『法華問答』を著わす。
〃	〃	覚如上人 六九歳	九月、覚如上人、瓜生津愚咄の斡旋により、十六年ぶりに存覚上人の義絶を解く。
〃	〃		十月頃、覚如上人、存覚上人と共に鎌倉常葉に親鸞聖人御影を迎えに行くが、返却されず虚しく引き返す。
〃	〃		十一月、本願寺再建。高田専空の尽力により、三六貫文で建物を買い上げる。

年号（年）	西暦（年）	覚信尼 覚如上人 年齢	事項
暦応二年	一三三九	同　七十歳	十一月二八日、覚如上人、留守職継職に関する置文と三通の譲状を記す。（存覚上人の留守職就を許さない内容）
暦応三年	一三四〇	同　七一歳	九月二四日、覚如上人、『願々鈔』を著わす。
康永元年	一三四二	同　七三歳	覚如上人、再び存覚上人を義絶する。存覚上人は大谷本願寺を出る。
康永二年	一三四三	同　七四歳	四月二六日、覚如上人、『最要鈔』を著わす。
〃	〃		十一月二日、覚如上人、『親鸞聖人伝絵（御伝鈔）』を改訂し、康永本を作成する
康永三年	一三四九	同　七五歳	十一月七日、覚如上人、「名帳・絵系図の禁制状」に、大網門徒空如以下の連署を得る。
〃	〃		十二月頃、関東の門弟等存覚上人赦免運動のために上洛。
貞和二年	一三四六	同　七七歳	閏九月一日、覚如上人、奈良春日大社にて歌を詠む。
〃	〃		十月十六日、覚如上人、大原勝林院にて歌を詠む。
〃	〃		十二月中旬、覚如上人、大谷竹丈庵にて歌を詠む。
〃	〃		大和国柏木願西、覚如上人に存覚上人との和解を申し入れるが許されず。
貞和三年	一三四七	覚如上人　七八歳	八月一日、従覚より水晶念珠と歌を贈られたのに対し、返歌する。
貞和五年	一三四九	同　八十歳	五月二一日、善照尼没する。（五十歳）
〃	〃	存覚上人　六十歳	十月頃、存覚上人、京都六条大宮の住いに上洛。門弟の学円を三河和田門徒の道場へ遣わし、赦免の口添えを依頼し、承諾を得る。

年号（年）	西暦（年）	覚信尼 覚如上人 年齢	事　項
観応元年	一三五〇	覚如上人 八一歳	二月、覚如上人、久遠寺の善照尼墓を訪れ歌を詠む。
〃	〃	存覚上人 六一歳	五月頃、存覚上人、日野時光の許に弟子の教願を連日遣わして、斜面口添えの承諾を得る。
〃	〃		八月九日、覚如上人、存覚上人の義絶を解除する。
〃	〃		八月二八日、覚如上人、存覚上人に留守職を許さない旨の置文を記す。
〃	〃		十一月二一日、覚如上人、宗康（善如上人）に留主守職継職を命ずる譲状を与える。
〃	〃		同月二八日、存覚上人、河内の門徒からの招請で、覚如上人と別れる。（これが最後の別れとなる）
観応二年	一三五一	覚如上人 八二歳	正月八日、覚如上人の手紙を弟子の法心が、存覚上人の許へ伝える。（南北朝争乱のために大谷御坊が困窮している様子が記される）
〃	〃	存覚上人 六二歳	同月十三日存覚上人、法心の着ていた紙衣の裏に銭を張り付けて覚如上人の許へ送る。
〃	〃		正月十九日酉の刻（午後六時）、覚如上人往生。（存覚上人、駆け付けるが間に合わず）
〃	〃		正月二三日、覚如上人葬儀。東山円仁寺で荼毘に付す。
〃	〃		善如上人本願寺四世を継職する。（十九歳）
文和二年	一三五三	同　六四歳	存覚上人、弟子達の勧めによって、大谷に近い洛東今小路に常楽台（後の常楽寺）を建立し、六条大宮の坊舎をここに移転する。

年号（年）	西暦（年）	覚信尼 覚如上人 年齢	事項
延文四年	一三五九	同　七十歳	存覚上人、善如上人の所望に応じて、『歎徳文』を著わす。
延文五年	一三六〇	同　七一歳	存覚上人、『六要鈔』を著わす。
応安六年	一三七三	同　八四歳	二月二八日、存覚上人往生。

おわりに

この度の出版は、平成九年（一九九七）に私が東京西浅草の東本願寺学院で、初めてこの時代を講義したのがきっかけでした。序文にも記しました通り、その際に資料の解読に難渋し、大変な思いをした経験がございます。そうしたこともあって、その内容を本にすることにはずっと躊躇してまいりましたが、昨年の春卒業生から言われて、思い切って本の制作に踏み切ることとさせていただきました。爾来ワープロのプリントをパソコンに置き換えながら、その内容についても大幅な手直しを試みてみました。

とりわけここで取り上げた史料の内容は難しい部分が多く、史料の本文と訳文を上下に対照できるように作れないかとの意見が出され、たまたま新型コロナウィルス流行ということもあって、十分な時間が取れましたので、あえてそれに挑戦してみることに致しました。

ということで、今回の出版は、東本願寺学院というご縁から生じたと言っても過言ではありません。こうしたご縁を与えて下さった大谷光見御法主台下、立花記久丸執務長、そして城正弘東本願寺学院長に改めて感謝申し上げたいと存じます。

本書の発行に当たっては、元中山書房の鈴木典子様および現中山書房社長石原大道様から暖かいご配慮を頂きました。また本の編集・製作全般にご尽力頂いた、同朋舎新社の今田達代表社員と竹川敏夫氏はじめとする編集部の方々に御礼申し上げます。

本書の校正については、これまで深いご縁の在った方々にご面倒頂きました。二十年近くご旧跡巡りに同行して頂いた石川京英氏（横浜市荏田正信寺住職）、東本願寺学院OBで元小学校教諭の鈴木新太郎氏、同じくOBで写真家の石川千恵子氏には、再度に渡り目を通して頂き本当にありがとうございます。それから前回に引き続き、きれいな題字を書いていただいた高木三枝子氏にも御礼を申し上げます。更には、この本の基になったワープロの原稿が、家内の藤井静子の手によることも添えさせていただきます。

このような多くの方々のお力の賜物で完成させて頂いた本でございます。まだまだ力不足ではありますが、御高覧の方々のご批判を仰いで、今後共歩ませて頂く所存でございます。

藤井 哲雄

著者略歴　藤井 哲雄（ふじい てつお）

1949 年　東京都台東区に生まれる
1967 年　都立白鴎高等学校卒
1971 年　東洋大学東洋史学卒
同年　足立区立港南中学校社会科講師
この間親鸞聖人の教義及び独自の方法論により日本史学を研鑽
1982 年　浄土真宗皆應寺住職
1991 年　坂東性純氏（元大谷大学教授）の指導を得て、真宗史研究に着手
1995 年　東京本願寺学院（現東本願寺学院）真宗史 講師
1997 年　同学院教授

著書　『記録に見る蓮如上人の生涯』1998 年
『親鸞聖人の生涯』上・中・下　2004 年
『親鸞聖人―その生涯をたずねて』2011 年
『蓮如上人の生涯』上・下 2016 年
現住所　東京都台東区松が谷 1-6-15

本願寺の草創

©（二〇二〇年）
令和二年一〇月八日　発行

著　者　藤井　哲雄
発行者　石原　大道
編集・製作　同朋舎新社
印　刷　小野高速印刷株式会社
発行所　中山書房仏書林
〒一五〇-〇〇一一
東京都渋谷区東二-五-二六 大泉ビル
電　話　〇三-六八〇五-一五五五
FAX　〇三-五四六六-一四〇八

ISBN978-4-89097-110-7

乱丁本・落丁本は送料小社負担でお取り換えいたします。